大数据领域
专利申请撰写精编
以合规视角审视专利申请撰写

主　编◎郭　帅
副主编◎杨　鹏　张正华　曹　琦

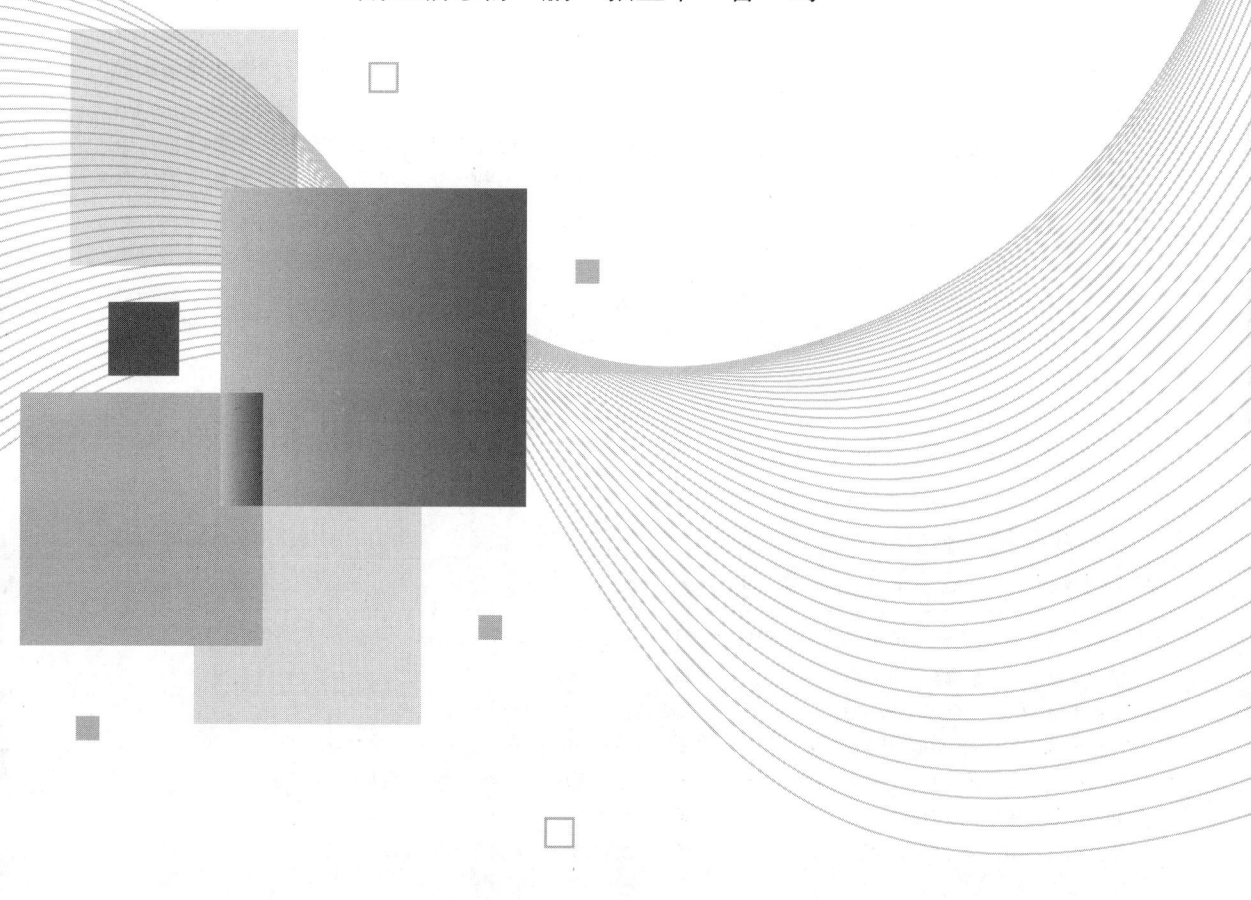

知识产权出版社
全国百佳图书出版单位
—北京—

图书在版编目（CIP）数据

大数据领域专利申请撰写精编：以合规视角审视专利申请撰写/郭帅主编．—北京：知识产权出版社，2024.4

ISBN 978-7-5130-9159-6

Ⅰ.①大⋯　Ⅱ.①郭⋯　Ⅲ.①人工智能—专利权法—研究—中国　Ⅳ.①D923.424

中国国家版本馆 CIP 数据核字（2024）第 008996 号

内容提要

本书主要阐述以下内容：一是从数据的全生命周期角度梳理大数据关键技术，并着重介绍涉及数据法律法规的大数据领域热点技术；二是以大数据产业为视角，筛选出与大数据领域相关的数据法律条款，逐条梳理我国数据法律法规条款的立法本意，探讨数据法律法规条款的适用范围和体系构建；三是基于产业层面梳理出的大数据领域热点技术应用和数据法律条款的立法本意解读，分析大数据领域热点技术应用的异化行为，确定大数据领域热点技术应用的异化行为对应的数据法律条款，并辅以专利案例剖析来探讨大数据热点技术应用是否会落入数据法律规制的情形；四是从大数据领域专利申请撰写角度，提供一些大数据领域专利申请的合规性指引，避免违反数据法律条款规定的情形出现。

本书丰富而系统地对大数据领域关键技术进行梳理，对大数据领域相关的数据法律条款进行全面而富有针对性的条文解读和典型案例的详细分析，以及为专利申请提供一些合规指引等，无论是对于数据企业，还是对于专利审查员、专利代理人等知识产权工作者，都能带来一些助益。

责任编辑：张利萍　　　　　　　　责任校对：王　岩
封面设计：杨杨工作室·张　冀　　责任印制：刘译文

大数据领域专利申请撰写精编
——以合规视角审视专利申请撰写

主　编　郭　帅

副主编　杨　鹏　张正华　曹　琦

出版发行	知识产权出版社有限责任公司	网　　址	http://www.ipph.cn
社　　址	北京市海淀区气象路 50 号院	邮　　编	100081
责编电话	010-82000860 转 8387	责编邮箱	65109211@qq.com
发行电话	010-82000860 转 8101/8102	发行传真	010-82000893/82005070/82000270
印　　刷	天津嘉恒印务有限公司	经　　销	新华书店、各大网上书店及相关专业书店
开　　本	787mm×1092mm　1/16	印　　张	19.75
版　　次	2024 年 4 月第 1 版	印　　次	2024 年 4 月第 1 次印刷
字　　数	400 千字	定　　价	118.00 元
ISBN 978-7-5130-9159-6			

出版权专有　侵权必究

如有印装质量问题，本社负责调换。

编委会

主　编　郭　帅

副主编　杨　鹏　张正华　曹　琦

成　员　石梦洁　杜锦锦　胡武扬

　　　　肖丽金　曾　靖

前 言

随着互联网、大数据、云计算、人工智能、区块链等技术加速发展与创新，数字技术的应用得到快速发展，数据已经成为人类生产活动的独立要素，数字经济正在深刻影响着世界经济格局。我国高度重视大数据、人工智能等新领域新业态知识产权制度的建设，习近平总书记主持中央政治局第二十五次集体学习时的讲话中、国务院发布的《"十四五"国家知识产权保护和运用规划》《知识产权强国建设纲要（2021—2035年）》以及《"十四五"数字经济发展规划》，均提出要进一步加强大数据领域关键技术的知识产权保护。

在数字化时代，数据的过度收集和不当使用会为信息的保护带来巨大的安全性风险，如何保证大数据时代下的数据安全问题是当前社会的关切话题。为应对大数据时代下对数据的保护，我国近几年接连颁布了《中华人民共和国网络安全法》《中华人民共和国数据安全法》《中华人民共和国个人信息保护法》等法律。从数据的全生命周期来看，数据领域相关专利申请涉及数据采集、传输、处理、使用的行为可能涉及数据合规审查的问题。目前，现行《专利审查指南2023》第二部分第一章第一节对专利法第五条涉及违反法律、违反社会公德和妨害公共利益的一般情况作出了解释，但并未对大数据领域网络爬虫、数据跨境流动、大数据"杀熟"、生成式人工智能等具体技术及应用的法律适用作出进一步细化，有关大数据领域关键技术的合规性问题仍然面临很多困惑。

本书主要阐述以下内容：一是从数据的全生命周期角度梳理大数据关键技术，并着重介绍涉及数据法律法规的大数据领域热点技术；二是以大数据产业为视角，筛选出与大数据领域相关的数据法律条款，逐条梳理我国数据法律法规条款的立法本意，探讨数据法律法规条款的适用范围和体系构建；三是基于产业层面梳理出的大数据领域热点技术应用和数据法律条款的立法本意解读，分析大数据领域热点技术应用的异化行为，并确定大数据领域热点技术应用的异化行为对应的数据法律条款，并辅以专利案例剖析来探讨大数据热点技术应用是否会落入数据法律规制的情形；四是从大数据领域专利申请撰写角度，提供一些大数据领域专利申请的合规性指引，避免违反数据法律条款规定的情形出现。

  本书丰富而系统地对大数据领域关键技术进行梳理，对大数据领域相关的数据法律条款进行全面而富有针对性的条文解读和典型案例的详细分析，以及为专利申请提供一些合规指引等，无论是对于数据企业，还是对于审查员、专利代理人等知识产权工作者，都能带来一些助益。

  尽管本书作者付出了艰辛努力，但对相关数据法律规章的立法解读还可更为细致，对于专利申请案例的分析还可更为全面，对大数据关键技术的法律适用解读还可更加深入。并且，随着技术创新的不断发展，大数据技术的合规性审查也会面临新问题与新挑战，本书提出的观点与方法难免存在不足，请各界同仁不吝批评指正。

  本书写作过程中，电学领域的众多专家与资深审查员均参与其中，经历无数次的思维碰撞和交流讨论，最终成稿。

国家知识产权局专利局专利审查协作广东中心

郭帅

2024 年 4 月

编写人员具体分工

郭　帅：主要执笔前言，第二章引言部分、第九节，第三章第二节第五小节。

杨　鹏：主要执笔第一章引言部分，第三章第一节、第二节第一小节、第二节第四小节。

张正华：主要执笔第三章第二节引言部分、第二节第二小节、第二节第三小节。

石梦洁：主要执笔第一章第一节、第二节，第四章引言部分、第一节引言部分、第一节第一小节。

杜锦锦：主要执笔第一章第三节，第二章第四节、第五节、第八节、第十节。

胡武扬：主要执笔第一章第四节，第二章第七节，第四章第一节第二小节。

肖丽金：主要执笔第二章第一节、第二节，第四章第二节。

曾　靖：主要执笔第二章第三节、第六节。

本书由郭帅、杨鹏、张正华、曹琦、石梦洁、杜锦锦统稿审校。

目 录

第一章　大数据关键技术梳理 ……………………………………………… 001
　第一节　大数据采集技术 …………………………………………… 002
　　一、大数据采集技术概述 …………………………………………… 002
　　二、大数据采集关键技术 …………………………………………… 005
　第二节　大数据处理技术 …………………………………………… 016
　　一、大数据处理技术概述 …………………………………………… 016
　　二、大数据处理关键技术 …………………………………………… 019
　第三节　大数据传输与存储技术 …………………………………… 030
　　一、代理服务器 ……………………………………………………… 030
　　二、数据同步技术 …………………………………………………… 032
　　三、大数据存储技术 ………………………………………………… 036
　第四节　大数据分析与应用 ………………………………………… 046
　　一、用户画像技术 …………………………………………………… 046
　　二、语义搜索技术 …………………………………………………… 051
　　三、推荐算法 ………………………………………………………… 053
　　四、知识图谱 ………………………………………………………… 057
　　五、NFT 数字藏品 …………………………………………………… 061
　　六、AIGC ……………………………………………………………… 065

第二章　数据法律法规解析 …………………………………………………… 069
　第一节　《中华人民共和国个人信息保护法》立法解析 ………… 069
　　一、立法背景 ………………………………………………………… 069
　　二、《中华人民共和国个人信息保护法》重点条文汇总 ……… 070
　　三、《中华人民共和国个人信息保护法》重点条文解析 ……… 071

— i —

第二节 《中华人民共和国数据安全法》立法解析 | 087
一、立法背景 | 087
二、《中华人民共和国数据安全法》重点条文汇总 | 087
三、《中华人民共和国数据安全法》重点条文解析 | 088

第三节 《中华人民共和国网络安全法》立法解析 | 095
一、立法背景 | 095
二、《中华人民共和国网络安全法》重点条文汇总 | 096
三、《中华人民共和国网络安全法》重点条文解析 | 097

第四节 《中华人民共和国民法典》立法解析 | 101
一、立法背景 | 101
二、《中华人民共和国民法典》重点条文汇总 | 102
三、《中华人民共和国民法典》重点条文解析 | 102

第五节 《中华人民共和国著作权法》立法解析 | 107
一、立法背景 | 107
二、《中华人民共和国著作权法》重点条文汇总 | 107
三、《中华人民共和国著作权法》重点条文解析 | 108

第六节 《中华人民共和国消费者权益保护法》立法解析 | 122
一、立法背景 | 122
二、《中华人民共和国消费者权益保护法》重点条文汇总 | 123
三、《中华人民共和国消费者权益保护法》重点条文解析 | 124

第七节 《中华人民共和国刑法》立法解析 | 128
一、立法背景 | 128
二、《中华人民共和国刑法》重点条文解析 | 128

第八节 《数据出境安全评估办法》出台解读 | 133
一、出台背景 | 133
二、《数据出境安全评估办法》重点条款解读 | 133

第九节 《生成式人工智能服务管理暂行办法》出台解读 | 139
一、出台背景 | 139
二、《生成式人工智能服务管理暂行办法》重点条款解读 | 140

第十节 《关键信息基础设施安全保护条例》出台解读 | 143
一、出台背景 | 143
二、《关键信息基础设施安全保护条例》重点条款解读 | 144

第三章　大数据热点技术《专利法》第五条审查的合规性问题 | 151
第一节　《中华人民共和国专利法》第五条的适用解读 | 151
第二节　大数据热点技术的合规性问题剖析 | 153
一、异化行为概述 | 153
二、大数据采集技术的合规性问题 | 154
三、大数据处理技术的合规性问题 | 191
四、大数据传输与存储技术的合规性问题 | 201
五、大数据分析与应用技术的合规性问题 | 243

第四章　避免合规性问题的大数据领域专利申请文件撰写 | 287
第一节　大数据领域专利申请文件撰写的合规建议 | 287
一、申请文件记载的技术方案本身以及技术方案必然会实现的目的、应用或后果违反数据法律情形 | 288
二、申请文件记载的部分内容违反数据法律情形 | 289
第二节　大数据领域热点技术的合规指引 | 292
一、数据跨境流动技术的合规指引 | 292
二、隐私计算技术的合规指引 | 294
三、自动化决策技术的合规指引 | 295
四、AIGC 技术的合规指引 | 296

参考文献 | 299

第一章 大数据关键技术梳理

随着互联网技术和信息行业的发展,大数据在各个领域的优势进一步凸显出来,大数据技术已经成为当前信息技术领域的热门话题,它不仅可以用于互联网商业领域,还可以应用于医疗、交通、金融等领域,帮助我们更好地解决问题和创造价值。大数据是指规模巨大、复杂多样的数据集合,大数据具备多种属性,包括体量(Volume)、多样(Variety)、价值(Value)、速度(Velocity)、准确(Veracity)等,其最显著的特性是体量巨大,因而一般而言需要使用分布式系统进行管理和处理。大数据是数据量超过典型数据库软件的采集、存储、管理和分析能力的大体量数据集合,该数据集合中的数据之间或多或少、或远或近具备一些关联性,对这些数据进行分析以挖掘其中的价值是大数据技术的核心要义。

目前,工业界普遍认定大数据的属性包括5V+1C。其中,体量(Volume)是指数据体量大,具体表现在数据的采集、存储以及计算量均非常大。多样(Variety)是指数据的种类以及来源呈现多样化,包括结构化、半结构化和非结构化等数据类型,可以表现为音频、视频、图片、日志等形式。价值(Value)是指大数据整体包含高价值信息,但由于与大量无关信息混合,呈现出低价值密度属性。随着互联网以及物联网的广泛应用,海量的信息被获取和存储,高价值信息相对于无关信息的比例较低,需要通过强大的挖掘算法来挖掘大数据中的关联关系,从而获取大数据中的高价值信息。速度(Velocity)是指数据的增长速度较快,处理速度相对也比较快,且对时效性要求相对较高。举例而言,在工业生产中,随着上下游各环节彼此配合紧密程度的提高,在数据获取时会要求查询时间间隔比较近的最新数据;在日常生活中,在进行信息推荐时尽量实现实时推荐以满足用户体验。这一特点是大数据与传统数据挖掘比较显著的区别。准确(Veracity)是指数据处理结果具备一定的可信度和准确性,要求高质量的数据处理结果,这一点不言而喻。复杂(Complexity)是指基于前述特征,对于大量、多样且更新快的数据,处理和分析的难度大、复杂性高。

通过对大数据上述属性的介绍不难发现,大数据的产生呈指数级增长,数量异常庞大。如此庞大的数据需要进行处理才能获得符合服务和产品要求的结果，一般的数据处理步骤包括清洗、预处理、归类、建模、分析等操作。依据数据生命周期，大数据关键技术涵盖了数据采集、数据传输与存储、数据分析与应用等多方面技术。此外，由于大数据具有规模大、多源、异构等属性，大数据技术与传统的数据处理技术也存在不同之处，从而对于每个处理环节，都可能涌现与大数据处理需求相关的新技术。

第一节 大数据采集技术

数据采集，又称数据获取，其是大数据技术的第一步，是大数据产业链中最重要的环节，是大数据产业的基点，也是挖掘大数据价值的原材料。在大数据出现之前，计算机所能处理的数据均需要进行结构化的预处理，并存储在相应的数据库中，大数据技术的到来降低了计算机在数据处理时对数据结构的要求，网络上的用户行为习惯信息、偏好信息、社交信息等各种维度的信息都可以进行实时处理。

传统的数据采集是从传感器或其他设备进行信息自动采集的过程，这种采集方法采集数据的来源相对单一，且存储、分析、处理的数据量也相对较小，通常都是采用关系型数据库或者并行数据库进行数据处理。大数据采集是在确定用户目标的基础上，针对该范围内的海量数据进行的智能化识别、跟踪及采集的过程。在实际应用过程中，大数据可能是企业内部联机交易数据和联机分析数据，也可以是 Web 文本、地理信息定位数据、评价数据等各种网络社交媒体数据，还可以是传感器、摄像头、智能家居等收集的数据，其来源相对较为广泛。大数据采集与传统数据采集相比，其区别如表1-1所示。

表 1-1 大数据采集与传统数据采集的比较

数据情况	传统的数据采集	大数据的数据采集
数据来源	来源单一，数据量相对较小	来源广泛，数据量巨大
数据类型	数据结构单一，只能处理结构化数据	数据类型多样化，包括结构化数据、半结构化数据、非结构化数据等
数据处理	关系型数据库和并行数据库	分布式数据库

一、大数据采集技术概述

大数据时代，人们希望能够将海量数据中的信息和知识挖掘出来，以用于指导生产生活。现如今，通过传感器、RFID（射频识别）、社交网络、移动互联网等多种方式均可以获得大量的数据，但是如何从大量的数据中采集到需要的数据是大数据技术面临的一个挑战，需要面对的主要问题包括：1）数据分布范围广：数据分布在数以百万计的不同的服务器上，这些服务器并没有构建拓扑连接结构；2）数据更新速度快：系统会有规律或者无规律地进行数据添加、删除、修改等操作，使得数据不稳定；3）数据结构多样且重复数据多：各类数据均可以被采集，包括结构化数据、半结构化数据和非结构化数据，数据结构不统一，且采集的数据冗余度也较高；4）数据存在一定的错误率：数据在采集过程中，可能会由于录入错误、识别错误、语法错误等情况导致数据无效或者数据错误。因此，针对不同的数据源须采用专门的大数据采集方法，根据数据来源的不同，可将大数据采集方法分为数据库采集、系统日志采集、网络数据采集和感知设备采集四大类。

1. 数据库采集

传统企业会使用传统的关系型数据库，比如：MySQL、Microsoft Access 和 Oracle 等数据管理系统来存储数据。随着大数据时代的到来，非关系型数据库，比如：Redis、Hbase、MongoDB 等也逐渐成为数据采集存储的平台。企业通常通过在数据采集端部署大量的数据库，并在各数据库间进行负载均衡，来完成数据采集的工作。

数据库数据采集方案通常包括三种：直连同步、数据文件同步、数据库日志解析同步。直连同步是通过统一标准接口 API 和动态链接进行的数据库数据同步操作，这一同步方式会对源数据库产生较大的影响；数据文件同步旨在同步源系统生成的文本文件，一般需要设置单独的文件服务器，且为保证数据质量，还需要对文件进行校验；数据库日志解析同步是通过同步、解析数据库日志文件系统实现数据同步，这一同步方式速度快，可以实现毫秒级数据延迟，对源数据库影响较小。

2. 系统日志采集

系统日志采集主要用来收集企业各平台日常使用时产生的大量日志数据，日志数据是由数据源系统执行各类操作时自动生成的记录数据，这些数据用于进行大数据离线或者在线分析。目前，常见的用于系统日志采集的工具包括：Facebook 的 Scribe、Cloudera 的 Flume、Hadoop 的 Chukwa、Apache 的 Kafka 等，这些工具均使用分布式架构，能够以每秒数百兆字节的速度采集和传输日志数据，其具体特点如表 1-2 所示。

表 1-2　系统日志采集工具比较

日志采集系统	Scribe	Flume	Chukwa	Kafka
所属公司	Facebook	Cloudera	Hadoop	Apache
开源时间	2008 年 10 月	2009 年 7 月	2009 年 11 月	2011 年初
实现语言	C/C++	Java	Java	Scala
容错性	Collector 和 Store 之间有容错机制，Agent 和 Collector 之间的容错由用户自定义	Agent 和 Collector 以及 Collector 和 Store 之间均有容错机制，且提供三种级别的可靠性保证	Agent 定期记录已发送给 Collector 的数据偏移量，一旦出错，根据记录的偏移量继续获取数据	Agent 通过 Collector 自动识别并获取可用的 Collector。Store 保存已获取数据的偏移量，一旦 Collector 出现故障，根据记录好的数据的偏移量继续获取数据
负载均衡	无	使用 Zookeeper	无	使用 Zookeeper
可扩展性	好	好	好	好
存储	直接支持 HDFS	直接支持 HDFS	直接支持 HDFS	直接支持 HDFS

3. 网络数据采集

2015 年的政府工作报告首次提出了"互联网+"行动计划，此后，"互联网+""AI+""智能+"等关键词不断涌现在人们眼前，互联网数据已经成为大数据的一个重要来源。互联网数据通常指"人、机、物"三者在网络空间中的交互与融合形成的大数据，互联网数据除具备大数据的一般特性外，还具备社会性、突发性、高噪性等特征，互联网数据通常以非结构化的形式存储于互联网中，包括：实时社交媒体数据、电子邮件、网页、文本文档等。利用好互联网数据，能够有效地指导人们的生产生活，比如：在电子商务领域，通过对用户的商品访问记录和订单进行分析，可以获得用户的购物偏好，从而可以实现高质量的商品推荐；在社交网络领域，通过分析用户发出的博文、转发及点赞的数据，能够挖掘出用户的行为偏好，从而为企业推送目标客户。总而言之，互联网数据由于其本身的属性，蕴藏着极大的商业价值，合理利用这些数据能够成为企业发展的突破点。

通常来说，网络数据的采集是通过网络爬虫实现的，具体地，网络数据采集是指通过网络爬虫或网站公开 API 等方式从网站上获取互联网中的数据信息的过程，并从中抽取出用户所需的内容，它支持图片、音频、视频等文件的采集。网络爬虫是一种自动提取网页内容的程序，通常的处理过程是：从一个或若干个初始网页的 URL 开始，首先获得当前页面的内容，然后在抓取当前页面的过程中，不断从当前页面上提取出新的 URL 放入队列，直到满足设置的停止条件为止，也就是说网络爬虫能够逐级依次获取页面中的数据。通过这种方式，能够将网页中的结构化数据、半结构化数据、非结构化数据提取出来，再将其存储于本地系统中。

网络数据采集和处理主要包括四个模块，即网络爬虫、数据处理模块、URL 队列、数据，其中，网络爬虫用于从互联网中抓取网页内容，并抽取出需要的属性内容；数据处理模块对爬取的内容进行处理；URL 队列为爬虫提供目标数据网站的 URL；数据包括爬虫得到的数据以及数据处理以后的数据。整个网络数据采集和处理的流程为：1）将需要抓取数据的网站的 URL 信息写入 URL 队列；2）爬虫从 URL 队列中获取需要抓取数据的网站的 URL 信息；3）爬虫从互联网中抓取与 URL 信息对应的网页内容，并抽取出所需的属性内容；4）爬虫将抽取出的数据存储在数据库中；5）数据处理模块读取抽取的数据并进行处理；6）数据处理模块将处理好的数据存入数据库中。

4. 感知设备采集

感知设备采集，是指通过传感器、摄像头和其他智能终端自动采集信号图片或录像来获取数据。大数据智能感知系统需要实现对结构化数据、半结构化数据、非结构化数据的智能识别、感知、适配、传输、接入等。感知数据分析运用非常广泛，只要物体能够通过传感器采集监测到信号或信息，再链接到相应的程序进行处理后，反馈出相应结果再指引原始目标继续动作的范畴都属于感知数据的应用领域，比如：智能门锁、智能冰箱、智能轿车、智能工厂、智能农业、智慧城市等。一般来说，感知数据体系都应具有以下几个重要特征：一是在领域专家的协助下，基于业务常识库的建设需求，以规则与事例建构知识图谱或专家系统，以主动化的规则处理办法汇总更多的常识；二是计算专家结合领域常识对数据进行分析研究，接着进行特征工程，抽取合适的特征，再导入机器学习算法；三是结合实际实验运用各类算法，持续评价运算的效能，并以此求取采样验证模型的精确度，然后采用混合多种算法并调整参数的方法，达到优化预测结果的效果。

二、大数据采集关键技术

（一）网络爬虫技术

大数据时代，数据分析和挖掘的技术不断革新，网络爬虫成为互联网企业中最普遍的一种数据获取手段，是目前进行数据挖掘、数据分析等不可或缺的自动化手段。网络爬虫在各个领域起到越来越重要的作用，比如应用于搜索引擎中对站点进行爬取，应用于金融分析中对金融数据进行采集，应用于企业营销中对用户舆情进行分析等。

1. 网络爬虫技术概述

网络爬虫技术（Web Crawler）又称为网络机器人或者 Web 信息采集器，属于一种按照设计的规则自动获取互联网数据的脚本或程序,以大规模地从数据网站、手机App、小程序、搜索引擎中检索、收集、提取数据的技术。网络爬虫技术可以对整个互联网的链接进行遍历,实现自动检索和定位。网络爬虫技术可以从某一个网页页面开始,对该网页中的内容进行读取,获取网页中包含的网络链接,再从这些链接中读取并得到其他链接,如此循环往复,直到抓取完全部网页信息。一般情况下,网络爬虫技术的爬行会沿着某一个方向进行遍历。网络爬虫与搜索引擎之间的关系如图1-1所示。

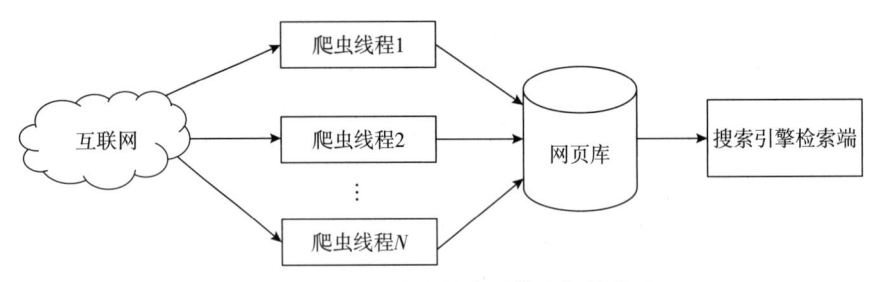

图1-1 网络爬虫与搜索引擎之间的关系

按照系统结构和实现技术,网络爬虫可分为通用网络爬虫、聚焦网络爬虫、增量式网络爬虫和分布式网络爬虫四种。

(1) 通用网络爬虫

通用网络爬虫常见于大型搜索引擎中,通常爬取互联网中目标资源的范围较广、涉及的数据量很大,对爬虫服务器的性能要求非常高。通用网络爬虫的框架包括五部分:调度器、URL管理器、网页下载器、网页解析器和应用程序。其中调度器主要负责调度并协调URL管理器、网页下载器、网页解析器的工作,相当于计算机的CPU;URL管理器存储有待爬取的URL地址和已经爬取的URL地址,可通过内存、缓存数据库、数据库三种方式实现,主要用于避免重复抓取和循环抓取;网页下载器的输入是URL地址,输出是网页转换的字符串;网页解析器用于将下载好的网页进行解析,提取网页中的有用信息。

(2) 聚焦网络爬虫

聚焦网络爬虫,又名主题网络爬虫,是指聚焦到特定主题目标网站或页面的特定信息进行爬取的网络爬虫。聚焦网络爬虫一般由初始网络地址、页面爬取模块、爬取内容数据库、无关链接过滤、URL优先级排序等构成;如抖音、社保掌上通等各类App可以将聚焦网络爬虫的爬取主题设为"公民个人信息"来收集全站所有或特定的公民个人信息。和通用网络爬虫相比,聚焦网络爬虫仅需爬取与主题相关的页面,极大地减少了爬取量,故而能够节省硬件和网络资源。

(3) 增量式网络爬虫

增量式网络爬虫顾名思义是指对已下载的网页采取增量式更新,爬取时仅爬行新产生的或者发生变化的网页的一种爬虫方式。增量式网络爬虫一般包括爬行模块、本地页面 URL 集、待爬行 URL 集，其目的在于保持本地页面集中存储的页面为最新页面，可通过统一更新法、个体更新法、基于分类的更新法来实现上述目的。这种网络爬虫方式只会在需要的时候执行，比如新的页面产生或者原始页面更新，并不会对没有发生变化的网页进行重复下载，这样能够有效地减少网页数据下载量，减少时间和空间的浪费，但是该方法会增加爬行算法的复杂度，实现起来也更加困难。

（4）分布式网络爬虫

传统的单机网络爬虫系统在可扩展性和性能方面遇到瓶颈，网络数据的抓取需要并行化，分布式技术持续高速发展，分布式网络爬虫便应运而生。分布式网络爬虫就是通过多个单机爬虫系统的有效协作和配合，实现互联网数据的抓取。分布式网络爬虫是分布式处理框架和传统的单机网络爬虫的结合，由一组可以并发抓取网页信息的计算机应用程序组成，根据制定的任务分配机制，每一个爬虫任务都会分配给集群中的一台计算机，每台计算机的爬虫程序都能独立执行爬虫任务，互不干扰，故而分布式网络爬虫具有高效、存储量大、成本低、扩展性好等特征。

另外，按照网络爬虫技术的爬取策略，可分为深度优先爬行策略、广度优先爬行策略、大站优先策略、反链策略、网页更新策略、用户体验策略、历史数据策略等；爬取顺序对通用网络爬虫来说作用并不明显，但是对其他爬虫非常重要，比如聚焦网络爬虫，爬虫爬取的顺序影响到无关 URL 链接地址过滤和 URL 优先级排序，严重影响到爬虫的效率和优劣。深度优先爬行策略爬取时会将网页的下层链接依次进行深入爬取，达到边际时返回上一个节点再横向进行链接爬取；大站优先策略是会优先爬取网页数量更多的大站；反链策略是优先爬取反向链接数更多的网页；网页更新策略是增量式网络爬虫经常采用的策略，是根据网页更新的速度和同类网页更新频率等进行区别和分类的，爬取网站的频率与网站更新的频率越接近，无效损耗越小。

按照网络爬虫技术的运用方式又可分为善意爬虫和恶意爬虫。善意爬虫在对网页爬取的过程中，通常会告知对方其身份。每隔一段时间就会对互联网上的网页访问一遍，供大家查阅、浏览。各个被访问的网站都是支持这种访问的，因为这能大大增加网站的曝光率。恶意爬虫通常会伪装身份去爬取信息或者无视 Robots 协议的限制而任意爬取。

在实际应用中，网络爬虫系统通常是由几种爬虫技术相结合实现的。开发网络爬虫的常见语言有 Python、Java、Node.js 等，不同语言的爬虫运行模式也不尽相同。常见的网络爬虫工具包括分布式互联网爬虫工具、Java 互联网爬虫工具、非 Java 互联网爬虫工具。

2. Robots 协议

为了应对恶意爬虫带来的风险,网站摸索出了各种反爬虫协议来限制其访问权限,从而保护用户个人隐私并保证平台正常运行,其中应用最广泛的就是 Robots 协议。Robots 协议的全称是"网络爬虫排除标准",是一个行业内的技术规范,并非法律层面上的协议,也非法律意义上的合同,是互联网界通行的道德规范,并不会对爬取数据的行为产生技术上的约束。网站以符合协议的 robots.txt 文件让搜索引擎明白允许的爬取范围,robots.txt 文件的基本语法是:User-agent 代表搜索引擎蜘蛛的名称,Disallow 代表不允许访问的内容。以百度首页的 Robots 协议为例,在 www.baidu.com 后输入/robots.txt 即可查看。robots.txt 文件是搜索引擎访问网站时要查看的第一个文件,它会限定网络爬虫的访问范围。当爬虫访问站点时,首先要确认站点根目录下 robots.txt 文件是否存在。如果该文件存在,那么网络爬虫就会按照该文件中的内容来确定访问的范围;如果该文件不存在,那么所有的网络爬虫就能够访问网站上所有没有被密码保护的页面。

(二)群智感知设备数据采集技术

1. 群智感知概念

群智感知指的是一种能够利用个体或者社区共同感知信息来形成知识片段的新的感知模式,它将大量用户携带的智能移动终端、车载传感器、可穿戴设备等作为基本的感知单元,然后与互联网协作,实现感知任务的分配和感知数据的收集及利用,充分利用这些数据信息,可以完成相应的城市和社会感知任务。

群智感知系统主要由感知用户、感知平台以及任务请求者三个部分组成,如图 1-2 所示。感知用户既是感知任务的执行者也是感知设备的携带者,其通过携带的感知设备,根据感知平台发布的任务,采集相应的感知数据并通过互联网上传到感知平台,具体为,当感知用户与感知平台实现位置共享后,接受感知平台分配的感知任务,并到指定地点采集数据。最后,将数据上传到感知平台,从而获得与数据质量相匹配的报酬。感知平台是感知用户与任务请求者之间的媒介,通常由一台或多台靠近感知用户的数据微中心构成,在接收到任务请求后,感知平台可以采用恰当的激励机制以促使更多感知用户参与任务,同时,感知平台也能通过数据挖掘、机器学习等技术将感知用户上传的数据进行分类、聚合和关联,然后,执行与任务请求者的数据交易操作。任务请求者是感知数据的需求者,其通过与感知平台交互,完成感知数据的安全交易,任务请求者可以是云服务器,其向感知平台发送任务请求后等待感知平台的响应,接下来任务请求者会分析与感知平台交易所得到的感知数据,挖掘其中的价值信息，最终为智慧城市的设施建设、环境检测、交通监控等提供一系列的感知服务。

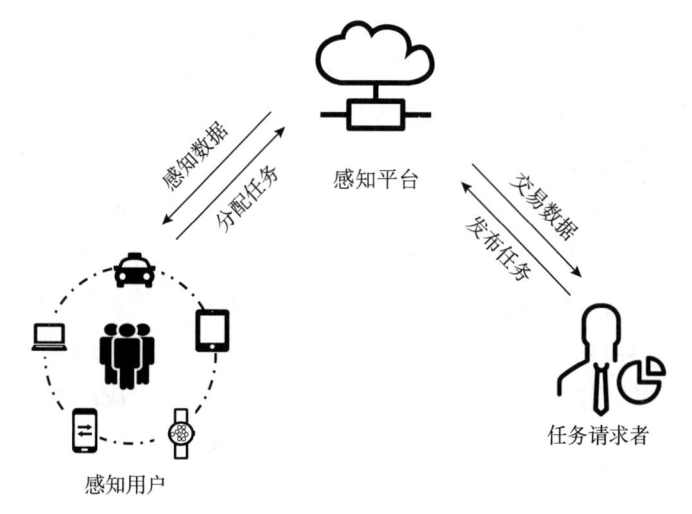

图 1-2 群智感知系统

群智感知系统的数据传输及任务执行流程为：首先是任务请求者发布任务请求至感知平台，感知平台接收到任务请求后，在感知平台上发布任务并招募感知平台上的用户来参与该感知任务。此时，感知平台通常要求参与感知任务的用户提供真实位置，然后再根据用户的真实位置与任务位置的距离来优化任务的分配。接下来，接收到感知任务的用户利用其随身携带的移动设备作为感知单元，到指定位置采集任务请求者所需的感知数据，然后通过互联网将采集到的感知数据传输给感知平台。感知平台对接收到的感知数据进行聚合处理，然后与任务请求者进行数据交易。任务请求者对交易的数据进行分析后，将分析结果反馈至个人或组织，完成本次群智感知服务。群智感知虽然能收集到大量数据，但是通过群智感知收集到的数据通常具有以下三个方面的问题：

1) 杂乱性。由于参与群智感知的用户能力以及用户所持有的感知器五花八门，各用户采集到的感知数据在质量上也不相同，从而提交给感知平台的感知数据也会呈现一定的杂乱性。

2) 异构性。由不同用户执行的同一个感知任务，每一个用户使用的感知器可能均不相同，对应采集到的感知数据的格式也会存在区别。比如：文本格式、图像格式和视频格式等。

3) 碎片化。对于同一个感知任务，用户在执行任务时，观察的角度会有变化，这就导致用户提交的感知数据呈现出碎片化的特性。

2. 群智感知的应用

感知数据的来源非常广泛，例如智能手机，其包含多种传感器，用户可以通过智能手机收集周边环境数据,也可以通过智能手机分享自己的位置、图片以及其他任何想分享的数据,在这样的参与式感知系统中,用户不仅是数据的消费者,也是数据的贡献者,参与群智感知活动的用户利用其持有的智能设备,通过无处不在的无线网络形成了较为灵活的传感网络,能够为大规模任务请求者提供可靠的数据服务。与传统的固定部署感知模式相比,群智感知具有感知范围广、感知规模大、维护成本低等优点,其在一定程度上推动了智慧城市的建设,实现了"万物互联、智慧互通"的目标,其在智慧交通、环境监测以及社会服务等方面有着广泛的应用前景。

在智慧交通方面,主要包括道路拥堵、铁路修建等路况检测,基础设施建设,智能寻找停车位以及实时交通监控等方面的应用,通过利用移动设备收集路况信息,将处理后的信息反馈给用户,从而为用户提供出行路线建议。例如,使用 GPS 和车门超声波传感器检测空停车位,并共享检测结果,从而方便用户寻找空车位;通过用户收集公交车乘客周围的环境信息,并利用其来估算公交车的行驶路线,预测公交车可能到达各个车站的时间,可以避免用户长时间的无效等待;PAS(Prediction-based Actuation System)通过群智感知预测城市中潜在的车辆路线和乘车请求的概率,在有限的预算下实现最优的感知覆盖质量,为智慧城市中的拼车服务提供一个低成本、易维护的驱动系统。

在环境监测方面,主要包括借助移动设备及其互联的智能终端进行数据采集。例如,利用携带智能手机的移动人群采集空气污染数据,任务请求者负责收集和聚合数据,最终绘制出空气污染地图;利用多种类型传感数据的内在关联,降低数据获取成本并提高推断结果的有效性,达到只需要通过收集一部分地区的数据就能推断出其他地区的环境信息;基于群智感知研发的校园噪声检测与渲染系统,由移动客户端与任务请求者进行交互,最终完成噪声检测和噪声地图绘制等任务。

在社会服务方面,采用群智感知技术实现社交网络、社会感知等的应用。通过社交网络,用户可以分享关于自己的感知信息,分析比较这些感知信息,加深对自己的行为习惯的了解,然后从社交网络获取有益于自己的知识,从而改善自己的行为习惯。例如,提供基于位置的好友推荐服务,利用海量感知设备建立物与人之间的通信网络,促使物联网发展为社交物联网。又如,用户将自己吃的食物拍照,上传至社区共享自己的饮食习惯,并与社区内的其他成员进行比较和分享,典型的应用是用在糖尿病患者的饮食控制上,可以使社区内的糖尿病患者了解其他糖尿病患者的饮食习惯,从而监督自己的饮食情况,或者为其他人提供饮食建议。另外,用户也可以在社交网络中设置隐私和安全等级,选择与其他用户交互,从而扩展用户的社交网络。

(三) 中间件技术

1. 中间件的概念

客户机/服务器的概念已经流行了很多年，随着各类应用的更新换代以及新应用的不断增加，各应用端也面临着相当多的问题，比如：跨硬件平台、跨网络环境、跨数据库之间的数据交互、兼容性、传输可靠性等问题，这使得传统的系统软件或工具软件所提供的功能不能满足当下的需求。在这种情况下，伴随着分布式应用的快速发展，中间件这一新兴技术也悄然兴起，中间件的产生，极大地减轻了开发者的负担，使得网络的运行更有效率。

中间件是介于操作系统和在其上运行的应用程序之间，且具有标准协议与接口的通用软件，其架构如图1-3所示。中间件从本质上来说是隐藏转换层，它能够实现分布式应用程序的通信和数据管理，通过中间件，用户可以在Web浏览器中提交表单、从Web服务器中获取用户请求的动态页面等。中间件作为一种独立的系统软件或服务程序，具备服务支撑和数据传递的功能，其向下可以实现协议适配和数据集成，向上可以提供数据资源和服务接口，上层应用基于中间件可实现在不同的技术之间进行资源共享操作。中间件可以连通两个独立应用程序或者两个独立系统，即使应用程序或系统具备不同的接口，也可以通过中间件实现信息交换，也就是说通过中间件能够实现通常意义上的跨平台信息交互。

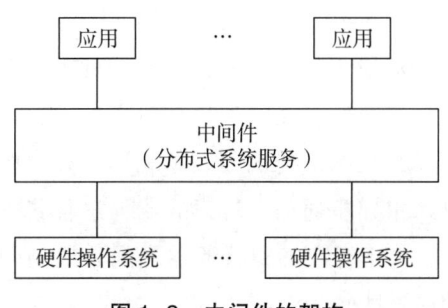

图1-3 中间件的架构

简单来说，中间件是一类连接软硬件部件和应用程序的计算机软件，它包括了一组服务，这些服务的组合能够方便运行在一台或多台机器上的多个软件通过网络进行交互。中间件通常是在网络层或传输层之上工作，不依赖底层通信服务，这一特性使得中间件能够解决跨应用、跨系统的数据传输问题，实现基于互连的应用程序间的交互操作。

中间件的主要特点包括：一是可以承载大量的、多种用途的应用；二是支持在多种硬件和操作系统平台上运行；三是支持分布式计算，支持跨网络、跨软硬件的透明性交互服务；四是支持多种标准协议和标准接口。

2. 中间件的分类

中间件是独立的系统级软件，连接操作系统层和应用程序层，为不同操作系统提供应用的接口标准化，协议统一化，屏蔽具体操作的细节，中间件一般提供通信支持、应用支持、公共服务等功能。中间件的种类繁多，每种中间件都有其自身的技术体系和操作原理，但是，无论是哪种中间件，它都具有两个基本特征：一是中间件需要提供能与应用程序对接的接口；二是必须采用以客户机/服务器方式为基础的分布式体系。从宏观上来看，中间件可以分为三大类，包括：用于数据的存取、利用和增值的数据类；把分布在网络节点上的各应用连接起来，形成统一的分布式应用的处理类；支持构建式应用的分布式构建类。三大类的中间件又可以细化为如下几类：

1）事务处理中间件。事务处理中间件是当前使用最广泛的中间件之一，其主要功能是提供联机事务处理所需要的通信、并发访问控制、事务控制、资源管理、安全管理、负载平衡、故障恢复和其他必要的服务。该中间件介于客户机和服务器之间，可以进行事务管理与协调、失败恢复、负载均衡等，从而提高系统的整体性能。事务处理中间件为发生在对象间的事务处理提供可靠的运行环境，其支持大量客户进程的并发访问，具有极强的扩展性。基于事务处理中间件的高可靠性、强扩展性，该类中间件可应用在电信、金融、证券以及飞机订票系统等客户量大的领域。

2）过程式中间件。过程式中间件又称远程过程调用（RPC）中间件，RPC机制是分布式系统常采用的请求和应答协议，RPC扩展了过程语言中的"功能调用/结果返回"机制，使其得以在远程环境中适用。过程式中间件可从逻辑上分为两部分：客户机和服务器，客户机和服务器既可以在同一计算机上运行，也可以在不同的计算机上运行，客户机和服务器底层的操作系统也可以不相同。客户机和服务器之间的通信可以采用同步通信，也可以采用异步通信。可以看出，过程式中间件具备较好的异构支持能力，简单易用，但是，由于客户机和服务器之间采用访问连接，所以在容错性和易剪裁性等方面有一定的局限性。

3）面向消息的中间件。面向消息的中间件简称消息中间件，是一类以消息为载体进行通信的中间件。消息中间件利用高效可靠的消息传递机制进行与平台无关的数据交流，并基于数据通信进行分布式系统的集成。从通信模型的角度来说，消息中间件的通信模型可分为两种类型：消息队列模型和消息传递模型。这两种模型可以使不同程序之间的通信和网络的复杂性脱离，程序将消息放入消息队列或从消息队列中取出消息以进行通信，比如：维护消息队列、处理网络的重新启动等属于消息中间件的任务，程序不直接与其他程序对接，故而也不必同时运行通信程序；可以摆脱对不同通信协议的依赖，从而在复杂的网络环境中实现可靠性高、效率高的安全通信。此外，消息中间件既可以支持同步通信，又可以支持异步通信，实际上是一种点到点的机制，因此消息中间件能够适用于面向对象的编程方式。

4）面向对象的中间件。面向对象的中间件又称分布对象中间件，简称对象中间件，是分布式计算技术和面向对象技术的结合。对象中间件的目标是为软件用户及开发者提供一种应用级的即插即用的互操作性，类似于现在使用的扩展板、集成块等。对象中间件给应用层提供各种各样的通信服务，通过这些服务，上层应用实现对分布式数据的访问以及进行事务处理。对象中间件提供标准的构件框架，使得不同软件之间通过不同的网络、地址空间和操作系统进行交互访问。与单纯的客户机/服务器的结构相比，对象中间件可以为用户提供与其他分布式网络环境中对象通信的接口。OMG 组织是分布对象技术标准化方面的国际组织，它制定了 CORBA 等标准。

5）应用服务器中间件。传统的应用系统是两层结构，不能很好地满足快速开发构建、处理大量并发事物、扩展性等方面的要求，三层/多层应用模式便应运而生，其将应用划分为表示层、业务逻辑层、数据层等，业务逻辑层又可进一步划分。而为了方便地开发、部署、运行上述多层结构的应用，则需要以 Web 的底层技术为基础，构建一个整体的应用框架，提供支撑平台，该平台便是应用服务器中间件。应用服务器中间件是软件的基础设施，通过构件化技术可以将应用软件整合到一个确定的协同工作环境中，且能够提供多种通信机制以及开发管理功能。

（四）ETL 技术

ETL 即数据抽取、转换和加载的过程，其用于数据库中的数据采集，一个简单的 ETL 架构如图 1-4 所示。ETL 的目的是进行数据整合，将原有的分散、标准不一致的数据进行标准化处理，以便于后续的数据分析及处理。

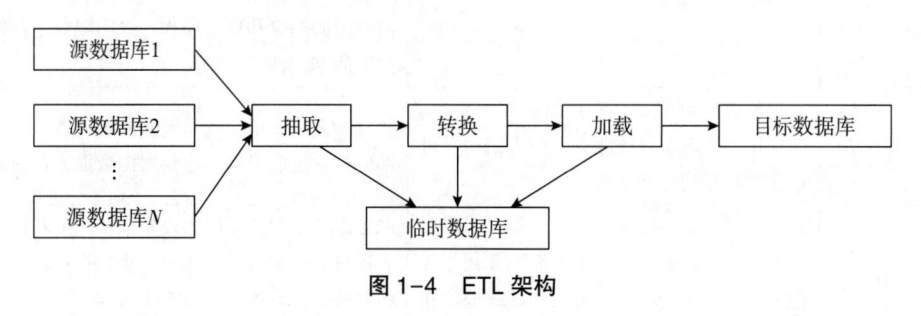

图 1-4 ETL 架构

从图 1-4 中可以看出，ETL 主要负责将分散的、异构数据源中的数据抽取到临时数据库后，进行清洗、转换、集成等操作，最后加载到目标数据库中，这些数据可以作为后续联机分析处理的输入数据，为数据挖掘提供数据支撑。下面详细介绍 ETL 技术的各个工作过程。

1. 数据抽取

数据抽取本质上就是数据采集，也就是从数据源中抽取数据的过程，且由于大部分数据都是存放在数据库中，所以数据抽取实际上是从数据库中抽取数据的过程。一般来说，数据抽取可分为全量抽取和增量抽取。

全量抽取类似于数据迁移或数据复制，指的是对源系统中的数据不加以筛选的全盘抽取，并转换成自己的 ETL 工具可以识别的格式。由此可见，全量抽取不需要进行过多的复杂处理流程，抽取过程直观且简单，但是全量抽取在每次抽取时均会抽取所有数据，包括之前已经抽取过的数据，这会导致大量的冗余数据，且抽取时间相对较长，在这种情况下，增量抽取被社会各界所关注。

增量抽取指的是只抽取前次抽取之后发生变化或者新增的数据。增量抽取的关键在于如何捕获变化的数据，常见的增量抽取方法包括：日志比对方法、时间戳方法、触发器方法、全表比对方法。四种增量抽取方法的优缺点比较如表 1-3 所示。

表 1-3 增量抽取方法的优缺点比较

增量抽取方法	优点	缺点
日志比对方法	不需要修改业务系统表结构，源数据抽取清楚，速度较快，可以实现数据的递增加载	日志表维护需要由业务系统来完成，需要对业务系统业务操作程序做修改，记录日志信息，日志表维护较为麻烦，对原有系统有较大影响，工作量大，改动较大，有一定的风险
时间戳方法	ETL 系统设计清晰，源数据抽取相对清楚简单，可以实现数据的递增加载，性能也比较好	时间戳维护需要由业务系统完成，由于其需要加入额外的时间戳字段，故而对业务系统有很大的侵入性，特别是对不支持自动更新时间戳的数据库，还要求业务系统进行额外的更新时间戳操作；另外，该方法无法捕获对时间戳以前数据的删除和更新操作，故而限制了其数据抽取的准确性
触发器方法	数据抽取的性能高，ETL 加载规则简单，速度快，不需要修改业务系统表结构，可以实现数据的递增加载	触发器方法要求业务系统建立触发器，对业务系统有一定的影响，容易对源数据库构成威胁
全表比对方法	对原有系统的表结构不产生影响，不需要修改业务操作程序，所有抽取工作由 ETL 完成，管理维护统一，可以实现数据的递增加载	ETL 比较复杂，设计比较复杂，速度较慢，全表比对方式是被动地进行全表数据比较，性能相对较差，且当表中没有主键或唯一列且含有重复记录时，该方式的准确性也比较差

1) 日志比对方法是通过分析数据库自身的日志记录来判断发生变化的数据。以 Oracle 数据库为例，该数据库具有改变数据捕获的特性，该特性能够帮助用户识别出上次数据抽取任务之后发生变化的数据，利用数据库的该特征，当对源表执行插入、更

新或者删除等操作时，变化的数据就会被提取出来，并保存在数据库的变化表中，然后以数据库视图的方式将变化的数据提供给目标数据库。

2）时间戳方法是一种基于快照比较的变化数据捕获方式，通过在源表上增加一个时间戳字段，系统中更新或修改数据的时候，时间戳字段的值也被同时修改。在需要进行数据抽取时，通过比较上次抽取时间与时间戳字段的值来决定哪些数据需要被抽取。有的数据库支持自动更新时间戳，即当存在数据发生变化时，自动更新时间戳字段；当然，也有一些数据库不支持自动更新时间戳，在这种情况下，当存在数据更新或修改时，就需要手工更新时间戳字段。

3）触发器方法就是在抽取的表上建立需要的触发器，一般要建立插入、修改、删除三个触发器，若源表中的数据发生变化，相应的触发器就会将变化的数据写入一个临时表中，此后数据抽取线程会从该临时表中进行数据抽取操作，且会标记或者删除临时表中已经抽取过的数据。

4）全表比对方法首先要为要抽取的表建立一个结构类似的临时表，该临时表记录源表主键以及根据所有字段的数据计算出来的校验码，每次进行数据抽取时，对源表和临时表的校验码进行比对，如有不同，进行更新操作，若目标表没有该主键值，表示还没有该记录，则进行插入操作。

2. 数据转换与加载

由于抽取后的数据会存在数据格式不一致、数据不完整或者数据输入有误等问题，也就是说抽取出来的数据不一定会完全满足目标数据库的相关要求，故而需要对抽取到的数据进行转换，一般以组件化的形式进行数据转换操作。目前，常见的数据转换组件包括字段映射、数据清洗、数据过滤、数据合并、数据拆分、数据加密、数据解密等，各转换组件可以任意组合或排序，其数据共享通过数据总线实现。

数据加载通常是 ETL 过程的最后一步，指的是将转换后的数据加载至目标数据库中。常见的数据加载方式有刷新方式和更新方式两种。刷新方式指的是经过一定的时间间隔对目标数据库进行批量重写的方式，即当目标数据库已经完成初始化时，每隔一定的时间对目标数据库执行一次刷新，此时目标数据库原有的数据就会被新写入的数据完全覆盖。更新方式指的是将变化的新记录写入目标数据库的方式，该方式不会替换或者删除目标数据库中原有的数据，故而加载时耗时更少。

第二节 大数据处理技术

大数据处理技术是指对大量的数据进行高效、高速、高附加值的处理技术，大数据处理技术可以从海量数据中获取有价值的信息。大数据处理技术涵盖了对数据的计算机处理技术，具体包括数据加密技术、数据脱敏技术、敏感数据识别技术、数据标记技术以及数字水印技术等。本节从大数据处理技术的概念入手，对大数据处理技术进行简要剖析，最后聚焦至大数据处理的关键技术。

一、大数据处理技术概述

根据数据源的信息和分析目标不同，大数据的处理可以分为离线处理/批量处理和在线处理/实时处理两种模式。所谓离线处理/批量处理，是指数据积累到一定程度后再对其进行批量处理，这多用于事后分析，如分析用户的消费模式；所谓在线处理/实时处理，是指数据产生后立刻进行分析，如用户在网络中发布的微博或其他消息。这两种模式的处理技术完全不一样。比如，离线模式需要强大的存储能力配合，分析先前积累的大量数据时所容许的分析时间也相对较长；在线分析要求实时计算能力非常强大，容许的分析时间也相对较短，基本要求在新的数据到达前处理完前期的数据。这两种分析模式催生了目前两种主流的平台：Hadoop 和 Storm，前者是强大的离线数据处理平台，后者是强大的在线数据处理平台。

（一）Hadoop 离线数据处理平台

Hadoop 是 Apache 软件联盟的一个项目，是一个集处理、存储和分析海量的分布式、非结构化数据于一身的开源框架。Hadoop 最初是由雅虎的 Doug Cutting 创建的，开发语言是 Java，跨平台特性优良，且可以部署在低廉的计算机集群中。Hadoop 具有优良特性，且应用广泛，几乎所有主流厂商都围绕 Hadoop 提供开发工具、开源软件、商业化工具和技术服务，比如：雅虎、谷歌、微软、思科、百度、华为、淘宝、中国移动、网易等都支持 Hadoop，其中淘宝的 Hadoop 集群相对较大。Hadoop 是公认的行业大数据标准开源软件，其可在分布式环境下实现海量数据的处理，主要应用在对实时性要求不高的应用场景。Hadoop 框架中最为核心的设计就是 HDFS、MapReduce 和 Hbase。

HDFS 指的是 Hadoop 分布式文件系统，其被设计成适合运行在通用硬件上的分布式文件系统，HDFS 在最开始是作为 Apache Nutch 搜索引擎项目的基础架构开发的。它和现有的分布式文件系统有很多共同点，但也存在明显的区别。HDFS 适合部署在低廉的硬件设备上，是一个容错性非常高的系统，且其能提供高吞吐量的数据访问服务，十分适合在大规模数据集上应用。

MapReduce 是一种并行编程模型，用于大规模数据集的并行运算。概念 Map（映射）和 Reduce（归约），以及它们的主要思想大部分是从函数式编程语言里借鉴的，当然也从矢量编程语言里借鉴了一些特性。当前的软件实现主要包括：首先指定一个 Map 函数，用来把一组键值对映射成一组新的键值对，然后指定并发的 Reduce 函数，用来保证所有映射的键值对中的每一个共享相同的键组。MapReduce 能够极大地方便不会分布式并行编程的编程人员，将自己的程序运行在分布式系统上。

HBase 是一个针对结构化数据的可伸缩、高可靠、高性能、分布式和面向列的动态模式数据库。和传统关系数据库不同，HBase 采用了 BigTable 的数据模型，该模型增强了稀疏排序映射表（Key/Value），其中，键由行关键字、列关键字和时间戳构成。在访问时，仅能通过主键（Rowkey）和主键的范围（Range）来检索数据，且 HBase 仅支持单行事务。此外，HBase 提供了对大规模数据的随机、实时读写访问，同时，HBase 中保存的数据可以使用 MapReduce 来处理，它将数据存储和并行计算完美地结合在一起。

Hadoop 的应用范围比较广，分布在各个领域：1）在线旅游：目前全球范围内 80% 的在线旅游网站都在使用 Cloudera 公司提供的 Hadoop 发行版，其中 SearchBI 网站曾经报道过的 Expedia 也在其中；2）移动数据：Cloudera 公司的运营总监称，美国有 70% 的智能手机数据服务背后都是由 Hadoop 来支撑的，也就是说，包括数据的存储以及无线运营商的数据处理等，用的都是 Hadoop 技术；3）电子商务：这一场景应该是非常确定的，eBay 就是最大的实践者之一，国内的电商在 Hadoop 技术上也是储备颇为雄厚的；4）能源开采：美国 Chevron 公司是全美第二大石油公司，其 IT 部门主管介绍了 Chevron 公司使用 Hadoop 的经验，他们利用 Hadoop 进行数据的收集和处理，其中一些数据是海洋的地震数据，以便于他们找到油矿的位置；5）节能：能源服务商 Opower 公司也在使用 Hadoop，为消费者提供节约电费的服务，其中包括对用户电费进行预测分析；6）基础架构管理：这是一个非常基础的应用场景，用户可以用 Hadoop 从服务器、交换机以及其他的设备中收集并分析数据；7）图像处理：创业公司 Skybox Imaging 使用 Hadoop 存储并处理图片数据，从卫星拍摄的高清图像中探测地理变化；8）诈骗检测：这个场景用户接触得比较少，一般金融服务或者政府机构会用到，利用 Hadoop 存储所有的客户交易数据，包括一些非结构化的数据，能够帮助机构发现客户的异常活动，预防欺诈行为；9）IT 安全：除了用于企业 IT 基础架构的管理之外，Hadoop 还可以用来处理主机生成的数据以便甄别来自恶意软件或者网络的攻击；10）医疗保健：医疗行业也会用到 Hadoop，像 IBM 公司的 Watson 就会使用 Hadoop 集群作为其服务的基础，当然也使用包括语义分析等高级分析技术。医疗机构可以利用语义分析技术为患者提供医护服务，并协助医生更好地为患者进行诊断。

（二）Storm 在线数据处理平台

目前，针对大规模流数据处理在商业互联网领域有成熟的解决方案和系统，其中 Storm 系统应用较多。Storm 是由 BackType 开发的实时处理系统。Storm 可以在一个计算机集群中方便地编写与扩展复杂的实时计算，保证每个消息都会得到处理，Storm 每秒可以处理数以百万计的消息。Storm 还可以使用任意编程语言，采用不同编程范式来做开发。

Storm 是一款具有分布式、容错特性的实时流计算系统。Storm 是复杂事件处理（CEP）系统的一个示例。CEP 系统通常分类为计算和面向检测，其中每个系统都可通过用户定义的算法在 Storm 中实现。举例而言，CEP 可用于识别事件洪流中有意义的事件，然后实时地处理这些事件。Storm 实现了一种数据流模型，其中数据持续地流经一个转换实体网络。一个数据流的抽象称为一个流（Stream），这是一个无限的元组序列。元组就像一种使用一些附加的序列化代码来表示标准数据类型（如整数、浮点和字节数组）或用户定义类型的结构。每个流由一个唯一 ID 定义，这个 ID 可用于构建数据源和接收器（Sink）的拓扑结构。流起源于喷嘴（Spout），喷嘴将数据从外部来源流入 Storm 拓扑结构中。接收器（或提供转换的实体）称为螺栓（Bolt）。螺栓实现了一个流上的单一转换和一个 Storm 拓扑结构中的所有处理。螺栓既可实现 MapReduce 之类的传统功能，也可实现更复杂的操作（单步功能），如过滤、聚合或与数据库等外部实体通信。典型的 Storm 拓扑结构会实现多个转换，因此需要多个具有独立元组流的螺栓。其中，螺栓可将数据传输到多个螺栓，也可接收来自多个来源的数据。可使用 Storm 为词频轻松地实现 MapReduce 功能。喷嘴生成文本数据流，螺栓实现 Map 功能，即令牌化一个流的各个单词。来自 Map 螺栓的流流入一个实现 Reduce 功能的螺栓中，即已将单词聚合到总数中。

Storm 具有以下几个特点：1）编程模型简单：Storm 采用类似于 MapReduce 的开发模式，为用户提供流数据处理的并行框架，降低了实时流数据处理的复杂性；2）支持多种编程语言：在 Storm 之上可以使用多种编程语言，具体支持 Clojure、Java、Ruby 和 Python 等语言，且如需要增加对其他语言的支持，仅需实现一个简单的 Storm 通信协议便可；3）高容错性：Storm 会管理工作进程和节点的故障，并快速恢复；4）水平可扩展性：计算任务分布在多个线程、进程和服务器之间并行进行；5）可靠的消息处理：Storm 能保证每个消息至少得到一次完整的处理，当任务失败时，它能负责从消息源重试消息；6）快速性：系统的设计保证了消息能得到快速的处理，其底层使用消息队列机制，在一个 Storm 系统中有两类节点，即一个主节点 Nimbus、多个从节点 Supervisor，并由三种运行环境——Master、Cluster 和 Slaves 构成；7）本地模式：Storm 有一个"本地模式"的设计，通过"本地模式"，能够在处理过程中完全模拟 Storm 集群，方便用户快速开发和测试系统。

Storm 为分布式实时计算提供了一组通用原语，可被用于"流处理"之中，实时处理消息并更新数据库，同时兼具容错性和可扩展性。Storm 也可被用于"连续计算"中，对数据流做连续查询，并在计算时将结果以流的形式输出给用户，例如在电子商务网站上实时搜索得到商品信息等。它还可被用于"分布式 RPC"中，以并行的方式运行昂贵的运算，其拓扑结构是一个等待调用信息的分布函数，当它收到一条调用信息后，会对查询进行计算，并返回查询结果。

二、大数据处理关键技术

（一）数据加密技术

数据加密技术是以密码技术为基础对数据进行编码转化的保护方法，是网络安全和数据安全领域的通用关键技术，目的是防止第三方窃取、伪造和篡改原始数据。在网络安全领域，加密技术一般用于静态文件加密、数据库加密以及数据传输加密等场景，解决的是信息系统的边界防护和传输通道安全问题；在数据安全领域，加密技术用于满足数据全生命周期的存储、应用、共享流通等各个环节的安全需求，并兼顾数据安全性与可用性的平衡。

随着数字经济的高速发展，应用领域日趋复杂多样，传统加密技术的效率、强度、灵活性等无法满足多变的业务需求。因此，一方面，随着数据共享流通场景保护需求的不断增加，数据加密技术从静态数据加密向动态数据加密扩展。在数据流转场景下，数据加密操作需要嵌入业务流程中，并且要根据细化的访问控制需求，提供多场景细粒度的加密策略和密钥管理方法。另一方面，目前数据加密技术因为新兴领域的需求不断变化，而产生新的演进方向。以云计算环境为例，数据拥有者的敏感数据在云端以加密形式存储，而在数据使用和共享过程中，由于数据拥有者对云端不完全信任，不能将解密密钥发送到云端，由云端解密后再进行应用和共享，这给数据拥有者的数据共享业务开展带来不便。因此，云环境下的密文检索、代理重加密、密钥协商等技术应运而生。其中，代理重加密技术使得云端可以直接将密文转化为可用另一方私钥解密的密文，既无须接触数据拥有者的敏感数据，又可满足数据共享的需求。目前，基于身份和属性的代理重加密技术在可重复性、非交互性、单向性、可验证性等方面相对成熟，基于区块链的代理重加密技术刚刚起步。

数据加密技术包括密码算法设计、密码分析、安全协议、身份认证、消息确认、数字签名、密钥管理、密钥托管等技术，是保障信息安全的核心技术。这项技术主要包括了两大关键技术：加密算法的研究与设计和密码分析（或密码破译）。设计密码和破译密码的技术统称为密码学，密码设计的方法有多种，按现代密码体制可分为两类：对称密钥密码系统和非对称密钥密码系统。

网络数据库在计算机网络信息案例中，是数据加密技术应用的主要场景。数据加密技术的应用，可通过实时检测网络数据库内信息存储、录入情况，反馈计算机运行状态、病毒情况，保护网络信息安全。另外，数据加密技术能够在信息传递、存储中，强化数据库信息保护功能，其技术原理是采用差异化、针对性技术，将数据库内信息加密，并通过信息传输节点、终端信息加密，保障信息安全。在此期间，相关人员可在数据加密中，利用核心数据信息备份，给予网络信息全面保护。

互联网时代中，企业、平台用户所确立的商务模式，具有控制电子商务成本、优化商务活动形式等作用，对互联网经济增长意义重大。但是为确保电子商务活动有效性，突出商务活动价值，需通过实名认证、个人信息填写等方式，辅助活动开展。而数据加密技术可在用户手机号、身份证号、家庭信息填写中，通过密码设定维护预防用户信息泄露，减少用户个人信息泄露、财产损失风险。目前，计算机网络信息安全管理中，签名认证是数据加密技术应用的主要形式。签名认证中，涉及财务、数据信息时，可利用数字认证手段，使各单位、机构、企业信息能够顺利传递。同时能够为计算机网络用户提供更为可靠、安全的虚拟交易环境，且在交易、支付过程中，加密用户账务信息，以实现数据信息加密目标。

数据加工技术应用中，同样要求用户具备网络信息安全问题防范意识，严格按照计算机、网络平台要求，操作电脑、智能手机，以免因不法分子入侵，影响计算机整体安全性。运用数据加密技术，对计算机内部信息进行加密，进而在系统数据信息安全性能增强后，使用户数据信息可安全保存与传递。也能通过建立计算机防火墙，系统定期杀毒，加强计算机网络信息安全防护，消除信息泄露、流失隐患。

（二）数据脱敏技术

数据脱敏逐渐成为数据安全治理的重要环节，是应对大数据环境下数据安全流转要求的重要技术，为保障敏感数据安全、发挥数据价值提供了一种有效方式。数据脱敏技术可以在不泄露敏感信息的前提下保留数据源的可用性，是目前应用最多的数据安全保护技术手段。

数据脱敏技术的核心是脱敏算法的选择，目前脱敏算法主要分为如下三类：第一类是标准的加密算法，数据加密后完全失去业务属性，算法开销大，适用于机密性要求高、不需要保持数据业务属性的场景；第二类是基于数据失真的算法，一般不可逆，如随机干扰、乱序等，通过这种算法可以生成"看起来很真实的假数据"，适用于群体信息统计或需要保持数据业务属性的场景；第三类是置换算法，兼具可逆和保持数据业务属性的特点，可以通过位置变换、表映射、算法映射等方式实现。表映射方法应用起来相对简单，但是随着数据量的增大，相应的映射表同量增大，其应用具有局限性；算法映射不依赖映射表，通过预先设计的算法实现数据的变换，满足大规模数据映射的需求。在选择业务系统的脱敏算法时，可用性和隐私保护的平衡是关键，既要满足业务对数据可用性的需求，又要兼顾最小可用原则，最大限度地保护敏感信息。

数据脱敏技术对数据的处理基本经过五个过程，分别是元数据识别、脱敏数据识别、数据脱敏方案制定、任务执行及效果比对。元数据识别指的是数据脱敏平台将脱敏文本读入，脱敏平台可设置读入数据的行数，默认为文本格式，用户可自行设置间隔符号；同时若文本文件中默认不包含元数据头文件，用户可自行设置元数据名称与格式。脱敏数据识别过程是：经过元数据识别或设置后，文本脱敏的敏感数据识别与数据库敏感数据识别是相同的，均按照元数据描述及抽样数据本身的特点，使用系统的敏感数据扫描可识别出疑似敏感数据。定义脱敏方案也就是在疑似敏感数据的基础上，用户根据实际需求对需要脱敏的数据、脱敏规则进行设置，形成文本文件的脱敏方案。任务执行指的是设置脱敏后数据的目标（需支持到文件、到库）后，脱敏执行过程将数据抽取、处理、装载一次性完成。最后是效果比对，也就是脱敏后数据用户需在界面可见脱敏前后对比，对比的内容包括脱敏前数据条数、脱敏后数据条数等。

目前来看，数据脱敏技术应用模式成熟，随着对数据开发利用需求的不断增长，数据脱敏技术的应用将更加广泛。从技术实现方式的角度，数据脱敏可以根据应用场景的不同，分为静态数据脱敏（SDM）和动态数据脱敏（DDM）两种类型。静态数据脱敏技术一般是通过脱敏算法，将生产数据导出至目标存储介质，可以支持源库脱敏、跨库脱敏、数据库异构脱敏、数据库到文件脱敏、文件到数据库脱敏、文件到文件脱敏等场景，静态数据脱敏强调对原始数据集进行一次性的批量脱敏处理，通常应用于测试开发、委托处理或其他需要向非生产环境转移数据的场景。动态数据脱敏则更多强调数据脱敏的实时性，其通过解析 SQL 语句匹配脱敏条件，通过改写或拦截 SQL 语句，返回脱敏后的数据到应用端，可以支持实时运维管理、应用访问、数据查询和获取等场景。

（三）敏感数据识别技术

敏感数据识别技术的主要目标是识别和发现敏感数据，从而能够更有效地实施敏感数据保护，是精准数据安全防护的基础。敏感数据识别技术可以从海量的数据中发现敏感数据，帮助组织建立系统的敏感数据分布视图，同时提供替换、位移、哈希处理、标记化以及保留格式加密等脱敏算法，有选择性地对敏感数据进行脱敏处理，以防止敏感数据在内部使用、外部共享等环节的泄露。目前，敏感数据识别技术广泛应用于数据分类分级、数据安全监测、数据脱敏等技术产品中。

传统的敏感数据识别技术以关键字、数据字典和正则表达式匹配为主，其中，关键字匹配指的是以内容为单位，按关键字进行检查，多个关键字之间可以通过"与"和"或"的关系进行组合；对于英文关键字，可以忽略大小写，可以设定关键字的最低计数阈值，关键字匹配超过最低计数阈值，才产生新事件。数据字典匹配的重点在于字典构建，主要包括关键字、关键字对、关键字组等形式，进行复杂数据的匹配识别时，通常需要配合关键字权重、顺序、组合形式等多种其他参数使用。正则表达式匹配指的是对于符合某种规则的内容，可以抽象出正则表达式，然后按正则表达式对文字内容进行检查，通常应提供常见的正则表达式，如手机号码、身份证号码等。上述方法效率较低，准确率也不高。

传统的敏感数据识别方法辅以人工帮助可以适用于结构化数据的识别，但是随着数据量的剧增，数据格式更加丰富多样，传统的敏感数据识别技术对于非结构化数据难以适用，也无法满足结构化数据日益复杂的识别需求。在此需求驱动下，引入机器学习和自然语言处理等技术，可以在一定程度上自动生成识别规则，解决上述难题。目前常用的模型算法包括 HMM 模型、CRF 模型、BiLSTM 模型和 BiLSTM-CRF 模型等，但各类模型的运算开销比较大，还不能满足大规模应用的需要，算法的成熟度以及准确度也有待提升，智能数据识别技术应用并不广泛。未来，数据识别技术将倾向于将传统方法与智能化方法结合，兼顾识别覆盖率、效率与准确率，降低人工参与的比例，逐步向自动化、智能化演进。

敏感数据识别技术主要应用在文本、图像等非结构化数据类型中。敏感数据识别包括三类智能算法：一是基于相似度的数据识别，二是基于非监督学习的数据识别，三是基于监督学习的数据识别。在敏感数据识别时，识别内容不仅包括网络端口，还包括实际内容，包括确切数据的匹配、索引文档的匹配、指定内容的匹配、文件指纹的匹配以及结构化数据的匹配等。

(四) 数据标记技术

在人工智能领域，标记数据是一个非常重要的环节，指的是对原始数据进行标记和注释，以便机器学习算法可以利用这些数据，标记数据可以提高机器学习模型的准确性、可靠性和可解释性。通过对需要保护的数据增加标记信息，能够实现数据分类分级安全防护。目前，数据标记技术处于探索研究阶段，学术界对于数据标记技术的研究相对较少，主要根据标记数据的自动化程度，将数据标记技术分为：人工数据标记技术、半自动数据标记技术以及自动数据标记技术。产业界运用的数据标记技术也并不是一种特有的技术，而是将能够实现类似效果的技术应用到实际业务场景中，一般可以分为分离式和嵌入式两类。分离式标记即标记信息和原始数据分开，只建立两者间的映射关系，主要通过扩展元数据信息或数据库表结构、建立索引表等方式实现，适用于数据访问控制、加密等场景；嵌入式标记即将标记信息和原始数据融合形成新的带有标记信息的数据，主要通过密码标识、数字指纹、数字水印、数字隐写等技术实现，适用于数据审计和追溯等场景。常见的数据标记类型包括：矩形框标记、多边形标记、关键点标记、点云标记、3D立方体标记、2D/3D融合标记等。

数据标记技术可以应用在训练机器学习模型、自然语言处理、计算机视觉和语音识别、数据查询等任务中。例如，对于人脸识别，可以使用数据标记技术训练人脸检测和识别模型；对于自然语言处理，可以使用数据标记技术训练文本分类和情感分析模型；对于语音识别，可以使用数据标记技术训练语音识别模型；此外，数据标记技术应用在空间结构的半结构化数据查询模型中，主要体现在数据结构树中，在数据树中首先建立查询对象支路，在每条查询支路中安装编程接口，再通过文档接口映射形成一套数据查询模型集合，集合的运行是经过应用程序对查询文档的数据属性提取而实现的。

虽然数据标记技术已在产业界初步应用，但在企业落地过程中还存在一定困难。一方面，企业很难兼顾数据标记技术的适用性和应用成本。对于新建信息系统，企业可以按照场景需求和数据类型等选择适当的数据标记技术；但在对已有信息系统增加标记时，若需改变已固化的数据结构，投入成本较大，企业很难下决心做大规模的升级改造，只能退而选择对系统影响较小的标记技术。另一方面，如何实现全局场景下统一的数据标记也是企业全面落实数据分类分级管控过程中面临的难题。一般来说，企业内各系统标记信息各自独立且分散，可在各自应用场景中被识别、利用，但跨系统的异构标记信息传输和识别，仍是技术实现上的难题。当前，数据标记技术从通用、开源、免费、集中逐渐走向细分、定制、收费、分包，数据标记技术逐步走向了专业化、场景化、定制化，未来，数据标记技术仍需要学术界和产业界持续跟踪研究。

（五）数字水印技术

R. G. van Schyndel等人在1994年首次定义了数字水印技术，数字水印技术是永久镶嵌在其他数据（宿主数据或载体数据）中具有可鉴别性的数字信号或模式，且不影响宿主数据的可用性。除某些特殊要求外，水印信息一般要求是不可见的，并有相应的标准来评判其不可见性或透明性。数字水印技术的实现是将数据信息嵌入载体文件（例如图像、视频、音频、文本等）中，使水印信息跟踪载体文件的传播和修改，在接收端接收到水印文件后可以正确提取并恢复水印数据，读取相关的标识信息，并对其进行版权认证和防伪溯源。对数据水印的有效应用，有助于提升信息通信技术中用户的隐私保护水平。

数字水印技术发展至今，已经逐渐由传统的理论研究阶段发展到实际应用阶段，且为了增加其安全性，常与密码学相结合。数字水印中独立分量分析技术的有效应用，可实现让数字水印在无密钥状态下进行公开验证处理。数字水印技术最早主要应用于知识产权保护、票据防伪等场景，随着互联网的迅猛发展以及网络欺骗行为的频繁发生，人们越来越怀疑数据的真伪，对数据的真实性要求越来越高，数字水印技术恰巧可以应用到数据的隐藏标识和篡改提示、隐蔽通信及其对抗、数据追踪溯源等场景，为数据泄露追责、防止数据篡改等提供解决方案。目前，数据隐私保护中数字水印技术的应用较为常见，主要是在数据载体内采取难以发觉的方法进行标识信息的嵌入，并保证其数据信息的利用不受影响，该技术在数据保护领域中的应用效果较为理想。数据水印技术的应用需要以精度误差容忍、冗余信息存在为前提，且受数据动态性、无序性特征的影响，数据、文档的水印处理不同于多媒体载体。在实际使用数字水印时，可通过在水印中录入数据库指纹信息，实现对信息所有者的精准识别，或者是对信息分发对象的有效识别，据此，可在分布式环境中对信息泄密者进行识别和跟踪。

数字水印技术按照载体文件的类型可分为多媒体水印、网络模型水印等，网络模型水印旨在保护神经网络模型的版权，对模型进行溯源，防止模型的滥用，往往通过修改模型参数或者通过模型输入输出数据交互的方式嵌入水印信息。数字媒体在网络平台大量分享传输，最容易出现版权问题，因此以图像、视频、音频、文本为主的多媒体文件是水印研究者最关注的嵌入载体。一般情况下，文本水印方法包括以下几种：一是以结构微调为基准的文档水印技术，主要是通过对字符、字行间距等格式的差异控制来达到水印目的；二是以文本内容为主的水印技术，主要是采取文档内容修改的方式进行水印处理，如标点、空格调整；三是以自然语言为基准的水印处理，主要是以语义理解进行水印处理，如句式变化、同义词替换等处理方法。

按照应用场景的不同，数字水印技术又可以分为脆弱水印和鲁棒水印。脆弱水印往往对各种信号处理攻击非常敏感，因此提取端可以提取出脆弱水印以验证载体文件是否经受篡改，实现载体文件的内容验证。而鲁棒水印的特征与脆弱水印恰好相反，鲁棒水印算法必须在跟踪载体文件的同时抵抗各种信号处理攻击，在提取端能够正确提取水印并进行防伪溯源。

按照在提取端是否需要原始载体参与，可以将水印算法分为盲水印算法和非盲水印算法，非盲水印算法在提取端需要参照原始图像才能恢复出水印信息，但是在实际应用中，提取端往往无法得到原始载体图像，因此，无需原始载体图像的盲水印算法具有更广泛的应用场景和更大的研究价值。

按照嵌入域的不同，水印算法可以分为空间域水印算法和频域水印算法。空间域水印算法一般是直接对图像像素值进行修改以嵌入水印信息，算法简单，但是其针对信号更改的鲁棒性较差，因此越来越多的水印算法选择在频域执行。频域水印算法首先会将输入的载体图像转换到频域，然后将水印信息嵌入频域系数中。经常使用的频域变换包括离散傅里叶变换、离散余弦变换和离散小波变换等。其中，由于 JPEG 是目前应用最广泛的压缩格式，通过图像 DCT 变换后量化得到，因此 DCT 域水印算法也就成为目前研究最多的频域水印算法。

目前，数字水印技术在关系型数据库中的发展还不尽如人意，这是由于关系型数据库中的冗余空间很小，元组和属性都具有无序性及数据库自身经常需要更新操作等。此外，无论是在结构化还是非结构化数据应用场景下，数字水印技术在鲁棒性和抗攻击方面都存在一些共同的技术难题。例如：数字水印的鲁棒性和透明性如何兼顾，如何应对几何攻击等新的攻击方式。因此，水印鲁棒性提升和水印抗攻击方法是研究的重点方向。目前，学术界研究证明，人工智能方法的引入是提高水印算法鲁棒性和抗攻击性的有效途径。

(六) 隐私计算

隐私计算是"隐私保护计算"的中文简称，是面向隐私信息全生命周期保护的计算理论和方法，是隐私信息的所有权、管理权和使用权分离时隐私度量、隐私泄露代价、隐私保护与隐私分析复杂性的可计算模型与公理化系统。隐私计算具体是指在处理视频、音频、图像、图形、文字、数值、泛在网络行为信息流等信息时，对所涉及的隐私信息进行描述、度量、评价和融合等操作，形成的一套符号化、公式化且具有量化评价标准的隐私计算理论、算法及应用技术，支持多系统融合的隐私信息保护。隐私计算涵盖了信息搜集者、发布者和使用者在信息产生、感知、发布、传播、存储、处理、使用、销毁等全生命周期过程的所有计算操作，并包含支持海量用户、高并发、高效能隐私保护的系统设计理论与架构。

1. 隐私计算的典型技术

隐私计算并不是某一种计算方法的名称，而是对一系列具有隐私保护能力的计算方法的统称，如联邦学习、多方安全计算、机密计算、差分隐私、同态加密等。目前最具代表性、使用最广泛的隐私计算主要表现为三种技术路线：其一是以多方安全计算为代表的基于密码学的技术，即多个参与方基于密码学技术共同计算一个目标函数，保证每一方仅获取自己的计算结果，无法通过计算过程中的交互数据推测出其他任意一方的输入和输出数据的技术；其二是以联邦学习为代表的人工智能与隐私保护技术融合衍生的技术，即通过分布式学习的方式，由客户终端（使用方）从中央服务器下载预测模型，并将自有的数据投入模型中进行机器学习，同时将所更新的内容上传云端，预测模型针对各个终端所更新内容进行优化，客户终端再下载完善优化后的模型进行使用，过程不断重复，而数据始终存储于客户端避免泄露；其三是以可信执行环境为代表的基于可信执行环境的技术，即通过软硬件方法在中央处理器中构建一个安全区域，保证其内部加载的程序和数据在机密性和完整性上得到保护。

（1）多方安全计算

多方安全计算技术的核心思想是设计特殊的加密算法和协议，基于密码学原理实现在无可信第三方的情况下，在多个参与方输入的加密数据之上直接进行计算。

伴随着公钥密码技术的出现，作为密码学领域中的一个重要研究方向，多方安全计算由姚期智等人于20世纪80年代提出，以交互不可逆的密文数据的方式实现了对数据的安全保护，每个参与方不能得到其他参与方的任何输入信息，只能得到计算结果。后经 Oded Goldreich 等学者的众多原始创新工作，多方安全计算逐渐发展为现代密码学的一个重要分支。多方安全计算能够同时确保输入的隐私性和计算的正确性，在没有可信第三方的前提下通过数学理论保证参与计算的各方输入信息不暴露，同时能够获得准确的运算结果。

多方安全计算的实现包含多个关键的底层密码学协议或框架，主要包括不经意传输、混淆电路、秘密分享、同态加密等。不经意传输，也称茫然传输，提出了一种在数据传输与交互过程中保护隐私的思路。在不经意传输协议中，数据发送方同时发送多个消息，而接收方仅获取其中之一。发送方无法判断接收方获取了具体哪个消息，接收方也对其他消息的内容一无所知。

混淆电路，是一种将计算任务转化为布尔电路并对真值表进行加密打乱等混淆操作以保护输入隐私的思路。利用计算机编程将目标函数转化为布尔电路后，对每一个门输出的真值进行加密，参与方之间在互相不掌握对方私有数据的情况下共同完成计算。混淆电路是姚期智院士针对百万富翁问题提出的解决方案，因此又称为姚氏电路。秘密分享，也称为秘密分割或秘密共享，给出了一种分而治之的秘密信息管理方案。秘密分享的原理是将秘密拆分成多个分片（Share），每个分片交由不同的参与方管理。只有超过一定门限数量的若干个参与方共同协作才能还原秘密信息，仅通过单一分片无法破解秘密。

同态加密，是一类实现在基础加密操作之上的直接完成密文数据间运算的加密算法。数据经过同态加密后进行计算得到的结果与用同一方法在明文计算下得到的结果保持一致，即先计算后解密等价于先解密后计算。站在技术效果的角度，同态加密也是在无可信第三方的情况下，实现了"多个参与方共同完成一个约定函数的计算"，因此可以将同态加密归为多方安全计算的实现方案之一。但在经典的多方安全计算中，两方计算主要采用不经意传输与混淆电路结合的方案，三方及以上的计算则进一步结合了秘密分享，因此也有观点将同态加密视作一套基于密码学理论但独立于多方安全计算的隐私计算技术。

（2）联邦学习

联邦学习，又名联邦机器学习、联合学习、联盟学习、知识联邦、共享学习、联邦智能等。联邦学习是实现在本地原始数据不出库的情况下，通过对中间加密数据的流通与处理来完成多方联合的机器学习训练。联邦学习参与方一般包括数据方、算法方、协调方、计算方、结果方、任务发起方等角色。

联邦学习的本质是分布式的机器学习，在保证数据隐私安全的基础上，实现共同建模，提升模型的效果。对于基于数据隐私保护的分布式机器学习，早在 2012 年即有学者发表了相关研究成果，直到 2016 年谷歌率先提出联邦学习的概念，才逐步受到更广泛的关注。联邦学习的目标是在不聚合参与方原始数据的前提下，实现保护终端数据隐私的联合建模。根据数据集的不同类型，联邦学习分为横向联邦学习、纵向联邦学习与联邦迁移学习。横向联邦学习更适用于在特征重合较多，而样本重合较少的数据集间进行联合计算的场景。以样本维度（即横向）对数据集进行切分，以特征相同而样本不完全相同的数据部分为对象进行训练。谷歌在 2016 年提出的安卓手机模型更新数据联合建模方案就是利用单个用户使用安卓手机时，不断在本地更新模型参数并上传到安卓云上，从而使特征维度相同的各数据拥有方联合建模。纵向联邦学习更适用于样本重合较多，而特征重合较少的数据集间联合计算的场景。以特征维度（即纵向）对数据集进行切分，以样本相同而特征不完全相同的数据部分为对象进行训练。以同一地区的银行和电商为例，由于两个机构在特定地区的用户群体交集较大，因此可以对两个机构的不同维度的用户特征进行聚合以增强模型能力。联邦迁移学习则适用于数据集间样本和特征重合均较少的场景。在这样的场景中，不再对数据进行切分，而是利用迁移学习来弥补数据或标签的不足。以不同地区、不同行业机构之间进行联合建模为例，用户群体和特征维度的交集都很小，联邦迁移学习即用来针对性解决单边数据规模小、标签样本少的问题。此外，许多企业推出的共享学习、知识联邦、联邦智能等一系列技术大多以联邦学习为基础进行改进，目的仍然是实现多方数据的机器学习。联邦学习在国内隐私计算赛道得到了广泛的应用，如微众银行 FATE 开源平台，平安科技"蜂巢"、百度开源框架 PaddleFL、字节跳动 Fedlearner 平台。此外，一些隐私计算创业公司也在通过联邦学习技术的探索与应用，积极入局，如星云 Clustar。

（3）可信执行环境

可信执行环境的核心思想是构建一个独立于操作系统而存在的可信的、隔离的机密空间，数据计算仅在该安全环境内进行，通过依赖可信硬件来保障其安全。可信执行环境的概念源于 Open Mobile Terminal Platform（OMTP）于 2006 年提出的一种保护移动设备上敏感信息安全的双系统解决方案，在传统系统运行环境之外，提供一个隔离的安全系统用于处理敏感数据。2010 年 7 月，GlobalPlatform（致力于安全芯片的跨行业国际标准组织，简称 GP）起草制定了一整套可信执行环境系统的体系标准，成为当前许多商业或开源产品定义其各种功能接口的规范参考。可信执行环境的最本质属性是隔离，通过芯片等硬件技术并与上层软件协同对数据进行保护，且同时保留与系统运行环境之间的算力共享。目前，可信执行环境的代表性硬件产品主要有 Intel 的 SGX、

ARM 的 TrustZone 等，由此也诞生了很多基于以上产品的商业化实现方案，如百度 MesaTEE、华为 iTrustee 等。严格来讲，可信执行环境并不属于"数据可用不可见"，但其通用性高、开发难度低，在通用计算、复杂算法的实现上更为灵活，使得其在数据保护要求不是特别严苛的场景下仍有很多发挥价值的空间。

（4）多方中介计算

多方中介计算是由谭立、孔俊提出的一种新的隐私计算方法，是指多方数据在独立于数据方和用户的受监管中介计算环境内，通过安全可信的机制实现分析计算和匿名化结果输出的数据处理方式，是一个计算管理系统。在多方中介计算中，数据方的原始数据由其去标识化后输入中介计算环境或平台参与计算，完成计算后立即被删除，匿名化结果数据经审核后按指定路径输出。在多方中介计算的特定环境和规则下，信息数据的身份标识经过加密和标识化处理，因其算法具有不可逆性，故无法恢复为原始数据，满足了匿名化的一个要求，即不能复原数据。同时，由于这些去标识化的信息数据被封闭在特定受监管环境或平台中，客观上达到了匿名化的另一要求，即无法识别特定自然人。故被处理的数据实质可视同匿名化，不再属于个人信息，无须征得个人同意就可进入中介计算环境或平台参与计算。

由于技术路径的不同，各类隐私计算技术均有其更加适用的场景：多方安全计算技术不依赖硬件且具备较高的安全性，但是仅支持一些相对简单的运算逻辑；可信执行环境技术具备更好的性能和算法适用性，但是对硬件有一定依赖；联邦学习技术则可以解决复杂的算法建模问题，但是其性能存在一定瓶颈；多方中介计算具有数据可进不可出、可用不可控、数据匿名、算法透明、安全经济、可监管等重要特点，具有重大应用价值。

2. 隐私计算的应用场景

自 2018 年开始，隐私计算的技术和产品成熟度迅速提升，在我国加快培育发展数据要素市场、数据安全流通需求快速迸发的推动下，隐私计算应用场景进一步丰富，基于金融、互联网、政务、医疗等数据密集型行业开展落地实践，覆盖金融风控、精准营销、政务服务、保险定价、医疗健康等场景，探索数据资源开放共享，进一步释放数据价值。

（1）金融应用场景

金融行业作为数字化应用最为广泛的行业之一，在数据采集、生产、挖掘中有着丰富的积累与需求，数据价值贯穿于金融风控、营销、运营等全业务流程。随着数据合规、信息安全、隐私保护的要求趋严，在政策举措指引下，隐私计算在金融行业呈现出较大的应用空间。

在金融科技深刻赋能业务的进程中，外部数据的共享应用成为金融机构的强烈需求，基于隐私计算的金融风控和获客成为目前国内最主要的隐私计算落地场景。金融机构与外部数据源的合作过程中存在的风险主要来源于两个方面：一是涉及大量个人用户信息，受到的监管要求严格；二是机构自身业务积累的数据资产和商业秘密容易泄露。而利用隐私计算，金融机构之间，金融机构同运营商、互联网、电商平台之间等可以在不泄露原始信息的前提下对客户进行联合的精准画像，在信贷评估、产品推荐等场景下有效控制违约风险，提高业务效率。

以银行个人信贷业务为例，首先，需要对客户进行三要素（姓名、身份证号和手机号）核验查询等以确认用户身份。为避免在面向外部机构进行查询调用过程中客户的敏感信息被缓存，银行可以利用隐私计算实现匿踪查询以保护数据安全。其次，银行还需要引入客户的行为数据和场景数据进行联合建模以准确判断其偿付能力和违约风险。利用隐私计算，参与建模的金融机构和外部数据合作方可以在不直接交互原始数据的前提下，实现多方数据的虚拟融合和样本对齐，各自在本地进行算法训练，仅对任务的中间因子进行安全交互，在敏感数据不出门的同时完成对用户的画像。

（2）医疗应用场景

医学研究、临床诊断、医疗服务和基因分析等工作依赖大量数据的累积，这些数据多是个人健康数据，分散在各个医疗机构和业务系统内，这些数据规模大、价值含量高，但数据开放共享和联合应用难度大。因此，机构间数据如何安全流通，实现医疗应用场景的创新是当前面临的难题。一方面是跨机构的数据采集与整合难。相似疾病的不同病例、同一病患的不同病案等大量的诊疗数据往往分布在不同的医疗机构，各机构数据开放共享的意愿本就有限，再加上各医疗机构间的数据标准、编码方式各不相同，跨机构间的联合研究与诊断就更加困难。另一方面是跨机构的数据联合应用难。病患的个人医疗数据十分敏感，且复杂的诊疗数据在其使用过程中难以管控，面对个人隐私保护和数据安全要求，很多机构难免望而却步。隐私计算为以上难点提供了解决思路。利用隐私计算，在建立分散存储的标准化数据库的基础上，可以实现分布式的联合统计分析，从而获得临床科研的研究成果。

隐私计算发挥技术优势助力医疗数据互联互通，实践案例正逐步从概念验证阶段到落地阶段。目前，厦门市落地了全国首个基于隐私计算的城市级应用，上海市长宁区构建了健康医疗大数据应用开放平台。

（3）政务应用场景

作为跨机构间数据流通的重要参与主体，政务行业有望成为隐私计算技术落地的下一个重要场景。政务数据的规模大、种类多、蕴含价值高，涉及公安、交通、税务、环境等各类人们生产生活和社会运行的数据，政务数据的流通与应用将释放巨大能量。近年来，各地政府积极推进政务数据的开放共享，但不同部门之间的数据孤岛难以快速消除，且政务数据涉及社会民生，数据合规和安全管控要求更加严格。因此，政务部门之间、政府与企业之间的数据共享应用十分困难。隐私计算为此提供了解决方案，在跨机构之间的个人身份确认、企业经营监管、智慧城市建设等众多场景中均有广阔的应用前景。

在政策和技术的推动下，政务数据的实践案例显著增多，应用场景种类丰富，省市级创新场景非常突出。例如，南京市应用隐私计算技术建立了群租房识别系统，中山市应用隐私计算技术打造了政府数据开放共享的统一渠道，珠海市应用多方安全计算技术首创驾培资金监管新模式，山东省上线国内首个省级政务数据隐私计算平台。

第三节　大数据传输与存储技术

数据传输和存储是大数据技术承上启下的关键环节，是大数据采集与大数据分析应用之间的桥梁。对于海量数据的传输和存储，通过构建相关的安全体系，可以更好地把握信息获取和存储的防护，从而完善敏感信息的高效交互和处理分析。

一、代理服务器

随着 Internet 与 Intranet 的飞速发展，作为连接 Internet 与 Intranet 的桥梁，代理服务器在实际应用中发挥着极其重要的作用。代理服务器的功能是代理网络用户去取得网络信息，形象地说它是网络信息的中转站，是个人网络和互联网服务商之间的中间代理机构，负责转发合法的网络信息对转发进行控制和登记。代理服务器不仅可以实现提高浏览速度和效率的功能，还可以实现网络的安全过滤、流量控制（减少 Internet 使用费用）、用户管理等功能，它是一种网络防火墙技术，同时也可以解决许多单位连接 Internet 引起 IP 地址不足的问题。

（一）代理服务器技术概述

代理服务器作为一种既是服务器又是客户机的中间程序，主要用于转发客户系统的网络访问请求。代理与普通的网络服务不同，一般作用于两个网络终端之间，一个是资源的访问方，另一个是资源的提供方。代理充当两者间"中间人"的角色使得两个终端不直接进行通信，而是经由代理进行间接的通信和资源交换。代理服务器就是一种实现上述代理功能的中间节点，当用户想请求服务端上的资源时，不是直接向服务端发送请求，而是交由代理服务器代为转发；在服务器接收到请求后，会返回对应的响应，该响应也不是直接返回给用户端，而是经过代理服务器传递给用户。同时在请求和响应的发送过程中，代理服务器可以对其做一些修改和加密，充当防火墙或

Web 过滤器，使用户仅接收到想要的信息。代理服务器大致又可分为正向代理服务器和反向代理服务器。

按照代理服务器工作类型可以划分为正向代理和反向代理。正向代理是指用户发起针对特定网站的连接请求，必须先经过代理服务器转发；该代理服务器来决定是否允许用户进行正常访问和资源下载，被访问的服务端是无法看到用户端的 IP 地址的，只能看到从正向代理服务器发送过来的连接请求。正向代理可以用来访问一些内网资源，作为缓存加速资源的访问，存储用户访问记录，隐藏用户信息等。反向代理与正向代理最大的不同，是其偏向服务端一侧工作，反向代理服务器对用户隐藏了背后的服务器的 IP 地址，用户就算能够成功请求到资源，也是无法得知该资源是具体存放在哪台服务器上的，只能看到反向代理服务器的地址。反向代理服务器对外隐藏了资源的真实地址，增加了服务器被破坏的难度，保证服务器资源的安全，同时还起到负载均衡的作用，通过分流算法，将不同的请求指向不同的服务器，从而降低整个网站的压力，使其能够在高访问量的情况下正常运转。

从代理服务器所在的工作层次角度来说，代理服务器技术可以分为应用层代理、传输层代理和 Socks 代理。应用层代理工作在 TCP/IP 模型的应用层之上，它只能用于支持代理的应用层协议（如 HTTP、FTP）。应用层代理提供的控制最多，但是不灵活，必须要有相应的协议支持。如果协议不支持代理服务器实现模型（如 SMTP、POP），则只能在传输层代理。传输层代理直接与 TCP 层交互，更加灵活，要求代理服务器具有部分真正服务器的功能，具体为：监听特定 TCP 或 UDP 端口，接收客户端的请求同时向客户端发出相应的响应。最后一种代理需要改变客户端的 IP 栈，即 Socks 代理，它是可用的最强大、最灵活的代理标准协议。Socks 是一个客户/服务器环境的代理协议。它包括两个主要的组件，Socks 服务器和 Socks 客户库。Socks 服务器实现在应用层，Socks 客户库实现在客户的应用层与传输层之间；一个代理服务器为客户机与应用服务器建立连接，代理服务器在客户与应用服务器之间中转数据，从应用服务器的角度来看，代理服务器是客户。

(二) 代理服务器技术的应用场景

根据 IOS 等级区分，常见的代理服务器的应用场景主要包括应用层代理、传输层代理以及 Socks 代理，其中 Socks 代理服务器的应用场景一般是为电子邮件、网络传呼、网络聊天、新闻组等网络应用提供服务。多媒体代理服务器的另一个重要的应用场景是 Internet 和无线网络的边界。随着流媒体技术近年来在 Internet 和无线网络环境中的高速发展，多媒体代理服务器的作用越来越重要。

代理服务器是一种特殊类型的 Internet 服务器。在传统的 Web 应用中，代理服务器用于扩展用户对 Internet 数据的访问能力。例如，Internet 用户通过代理服务器可访问

Internet，访问受限的用户通过代理服务器访问原本受限的网站。通过对代理服务器中服务内容的统计，研究者发现用户对 Web 数据的访问有很大程度的相似性，例如很多 Internet 用户每日浏览相同的新闻网站，代理服务器频繁访问该网站并重复下载相同的数据提供给不同用户。为提高代理服务器的系统效率，缓存技术被引入代理服务器中。代理服务器将一些访问频率高的数据存储在内存或硬盘中，当用户通过代理服务器访问这些数据时，代理服务器无须访问远程 Internet，只需通过本地缓存为用户提供服务。在引入缓存技术之后，代理服务器的研究更加深入。实践证明，代理服务器的重要作用表现在：第一，代理服务器承担了一部分用户访问，有效降低了 Web 网站服务器的访问负载；第二，由于位于 Internet 边缘，代理服务器利用缓存数据服务用户，可节约从远程服务器到代理服务器之间的网络资源；第三，利用代理服务器直接服务用户，可提高用户的访问响应速度；第四，代理服务器是提高 Internet 服务器鲁棒性的有效手段。

二、数据同步技术

（一）数据同步技术概述

在大数据应用场景下，数据同步是能保持数据在不同平台上的同构或者异构数据库间的一致性的，简单来说，数据同步就是将一个设备上的数据迁移到另一个设备上，例如：磁盘到磁盘、终端到磁盘、终端到服务器。正常的数据同步应该是实时同步，数据同步后双方的数据应该是一致的。按照同步策略的不同分为两类，完全同步和差异同步。完全同步是指每次同步时都把源节点的所有数据完全同步到目的节点的数据库中，该策略对源节点没有特别的要求，就是说不需要源节点记录差异数据，减少了记录差异数据的代价。差异同步是指每次同步时都把源节点中的差异数据同步到目的节点的数据库中，该策略因为只同步差异数据，提高了数据同步的效率。

按照数据流向的不同将数据同步分为三类：单向数据同步、准双向数据同步和双向数据同步。单向数据同步就是数据从源节点流向目的节点，源节点是业务系统的数据录入源头，源节点的数据传递到目的节点之后，目的节点仅仅对源节点传递过来的数据有查询和统计的权限而不对它们进行修改或删除，因此不会引发数据冲突的问题。准双向数据同步是指既有节点 1 流向节点 2 的数据，也有节点 2 流向节点 1 的数据。但是，这两个方向上的数据是无关的，就是说它们同步的数据没有交集。节点 1 不会删除或者修改节点 2 同步过来的数据，反之也是如此。双向数据同步与准双向数据同步是相同的，节点双方的数据流向也是双向的。与准双向不同的是，节点双方同步过来的数据主键是一致的，双方都可以对同步过来的数据进行修改和删除操作，数据同步后很可能会出现数据不一致的情况，所以要准备好解决数据冲突的措施。

(二) 常见数据同步方式

大型分布式信息系统数据同步可分为五大类：1) 数据库厂商提供的数据同步技术；2) 基于文件传输的数据同步技术；3) 基于捕捉变化技术自行定制开发的数据同步技术；4) 基于 Web Service 的数据同步；5) 基于管道技术的数据同步。

1) 数据库厂商提供的数据同步技术。数据库厂商提供的数据同步技术就是把一个系统的数据库中的某些数据，通过网络技术复制到其他系统的数据库中的过程。主流数据库厂商都推出了自己的数据库同步技术。

第一，SQL Server 同步方案。Microsoft 公司的 SQL Server 数据库数据同步非常稳定和高效，在分布式技术的支持下，可以简洁、易于操作地实现多个数据库之间的数据同步。SQL Server 数据库的数据同步机制是订阅者—发布者模式，包括：数据订阅服务器，用于备份数据库请求订阅主数据库变更数据；数据分发服务器，是主数据库的变更数据暂存位置，用于订阅服务器获取变更的数据；数据发布服务器，是数据库主服务器，是产生变更数据的源头。SQL Server 数据库有三类同步机制，包括：快照复制，对变更的数据做记录，记录速度快，可以快速回滚到指定时间段；事务复制，将事务日志复制一份，传输到目标服务器，目标服务器应用事务日志；聚合复制，主要是解决多个客户端订阅数据产生的数据冲突问题，多次的数据变更，只会把最终的结果同步到订阅端。

第二，Sybase 同步方案。Sybase 数据库同 SQL Server 数据库一样，使用了发布者—订阅者模式同步数据。但是同步的模式和 SQL Server 不同，Sybase 主要使用 RS 复制模式来同步数据，当一个事务被提交到数据库，事务信息写入事务日志当中，事务日志打包后传输至 RS 复制服务器，然后由 RS 复制服务器分发到目标服务器中，目标服务器应用了事务日志后，就会完成数据复制任务。

第三，Oracle 同步方案。Oracle 数据库的核心同步方案是 Golden Gate 同步系统，具有优秀的跨平台性和跨数据库特性，因为其良好的同步特性，十分具有竞争力。Golden Gate 服务端和客户端需要部署在目标数据服务器和主数据库服务器，同步客户端非常轻量化，不会占用很多的系统资源。Golden Gate 数据同步的原理也很简单，主要由抽取进程读取主数据库的事务日志，提取其中的 DML 操作语句，然后将 DML 操作写入 Trail 文件中，再由 Data Pump 进程打包发送到目标数据库服务器上，目标服务器上的 Collector 进程解析 Trail 文件中的 DML 语句，最后由 Replicate 进程在目标数据库中执行 DML 操作完成数据同步过程。

2) 基于文件传输的数据同步技术。基于文件传输的数据同步技术，就是指将源节点差异数据通过手工方式导出到指定的文件，再将此文件通过网络、手工复制或者电子邮件等方式发送到目的节点，目的节点的数据库管理员，再把文件导入数据库中，这样就使得各个节点的数据库中的数据达到了一致。此方法常用于敏感数据备份、收集产品上线所需的基础数据等场景。它有如下几种缺点：首先，可靠性差。数据同步实质上是操作人员把数据导出和导入的过程，对操作人员的技术水平依赖较大，容易产生人为错误。其次，实时性差。显然这种方式的数据同步，是在指定的时间段内让操作人员手工操作来实现的，不适用于实时性要求较高的系统。最后，效率低。整个过程全部由操作员去做，造成人力浪费，事实上完全可以让程序去做。

3) 基于捕捉变化技术自行定制开发的数据同步技术。通常来说自行定制开发的数据同步技术的应用程序的业务逻辑比较复杂，同步节点双方的数据库中都有对方的数据，就是俗话所说的"你中有我，我中有你"。该类数据同步技术通常会采用差异同步的策略，那么就需要捕捉差异数据，最常用的基本捕捉技术为基于触发器法、基于时间戳法和基于控制表法。

4) 基于 Web Service 的数据同步。基于 Web Service 的数据同步方式，是接收端请求发送端提供通用资源标识符来获得封装在 XML 消息里的数据，通过请求命令和回复命令控制整个传输过程。Web Service 技术是建立在面向服务的架构上的分布式计算模式，利用标准的网络协议和 XML 数据格式，具有良好的使用性和灵活性。它的优点如下：第一，利用标准的 Internet 协议如 HTTP 解决的是面向 Web 的分布式计算，使用范围比较广，不仅仅局限于企业内部的平台；第二，跨平台和语言独立性，只要遵守 Web Service 接口即可进行服务的调用，在任何操作系统平台和编程平台下都可使用。在大型分布式信息系统的数据同步中，该方案对网络传输来说是很好的解决方案。

5) 基于管道技术的数据同步。数据管道是某些平台的一个内置对象，用来在不同的数据库管理系统之间或者相同的数据库管理系统之间进行数据的传输操作。用数据管道同步数据时，可以同步表中的全部数据，也可以同步表中的部分数据，甚至可以同步加工后的数据。这种方式对数据管道的依赖较大，即对平台的依赖性较大，并且需要为数据传输建立专门的数据管道管理平台，增加了管理开销。该技术要求较高的网络条件，由于广域网中的网络条件参差不齐，因此不太适合在广域网中使用。

(三) 数据同步应用场景

数据跨境流动是数据同步技术的典型应用场景。目前，关于数据跨境流动的定义学术界乃至整个国际社会也未达成一致意见。"数据跨境流动"这一概念最早始于 20 世纪 70 年代，并由经济合作与发展组织（以下简称经合组织）中科学技术政策委员会下设的计算机应用工作组提出。随后，经合组织于 1980 年颁布《关于隐私保护和个人数据跨境流动的指南》（简称 OECD 指南），OECD 指南将数据的跨境流动定义为个人数据跨境进行传输的行为，并注明 OECD 指南中所规制的"数据"仅限个人数据。联合国跨国公司中心对数据跨境流动也进行了解读，它认为跨境数据主要是指存储于计算机中的数据。

澳大利亚 1988 年《隐私法》虽然未对"数据跨境行为"有明确的解释，但澳大利亚法律改革委员会认为，但凡储存于澳大利亚境内的个人数据被境外的主体获取，即成立一次跨境流动。当前，准确定义数据跨境流动仍然是一个不小的理论挑战，但各主要国家以及国际组织对数据跨境流动的内容已达成初步共识，即无论是本国数据进行了跨越国界的传输与处理行为，还是境外主体主动访问了储存于本国的数据均构成数据跨境流动。

与数据跨境流动相对立的另一概念即为"数据本地化"。数据本地化是当前国际社会领域主权国家对本国数据进行管理的一种常规手段，它要求网络运营者在本国领土上收集的全部数据均储存至境内的数据库，当前已有部分国家开始在特定领域对数据本地化进行尝试，例如，印度通信与信息技术部于 2011 年颁布有关印度《信息技术法》实施的若干规定，明确要求在印度境内收集的印度公民个人敏感数据禁止出境，除非经过数据主体确认或形势必要。俄罗斯的《俄罗斯联邦信息、信息化和信息保护法》以及越南的《网络安全法》也有类似的规定。此外，数据本地化的政策还包含数据传输前必须在境内存留数据副本以及对数据跨境流动进行征税等。从某种意义上来说，数据本地化可看作是对数据跨境流动的制约，具体而言数据本地化通常包含两个层面：其一，数据强制在境内服务器存储；其二，严格限制数据自由流动。数据本地化最直接的目的是确保数据安全，以应对当前各国频发的网络犯罪以及层出不穷的数据泄露事件。从更深层次角度来说，数据本地化也是维护数据主权的一种有效手段，防止数据霸权国家利用网络侵犯国家主权。可以说，数据本地化对个人隐私的保护、网络主权的维护、法律执行的便捷提供了有效的帮助，具有现实必要性。

1. 跨境电商数据跨境流动

随着互联网技术的发展和全球化的加速，跨境电商成为全球贸易的主要方式，越来越多的企业出现了跨国的业务。跨国电商平台的发展势头迅猛，当互联网在新兴市场国家开始兴起时也会带动电商平台的兴起，跨境电商潜在市场巨大，引起了各个国家各大电商公司的竞争。在跨境业务发展的过程中，新的海外业务可能需要使用或者将数据同步到国内，如何实现实时的数据同步，是各大跨国互联网公司在提供跨境业务时所面临的问题。在跨境数据同步应用场景中，跨境数据同步的系统一般由本地服务器、境外服务器和中转服务器组成，在本地服务器上设置本地服务器数据库，在境外服务器上设置目标服务器数据库。在境内选取服务器作为中转服务器，并在中转服务器上设置中转服务器数据库，本地服务器设置于境内。当本地服务器数据库数据发生变化时，生成数据变化量文件，并在数据变化量文件内设置标记，标记采用本地服务器时间；本地服务器将数据变化量文件发送至中转服务器和境外服务器；境外服务器根据数据变化量文件内的标记对境外服务器数据库进行修改；中转服务器将数据变化量文件储存入中转服务器数据库；当本地服务器与境外服务器之间的通信中断一段时间后恢复时，中转服务器将中断时长对应标记的数据变化量文件发送至境外服务器。

2. 车联网数据跨境流动

车联网作为极富创新与融合的产业形态，集成了汽车、电子、信息通信、交通等新型技术，呈现出数字化、网联化、智能化的发展趋势，成为未来汽车业转型升级的方向。从产业发展看，车联网产业链条主体多元，全球化程度高。车联网产业链长，产业角色丰富，跨越服务业与制造业。在终端制造环节，汽车制造商占据核心位置，通过集成传感器、车载智能终端、车载操作系统和信息娱乐系统等软硬件生产智能网联汽车。在应用服务环节，一方面汽车制造商通过在前装市场与网络运营商、云服务提供商、内容提供商对接，开展自身的车载智能信息服务业务；另一方面，具有技术创新实力的互联网公司凭借其在人工智能基础技术研发、大数据分析等方面的既有优势，积极布局自动驾驶领域。从应用类型看，车联网应用场景丰富，自动驾驶最受关注。车联网应用场景可分为两大类：一是以用户体验为核心的信息服务类应用，典型应用有导航、娱乐、远程诊断和救援、资讯、共享出行、汽车保险等，该类应用需要收集车主身份信息、车辆运行数据、行车轨迹、车主行为习惯等大量个人信息进行分析以提供个性化的信息服务；二是以车辆驾驶、协同为核心的智慧交通类应用，典型应用有自动驾驶、智能配送、交叉路口智能信号灯、自适应巡航增强、智能停车管理等。该类应用除需要收集个人信息外，还需要通过车载外部摄像头收集实时的车外街景、交通标志、建筑外观等地理环境信息，以实现车辆和道路基础设施智能协同。

汽车行业的最大特点是全球产业链的高度融合，我国大部分汽车是合资品牌汽车，还有部分汽车属于境外进口汽车，其车联网服务可能由境外企业及其子公司提供，需将车主身份信息、使用习惯、车辆状态及行驶路径等用户个人信息传输至境外，并储存在境外设置的车联网服务器上。

三、大数据存储技术

（一）数据存储模式

数据集成的过程就是将各类数据从不同的存储环境整合到指定的存储环境的过程，在这一过程中，涉及一个关键技术就是数据存储技术。当前，数字设备快速发展，物联网、云计算、人工智能等信息技术也正迅速发展和应用，新的数据不断产生，数据规模越来越庞大，根据市场研究公司 IDC 的一项调查显示，全球数字数据量每两年便翻一番，由此导致了一个问题，即如何有效地管理和存储这些海量的数据，伴随着当前这一实际需求，大数据存储技术应运而生。现存的数据存储技术非常丰富，数据存储技术的差异与存储数据的特点和数据产生的环境有很大关系。从数据结构化角度来看，数据存储技术分为结构化数据存储技术和非结构化数据存储技术，其中，结构化数据存储技术包括 SQL 类型数据库，非结构化数据存储技术包括 NoSQL 类型数据库；从时间角度来看，数据存储技术分为离线数据存储技术和实时数据存储技术；从数据存储形式角度来看，数据存储技术分为磁盘数据存储技术和内存数据存储技术，其中，磁盘数据存储技术包括 CSV 数据存储，内存数据存储技术包括 Redis 数据库；从单机到互联网，存储设备作为基础设施，发展脉络主要是围绕构建高性能、低成本、可扩展、易用的目标进行演进，截至目前，从存储形态的角度，可分为集中式存储、分布式存储、云存储等。

1. 集中式存储

集中式存储指的是通过建立一个庞大的数据库，把各种信息存入其中，各种功能模块围绕在数据库的周围并对数据库进行录入、修改、查询、删除等操作的组织方式。这种存储模式是由一台或多台主计算机构成中心节点，数据集中存储在这个中心节点，且整个系统的所有相关业务单元都集中部署在这个中心节点上，系统所有的功能均由中心节点集中处理。也就是说，集中式存储模式中，每个终端或客户端仅负责数据的录入和输出，数据的存储与控制处理完全交由主机来完成。

存储设备集中在一起管理，通过单一存储甚至是几个大型存储设备将存储资源分配给众多服务器使用，资源隔离细粒度有限。集中式存储相对单机存储而言，存储系统中包含了更多组件，除了机头、交换机和磁盘阵列等设备，还需配置管理设备等辅助设备。机头是整个存储系统的核心部件，通常由控制器、前后端口组成；控制器中的软件实现对磁盘的管理，将磁盘抽象化为存储资源池，然后划分为 LUN（逻辑单元）提供给服务器使用；前端端口为服务器提供存储服务，后端端口用于扩充存储系统的容量。磁盘挂在服务器外的专用柜中，配备有独立电源、散热器、接口等，内部线缆相连接，对机头后端端口统一挂载。

按照连接方式与控制，集中式存储可分为 SAN 存储、DAS 存储、NAS 存储。SAN（Storage Area Network），指通过光纤通道交换机、以太网交换机等连接设备将磁盘阵列与相关服务器连接起来的高速专用存储网络，数据的存储和管理集中在相对独立的专用网络中，向服务器提供数据块存取服务。DAS（Direct attached Storage）是存储设备通过线缆直接与某台计算机或服务器连接，是一种以数据为中心的存储架构，对数据进行块访问，通过 SCSI（小型计算机系统接口，Small Computer System Interface）接口或光纤通道直接连接到一台主机上，主机管理它本身的文件系统，不能实现与其他主机的资源共享。NAS（Network Attached Storage），是基于 IP 网络，对不同主机和应用服务器提供文件访问服务，实现了文件共享，能将相对分散的数据集成，采用的是集中式管理数据的存储方式，NAS 的特点是数据集中式存储，访问效率和可用性高，低延迟、可扩展、应用灵活安全。

集中式存储通过主控节点维护各从节点的元数据，集中式存储在处理数据时效率更高，因为数据只需在一台主机上操作，每台终端设备都可以很快地访问服务器，并能够在短时间内得到响应。由此可见，集中式存储的优点是物理介质集中布放，维护较为方便，功能实现容易，具有较强的纵向扩展能力和一定的横向扩展能力。集中式存储有高可靠、高可用、高性能等特点，例如金融、证券、电信行业以及交通运输行业等对数据安全要求高、物理集中、逻辑上彼此独立的数据管理部门，其倾向于使用SAN 的方式存储数据。缺点是这类存储方式对机房环境要求高，其要求机房空间大，且承重、空调等都是需要考虑的问题，相对而言，成本较高，并且存在单点故障风险，也就是说，在集中式存储中，由于所有数据都存储在同一台服务器上，一旦服务器出现故障或被攻击，所有的数据都会受到影响，造成数据丢失或泄露。

2. 分布式存储

分布式存储，是将分散独立的存储设备通过网络互联、系统关联，对外作为一个整体提供存储服务。分布式数据库系统有两种结构，一种结构为物理上分布、逻辑上集中的分布式数据库系统，另一种是结构为物理上分布、逻辑上分布的分布式数据库。物理上分布、逻辑上集中的结构是一个逻辑上统一、地域上分布的数据集合，把全局数据模式按数据来源和用途合理分布在系统的多个节点上，使大部分数据可以就地、就近存取，用户不会感到数据是分布的。物理上分布、逻辑上分布的结构是把多个集中式数据库系统通过网络连接起来，各个节点上的计算机都可以利用网络通信功能访问其他节点上的数据库资源，这种数据库结构有利于数据库的集成、扩展。总之数据分散在网络中的多个节点上，节点可以是一个存储设备，也可以是一个分散磁盘组成的虚拟存储设备，这些节点通过网络互联提供大容量、高性能的存储服务。

分布式系统的特点包括分布性、对等性、并发性等。分布式系统中的多台计算机分布在空间的任何位置，同时，机器的位置也可以随时发生变动。也就是分布式系统不再受硬件和区域性限制，这也是分布式系统与传统系统的最大区别，通过分布式设计系统可以部署在不同区域的不同节点上从而增强系统的容灾能力。分布式系统中的所有节点都是平等的，既没有绝对意义上的主节点，也没有绝对意义上的从节点，原则上组成分布式系统的节点是互相独立的。通过去中心化的操作，可避免因某一个节点的故障，而影响对外提供服务。在计算机网络中，在系统运行过程中进行并发操作是非常常见的行为。同样在分布式系统中，多个节点可能会并发操作一些公共资源，如数据库连接池或分布式数据存储等，并发性要求分布式系统能够高效地协调各个节点的执行。组成分布式集群的计算机，在任意时刻都可能发生难以预料的问题，故分布式系统要求即使小部分计算节点出现异常，系统也可以对外正常提供服务，并自动从异常状态修复为正常状态，从而保证系统的高可用性。

　　分布式存储系统大致分为四类：分布式文件系统、分布式键值（Key-Value）系统、分布式表系统和分布式数据库。互联网应用中往往需要存储大量的图片、音频、视频等非结构化数据，这类数据以对象的形式组织，一般称这样的数据为 Blob（Binary Large Object，二进制大对象）数据，分布式文件系统也常作为分布式表系统以及分布式数据库的底层存储，总的来说，分布式文件系统用来存储三种类型的数据：Blob 对象、定长块以及大文件。在系统实现层面，分布式文件系统内部按照数据块（Chunk）来组织数据，每个数据块可以包含多个 Blob 对象或者定长块，一个大文件也可以拆分为多个数据块。分布式文件系统将这些数据块分散存储到集群的服务器上，通过软件系统处理数据一致性、数据复制、负载均衡、容错等问题。分布式键值系统用于存储关系简单的半结构化数据，它提供基于主键的 CRUD（Create/Read/Update/Delete）功能，即根据主键创建、读取、更新或者删除一条键值记录。分布式表系统主要用于存储半结构化数据。分布式表系统以表格为单位组织数据，每个表格包括很多行，通过主键标识一行，支持根据主键的 CRUD 功能以及范围查找功能。分布式数据库是从传统的基于单机的关系型数据库扩展而来的，用于存储大规模的结构化数据。分布式数据库采用二维表格组织数据，提供经典的 SQL 关系查询语言，支持嵌套子查询、多表关联等复杂操作，并提供数据库事务以及并发控制。关系数据库是目前为止最为成熟的存储技术，功能丰富，有完善的商业关系数据库软件的支持，包括 Oracle、Microsoft SQL Server、IBM DB2、MySQL 等，其上层的工具及应用软件生态链也非常强大。

　　GFS 是 Google 公司为存储海量搜索数据而设计的可扩展的分布式文件系统，用于大型的、分布式的、对大量数据进行访问的应用。它运行于廉价的普通硬件上，并提供容错功能，可以给大量的用户提供总体性能较高的服务。一个 GFS 包括一个主服务器（Master Server）和多个块服务器（Chunk Server），这样一个 GFS 能够同时为多个客户端应用程序（Application）提供文件服务。文件被划分为固定的块，由主服务器安排存放到块服务器的本地硬盘上。主服务器会记录存放位置等数据，并负责维护和管理文件系统，包括块的租用、垃圾块的回收以及块在不同块服务器之间的迁移。此外，主服务器还周期性地与每个块服务器通过消息交互，以监视运行状态或下达命令。应用程序通过与主服务器和块服务器的交互来实现对应用数据的读写，应用与主服务器之间的交互仅限于元数据，也就是一些控制数据，其他的数据操作都是直接与块服务器交互的。这种控制与业务相分离的架构，在互联网产品方案上较为广泛，也较为成功。

　　HDFS 是 Hadoop 使用的分布式文件系统，能存储和处理大规模数据。HDFS 的设计目标是在标准硬件上运行,从而提供高容错性,并且能够处理已存储的大量数据。所有的存储都是为计算服务的,计算任务根据其实时性可以分为两种,在线计算和离线计算。在线计算的实时性要求比较强,所以对存储的时延要求高,往往会存储在MySQL之类的TP数据库中。离线计算对实时性要求比较低,所以对存储的时延要求低,一般只要求能正常读写,会更加关注存储的成本,这一类数据会选择存储在HDFS上。HDFS通常用于处理离线数据的存储和分析,例如Web日志数据或者机器学习训练数据。由于HDFS天生就是Hadoop生态系统的存储底座,它也可以作为Hadoop生态系统中其他工具的基础,例如MapReduce和Spark,所以可以支持的上层计算引擎非常丰富。HDFS在编写的时候主要是参考GFS,所以架构比较经典,主要分为Client、NameNode和DataNode三个组件。HDFS集群由一个NameNode和多个DataNode组成。NameNode负责管理文件系统的命名空间(Namespace),存储文件的元数据信息(如文件名、文件路径、文件长度、文件块列表等),以及每个文件块所在的DataNode节点。DataNode负责存储实际的数据块,并定期向NameNode汇报自己所存储的数据块列表。HDFS分离元数据和实际数据的设计,使得NameNode可以专注于管理文件系统的命名空间,DataNode只负责数据存储。理论上可以通过横向拓展实现无限存储。分布式存储的特点有高扩展性、低成本、易运维和云紧密结合等,保障了数据存储的大容量性能,由于分布式存储将数据分布在不同的节点上,减轻了本地节点的负担,提高了本地数据请求的响应时间。但是,存在更新操作的实现较为复杂不易人工控制的缺点。

3. 云存储

云存储(Cloud Storage)是云计算发展到一定程度后开发出来的网络存储技术,云存储是将数据保存在第三方提供的远程服务器上,涉及包括集群应用、网络技术和分布式文件系统等各式各样的功能和技术,将网络中不同类型的存储设备通过应用软件的方式集合起来协同工作,共同对外提供数据存储和业务访问功能的一个存储系统。云存储概念产生得比较早,2004年互联网进入Web2.0时代,各种各样的新兴技术得到了长足发展,网络带宽速度越来越高。为了解决数据存储的问题,各种各样的分布式文件系统数据编码技术越来越成熟。随着云计算的发展各种各样的存储虚拟化技术也得到了广泛应用。云存储的运营商负责数据中心的部署、运营和维护等工作,将数据存储以服务的形式提供给客户,客户不需要自己搭建数据中心和基础架构,也不需要关心底层存储系统的管理和维护等工作,并且可以根据业务需求动态扩大或减少其对存储容量的需求。与传统的本地存储相比,云存储具有低成本、高可扩展性、易于管理和维护等优势。用户可以根据需要选择合适的存储容量和服务类型,并通过云存储提供商提供的界面或API对数据进行上传、下载、备份、归档、共享等操作。

云存储按共享方式可以分为公有云存储、私有云存储、混合云存储。"公有"反映了这类云服务并非用户所拥有，公有云是面向大众提供计算资源的服务，是由第三方云存储提供商提供的共享存储服务，用户可以根据需要选择不同的存储容量和服务级别，按使用量付费，用户通过 Internet 互联网来获取这些资源。随着云计算的兴起，一些大型互联网公司开发出公有云平台，其中最流行的 Amazon Web 服务于 2006 年最早推出，提供了大量计算、存储等方面基于云的全球性产品。公有云服务提供商有 Amazon、Google 和微软，以及国内的阿里云、腾讯云等。私有云是企业传统数据中心的延伸和优化，能够针对各种功能提供存储容量和处理能力。"私有"更多是指此类平台属于非共享资源，而非指其安全优势。私有云是为一个客户单独使用而构建的，所以这些数据、安全和服务质量都较公有云有着更好的保障。而私有云由于是客户独享，则用户拥有着构建云的基础设置，并可以控制在此技术设置上部署应程序的方式。在私有云模式中，云平台的资源为包含多个用户的单一组织专用。私有云可由该组织、第三方或两者联合拥有、管理和运营。私有云的部署场所可以是在机构内部，也可以在外部。

私有云又分为两种：1）内部（on-premise）私有云：也被称为内部云，由组织在自己的数据中心内构建。该形式在规模和资源可扩展性上有局限，但是却有利于标准化云服务管理流程和安全性。组织依然要为物理资源承担资金成本和维护成本。这种方式适合那些需要对应用、平台配置和安全机制完全控制的机构。2）外部（off-premise）私有云：这种私有云部署在组织外部，由第三方机构负责管理。第三方为该组织提供专用的云环境，并保证隐私和机密性。该方案相对内部私有云成本更低，也更便于扩展业务规模。

在混合云模式中，云平台由两种不同模式（私有或公有）云平台组合而成。这些平台依然是独立实体，但是利用标准化或专有技术实现绑定，彼此之间能够进行数据和应用的移植，例如在不同云平台之间的均衡。应用混合云模式，一个机构可以将次要的应用和数据部署到公有云上，充分利用公有云在扩展性和成本上的优势。同时将任务关键型应用和数据放在私有云中，安全性更高。

云存储系统具有多方面的优势：1）灵活性。云存储系统具有高度的灵活性，用户可以根据需要定制相应的存储服务和资源，云存储服务商可以按照用户需求来部署相应的存储能力、资源和服务。2）可靠性。云存储系统以完善的容灾备份机制将数据进行多次冗余存储，从而保障了云存储系统的高可靠性。3）可扩展性。云存储系统具有高可扩展性，可以动态地满足用户在不同场景、不同时间段对存储资源的需求。4）数据集中存储。云存储系统是一种大规模、集中化的存储基础设施，和企业本地数据中心相比能够提供更大规模的数据存储资源。这种集中化的存储基础设施能够帮助用户实现海量数据的集中存储，提高分析处理效率，并进行统一防护和监控。5）成本低。云存储提供的按使用付费的计价模型能降低企业的 IT 成本，并提供有效的服务。在运营开销方面，云存储系统不仅可以省去用户对硬件资源的长期运营成本，还可以帮助用户实现对存储资源和数据的动态管理与自动化管理，减少用户的运营开销，从而获得更高的效率和灵活性。

尽管用户从云存储服务中获得了很多便利，但是由于公开网络环境的复杂性，云存储的数据面临着各种安全问题。用户将自己的数据存储到云服务器后，将会失去对自己数据物理上的控制。由于云服务器提供商是一个独立的实体，可能会遭遇外部敌手和内部敌手的攻击，这些攻击使得用户的数据被破坏甚至丢失和泄露，这会给用户带来巨大的经济损失。由于外包数据通过公开网络传输，敌手可能会通过窃听、篡改等手段获取用户的数据以换取利益。为了解决上述问题，一个可行的方法是用户对自己的数据加密之后再外包存储到云服务器。通过加密操作，在没有用户加密密钥的情况下，敌手即使拿到用户的密文也无法获取数据。保护数据的机密性是确保外包数据安全的第一道防线。然而只对外包数据加密远远无法满足用户对自己外包数据安全性的需求。由于网络环境的复杂性，敌手可能会冒充用户与云服务器交互以获取该用户外包存储的数据。当用户使用云存储服务时，需要向云服务器认证自己的身份，用户身份认证技术是确保用户数据安全的第一道屏障。在用户身份认证成功后，用户可以将自己的加密数据外包存储到云服务器，在此阶段，不同用户可能会在云服务器上存储相同的数据，重复数据删除技术可以确保云服务器对于相同的数据仅保存一份，以极大节约云服务器端的存储空间。此外，数据完整性检验是云环境数据外包场景下用户需要考虑的又一个问题。用户的数据外包之后，需要对数据进行检索，如何高效地利用云存储并规避其风险是当前要解决的问题。云存储的最大缺陷是隐私泄露风险，在使用云存储的过程中，必须时刻警惕数据隐私风险，但是用户的数据存储在云上，不可避免地会受到黑客攻击和数据泄露风险的威胁。一旦黑客攻击成功，个人隐私数据就可能被窃取，这对个人隐私造成巨大威胁。在此时，用户的个人数据就无法完全得到保护，这极易导致用户个人身份被盗用。因此，在使用云存储的过程中，用户需要时刻注意数据隐私的保护，特别是需要选择有信誉的云存储厂商，并在使用过程中，加强信息安全保护，养成必要的个人信息保护习惯，确保数据的隐私安全。同时，用户还可以通过备份方案等手段减少风险。在云存储服务的选择过程中，用户应该注重平衡服务质量、价格、服务内容及数据安全风险等因素，确保选择到最佳的服务商。

（二）数据存储关键技术

1. 容灾备份

数据中心运行突发故障是无法预测的，容灾备份就是数据安全的最后防线，可以避免由数据中心发生故障而丢失数据的局面。

(1) 容灾

容灾是为了在遭遇灾害时能保证信息系统正常运行，帮助企业实现业务连续性的目标。容灾系统是指在相隔较远的异地，建立两套或多套功能相同的 IT 系统，互相之间可以进行健康状态监视和功能切换，当一处系统因意外（如火灾、地震等）停止工作时，整个应用系统可以切换到另一处，使得该系统功能可以继续正常工作。容灾技术是系统高可用性技术的一个组成部分，容灾系统更加强调处理外界环境对系统的影响，特别是灾难性事件对整个 IT 节点的影响，提供节点级别的系统恢复功能。当容灾结合云计算技术，就变得更加灵活，混合云容灾最大的特点就是把用户的数据储存在云端进行备份，这个云端是无限大的，需要的时候直接下载、还原就可以，大大方便了企业的数据备份。

由于容灾主要针对火灾、地震等重大自然灾害，因此备份中心与主中心间必须保证一定的安全距离。容灾系统不仅保护数据，更重要的目的在于保证业务的连续性和数据的完整性。容灾系统中，两地的数据是实时一致的，故障情况下，容灾系统的切换时间是几秒钟至几分钟。

从其对系统的保护程度来分，可以将容灾系统分为：数据级容灾、应用级容灾、业务级容灾。数据级容灾是最基础的手段，指通过建立异地容灾中心，做数据的远程备份，在灾难发生之后要确保原有的数据不会丢失或者遭到破坏，但在数据级容灾这个级别，发生灾难时应用是会中断的。可以简单地把这种容灾方式理解成一个远程的数据备份中心，就是建立一个数据的备份系统或者一个容灾系统，比如数据库、文件等。数据级容灾的优点是费用比较低，构建实施相对简单，缺点是恢复时间比较长。应用级容灾是在数据级容灾的基础上，在异地建立一套完整的与本地生产系统相当的备份应用系统（可以是互为备份），比如一套 OA 系统正在运行，在另一个地方建立一套同样的 OA 系统。在灾难情况下，通过同步或异步复制技术，保证关键应用在允许的时间范围内恢复运行，尽可能减少灾难带来的损失，让用户基本感受不到灾难的发生。数据级容灾是抗御灾难的保障，而应用级容灾则是容灾系统建设的目标。应用级容灾的优点是提供的服务是完整、可靠、安全的，确保业务的连续性，缺点是费用较高，需要更多软件的实现。业务级容灾是全业务的灾备，除了必要的 IT 相关技术，还要求具备全部的基础设施。业务级容灾的优点是能够保障业务的连续性，缺点是费用很高，还需要场所费用的投入，实施难度大。

(2) 备份

备份是为了应对灾难来临时造成的数据丢失问题，主要是为了保护数据的安全性。在容灾备份一体化产品出现之前，容灾系统与备份系统是独立的。一般意义上，备份指的是数据备份或系统备份，备份采用备份软件技术实现，数据备份可以在同一数据中心进行，通常备份只能恢复出备份时间点之前的数据，备份系统的恢复时间可能是几小时到几十小时。

目前常用的备份策略主要包括：完全备份、增量备份、差分备份。完全备份（Full Backup）就是每天对自己的系统进行完全备份。例如，星期一用一盘磁带对整个系统进行备份，星期二再用另一盘磁带对整个系统进行备份，依此类推。这种备份策略的好处是：当发生数据丢失的灾难时，只要用一盘磁带（即灾难发生前一天的备份磁带），就可以恢复丢失的数据。由于每天都对整个系统进行完全备份，造成备份的数据大量重复。这些重复的数据占用了大量的磁带空间，这对用户来说就意味着增加成本。由于需要备份的数据量较大，备份所需的时间也就较长。对于那些业务繁忙、备份时间有限的单位来说，选择这种备份策略是不明智的。增量备份（Incremental Backup）就是在星期天进行一次完全备份，然后在接下来的六天里只对当天新的或被修改过的数据（相较于前一天）进行备份。这种备份策略的优点是节省了磁带空间，缩小了备份时间。但它的缺点在于，当灾难发生时，数据的恢复比较麻烦，这种备份的可靠性也很差。在这种备份方式下，各盘磁带间的关系就像链子一样，一环套一环，其中任何一盘磁带出了问题都会导致整条链子脱节。差分备份（Differential Backup）是先进行一次系统完全备份，然后在接下来的时间里，周期性地将所有新的或修改过的数据进行备份。差分备份策略在避免了以上两种策略的缺陷的同时，又具有了它们的所有优点。首先，它无须每天都对系统做完全备份，因此备份所需时间短，并节省了磁带空间，其次，它的灾难恢复也很方便。在实际应用中，备份策略通常是以上三种的结合。例如每周一至周六进行一次增量备份或差分备份，每周日进行全备份，每月底进行一次全备份，每年底进行一次全备份。

设计一个容灾备份系统，需要考虑多方面的因素，如备份/恢复数据量大小、应用数据中心和备援数据中心之间的距离和数据传输方式、灾难发生时所要求的恢复速度、备援中心的管理及投入资金等，根据这些因素和不同的应用场合，通常可将容灾备份分为四个等级。

第0级：没有备援中心。这一级容灾备份，实际上没有灾难恢复能力，它只在本地进行数据备份，并且被备份的数据只在本地保存，没有送往异地。

第1级：本地磁带备份，异地保存。在本地将关键数据备份，然后送到异地保存。灾难发生后，按预定数据恢复程序恢复系统和数据。这种方案成本低、易于配置。但当数据量增大时，存在存储介质难管理的问题，并且当灾难发生时存在大量数据难以及时恢复的问题。为了解决此问题，灾难发生时，先恢复关键数据，后恢复非关键数据。

第2级：热备份站点备份。在异地建立一个热备份点，通过网络进行数据备份。也就是通过网络以同步或异步方式，把主站点的数据备份到备份站点，备份站点一般只备份数据，不承担业务。当出现灾难时，备份站点接替主站点的业务，从而维护业务运行的连续性。

第3级：活动备援中心。在相隔较远的地方分别建立两个数据中心，它们都处于工作状态，并进行相互数据备份。当某个数据中心发生灾难时，另一个数据中心接替其工作任务。这种级别的备份根据实际要求和投入资金的多少，又可分为两种：1）两个数据中心之间只限于关键数据的相互备份；2）两个数据中心之间互为镜像，即零数据丢失。零数据丢失是目前要求最高的一种容灾备份方式，它要求不管什么灾难发生，系统都能保证数据的安全。所以，它需要配置复杂的管理软件和专用的硬件设备，需要的投资相对而言是最大的，但恢复速度也是最快的。

2. 访问控制技术

访问控制技术是防止对任何资源进行未授权的访问，从而使计算机系统在合法的范围内使用。它是通过用户身份及其所归属的某项定义组来限制用户对某些信息项的访问，或限制对某些控制功能使用的一种技术，如 UniNAC 网络准入控制系统的原理就是基于此技术实现的。访问控制通常用于系统管理员控制用户对服务器、目录、文件等网络资源的访问。访问控制是系统保密性、完整性、可用性和合法使用性的重要基础，是网络安全防范和资源保护的关键策略之一，也是主体依据某些控制策略或权限对客体本身或其资源进行的不同授权访问。访问控制的主要目的是限制访问主体对客体的访问，从而保障数据资源在合法范围内得以有效使用和管理。为了达到上述目的，访问控制需要完成两个任务：识别和确认访问系统的用户、决定该用户可以对某一系统资源进行何种类型的访问。访问控制的主要功能包括：保证合法用户访问受保护的网络资源，防止非法的主体进入受保护的网络资源，或防止合法用户对受保护的网络资源进行非授权的访问。访问控制首先需要对用户身份的合法性进行验证，同时利用控制策略进行选用和管理工作。当用户身份和访问权限验证之后，还需要对越权操作进行监控。因此，访问控制的内容包括认证、控制策略实现和安全审计。

基于属性的访问控制（ABAC）是一种授权模型，它评估属性（或特征），而不是角色，以确定访问。ABAC 的目的是保护数据、网络设备和 IT 资源等对象免受未经授权的用户和操作的影响，这些用户和操作不具有组织安全策略定义的"批准"特征。ABAC 作为一种逻辑访问控制形式在过去十年中变得突出，它是从简单的访问控制列表和基于角色的访问控制（RBAC）演变而来的。属性是访问事件中涉及的组件的特征或值。基于属性的访问控制根据规则分析这些组件的属性，这些规则定义了授权哪些属性组合，以便主体成功地对对象执行操作。基于属性在环境中的交互方式，每个 ABAC 解决方案都可以在环境中评估它们，并实施规则和关系。策略考虑属性来定义允许或不允许哪些访问条件。ABAC 的主要优势是其灵活性。本质上，决策的局限性在于必须考虑哪些属性，以及计算语言可以表达的条件。ABAC 允许最大范围的主题访问最大数量的资源，而不需要管理员指定每个主题和对象之间的关系。ABAC 允许各种各样的访问情况，几乎没有管理监督。使用 ABAC，管理员和对象所有者可以创建允许新主体访问资源的策略。只要为新受试者分配了访问对象所需的属性，就不需要修改现有规则或对象属性。通过属性的使用，ABAC 允许决策者控制许多情境变量，以细粒度为基础确保访问安全。例如，在 ABAC 模型中，人力资源团队可能始终可以访问敏感的员工信息，如工资数据和个人身份信息。使用 ABAC，管理员可以实施考虑上下文的智能访问限制。因此，ABAC 允许组织有效地弥补安全漏洞，尊重员工隐私，同时有效地遵守法规遵从性要求。

第四节　大数据分析与应用

大数据技术能够将隐藏于海量数据中的信息和知识挖掘出来，为人类的社会经济活动提供依据，从而提高各个领域的运行效率，大大提高整个社会经济的集约化程度。如何从海量数据中挖掘分析出有用的信息和知识，并通过大数据的应用创造大数据的价值，是大数据产业的关键。随着大数据技术飞速发展，大数据应用已经融入各行各业。大数据产业正快速发展成为新一代信息技术和服务业态，即对数量巨大、来源分散、格式多样的数据进行采集、存储和关联分析，并从中发现新知识、创造新价值、提升新能力。我国大数据应用技术的发展涉及用户画像、语义搜索、推荐算法、知识图谱等领域。

一、用户画像技术

近年来，随着大数据、人工智能等新业态技术的兴起，用户画像作为一种精准的数据分析工具，在很多行业领域应用十分广泛，逐渐成为众多学者研究关注的热点。用户画像的概念和定义众多，其中最早提出的是交互设计之父 Alan Cooper，他指出用户画像是基于真实用户，以真实数据为基础，根据需求方的目标、行为及观点的差异所构建的目标用户模型；同时将该模型区分为不同的类型，每种类型抽取出典型、共性的特征，赋予名字、图像以及人口统计学的要素、场景等加以描述。

用户画像概念主要是指用户角色（User Persona）和用户偏好（User Profile）两个层次的定义。用户角色是指从用户画像分析中提取出的典型用户群体，通常对目标用户的主要需求和期望进行定性描述；主要创建于产品设计和原型开发阶段，用于修正、完善产品的功能。用户偏好是指基于真实用户数据提炼出的描述用户属性特征的标签集合，通常产生于互联网大数据之中，基于文本挖掘、数据挖掘等技术，注重刻画用户群体的细粒度和多维度。用户画像的目标是通过信息的归纳处理，全方位整合用户所处场景、个人特征和日常行为构建出用户的形象标签化集合。

（一）用户画像标签

用户标签是用简练的语言来描述用户信息，给人们理解每个标签的含义提供便利，这也使得用户画像具备实际意义，从而满足我们的需求。每个标签通常只表示一种含义，它往往以短文本的形式呈现，所以无须再做过多的文本处理，这也便于计算机提取标准化数据。用户画像标签由三个维度属性构成：自然属性、行为属性和兴趣爱好属性。其中，自然属性是用来描述客观存在的用户特征和行为的标签，不需要经过对数据进行加工转换直接可获得。自然属性是用户在使用产品时，直接注册填写信息反映出来的。比如：用户的性别、年龄、工作情况、教育情况、所在地等信息。行为属性是用户在使用产品时产生的行为特征，是用户的动态信息，需要统计才可获得。比如用户在社交平台上的浏览和评论频数、用户在平台上的购买行为，前者代表用户的活跃状态，后者代表用户的价值。兴趣爱好属性主要是从海量的用户行为数据中提取用户的核心信息，从而统计获得并对其标签化，因此构建用户兴趣爱好画像之前需要先对用户的行为画像进行内容建模，兴趣爱好属性是对行为属性的深入挖掘，通过兴趣爱好属性可以得到用户之间的关系及偏好。

（二）用户画像的构建

用户画像是对现实世界中的用户的建模，包括目标、方式、组织、标准和验证这五个方面，其中目标为描述用户、认识用户、了解用户、理解用户；方式分为非形式化手段和形式化手段，其中非形式化手段采用例如使用文字、语言、图像、视频等方式描述用户，形式化手段为使用数据的方式来刻画用户的形象；组织为结构化、非结构化的组织形式；标准为使用常识、共识以及知识体系的渐进过程来刻画用户、认识用户、了解用户；验证为依据用户画像的来源事实来对用户画像的结果进行推理和验证。通过上述五个方面建立起的用户画像，不仅能够帮助理解用户的真实需求，实现对用户的统计分析和数据挖掘，也能够针对某一具体应用领域形成进行精准管理。用户画像的构建过程包括以下步骤：

1. 原始数据获取与预处理

1）数据获取：根据用户参与方式的不同，用户画像原始数据的获取可以分为显式获取与隐式获取两种方式。显式获取数据是指用户手动输入基本信息、行为偏好等相关数据，这种方式简单直接、数据质量较高，但需用户主动参与，且通常能够获取的数据信息有限。隐式获取数据对用户是透明的，主要包括在用户的交互过程中记录用户的信息和对用户的行为习惯进行分析获取用户的特征两种方式。由于获取的数据越丰富，用户画像就越全面，在实际操作中，业界与学术界一般会将两种数据获取方式相结合，以便充分利用用户留下的各种数据。

2）数据处理是指对获取的原始数据进行脏数据清理，以获得适合进行用户画像构建的规范化数据，主要数据处理方式包括：分词、数据过滤、数据规范化等。分词是针对非结构化文本数据处理必不可少的一个环节；数据过滤能够有效地剔除脏数据，保证基础数据可靠性；数据规范化是为了保持输入模型数据的一致性。

2. 标签选择与指标体系构建

1）标签的选择：标签是将某种用户特征通过符号进行表示，是一种关联性很强的内容组织方式，能迅速帮我们找到合适的内容及内容分类。标签从运算层级角度可以分为事实标签和模型标签，事实标签是通过对原始数据进行统计分析得到的，比如用户购买次数，是针对用户一段时间内实际购买行为的统计；模型标签是以事实标签为基础，通过构建其与业务问题之间的关联关系，得到适用于用户画像选择模型的标签，比如，结合用户实际购买次数、用户购买产品类型、购买金额等，进行用户购买倾向类型的识别。

2）特征指标赋权：标签解决的是描述问题，在实际应用中还需要解决数据间的关联问题，所以通常将标签作为一个体系来设计，在这个特征体系中会涉及众多标签，而每个标签对于特定维度用户画像刻画的重要程度又不尽相同，因此我们必须按照标签对用户画像刻画的重要程度为这些标签赋权。常用的赋权方法主要包括客观赋权法和主观赋权法两类。客观赋权法主要有熵权法、相关系数法、标准离差法等，其优点是通过数学方法来确定权重，结果不依赖于人的主观判断，缺点在于太过依赖数据，通用性不强，无法体现不同指标的重要程度。主观赋权法包括主观经验法、专家调查加权法、德菲尔法和层次分析法，前三种方法易于实现，但主观性强；相比之下，层次分析法将定性和定量结合，不仅降低了主观性，还能够进行指标间的横向比较，合理判断各指标间的重要程度。

3. 建模方法选择

用户画像技术是多学科的结合，需要知识图谱、自然语言处理、机器学习和数据挖掘等方面的知识融合。常用的用户画像模型主要分为文本挖掘、分类算法、聚类算法三类，文本挖掘主要是针对非结构化数据的挖掘与处理，包括TF-IDF、向量空间模型、主题模型等；分类算法适用于有监督学习的用户分类，包括人工神经网络（ANN）、K-邻近算法（KNN）、支持向量机（SVM）等；聚类算法适用于无监督学习的用户聚类，包括K-均值聚类算法、K-中心点算法、基于密度的聚类算法DBSCAN、层次凝聚聚类算法 HAC 等。

目前用户画像的构建研究大致采用基于本体、基于用户行为、基于兴趣偏好等几种代表性方法,具体如下:

(1) 基于本体的构建方法

本体的作用主要是对知识进行表示和对属性进行推理,形式化地对兴趣领域内对象的概念属性或对象间的关系进行说明,因此基于本体的方法适用于刻画用户特征和实体间的关系。基于本体的画像构建方法利用了本体形式化表达的特点,将本体中的类作为画像模型中实体的表征平台,来定义用户的需求、偏好、行为等多维特征,其中类的层次结构还能体现各特征的等级排序,使标签间的关系更有条理,适用于各领域。本体法在构建用户画像的过程中,考虑了用户的上下文和各层级连接的概要信息,生成的用户画像较为全面且仍可拓展,但需要注重本体构建规则,构建过程具有一定的复杂度,对数据源的准确性也有较大依赖性。

(2) 基于用户行为的构建方法

用户行为属性作为随机变量能反映用户发生动作时的真实心理需求,利用这部分数据对画像描述起到重要的补充作用。可通过用户的日志信息、历史点击记录等数据提取用户行为,进行合理归纳处理,生成单个用户画像或聚类后得到特定的群体用户画像。基于用户行为的构建方法一方面能够反映用户的生活习惯、关联需求、潜在兴趣等深层次信息,全面多角度延展用户画像,从而更好地理解用户群体;另一方面,它通过数据挖掘实时跟踪用户行为变化,分析行为动因,构建动态的画像模型,进一步预测未来行为走向,能够更好地为用户提供个性化服务。目前国内外研究大多从网络上对用户日志行为进行深度挖掘,常采用的技术包括聚类算法、机器学习、分布式计算等方法,比较适用于定量分析,因此对数据要求较高。

(3) 基于兴趣偏好的构建方法

用户的兴趣偏好变化可能引起用户需求及行为的改变,因此在行为需求分析基础上融合对用户心理偏好的研究,能够建立更为精准的用户画像。通常用户浏览或关注的信息、用户反馈数据的结果评分等信息都是用户兴趣偏好的外在表现,研究者利用这些信息构建用户偏好概要,使用户的隐形体验和潜在需求变为显性特征,刻画出更贴切的画像模型。基于兴趣偏好的构建方法既可以通过数据挖掘技术提取影响用户偏好的因素,探究不同主题的用户兴趣概要模型,又可以融合其他方面的特征信息,构建全面丰富的用户画像,为用户提供个性化推荐服务。基于兴趣偏好的画像构建法以用户兴趣数据为研究主体,在画像描述时以用户兴趣表征为重点而非用户本身,收集数据时通常从用户关注的信息或兴趣点开始聚焦,过程中注重发掘用户偏好特征和兴趣规律,以便后续将相似的资源或服务推荐给这类用户。该方法注重用户间相似的兴趣偏好,减少无关信息带来的负面作用,实现精准推荐。但是这种方法仅从有限的历史记录中推测用户的需求和偏好，对于展现用户兴趣偏好中的动态、实时特点具有一定困难，因此这部分研究还要注重数据稀缺性、用户兴趣迁移和场景转化等因素带来的影响。

（4）基于主题模型的构建方法

主题模型作为一种隐语义模型，能够在文档建模过程中发掘出文本信息中隐含的主题或话题分布。通常这些表现出的主题或话题由一连串概率不同的相关词语组成，这些文本关键词可以体现出用户的心理偏好，使得研究者能更准确地捕捉用户的兴趣爱好。这种画像构建方法在运用主题模型挖掘用户的文本信息时，对文本信息的语义主题进行分类，提取与用户偏好相关的潜在行为特征，构建用户画像。在通用的主题模型中，LDA 主题模型因其在建模能力及计算复杂度方面的优势被广泛应用于画像研究中。同时，不少研究是基于 LDA 主题模型进行改进创新，更有效地捕捉用户兴趣，提升建模效果。基于主题模型的用户画像构建，通常以资源文本为研究主体，提取语义信息中隐含的关键特征，分析语义信息的正负面情感。但是，该方法无法完全引入用户自身的特征，因此无法获得全面的用户信息来构造用户画像，存在一定的局限性。

（三）用户画像的类型

从主体划分的视角以及用户数量的不同出发，将用户画像的类型分为单个用户画像和群体用户画像。

单个用户画像，指研究对象是特定情境下的一个具体用户，对其进行具象化的定性个体表述。单个画像的构建指的是在特定场景下提取个体真实用户的用户特征，生成简洁的用户标签，直接在画像模型上反映出特征集合。一方面可以通过获取到的所有用户特征，对指定用户进行信息查询；另一方面，通过场景中个体用户的画像构建，可以识别出用户兴趣特征之间的差异，对其推送相应的资源，挖掘资源使用的前后规律，实现以个体为基本单位的专项资源匹配。

群体用户画像，指研究对象是特定情境下的若干用户群体。群体用户画像基于海量、真实的用户数据，通过提取特定业务场景下的用户特征，对具有相似数据表现的用户聚类，生成不同类别的群体画像，逐步实现用户细分。群体用户画像指的是对具有相似用户特征的群体进行分类，提炼出不同粒度的标签集。由于提取用户标签特征集所需的用户数据基数较大，通常选用定量分析完成数据统计。用户画像在实现群体细分后，能够较为清晰地得到不同用户群体的整体兴趣和需求的走向，实现以群体为基本单位的宽泛化资源匹配。

（四）用户画像的应用场景

用户画像大致涉及电子商务、健康医疗、旅游业、图书馆等应用领域。在电子商务领域，用户画像的应用研究主要集中于针对客户特征的个性化商品或服务信息的精准推荐，如精准营销、广告投放、信息推荐、行为预测等方面。在健康医疗领域，用户画像的研究成果较为丰富，研究主题主要聚焦于高效率、高效益地处理好海量用户医疗数据，在此基础上对患者进行用户画像的构建，以便为每一位患者进行精准医疗健康信息服务。用户画像在医疗领域的应用不仅能为患者带来就医看病时的便利，同时也能完善医疗机构预防服务体系，研究医疗领域用户画像的应用具有重要的实践意义和价值，其能够推动全民医疗健康信息库的建设，促进我国医疗健康事业的进一步发展。

另外，用户画像可应用在旅游行业，主要体现在旅游网站在线旅游产品的精准推荐、旅游线路相关信息的精准服务等方面。当前，用户画像在旅游行业的应用尚处于初级阶段，现有研究主要关注以用户基本数据、兴趣数据、行为数据为基础的用户画像，多维度、综合性的用户画像模型及其应用等方面尚有待于进一步加强。图书馆作为公共文化场所，具有教育、提供信息服务的职能，为了更好地服务读者，为读者提供精准的信息服务，用户画像在图书馆领域的应用研究日益受到学界重视。目前用户画像在图书馆应用领域的研究主要集中在图书馆的个性化信息推荐服务上，其主要目的是通过用户画像的应用，提高图书馆用户信息服务的精准程度。用户画像是基于用户过去在网络上积累的大量数据而构建的，能够反映用户长期的行为习惯，因此，通过用户画像就可以发现用户的异常行为，检测出异常用户，实现虚假主体的判别。

二、语义搜索技术

当今的互联网已经进入了多元信息化的新阶段，网络信息搜索技术已经得到了广泛应用。传统的搜索系统一般基于关键字字面内容匹配来进行信息查询，很难表达出用户潜在的查询需求。语义搜索是指一种根据语言表达式背后的真正含义进行信息检索的搜索方式，区别于传统的基于关键词匹配的信息搜索方式。

（一）语义搜索原理

与传统的信息检索方式不同，语义搜索不再过分关注用户输入的搜索语句的字面意思，而是更加注重"理解"用户查询语句的语义信息，挖掘用户的潜在语义查询动机，将信息搜索方式从基于语法的关键词匹配的层次提升到基于语义的潜在需求分析的层次，透过现象看本质，通过对查询语句的语义分析发现用户深层次的信息需求。因此，语义搜索的主要目标是使检索系统具备类似于人的认知理解和智能处理功能，以满足用户潜在信息需求的形式向用户输出更具针对性、准确性的检索结果。

语义搜索的观点认为，如果两个或者更多的词语多次并且同时在同一个文本集中出现，那么可以认为这些词语是语义相关的。例如，在当今的语言习惯中，人们在使用"水银"和"汞"这两个词语时通常不加以区分，因此当它们在文本中多次同时出现时，按照语义搜索的观点就会认为"水银"和"汞"在语义上是极其相关的。

从理论上说，语义搜索的难点集中在对"语义"概念的定义。在不同的层面，语义的定义不尽相同，可以从时间记录、空间位置、关键标签等不同的层面来定义语义，而且每个层面的定义又各不相同。比如说，"怎么做回锅肉""回锅肉的做法""回锅肉如何做"这三个短句，在语义上是基本等价的，因此可以从这三个短句的关键标签"回锅肉"来衡量它们所包含的语义信息。潜在语义方法可以识别近义词，能够在一定程度上避免一词多义和近义词对搜索结果带来的干扰。而文本集合的语义相关性，可以通过文本名的关键标签、文本内容的关键标签以及用户给文本标注的关键标签等内容来度量。此外，通过文本的时间记录属性和空间位置属性（比如文本的访问时间、历史访问记录、存储位置、关键词出现的位置）等指标来衡量语义相关性也是研究热点。

理想的、完美的语义搜索，着重于挖掘隐藏在文本后面的深层含义，并且不需要过多的人工干预就能发现用户的真正意图。现有的信息检索方式过于集中在关键词字面匹配方面，有时需要多次搜索并且不断修正搜索语句才能获取用户需要的信息，因此这种关键词搜索方式是半自动的，而真正意义上的语义搜索应当是全自动的。

按照服务内容来分类，语义搜索有以下几类：1）知识型搜索：搜索对象主要是语义网知识信息，主要包括词典型搜索、语义网查询和领域知识查询等方面；2）生活型搜索：主要包括社会网络和资讯等语义信息搜索；3）语义工具型搜索：主要处理文档相似性、语义标注等搜索服务。按照服务模式来分类，语义搜索有以下几类：1）传统型搜索：主要是借鉴传统的成功搜索模式，取长补短，并加入语义标注和提取等技术，如简约型和专业型等搜索模式；2）创新型搜索：主要集中在语义信息的提取和应用两个方面，包括精确应答、分面搜索、查询引导等模式。按照语义网络发挥的作用可以将语义搜索分为以下几类：1）增强型语义搜索：主要是在传统搜索方式中利用语义技术来进行扩展检索或者约束检索；2）本体推理型语义搜索：以本体知识库为主要载体进行检索，如概念搜索和关联搜索等；3）其他类型的语义搜索：主要是一些基于语义网的搜索系统。

（二）语义搜索应用场景

语义搜索引擎是新一代的搜索引擎，是运用语义原理进行信息检索的搜索系统。它通过对网络中的文本对象进行语义上的分析，以及对用户的搜索请求进行语义上的理解和处理，发现自然语言在语义上的逻辑关系，并将这种逻辑关系运用到互联网资源的语义推理中，挖掘用户查询语句背后的真正含义，从而更加有效、准确、全面地实现语义信息检索。

理想的语义搜索引擎应当能够允许用户自主选择词语的具体意义。比如说"苹果"这个词，它可以代表美国苹果公司及其设计的一些电子产品，也可以代表苹果这种水果。语义网的建立使得基于语义的搜索引擎的开发有了理论基础和技术条件。在语义搜索引擎中，每一次搜索都可以结合一些文本集或其他资源的上下文语境和全文语义来进行，在经过语义分析后的资源对象中进行信息检索可以提高搜索的精度和效率。语义搜索引擎通常使用概念匹配的方式，即系统首先自动提取待搜索资源的概念，然后对在语义上相同、相近、相关联的概念进行自动匹配，加以标注后存入语义信息库以供用户检索，用户在检索系统的辅助下选择符合自身需求的搜索结果来满足自己的信息需求。语义搜索引擎可以更好地理解和提取文档及词语的真正语义而不是简单地运用字面匹配，因此能为用户带来相关性更强的搜索结果。

语义搜索引擎的工作原理主要包括以下三个过程：1）抓取网页：搜索引擎利用网络爬虫程序从互联网上搜集和抓取网页信息，如果将网页集合看成一个有向图，爬虫程序根据给定的 URL，沿着这个有向图中的 URL，按照广度优先或者深度优先等遍历策略爬取网页，同时下载爬取过的网页，如此循环往复，直到所有访问过的网页都被抓取为止；2）建立语义信息数据库：运用文本清洗、中文分词、关键词抽取、相关度计算、潜在语义分析等自然语言处理技术对抓取的网页进行预处理，然后通过关键词词频及其位置、表面特征等来计算每个关键词的重要程度或者词语之间的相关度，最后利用这些信息作为索引建立语义信息数据库；3）提供检索服务：计算用户输入的搜索语句与语义信息库中的文档的相关度，按照相关度大小进行相关文档排序，将排序结果返回给用户。

目前国外已经出现了一些具有前瞻性意义的语义搜索引擎系统，比较成熟的主要有 Kngine、Hakia、Kosmix、DuckDuckGo、Evri、SHOE、Powerset、OntoBroker、Onto-Seek、Truevert、WebKB、Corese 等语义搜索引擎。其中，Kngine 被标榜为 Web3.0 时代的搜索引擎，它可以在一定程度上理解用户的搜索关键词的多义性，并智能和准确地返回为用户"量身打造"的搜索结果；Hakia 将搜索结果按照相关性或者日期进行排序，在搜索结果的每个链接后面附上网址摘要，这样可以提高搜索的精度、降低响应时间；Kosmix 是一个集成搜索系统，它使用语义机制来返回与用户查询更为相关的结果；DuckDuckGo 将搜索关键词按照不同的语义输出详细列表，用户可以根据自己的需要选择搜索关键词所属的语义组别，从而消除搜索语句的歧义。

三、推荐算法

推荐算法是一种个性化算法，通过分析用户的历史行为数据来了解用户偏好，积极推荐用户可能喜欢的内容，可以很好地满足用户需求。

（一）推荐算法概述

推荐算法的研究起源于20世纪90年代，由美国明尼苏达大学GroupLens研究小组最先开始研究，他们想要制作一个名为Movielens的电影推荐系统，从而实现对用户进行电影的个性化推荐。首先研究小组让用户对自己看过的电影进行评分，然后小组对用户评价的结果进行分析，并预测出用户对并未看过的电影的兴趣度，从而向他们推荐从未看过并可能感兴趣的电影。此后，Amazon开始在网站上使用推荐系统，在实际中对用户的浏览购买行为进行分析，尝试对曾经浏览或购买商品的用户进行个性化推荐，这一举措将该网站的销售额提高了35%。自此之后，个性化推荐的应用越来越广泛。

一个完整的推荐算法框架主要分为三部分：第一部分是对用户进行建模。首先，将挖掘到的数据存放到数据库中，这些数据包括用户的属性、用户的行为以及项目的属性等。然后，从数据库中提取用户的行为数据，分析用户的不同行为，形成当前用户的特征向量。第二部分是对项目进行建模。通过特征—物品关联矩阵将用户的特征向量转化为推荐物品的初始列表。第三部分是将推荐列表排序后进行推荐。

（二）典型推荐算法介绍

推荐算法主要包括：协同过滤推荐算法、基于内容的推荐算法、基于知识的推荐算法、混合推荐算法以及基于深度学习的推荐算法。接下来将分别展开介绍。

1. 协同过滤推荐算法

推荐算法中较经典的推荐类型是协同过滤，包括在线协同和离线过滤两种。在线协同，即利用在线数据发现用户可能感兴趣的东西。离线过滤，则是筛选掉大部分不值得推荐的数据，包括推荐值评分较低的数据。协同过滤根据用户的兴趣爱好，以及相似用户之间的偏好关系来预测用户的其他偏好。例如，在协同过滤的电影推荐算法中，系统输入的是用户对已经看过的电影的评分数据，然后根据评分矩阵中部分观看的数据，来预测用户对尚未看过的电影的偏好。一般来说，协同过滤推荐的分类包括基于用户的协同过滤、基于项目的协同过滤和基于模型的协同过滤。其中，基于用户的协同过滤算法的核心是当用户需要个性化推荐时，首先找到与用户兴趣相似的其他用户，并根据其他用户的偏好向目标用户推荐未使用的项目。基于项目的协同过滤的基本思想是推荐与用户以前喜欢的项目类似的项目。例如，如果用户以前购买了《机器学习》，则算法会根据用户的行为向用户推荐《统计机器学导论》，但基于项目的协同过滤算法主要通过分析用户行为记录来计算项目之间的相似性，而不是使用项目的内容属性计算项目之间的相似性。目前在基于模型的协同过滤算法研究中，使用最普遍的是矩阵分解，矩阵分解的实例如：把学生在试卷上的得分分解成学生低维潜在矩阵和试题低维潜在矩阵，由此来预测学生在试卷上的成绩，进一步推荐试题。

2. 基于内容的推荐算法

基于内容的推荐算法是根据与产品相关的功能和用户的评级这两个来源来进行推荐。基于内容的推荐把推荐看作一个特定于用户的分类问题，将存储用户偏好与兴趣的配置文件属性与项目的属性进行匹配，以便向用户推荐新的项目。基于内容的推荐过程主要分为三个步骤，每个步骤由单独的组件处理：第一步，内容分析。如果信息无结构，则需要进行预处理才能获得结构化信息。该步骤的主要作用是以适合下一种处理步骤的形式显示来自信息源的项目（例如文档、网页、新闻、产品描述等）中的信息内容。数据项根据特征提取技术加以分析，使数据项的表示方式由原始信息空间迁移至目标信息空间（例如，以关键字向量表示的网页），该数据项是对概要学习器和过滤组件的输入。第二步，配置文件学习。基于内容的推荐模型通过获取代表用户喜好的数据，并对数据进行概括来创建用户配置文件。通常情况下，泛化策略是使用机器学习技术执行的，该技术根据用户对历史项目是否感兴趣来推断用户的兴趣行为模式。例如，学习者在网页的推荐中可以实现相关反馈方法，其中学习技术将正面和负面例子的向量组合成代表用户简介的原型向量。第三步，过滤组件。该组件利用用户的配置文件，将配置文件表示形式与建议的项表示形式匹配，从而获得建议相关项。

基于内容的推荐算法具有以下优点：首先，用户之间具有独立性，即每个用户的偏好基于其对项目的偏好，因此自然与他人的行为无关；其次，良好的描述性，即如果需要向用户解释为什么推荐此产品，则可以简单地解释"此产品具有此类属性"或"此属性适合您的喜好"等；最后，可以立即推荐新项目，当新项目添加到库存中时，它们将立即可用。

3. 基于知识的推荐算法

基于知识的推荐算法主要利用用户需求和偏好进行推荐。基于知识的推荐技术是专门针对此类问题的新型推荐技术，它重视知识源，直接满足推荐需求，因此不存在冷启动问题。但是，由于与真实情况存在一定的差距，获取知识更加困难，专家需要将知识组织成标准化和易于使用的表达方式。基于知识的推荐技术要求用户主动提出需求，并在对话中进行互动，最终返回推荐结果。基于知识的推荐算法通常依赖于对项目特征的详细了解。简而言之，推荐是指从项目的功能集中选择满足用户需求、偏好和硬件要求的项目。在系统开发中，必须考虑两个问题：第一需要相对准确的建议结果；第二如果没有完全匹配的项目，则必须给出相应的解决方案。

4. 混合推荐算法

混合推荐算法将多种推荐算法混合使用,将两种或者两种以上的推荐算法结合形成的新算法叫作混合推荐算法,混合推荐算法可以有效克服单个算法存在的缺点,提高推荐算法的推荐性能,扩充算法的应用场景。例如,在构建多个推荐算法的模型时,最终推荐结果由投票的方法确定。混合推荐在理论上不比任何单一推荐算法差,但是混合推荐的使用增加了算法的复杂度。

混合推荐算法主要有并行式混合设计、流水线式混合设计、整体式混合设计三类设计结构。其中,并行式混合设计利用多个推荐算法密切配合,利用特殊的混合机制聚合各个算法的结果,根据混合方案的不同主要有掺杂混合、加权混合、分支混合。并行式混合设计将数据输入到多个并列的独立算法中,在混合阶段将这些独立的算法生成的推荐结果进行结合,作为最终的推荐结果。在流水线式混合设计中,将一个推荐算法生成的推荐结果作为输入提供给另一个推荐算法(该算法也可以使用其他数据输入),再生成推荐结果,并将其提供给下一个建议算法,依此类推。整体式混合设计是从上述的系统结构、特性、算法、推荐结果等角度的推荐融合技术。在特殊的应用场景中,可能需要强调地域、时间等信息,对推荐方法和展现都有特定要求,这个时候对结果的混合往往要从整个产品的视角来进行设计与管理,以便产品可以适应不同的市场需求。

5. 基于深度学习的推荐算法

基于传统的推荐方法在构建特征、筛选特征上需要投入大量资源,并且由于模型层次较浅,难以学习到用户和物品的深层特征表示。基于深度学习模型通过从多源异构数据中自动学习特征,可以节省人工特征工程的成本,并且可以方便地整合附加信息,利用其拟合任意复杂函数的能力,学习特征之间深层交互关系,达到比传统模型更精准的推荐效果。

深度学习在模式识别、自然语言处理等领域的广泛应用,逐步为推荐系统的发展提供了新的研究方向。推荐系统中常用的深度学习模型包括:多层感知机、自编码器、卷积神经网络、循环神经网络、生成对抗网络、注意力模型等。深度学习模型自主学习各隐藏层权重来构建用户和物品的深层特征向量,为设计优秀的推荐算法奠定基础。尽管基于深度学习的推荐方法能够生成非常好的推荐效果,但由于隐藏层的权重以及各类激活函数,因此对生成的推荐列表提供合理的解释是非常困难的,这很难让用户信服。其次,深度学习模型需要大量的数据来进行训练,在一些小型的系统使用深度学习,由于数据量较少难以充分进行特征学习,推荐效果往往不太理想。此外,基于深度学习模型包含大量的超参数,对这些超参数进行调优需要一定的实践经验积累。

(三) 推荐算法应用场景

推荐算法目前已被普遍应用于多种场景和领域，常见于淘宝等电商平台、抖音等短视频或爱奇艺等视频网站、今日头条等新闻客户端，其应用领域也已涵盖教育、电子商务、医疗、新闻资讯、音乐视频、搜索引擎、广告投放等。在教育领域中，推荐算法可以为用户推荐书籍、报刊等内容；在电子商务领域中，推荐算法可以为用户推荐商品；在医疗领域中，推荐算法可以为病人推荐所需的药物。推荐算法具有以下优点：第一，推荐内容具有针对性。当用户明确知道查找的内容时，不仅可以自主地在系统中进行查找，还可以对服务作出评价；当用户不了解自己的偏好时，推荐算法会根据用户的历史记录来推荐出可能符合用户偏好的项目或服务。第二，推荐内容多样化。推荐算法可以满足广大用户不同的需求，用户可以随时、随地获取丰富的信息和服务。第三，推荐内容智能化。个性化推荐算法突出了智能化的特征，能帮助用户从海量的信息中快速定位符合自己需求的信息。

四、知识图谱

在数据时代，海量多样化的数据资源弥漫在错综复杂的网络中，人们难以及时获取高质量、有序的知识，也对传统依靠专家智慧的知识组织模式提出挑战。纵观知识组织在每个阶段的资源组织方式的变革，都紧随着计算机技术的更新迭代，如今人工智能作为计算机领域新的变革技术，期望机器模拟人的学习能力和思维模式，以提供更多自动化、智能化的服务。在人工智能技术影响下，知识的组织有序化过程依赖于智能技术执行，知识组织模式也将发生根本性变化。知识图谱通过以实体及实体关系为节点链接成刻画客观世界大量事实的语义知识库，充分揭示多维的网络信息资源蕴含的语义关系，成为由机器自动或半自动构建的新型知识组织方法。

(一) 知识图谱概述

知识图谱 (Knowledge Graph, KG)，是结构化的语义知识库，用于以符号形式描述物理世界中的概念及其相互关系。其基本组成单位是"实体—关系—实体"三元组，以及实体及其相关属性值对，实体间通过关系相互联结，构成网状的知识结构。知识图谱可以实现 Web 从网页链接向概念链接转变，支持用户按主题而不是字符串检索，真正实现语义检索。基于知识图谱的搜索引擎，能够以图形方式向用户反馈结构化的知识，用户不必浏览大量网页即能准确定位和深度获取知识。在知识表示中，知识图谱是一种知识库，其中的数据通过图结构的数据模型或拓扑整合而成，知识图谱通常被用来存储彼此之间具有相互联系的实体。

1) 表达方式。三元组是知识图谱的一种通用表示方式，即 G= (E, R, S)，其中

E 是知识库中的实体，R 是知识库中的关系，S 代表知识库中的三元组。三元组的基本形式主要包括实体 1、关系、实体 2 和概念、属性、属性值等。实体是知识图谱中的最基本元素，不同的实体间存在不同的关系。概念主要指集合、类别、对象类型、事物的种类，例如人物、地理等；属性主要指对象可能具有的属性、特征、特性、特点以及参数，例如国籍、生日等；属性值主要指对象指定属性的值。每个实体可用一个全局唯一确定的 ID 来标识，每个属性—属性值对可用来刻画实体的内在特性，而关系可用来连接两个实体，刻画它们之间的关联。

2）逻辑结构。知识图谱在逻辑架构上分为两个层次：数据层和模式层。数据层是以事实为存储单位的图数据库，其事实的基础表达方式就是"实体—关系—实体"或者"实体—属性—属性值"。模式层存储的是经过提炼的知识，借助本体库来规范实体、关系以及实体类型和属性等之间的关系。

3）体系架构。知识图谱的体系架构分为三个部分，分别获取源数据、知识融合和知识计算与知识应用。知识图谱有两种构建方式，自顶向下和自底向上。在知识图谱发展初期，知识图谱主要借助百科类网站等结构化数据源，提取本体和模式信息，加入到知识库中，这是自顶向下构建数据库的方式。现阶段知识图谱大多为公开采集数据并自动抽取资源，经过人工审核后加入到知识库中，这种则是自底向上的构建方式。

（二）知识图谱的关键技术

1. 知识抽取

知识抽取（Information Extraction）是构建知识图谱的第一步，为了从异构数据源中获取候选知识单元，知识抽取技术将自动从半结构化和无结构数据中抽取实体、关系以及实体属性等结构化信息；结合知识图谱的定义可知，知识抽取又包括实体的抽取、关系的抽取和属性的抽取。其中，实体抽取，也称为命名实体识别，指从源数据中自动识别命名实体，这一步是信息抽取中最基础和关键的部分，因为实体抽取的准确率和召回率对后续知识获取效率和质量影响很大，早期实体抽取的准召率不够理想，但随着 NLP 技术的发展，字典辅助下的最大熵算法、根据已知实体实例特征建模法、开放域的无监督学习算法等方法一一出现，逐步提高了实体抽取的精确度；经过实体抽取，知识库目前得到的仅是一系列离散的命名实体，为了得到更准确的语义信息，还需要从文本语料中提取出实体之间的关联关系，以此形成网状的知识结构，这种技术则为关系抽取技术；属性抽取是从不同信息源中采集特定实体的属性信息，例如针对某个公众人物，可以从网络公开信息中得到其昵称、生日、国籍、教育背景等信息。属性抽取技术能够从各个数据源中汇集属性信息，更完整地表述实体属性。

2. 知识融合

知识抽取的结果可能存在大量冗余和错误信息，形成的结构化信息也会缺乏层次性和逻辑性，因此需要对抽取来的信息做知识融合，消除歧义概念、剔除冗余和错误概念，提升知识质量。知识融合分为实体链接和知识合并两部分，实体链接是从数据源出发，将在知识获取流程得到的实体支撑对象和知识库中候选对象以相似度计算的方法链接，扩充知识库规模，使之不断完善。实体链接的流程一般分为两个步骤：第一，抽取实体，获得待链接的实体指称项；第二，对获取的实体进行深加工，完成指代消解和实体消歧。知识合并是合并现有的结果化数据，属于批量型添加规模数据，同时知识来源质量也得到保障。合并外部知识库主要考虑不同知识库数据层实体、属性、关系和模式层本体库的对接与融合，合并关系数据库主要考虑 RDF2RDF 的形式。

3. 知识加工

通过知识抽取、知识融合得到一系列的基本事实表达，离结构化、网络化的知识体系仍有一段距离。因此还需要针对这些事实表达进行知识加工，包括本体构建、知识推理和质量评估。本体构建指对概念建模的规范，以形式化方式明确定义概念之间的联系。在知识图谱中，本体位于模式层，用于描述概念层次体系的知识概念模板；知识推理则指知识库中已有的实体关系数据经过计算建立新实体关联，从现有知识中发现新知识，拓展和丰富知识网络；因为知识推理的信息基础来源于开放域的信息抽取，可能存在实体识别错误、关系抽取错误等问题，因此知识推理的质量也可能存在对应问题，需要在入知识库之前，将推理得来的知识进行质量评估，常见的方法包括逻辑斯蒂回归模型、抽取频率可信度评分等方法，通过对推理得来的知识进行质量评估，可以有效降低对数据信息正误判断的不确定性，提高知识图谱中知识的质量。

4. 知识图谱推理

知识图谱推理即面向知识图谱的知识推理，主要的方法包括基于规则表示的推理、基于分布式的推理、基于神经网络的推理、基于元学习的推理和基于相邻实体信息的推理等推理方式。

在知识图谱构建早期，主要利用基于规则表示的方法进行推理，即应用简单规则或者统计特征在一些早期人工构建的知识图谱上，基于规则的单步推理方法可计算性低、代价高、方法简单、适用的知识图谱较少、速度较慢，后续发展的基于规则的多跳推理方法，其规则更加复杂，例如随机行走规则、传递性规则等。以使用规则区域的大小为标准，可以将其分为基于全局的规则推理和基于局部的规则推理两种，基于规则的推理即使设定有一定的过滤机制，也仍然存在效率低下、噪声信息大、规则较少等缺点，并且当前的规则较少，人工挖掘更多复杂规则的代价也很高，可解释性难以保证。多样本知识图谱推理中基于分布式推理的过程是先要通过模型得到低维向量表示，然后用向量操作来进行对应知识图谱的推理，在基于分布式推理中，单跳推理主要通过不同的嵌入矩阵来表示三元组样本。基于分布式的单跳推理表示现在主要可以分为 Trans 系列、基于张量分解以及基于空间表示这三类，而基于分布式的多跳推理增加了多跳的关系约束，它是在单跳推理的基础上加上多跳关系的建模，其建模方式主要可以分为补充建模和共同建模，补充建模的方式是以单跳关系为主，然后利用多跳关系的约束辅助学习；共同建模的方式是同等对待直接关系和间接关系，获得更好的向量表示，后者虽然可能获得更好的间接关系向量表示，但是也有较大的可能引入级联误差，将中间的一个误差逐步放大，使最终预测结果偏离实际结果。

伴随着神经网络技术的快速发展，基于神经网络的知识图谱研究受到了广泛的关注。神经网络在知识图谱推理方面具有可以实现自学习功能、计算速度快、准确性高的优点，在单跳推理方面，主要是通过直接建模知识图谱三元组的方式得到向量表示，完成进一步推理；在多跳推理中，除了直接建模多跳关系之外，还可以通过模拟人脑的推理过程进行推理。基于神经网络的单跳推理的优点是能通过利用神经网络强大的学习、推理能力来建模知识图谱三元组，但是神经网络的可解释性一直是一个难以攻克的问题，而在神经网络的多跳推理中，主要有通过神经网络建模多跳路径和模拟人脑的过程进行推理两种方法，前者充分学习多跳路径的表示，然后根据路径的表示和直接关系表示的相似度来得到得分；后者主要利用一个外部存储结构模拟人脑的存储，利用人脑的强大推理能力得到推理结果。

基于元学习的推理则适用于少样本的情形，它基于元关系学习框架来进行，元关系框架包括关系元和梯度元，关系元表示在支持集和查询集中连接头和尾实体的关系，该方法从支持集提取每个任务的关系元，以向量表示，并将其转移到查询集；梯度元是支持集中关系元的损失梯度，由于梯度元显示了如何更改关系元以达到损失最小值，从而加快学习过程，因此关系元在被转移到查询集之前通过梯度元进行了更新，此更新可以看作关系元的快速学习，这个模型主要由关系元学习器和嵌入学习器两部分组成，前者是为了从支持集中提取关系元，并且从支持集中学习长尾实体到关系元的映射，后者通过梯度元对关系元进行快速更新，通过一个得分函数来评估特定关系下实体对的真值以及它们的任务损失函数，通过最小化损失函数来更新模型，从而将仅有的训练样本进行划分，利用元学习可以通过之前的样本来指导新任务的预测，可以最大化利用现有的样本。

基于相邻实体信息的推理则设计了一种基于异构图结构和注意力机制的关系感知异构邻居编码器，以学习实体嵌入，它捕获了不同的关系类型以及对本地邻居节点的影响差异，然后设计了一个循环自动编码器聚合网络，以对少样本触发的参考实体对的交互进行建模,并为每个关系积累其表达能力。通过参考集的聚集嵌入,该模型最终采用匹配网络来发现参考集的相似实体对,采用基于元训练的梯度下降方法来优化模型参数;学习到的模型可以进一步应用于推断任何新关系的真实实体对,而无需任何微调步骤。

(三)知识图谱的应用场景

知识图谱在不同领域以机器认知智能的形式帮助人类解决相应问题,早期知识图谱的提出是为优化搜索引擎,但如今的知识图谱在数据治理、搜索推荐、智慧生产、智能营销、智能管理等领域均发挥重要作用。

数据治理侧重医疗、金融。医疗场景下知识图谱可以将医学知识库与病例信息与行为数据进行结合,联合建模生成诊疗知识图谱,并使用知识推理的方法完成智能诊断,辅助医生诊疗工作,提高诊断效率。金融场景下知识图谱主要应用于金融风控、信贷风险预警等业务。将借贷双方实体客户、客户征信、客户习惯等数据构建成知识图谱,通过知识图谱推理及可解释性,发现风险点并及时溯源,完成风险预警,减少信贷欺诈。

搜索推荐侧重改善用户知识获取的精准度,用户中心的搜索推荐系统搭载了更多面向生产、管理等垂直业务的领域知识与事件图谱,将审计、司法、文献、案例、代码仓库等归并至知识图谱数据源,通过知识融合与知识加工形成结构化模式数据,完成专业领域的搜索应用。ChatGPT 作为时下最热门的进阶搜索工具,使用自然语言理解、知识图谱和神经网络模型技术,完成模型训练,可以将人类自然语言转换为机器可读形式并使用超大规模知识图谱与神经网络模型训练准确回答人们提出的问题。

另外,知识图谱在智慧生产、智慧营销、智慧管理领域也有应用。智慧生产侧重工业产品生产流程,如航天、船舶。使用工业知识图谱,在产品生产各个环节完成技术助力,如仿真模拟、产品研发、产品质量提升、生产预测、节能减排、设备故障预警等。智慧营销侧重电子商务、提高交易率。构建消费者与商品的知识图谱,使双方的购买需求与产品服务的信息透明化,丰富消费者知识图谱,包括用户基本信息、兴趣、生活习惯、价值观等。丰富商品知识图谱,包括产品基本信息、别称、情感价值等。智慧管理侧重企业风险管理、城市管理、政府决策。

五、NFT 数字藏品

1992 年,Neal Stephenson 在其出版的科幻小说《雪崩》中首次提出了一个描述超现实主义虚拟世界的数字空间概念——Metaverse,即"元宇宙"。作者描绘了一个与现实世界关联的虚拟世界。在元宇宙中,人类可以看到数字化生成的世界,并能够完全置身其中。"通证"是元宇宙中的原生资产的主要载体,"通证"的概念来源于对区块链技术中"Token"的翻译。"Token"的概念之前分别用于指代"登录验证的令牌"和"区块链账户地址及余额映射的智能合约",而其内涵在通证经济中得以扩大,被定义为"可流通的加密数字凭证",进而可以包含媒介流通、信息传播、资产转移、权力转交等价值流通,以及使用权、收益权、投票权、参与权等多种属性。本质上,"通证"只是一种技术的表达符号,其具有怎样的价值或代表什么样的资产,完全取决于发行方和交易方赋予它什么样的权益和意义,根据不同场景,通证又被分为同质化通证和非同质化通证。

(一) NFT 数字藏品概述

同质化通证具有可替换、统一、可无穷拆分的特点,例如比特币、以太币、积分等。在中本聪构建的比特币系统中,依靠工作量证明共识,"矿工"通过计算机"挖矿"产生区块而获得比特币,"矿工"获取到每次执行交易代码、计算交易结果、存储交易数据、生产区块应该得到的"燃油费"。

相比之下,非同质化通证(NFT)则具有独一无二、不可替代、不可分割的特点,例如艺术品、房屋的产权、特定贡献的证明等。NFT 在物理层面上,是基于区块链技术平台生成的一串机器编码,NFT 通常作为凭证来标记特定权益,是某人/组织对某事/物的权益记录,其所具有的唯一公开、不可篡改、可交易等属性均是基于区块链技术实现,NFT 的功能实现可以概括为实现资产的去中心化认证与交易。也就是说,NFT 本质上是由智能合约创建、维护、执行的非同质化数字资产通证,该通证可以是资产本身,例如一段代码、一张图片、一个网页等任何数字化的内容,也可以是指向资产的一个网址、一个数字签名等,且这一通证具有唯一公开、不可篡改、可交易等属性。NFT 通过智能合约 ERC-721、ERC-1155 等标准合约形式部署在以太坊等区块链上,不同区块链合约标准不同,在 NFT 智能合约下,区分唯一性是根据智能合约地址与其中的 TOKENID 不同来认证的,智能合约地址保证合约的唯一性,而不同的 ID 各自对应元数据,智能合约即部署在区块链上的一段可执行代码,ERC-721 标准适用于任何非同质化的数字内容,ERC-1155 更多用在游戏中,用于标识一类道具。交易是连接外部世界和以太坊内部状态的桥梁,所以以太坊也被称为交易的状态机,NFT 的智能合约部署完成后,外部调用 RPC 接口访问以太坊主网,矿工将交易打包,以太坊虚拟机找到对应智能合约并根据外部传入参数执行对应的合约函数,执行完成后在链上将状态更新,从而完成交易。

NFT 具有以下几个方面的特性:1) 标准化:通过在公有区块链上发行非同质化代币,开发者可以构建与所有非同质化代币相关的、通用的、可重复利用的、可继承的标准,也可以将额外的标准放在上面以在应用程序内进行丰富的显示。2) 互通性和可交易性:非同质化代币标准允许非同质化代币在多个生态系统之间轻松跨越,当开发人员启动新的 NFT 项目时，可以在数个不同的钱包中立即查看这些 NFT，也可以在市场上进行交易，并且，最近可以在虚拟世界（VR、AR 之类）中进行显示。互通性也带来了 NFT 在开放市场上的自由贸易。用户第一次真正意义上，可以将虚拟物品从原本的环境转入一个市场，使用更复杂的交易功能，如互联网上的拍卖、招投标、捆绑，并以任何货币形式卖出的能力。特别是对于游戏开发商来说，资产的可交易性代表着从封闭经济向开放自由市场经济的过渡，游戏开发商不再需要管理经济的每一个环节：从资源的供应到定价再到资本控制，相反，他们可以让市场自行承担这些复杂工作。3）不可篡改性和可证明的稀缺性：非同质化代币的即时可交易性将导致更高的流动性。NFT 市场可以满足各种受众的需求，从交易员到新手，都可以使资产向更多的购买者广泛地曝光。4）可编程性：像传统的数字资产一样，NFT 也是完全可编程的。由于 NFT 具有更复杂的机制，例如铸造、制作、兑换、随机生成等，使得 NFT 充满了想象与设计的空间。

  NFT 的铸造流程包括以下步骤：步骤一，制作作品数字 ID。以最常使用的图片 NFT 为例，首先，想将一张图片制作成 NFT，需要提取出它的基本信息：图片的作者、内容属性（尺寸、颜色等）等，然后将它们转化为 byte 字节，再将字节输入到加密算法中得到一个输出值。这个输出值只对应唯一的一个源内容，且无法被篡改，这个输出值就等同于这张图片的数字化中间产物——数字 ID。步骤二，数字 ID 通证化。想要通证，就需要选择区块链的任意一条公链进行智能合约开发。需要注意的是，不同公链的底层标准协议逻辑或技术组件都有所差别，这也是导致开发的智能合约会有所不同的原因，而智能合约也直接映射了制作的 NFT 具有的基本属性和流转方式。将开发好的智能合约部署到所选择的公链后，会变成一个去中心化应用，接着调用智能合约，便可将图片数字化 ID 储存在所选择的公链上。步骤三，NFT 作品展示。在将图片信息存储到选择公链上时，将会得到一个通证 ID，通过这个 ID 就可以前往开发的智能合约中读取图片 NFT 信息数据，之后会得到一个通证 URL，通过通证 URL，用户就可以借助浏览器或其他介质应用，还原储存在 IPFS 分布式文件系统中铸造的 NFT 作品内容。

（二）NFT 数字藏品的应用场景

1. NFT 艺术品

  NFT 在数字艺术品买卖和所有权方面发挥了较大的作用，在现实生活中，实物艺术品的所有权通常是通过所有者实际持有而证明。如果是古代或高价值的艺术品，该作品可能有一份凭证，而一些艺术品市场鱼龙混杂，很多艺术品爱好者无法辨别艺术品真假，因而无法以合适的价格进行购买，相较于实物艺术品，NFT 在数字艺术品中的应用和价值更加广泛和深入，但知识产权保护并不适合所有权和财产转移的方式。

通过将数字商品与区块链开发上的特定点联系起来，NFT本质上创造了一个与艺术品本身相关的不可改变的数字出处，这让收藏家以一种新的方式拥有数字艺术，同时也允许艺术家以一种新的方式出售数字艺术。这种形式下，艺术家可以拥有自己艺术作品的版权，收藏家可以确保自己购买的艺术品真实权威，杜绝盗版造假。

2. NFT游戏

NFT游戏是以区块链技术开发的游戏，游戏中的角色、装备、道具等都是NFT，这些NFT可以在游戏中发挥作用，也可以在市场上进行交易，从而换成虚拟货币。这类似于传统游戏中的消费，玩家可以通过充钱来提升自己的装备和获得道具。但与传统游戏消费不同的是，在传统游戏中消费的钱只能在该游戏中使用，一旦退出游戏，或者是游戏停止运营了，消费的钱也会消失，而NFT游戏则不同，你将拥有这些角色、道具等的所有权，游戏的厂家不能随便将其删掉，如果不玩游戏，可以将它出售，但要注意的是，NFT会随着市场的变动而改变价格，购买时的价格不一定是出售的价格。

3. NFT音乐

NFT是记录在区块链上的独一无二的加密代币，它可以指向特定的数字或实物资产，包括视频、图像，或你能想到的任何类型的资产。恰如其名，NFT音乐是与一段音乐作品相关的NFT，NFT音乐可以是单曲、专辑、MV，甚至是一段生成性音乐，即使用计算机程序将随机的模式、颜色、声音或形状用算法生成的音乐作品，NFT音乐也可以指向其他跟音乐相关的东西，比如演唱会门票或专辑封面。

4. NFT凭证

NFT可以应用于身份认证，实现对用户信息的完整记录，传统凭证的难点在于信息孤岛，不同的国家、系统无法互通，且相互之间的信息并不通用；但如果区块链可以解决信任危机，公链上的信息被同步认可，孤岛就可以被连接起来。如：在一份工作结束时，公司会用电子签名对工作经历确权，制作成NFT保留在个人虚拟档案中，授权后所有人可看到并认可，从而代替传统烦琐的背调。NFT也可以应用于所有权凭证，连结现实世界资产与NFT时，可将证明所有权的方式转换为数字形式，例如在房地产中，通常会使用实体的房地产契约，为这些契约建立代币化的数位资产后，即可将高度非流动性的物品移至区块链上，再比如拿珠宝等较小的物品来说，NFT即可在转售时协助证明合法所有权，一颗真实的钻石通常会附有防伪证书，此证书也是证明拥有该钻石所有权的方式，随着物联网的发展，将会发现更多以NFT呈现的现实世界资产。

六、AIGC

2018 年，人工智能生成的画作在佳士得拍卖行以 43.25 万美元成交，成为世界上首个出售的人工智能艺术品，引发各界关注。随着人工智能越来越多地被应用于内容创作，人工智能生成内容（Artificial Intelligence Generated Content，AIGC）的概念悄然兴起。AIGC 起源于深度学习技术的快速突破和日益增长的数字内容供给需求，AIGC 既是从内容生产者视角进行分类的一类内容，又是一种内容生产方式，还是用于内容自动化生成的一类技术集合。

（一）AIGC 的定义

目前，对 AIGC 这一概念的界定，尚无统一规范的定义。国内产学研各界对于 AIGC 的理解是"继专业生成内容（PGC）和用户生成内容（UGC）之后，利用人工智能技术自动生成内容的新型生产方式"。在国际上对应的术语是"人工智能合成媒体（AI-generated Media 或 Synthetic Media）"，其定义是"通过人工智能算法对数据或媒体进行生产、操控和修改的统称"。AIGC 是相对于过去的 PGC、UGC 而提出的，是 AI 技术发展的新趋势，它通过分析一组数据，发现其中的规律和模式并用于其他多种用途，比如应用最为广泛的个性化推荐算法。而现在人工智能正在生成新的东西，不仅仅局限于分析已经存在的东西，实现了人工智能从感知理解世界到生成创造世界的跃迁。AIGC 的狭义概念是利用 AI 自动生成内容的生产方式，广义概念是生成式 AI，是基于训练数据和生成算法模型，自主生成创造新的文本、图像、音乐、视频、3D 交互内容等各种形式的内容和数据，并包括开启科学新发现、创造新的价值和意义等。

（二）AIGC 的关键能力

AIGC 技术能力关键在内容的创造方面。根据创造的形式不同，AIGC 变革内容创作方式可以划分为：智能数字内容孪生能力、智能数字内容编辑能力和智能数字内容创作能力。

1. 智能数字内容孪生能力

内容数字化是现今所有数字系统得以存在和运转的前提，其过程是指将视觉、声音、文本等信息转化为数字格式。相比于传统的内容数字化，智能数字内容孪生技术致力于进一步挖掘数据中的有效信息，在深入理解数据内容的基础上，实现一系列高效、准确、智能的数字内容孪生任务。作为传统数字化的扩充和升级，数字内容的孪生技术受到了持续且广泛的研究，智能数字内容孪生可分为智能增强技术和智能转译技术两个主要分支。考虑现实场景中数据采集、传输和储存中可能遇到的多种限制，原始的数字内容经常会存在缺失或者损坏等问题。智能增强技术旨在消除上述过程中的干扰和缺失问题，根据给定的低质量原始数据生成经过增强的高质量数字内容，力求在数字世界中孪生并重构完整逼真的客观世界。在计算机视觉任务中，智能增强技术多被用于修复并增强由采集设备或环境因素引起的视觉内容受损，例如低分辨率、模糊、像素缺失等。智能转译技术是建立在对客观世界内容感知的基础上，进一步理解孪生后的数字内容，从而实现多样化的内容呈现的一类技术集合。现阶段比较成熟的智能转译技术包括给定语音信号进行字幕合成，依据文字进行语音生成等。对于智能转译技术，放在第一位的是生成内容的准确性，无论是语音生成文本还是文本生成语音，准确地呈现原始信息是该类技术走向实际应用的基础。数字内容孪生技术通过对真实世界中内容的智能增强和转译，将现实世界的物理属性和社会属性高效、可感知地进行数字化，实现现实世界到数字世界的映射，构建了在数字世界中重现现实场景的能力。通过数字内容孪生技术，不同行业的从业者可以更好地在数字世界中进行内容的组织和展示。

2. 智能数字内容编辑能力

在数字内容孪生技术的基础上，智能数字内容编辑的相关技术构建了虚拟数字世界与现实物理世界间的交互通道。一方面，对数字内容的编辑和控制。例如，数字人技术可以直接作用于物理世界，实现实时的反馈和互动，起到对现实世界中主体陪伴或服务等功能。另一方面，数字内容编辑技术是实现数字仿真的基础。例如，自动驾驶时通过智能编辑，可以对同一道路上不同车况和不同天气状况进行不同控制。基于数字内容仿真，算法模型可以在数字世界中学习到相应的知识和技能，这些知识可以用来解决现实生活中遇到的问题。

从技术角度看，智能数字内容编辑主要依靠数字内容的语义理解和属性控制两类技术来实现对数字内容的修改控制。第一步，数字内容的语义理解，数字内容的理解是对其进行编辑和修改的基础，现实世界中的内容大多是由多种不同的语义信息组成的。例如，一张人脸照片实际上是由人物的身份信息、面部动作、拍摄视角、摄影设备和光照条件等许多语义信息一同决定的。第二步，在充分理解数字内容语义的基础上，对数字内容进行属性控制。数字内容的智能属性控制技术将直接根据用户指定的属性，对原有的内容进行精确修改、编辑和二次合成等处理。

3. 智能数字内容创作能力

数字内容的孪生和编辑能力主要面向客观世界中的真实内容，包括对现实内容的智能孪生、理解、控制和编辑，数字内容的智能创作则旨在让人工智能算法具备类似甚至超越人的创作能力。根据技术的应用形态，数字内容的创作形态包括基于模仿的创作和基于概念的创作两类。

基于模仿的创作是指人工智能模型首先观察人类的作品，通过学习某一类作品的分布特性，生成模型并进行模仿式的新创作。基于概念的创作不再简单地对固定种类的数据进行观察和模仿，而是在海量的数据中学习抽象的概念，进而通过对不同概念的组合进行全新的创作。以文本生成图像为例，给定的文本包含描述生成内容中需要包含的主体内容、数量和关系，以及指定生成图像的风格、年代等属性，通过文本描述基于概念的创作技术可以创作出给定文本呈现的视觉内容。

因此，基于概念的智能创作与上述智能孪生中的转译技术不同，智能转译更关注对已有内容的精确表达和转换，而基于概念的智能创作是在给定模糊概念的基础上，进行自由生成和创作。数字内容基于概念的创作很大程度上依赖于算法模型对多模态数据的理解、对齐、融合和生成，依赖于人类社会中海量的数据以及相关的描述。基于概念的创作摆脱了对简单学习纹理、形状、颜色的模仿，进一步像人类一样开始学习和总结创作中包含的概念元素，实现更通用、更高效、更智能的 AIGC 应用。

（三）AIGC 的应用场景

（1）基于 AIGC 的内容生产

内容生产一直都是创意工作者的专属领域，但是随着 AIGC 的不断发展，它有望成为数字内容生产和交互的新范式，成为未来互联网的内容生产基础设施。AIGC 逐步深入融合到文字、音乐、图片、视频、3D 等创作中，可以担任新闻、论文、小说写手、音乐作曲和编曲者、多样化风格的画手、长短视频的剪辑者和后期处理工程师以及 3D 建模师等多种角色，能在人类的指导下完成指定主题内容的创作、编辑和风格迁移。对于创作效果而言，AIGC 在基于自然语言的文本、语音和图片生成领域初步呈现令人满意的表现，特别是在知识类中短文、插画等高度风格化的图片创作方面，其创作效果可以与有中级经验的创作者相匹敌。AIGC 在视频和 3D 等媒介复杂度高的领域仍处于探索阶段，但其成长速度很快。与此同时，AIGC 生成的内容可能比人类创建的内容质量更高，因为人工智能模型可以从大量数据中学习并识别人类可能无法观察到的模式，从而产生更准确、信息更丰富的内容。AIGC 模型可以生成多种类型的内容，包括文本、图像和音视频、3D 内容等，这可以帮助企业和专业人士创建更多样化、更有趣的内容，从而吸引更广泛的人群。基于 AIGC 的内容制作，可以显著地降低成本，制作效率显著提高。同时，基于 AIGC 的内容制作，在降低用户的内容创作门槛的情况下，能够创造出有独特价值和独立视角的内容，以获得高质量的创作作品。

（2）聊天机器人和数字人

ChatGPT 采用深度学习和自然语言处理技术，是 AIGC 商业化应用的创新方式。ChatGPT 通过网页浏览器中的对话交互形式，不仅能够满足基本的人机对话需求，还能够根据具体应用场景回答后续问题、承认错误、质疑前提的不正确性并拒绝不当请求。而基于 AIGC 的数字人，或者说虚拟机器人是一种数字智能体，是一种新的交互形式，可以提升数字人的制作效能。基于 AIGC 的 3D 数字人建模已经初步实现产品化，目前精度可以达到次世代游戏人物级别，通过开放程序接口对接各种应用，因此基于 AIGC 的 3D 数字人建模的潜力较大、范围较广，特别是 C 端的应用，通过便捷化的上传图片即可生成 3D 数字人面部模型；其次，AIGC 采用自然语言处理作为数字人的大脑，支撑了 AI 驱动数字人多模态交互中的识别感知和分析决策功能，使其更神似人，提高用户的交互体验。

（3）元宇宙

目前对于元宇宙并没有公认的权威定义，但很多学者认同"虚实融合"是元宇宙的基本属性。随着元宇宙成为新的经济热点，学界对这一概念进行了新的阐述与研究。有学者对元宇宙（metaverse）的语义结构进行分析，指出其是由"meta+verse"组成，"meta"内含"超越"之意，"verse"指"universe（宇宙）"，故而元宇宙可理解为"超越现实宇宙的另一个宇宙"。有学者认为元宇宙既是具备沉浸式体验属性的开放虚拟世界，也是与现实物理世界相融合的数字化社会形态。

元宇宙具备巨大的可扩展性潜力，能够极大地拓展人类的虚拟生存空间。AIGC 能够生成元宇宙内容，是当前较新的元宇宙内容生成解决方案之一，其将会在填充元宇宙内容方面发挥重要作用，只有依靠 AIGC，元宇宙才有可能以低成本、高效率的方式，满足用户不同的生成内容需求。首先，AIGC 为构建沉浸式的元宇宙空间环境提供了核心基础设施技术，是元宇宙的生产力工具，当前 AIGC 已经可以实现创建逼真的 3D 虚拟空间环境、虚拟人物，并且其在效率和成本方面均可以满足大规模的元宇宙空间环境创建。其次，AIGC 能够极大地提高数字原生内容的开发效率，降低游戏开发成本，AIGC 可以生成包括剧情、角色、头像、道具、场景、配音、动作、特效等内容，实现自发有机生长，并加速复刻物理世界，进行无限内容创作，也会赋予用户更多的创作权力和自由，促进创新并提升元宇宙的用户体验。再次，AIGC 还能够释放开发人员的生产力，帮助他们编写代码，让他们可以花更少的时间编写代码，花更多的时间用于表达需求，从而实现生产力的大幅提升和元宇宙空间环境的建成速度。最后，AIGC 在元宇宙的用户交互过程中扮演着重要角色，因为元宇宙中不仅只有用户，还存在许多类似 NPC 的智能体为用户提供交互服务，这些智能体可以由 AIGC 生成并驱动。

第二章 数据法律法规解析

为应对大数据时代下的数据安全问题，我国陆续颁布了《全国人民代表大会常务委员会关于加强网络信息保护的决定》（以下简称《关于加强网络信息保护的决定》）、《中华人民共和国消费者权益保护法》（以下简称《消费者权益保护法》）、《信息安全技术—个人信息安全规范》、《中华人民共和国网络安全法》（以下简称《网络安全法》）、《中华人民共和国民法典》（以下简称《民法典》）、《中华人民共和国数据安全法》（以下简称《数据安全法》）、《中华人民共和国个人信息保护法》（以下简称《个人信息保护法》）等法律法规，持续加强对数据的保护力度。在安全法体系内，《网络安全法》《数据安全法》《个人信息保护法》属于同一层级并行的法律；其中，《网络安全法》更强调网络安全与网络空间的国家主权，《数据安全法》则更侧重于数据安全以及基于数据安全所体现的国家安全，《个人信息保护法》则集中于个人数据的保护。

然而，大数据技术涉及数据采集、数据传输、数据存储、数据处理、数据使用、数据共享、转让与委托处理、公开披露、数据出境、接入等，上述大数据技术可能涉及侵犯个人隐私、妨害数据安全、跨境流动等数据安全问题，可能违反已施行的数据法律法规。为便于大数据领域的创新主体更好地理解数据法律法规各项法条的立法目的和适用范围，本章将梳理我国数据法律法规条款的立法本意，探讨数据法律法规条款的适用范围和体系构建。

第一节 《中华人民共和国个人信息保护法》立法解析

一、立法背景

截至 2023 年 3 月，我国移动互联网用户已达 14.5 亿，互联网网站超过 443 万个，应用程序数量超过 300 万个，个人信息的收集、使用更为广泛。虽然近年来我国个人信息保护力度不断加大，但在现实生活中，一些企业、机构甚至个人，从商业利益等出发，随意收集、违法获取、过度使用、非法买卖个人信息，利用个人信息侵扰人民群众生活安宁、危害人民群众生命健康和财产安全等问题仍然十分突出。在信息化时代，个人信息保护已成为广大人民群众最关心最直接最现实的利益问题之一，这也催生了个人信息保护的需要。

党的十八大以来，我国相继制定了《关于加强网络信息保护的决定》、《电信和互联网用户个人信息保护规定》、《中华人民共和国电子商务法》（以下简称《电子商务法》）等，为个人信息保护工作提供了有力的依据。然而，全国人大常委会在《关于加强网络信息保护的决定》的实施情况报告中指出，当前网络用户信息泄露呈现渠道多、窃取违法行为成本低、追查难度大等特点，用户个人信息保护工作形势严峻，并建议通过加快《个人信息保护法》立法进程、加大打击力度等方式，进一步加大用户个人信息保护力度。报告同时指出，用户个人信息保护工作形势严峻，有必要"通过专门立法，明确网络运营者收集用户信息的原则、程序，明确其对收集到的信息的保密和保护义务，不当使用、保护不力应当承担的责任，以及监督检查和评估措施"，加快《个人信息保护法》立法进程。

《个人信息保护法》的颁布实施，是中国个人信息保护工作的里程碑，是我国在数字政府、数字经济、数字社会领域法治理念的集中体现，这部法律顺应了数字时代的发展要求，为个人信息保护贡献了中国方案。《个人信息保护法》为我们正确处理个人信息提供了重要的指引，明确了个人信息的概念与范围，规范了个人信息处理行为，特别是敏感个人信息、特殊群体，例如对未成年人的信息处理行为、个人信息跨境以及个人在处理环节中的权利都进行了规定。

二、《中华人民共和国个人信息保护法》重点条文汇总

《个人信息保护法》是 2021 年 8 月 20 日第十三届全国人民代表大会常务委员会第三十次会议通过，并自 2021 年 11 月 1 日起施行。《个人信息保护法》由总则、个人信息处理规则、个人信息跨境提供的规则、个人在个人信息处理活动中的权利、个人信息处理者的义务、履行个人信息保护职责的部门、法律责任、附则八章组成，共涉及 74 条法律条款。经前期对大数据技术初步分析，以及结合大数据领域的专利审查实践，筛选出与社会各界关注的大数据技术问题相关的法律条款，共 21 条，具体如表 2-1 所示。

表 2-1　与大数据热点问题相关的《个人信息保护法》法律条款

《个人信息保护法》分章	法律条款数量（共74条）	涉及大数据热点问题的法律条款（共21条）	法条主旨
总则	12	第四条	个人信息的界定
		第五条	合法正当必要诚信原则
		第六条	最小必要原则
		第七条	公开原则
		第九条	个人信息安全责任
		第十条	禁止性规定
个人信息处理规则	25	第十三条	合法性基础
		第十四条	处理个人信息的同意
		第十五条	撤回同意
		第十六条	不得拒绝产品或服务
		第十九条	必要保存期限
		第二十三条	对外提供个人信息
		第二十四条	自动化决策
		第二十六条	公共场合采集个人信息的要求
		第二十八条	敏感个人信息的定义及处理规则
		第三十一条	未成年人个人信息的处理规则
个人信息跨境提供的规则	6	第三十八条	个人信息跨境条件
		第三十九条	个人信息跨境的同意
		第四十条	关键信息基础设备运营者的存储义务及境外提供
个人在个人信息处理活动中的权利	7	第四十九条	死者个人信息利益保护
个人信息处理者的义务	9	第五十四条	合规审计义务
履行个人信息保护职责的部门	6	—	—
法律责任	6	—	—
附则	3	—	—

三、《中华人民共和国个人信息保护法》重点条文解析

为便于大数据领域从业人员更好地应用涉及大数据热点问题的《个人信息保护法》重点法律条款，本节将从立法本意角度解析大数据热点问题相关的法律条款。

(一) 第四条【个人信息的界定】

个人信息是以电子或者其他方式记录的与已识别或者可识别的自然人有关的各种信息，不包括匿名化处理后的信息。

个人信息的处理包括个人信息的收集、存储、使用、加工、传输、提供、公开、删除等。

【法条解析】

本条的立法宗旨是对"个人信息"和"个人信息的处理"的定义和范围的界定，明晰了《个人信息保护法》的保护对象和处理范围。个人信息和个人信息的处理是《个人信息保护法》中两个最基本的概念，《个人信息保护法》整体的制度原则构建都是围绕这两个概念展开的。

从本法条定义来看，个人信息的构成包括三个要素：1) "以电子或其他方式记录"是形式要件，受保护的个人信息需附着在某种载体上，并且能够被记录下来，例如电子形式是个人信息的常见构成形式，但不是唯一构成形式，还包括其他电子数据形式；2) 与自然人有关的信息，规定了个人信息中的"个人"是指自然人，不包括企业法人、非法人组织等，值得注意的是，自然人包括活着的人、去世的人；3) "与已识别或者可识别的自然人有关"，明确了"已识别""可识别"的定义，"已识别"是指在特定人群中，某个人可与该群体内的其他人区分开来，"可识别"是指某个人目前还未被识别，但后续如需要也可以被识别。此外，该法条将匿名化处理后的信息排除在个人信息范畴之外。匿名化处理的两个关键要素是无法被识别和不能被复原，上述两个关键要素与当前技术发展水平相关，可能在某一时期内无法被识别和不能被复原，但随着技术的发展，某一时期内的"匿名化"处理可能失效，因此上述两个关键要素与技术发展水平息息相关，是相对的标准，不是绝对的标准。

对个人信息的处理，是指与个人信息相关的一切行为，但对其具体表述，有一个演变过程。本法条列举了个人信息的处理行为的类型，具体为：收集、存储、使用、加工、传输、提供、公开、删除等。本法条中的个人信息的处理，还需要与本法第七十二条的适用范围做衔接，具体为自然人因个人或家庭事务处理个人信息的，不在本法的规制范围内。例如：张某某将自己的手机号码告知了其同事王某某，而王某某的同学希望联系到张某某，便向王某某索要到了张某某的手机号码，这种情形下，王某某未征得张某某的同意私下将手机号码告诉第三方，使得张某某的个人信息权益受到侵害，这种情况属于本法第七十二条的特殊情况。

(二) 第五条【合法正当必要诚信原则】

处理个人信息应当遵循合法、正当、必要和诚信原则，不得通过误导、欺诈、胁迫等方式处理个人信息。

【法条解析】

本条旨在规定个人信息处理活动应当遵循的基本原则。《个人信息保护法》在沿用《关于加强网络信息保护的决定》《消费者权益保护法》《网络安全法》和《民法典》对个人信息处理规定的合法、正当、必要原则规定的基础上，增加了诚信原则这一民法的基本原则，并禁止采取"误导、欺诈、胁迫"等方式处理个人信息。

"合法、正当、必要"是我国立法中个人信息处理活动的基本原则，与国际通行的个人信息保护原则是一致的。合法原则是指个人信息的处理应当遵循法律法规的规定，不得违法对个人信息进行收集、存储、加工、使用、传输、提供、公开等行为。整体而言，所有法律规范规定的具体规则都可以纳入合法原则的范畴内，合法原则的内容非常宽泛，对法律适用的直接指导意义有限。正当原则要求个人信息处理有正当的事由，处理个人信息的方式应当符合伦理道德标准，符合公序良俗的标准。这一原则比较抽象，需要结合实际情况进行判断，正当原则的要求可以从目的正当性、手段正当性两个方面判断。任何组织或个人不能基于不正当目的，比如以信息买卖为目的，收集、提供个人信息，以及利用不正当手段对个人信息进行处理，比如通过虚假告知诱导信息主体同意收集其个人信息。必要原则要求个人信息的处理应当限定在实现处理目的所必要的范围内，并且采取对个人权益影响最小的方式进行。对于个人信息既可以处理也可以不处理的情况，应当尽量不处理；必须要处理个人信息时，应当尽量少地处理个人信息。

在个人信息处理基本原则以外，《个人信息保护法》中还增加了诚信原则，并明确禁止"误导、欺诈、胁迫"等不诚信处理个人信息的行为。作为民法领域的"帝王原则"，诚信原则是为了对一些难以划归到个人信息处理基本原则内的行为进行约束。增加"胁迫"方式是针对过度收集个人信息，或 App 强制捆绑，频繁、过度索取权限等问题的相对性完善的内容。"合法、正当、必要、诚信"基本原则对应的合规措施非常广泛，其包含的内涵具有宽泛性，基本原则很少单独作为权利人维权或者企业合规的依据。

(三) 第六条【最小必要原则】

处理个人信息应当具有明确、合理的目的，并应当与处理目的直接相关，采取对个人权益影响最小的方式。

收集个人信息，应当限于实现处理目的的最小范围，不得过度收集个人信息。

【法条解析】

本条旨在规定个人信息处理的目的明确原则和最小必要原则。目的明确原则是指处理个人信息要有明确、清晰、具体的个人信息处理目的，并应当与处理目的直接相关。根据本条规定，目的明确原则有以下要求：1）处理个人信息应当具有明确、合理目的。首先，个人信息处理者需要用清晰明确的表达说明其处理目的，不能将目的隐藏起来或者表达得含糊不清；其次，目的本身也是明确的，是有边界范围的，不能漫无目标、毫无限制。2）个人信息处理活动与其处理目的的直接相关。对于处理目的的判断核心，收集信息的必要性、收集范围是不是最小范围、存储期限的时长都需要通过规范处理目的来进行判断。3）使用对个人权益影响最小的处理方式。个人信息处理活动，不可避免会对信息主体的权益造成影响，但当同时存在多种不同的处理方式均可达到处理目的时，个人信息处理者应当选择影响最小的处理方式，比如使用尽可能少的个人信息，并尽可能减少处理次数。

(四) 第七条【公开原则】

处理个人信息应当遵循公开、透明原则，公开个人信息处理规则，明示处理的目的、方式和范围。

【法条解析】

本条规定个人信息保护的公开透明原则，旨在要求以明确、易懂和合理的方式公开处理个人信息的目的、方式和范围，从而保障个人信息主体的知情权。

公开透明原则贯穿了整部法律，《个人信息保护法》第十七条规定了个人信息处理者告知义务的一般规则，要求个人信息履行告知义务须在处理个人信息前，并要求以显著方式、清晰易懂的语言真实、准确、完整地告知内容。在实际技术应用中，公开明示的义务履行方式包括：1）一对一告知个人信息主体，一般适用人工采集信息时；2）统一告知个人信息主体，一般适用在 App 中的《用户协议》《隐私政策》的公告或弹窗。个人信息保护是企业数据合规的起点，应当对此予以重视，告知信息应真实、准确、完整，告知内容应当清晰易懂，符合通用的语言习惯，明确标识或突出显示个人敏感信息，以达成对用户的充分告知。

(五) 第九条【个人信息安全责任】

个人信息处理者应当对其个人信息处理活动负责，并采取必要措施保障所处理的个人信息的安全。

【法条解析】

本法条明确了个人信息处理者的个人信息安全保障义务，这一义务覆盖到个人信息处理的全部生命周期，且将安全责任落实到处理主体，有助于损害赔偿及追责，体现了"谁处理，谁负责"的原则，应当主动采取必要措施以保障个人信息安全，是个人信息保护的必然要求。本法条中的保障个人信息安全的"必要措施"，包括物理措施、技术措施和管理措施。个人信息安全保障措施具有必要性，且在符合处理目的的、大概率有效避免安全事件发生的情况下，所采取的必要措施的程度与遭受损害的风险水平相对应。在实践中，个人信息安全合规主要从安全保护能力、安全事件应对、数据最小化三个维度理解。

(六) 第十条【禁止性规定】

任何组织、个人不得非法收集、使用、加工、传输他人个人信息，不得非法买卖、提供或者公开他人个人信息；不得从事危害国家安全、公共利益的个人信息处理活动。

【法条解析】

本法条采用禁止性规定的形式，旨在明确禁止行为人从事危害国家安全、公共利益的个人信息处理活动。本条明确了处理个人信息不得违反法律法规，不得危害国家安全和公共利益。本法条"非法"中的"法"，是指宪法、法律和行政法规，同时也明确了本法适用的主体为任何组织、个人。本法条列举了七种具体的非法行为，个人信息收集、使用、加工、传输、买卖、提供或者公开都要遵循具体的法律规定，也不得从事危害国家安全、公共利益的行为。

(七) 第十三条【合法性基础】

符合下列情形之一的，个人信息处理者方可处理个人信息：

(一) 取得个人的同意；

(二) 为订立、履行个人作为一方当事人的合同所必需，或者按照依法制定的劳动规章制度和依法签订的集体合同实施人力资源管理所必需；

(三) 为履行法定职责或者法定义务所必需；

(四) 为应对突发公共卫生事件，或者紧急情况下为保护自然人的生命健康和财产安全所必需；

(五) 为公共利益实施新闻报道、舆论监督等行为，在合理的范围内处理个人信息；

(六) 依照本法规定在合理的范围内处理个人自行公开或者其他已经合法公开的个人信息；

(七) 法律、行政法规规定的其他情形。

依照本法其他有关规定，处理个人信息应当取得个人同意，但是有前款第二项至第七项规定情形的，不需取得个人同意。

【法条解析】

本法条旨在明确个人信息处理者处理个人信息的合法性基础和正当性依据，明确个人信息处理者可以处理个人信息的基本原则。"告知—同意"是个人信息的一项核心规则，要求个人信息处理者在处理个人信息时，应当以显著方式、清晰易懂的语言真实、准确、完整地向个人告知，并征得个人的同意。"同意"需要考虑以下三个条件：个人必须对其个人信息的内容、处理方式等充分知晓；个人应当属于民法意义上的完全民事行为能力人，承担民事法律责任；个人所作出的同意决定应当自愿且明确，而不是在他人的胁迫或欺诈下作出的，同时信息处理者不能使用默认选择同意等非明示方式取得个人的同意。

本法条第一款采取概述+列举+兜底形式，明确规定了六类个人信息处理者可以处理个人信息的豁免情形，即在无须个人同意下，合法处理个人信息的情形。同时，采用兜底的表述方式，为未来可能出现的其他情形留下立法和执法的空间，为本法顺应社会发展留有空间。

(八) 第十四条【处理个人信息的同意】

基于个人同意处理个人信息的，该同意应当由个人在充分知情的前提下自愿、明确作出。法律、行政法规规定处理个人信息应当取得个人单独同意或者书面同意的，从其规定。

个人信息的处理目的、处理方式和处理的个人信息种类发生变更的，应当重新取得个人同意。

【法条解析】

本法条旨在对告知同意规则中的"同意规则"进行细化构建，对同意类型进行细化规定。告知同意规则包括告知规则、同意规则，两者紧密联系。首先，在没有告知的前提下，自然人无法就个人信息被处理作出同意或不同意的决定；其次，在告知的情况下，若没有充分、清晰地告知，自然人作出的同意决定是在不知晓全部情况下作出的，并非真实有效的意愿；最后，虽然个人信息处理者充分、清晰地告知，但未取得自然人的同意，对个人信息进行处理也是非法的，严重侵害了个人信息主体的权益。

"同意"包括三个构成要件。第一，充分知情是同意的内在规范要求，告知内容必须包括个人信息处理者的身份、处理目的、处理方式、信息保存期限等，以显著方式、清晰易懂的语言表述，确保个人信息处理者充分知情；第二，自愿是同意的基本规范条件，同意的自愿性判断标准一般包括：当事人的地位平等性、不提供信息对数据主体的实质利益受损情况、同意是不是合同履行的条件等；第三，明确是同意的形式规范要求，个人信息主体通过明确的书面声明或主动作出肯定性动作，对其个人信息进行特点处理作出明确授权的行为，肯定性动作包括主动勾选、主动点击同意按钮等行为，沉默、默认勾选的对话框等非主动作出的动作不构成肯定性动作。

按照作出同意的先后时间顺序，可以划分为初次同意和重新同意。初次同意不能成为后续所有处理行为的正当依据，当个人信息的处理目的、方式以及个人信息的种类发生变化时，应当开展重新同意。重新同意是指个人信息的处理目的、处理方式和处理的个人信息种类发生变更的，需向个人信息主体告知涉及的个人信息类型、变更原因、变更后的处理目的，并需重新征得用户的明示同意。

目前，大多数应用软件均会通过弹窗页面等明示方式提示用户阅读隐私权政策等收集使用规则，如用户不同意，则无法以访客身份进入该软件主页页面，只有用户主动勾选"同意"选项，方可继续访问。在提示次数上，一般会进行两次以上的提示。同时，在告知内容、展示形式上对重点内容采用加粗标记的方式进行提示，确保用户充分知情。采用人脸识别技术解锁手机终端、笔记本等设备，手机终端、笔记本等设备厂商可在用户首次开始人脸识别功能时，通过弹窗或跳转至专门页面的形式同步告知该功能的信息处理规则，以满足"充分知情"的要求；该规则应仅包含对人脸识别功能及其信息处理规则的描述而不包含对其他不相关事项的描述，以满足"单独"的要求；用户通过点击"同意"或"已知悉，并继续使用"等主动性动作清楚地表达自己的意愿，以满足"明确"的要求；即便用户在阅读信息处理规则后选择不开启该功能，但仍然可以通过设置数字密码、手势密码等方式，或直接继续使用手机终端的其他功能，以满足"自愿"要求。

(九) 第十五条【撤回同意】

基于个人同意处理个人信息的，个人有权撤回其同意。个人信息处理者应当提供便捷的撤回同意的方式。

个人撤回同意，不影响撤回前基于个人同意已进行的个人信息处理活动的效力。

【法条解析】

本法条是关于基于个人同意处理个人信息时个人同意撤回的规定。本法条旨在保障自然人对个人信息的控制力，完善了个人信息主体撤回权的规定，有效地保护个人信息主体对信息的自主支配权和决策权。

个人同意撤回是个人信息主体对其自身权利的一种处分方式，是对其作出的"同意"表示撤回。撤回同意权的行使一般发生在个人信息主体的同意行为生效之后，撤回同意权不具备民法典规定的溯及既往的效力。另外，撤回同意权不等同于"删除权"，二者并非连带的关系，撤回同意权的行使并不必然产生删除权的效力。为避免撤回同意权的设置流于形式，《个人信息保护法》特别引入了撤回同意权的"便捷原则"。也就是说，在撤回同意的设置方式上，个人信息处理者有义务为个人信息主体提供便捷地撤回同意的途径或方式，切实保障个人信息主体能够实现撤回同意权。另外，个人信息主体撤回同意的难易程度应当与其作出同意时的程度相当，撤回的难度应当小于等于同意的难度，确保整个撤回的流程和程序清晰、简单、易懂。最后，在撤回同意的法律效力方面，关于个人信息主体行使同意撤回后，可能产生的法律效力包括效力特定、遵循不溯及既往的原则、不得借口拒绝、删除请求权等。

目前，我国互联网产业中一些个人信息处理者，如抖音、西瓜等短视频平台，O2O平台以及智能终端厂商已经在用户服务协议或隐私政策中允许用户撤回同意，采用流程图等方式清晰地告知用户撤回同意的方式，明确了撤回同意的后果，以充分尊重用户的个人信息权益。

(十) 第十六条【不得拒绝产品或服务】

个人信息处理者不得以个人不同意处理其个人信息或者撤回同意为由，拒绝提供产品或者服务；处理个人信息属于提供产品或者服务所必需的除外。

【法条解析】

本法条是关于个人信息处理者不得因个人信息主体拒绝或者撤回同意为由拒绝提供产品或者服务的规定，旨在解决执法实践中"不同意授权就不能用"的现实问题，保障了个人信息主体在平等自愿前提下获取网络产品或服务的基本权利，宏观意义上促进数字经济的发展。

随着我国互联网产业的飞速发展，个人信息主体虽然享有自主选择同意或者不同意的权利，但实际上个人信息主体并没有拒绝同意的选择，因为拒绝同意就意味着不能使用相应的产品或服务，个人信息主体为换取所需的产品或服务被迫同意，导致个人信息主体的同意往往流于形式。针对个人信息处理者不得拒绝提供产品或服务的情形，无论个人信息主体是在最初拒绝，还是同意后再撤回，其表达意思均是不愿意被收集和处理其个人信息，只要个人信息主体拒绝被处理的个人信息不影响相应产品的运行或相应服务的提供，个人信息处理者不应当拒绝提供相应产品或服务。

当然，若所需处理的个人信息属于提供产品或者服务所必需的数据，此时没有那些必要的个人信息，这些产品或服务就无法运行或者发挥不了应有的功能，这时个人信息处理者可以拒绝提供相应产品或服务。关于《个人信息保护法》第十六条的适用，最为关键的点在于判断所处理的个人信息是否为相关产品或者服务所必需的、不可缺少的一部分。至于是否必需的判断，可参考《App违法违规收集使用个人信息行为认定方法》第四条和《常见类型移动互联网应用程序必要个人信息范围规定》第五条的规定。

(十一) 第十九条【必要保存期限】

除法律、行政法规另有规定外，个人信息的保存期限应当为实现处理目的所必要的最短时间。

【法条解析】

本法条是关于个人信息的保存期限的规定，旨在规定保存个人信息的最短时间，保障个人信息主体的数据安全权益。相关主体在保存个人信息时，应当结合我国法律、行政法规有关个人信息保存期限的规定，并非单纯考虑将是否实现处理目的作为唯一的时间衡量标准。《网络安全法》《电子商务法》《反恐怖主义法》《电子签名法》《反洗钱法》《证券投资基金法》《精神卫生法》《征信业管理条例》《互联网信息服务管理办法》《互联网上网服务营业所管理条例》《金融机构客户身份识别和客户身份资料及交易记录保存管理办法》《会计档案管理办法》《非银行支付机构网络支付业务管理办法》《网络预约出租汽车经营服务管理暂行办法》等法律法规对信息的保存期限都有相应的规定。

本法条适用的前置条件是，在法律、行政法规有相关规定的情况下，优先适用法律、行政法规关于保存期限的规定；在法律、行政法规没有规定的情况下，应当确定包含个人信息处理活动的业务范围，并根据特定业务场景和"个人权益影响最小"原则确定相应个人信息的最短保存期限。在个人信息保存期限内，应当采取适当的技术措施，以确保数据安全。

(十二) 第二十三条【对外提供个人信息】

个人信息处理者向其他个人信息处理者提供其处理的个人信息的，应当向个人告知接收方的名称或者姓名、联系方式、处理目的、处理方式和个人信息的种类，并取得个人的单独同意。接收方应当在上述处理目的、处理方式和个人信息的种类等范围内处理个人信息。接收方变更原先的处理目的、处理方式的，应当依照本法规定重新取得个人同意。

【法条解析】

本法条旨在明确个人信息处理者向其他个人信息处理者提供信息的要求和规定，规范个人信息共享的必要条件，避免其他个人信息处理者未经授权同意非法使用个人信息。

本法条关于"取得同意"的义务与《网络安全法》的规定类似，《网络安全法》规定在取得被收集者同意情况下可向他人提供个人信息，这与本法条的"取得个人的单独同意"一致，并且本法条明确突出"单独同意"。其他个人信息处理者应当在原个人信息处理者向用户告知并取得授权同意的处理目的、处理方式范围内，使用个人信息。若有隐私政策中未说明的目的、方式收集使用个人信息，或者将已有业务合法收集用于新增非必要业务功能的个人信息，此时应当重新征得用户的同意，如通过弹窗或其他方式再次向用户申请同意。例如小程序要获取用户账号信息时，应当通过弹窗授权的方式获取。需要注意的是，对个人信息进行匿名化/去标识化处理后，处理后的个人信息无法识别特定自然人且不能复原时，处理后的个人信息的提供可不经过个人信息主体的单独同意，另外，根据《个人信息保护法》第十三条第一款第（二）项至第（七）项所列的个人信息的提供不需要取得个人同意的事项也是例外。

(十三) 第二十四条【自动化决策】

个人信息处理者利用个人信息进行自动化决策，应当保证决策的透明度和结果公平、公正，不得对个人在交易价格等交易条件上实行不合理的差别待遇。

通过自动化决策方式向个人进行信息推送、商业营销，应当同时提供不针对其个人特征的选项，或者向个人提供便捷的拒绝方式。

通过自动化决策方式作出对个人权益有重大影响的决定，个人有权要求个人信息处理者予以说明，并有权拒绝个人信息处理者仅通过自动化决策的方式作出决定。

【法条解析】

本法条旨在回应算法歧视、大数据杀熟等社会热点问题，规范电子商务市场的交易行为，保障电子商务市场上的交易公平、公正，在一定程度上保障了个人信息主体的选择权、知情权和决策权。

本法条是《个人信息保护法》对自动化决策的特别规定，吸收了《电子商务法》第十八条和《信息安全技术—个人信息安全规范》第7.5条关于定向推送和个性化展示的规定。

本法条第一款要求自动化决策的过程透明、结果公平公正。一方面，保证自动化决策的透明度，给予个人信息主体充分的知情权，即利用个人信息进行自动化决策前，个人信息处理者需要以显著方式和清晰易懂的语言向个人信息主体告知自己的身份、联系方式、个人信息处理目的、保存期限、个人信息的权利行使等事项。另一方面，需要个人信息处理者提前制定相应的内部管理制度和操作规程，在事前评估阶段进行把控，以保证自动化决策处理结果的公平公正。另外，当消费者反馈/投诉此类产品问题时，应充分重视，查明投诉原因，避免出现结果不公正的情形。

本法条第二款要求通过自动化决策方式向个人进行商业营销、信息推送，应当同时提供不针对其个人特征的选项，或者向个人提供拒绝的方式。此款是回应个性化推荐技术中的信息茧房和个人信息滥用问题。在个性化推荐技术中，个人信息处理者应当给予个人信息主体可以选择非个性化的内容版本或拒绝个性化推荐的通道。在实践中，个人信息处理者在产品设计开发时，应当考虑关闭利用个人信息进行个性化推荐的情形，提供个性化推荐"一键关闭"按钮，允许用户关闭个性化推荐。

本法条第三款规定通过自动化决策方式作出对个人权益有重大影响的决定，个人有权要求个人信息处理者予以说明，并有权拒绝个人信息处理者仅通过自动化决策的方式作出决定。此款主要规定个人信息主体在特定条件下对自动化决策行使拒绝权，主要涉及以下情形：自动化决策所作出的决定需要对个人权益具有重大影响；评判是否对个人权益有重大影响。谨慎应用仅通过自动化决策的方式决定产品或服务，为保证决策结果的公平合理，尽量做到自动化决策结果可以人工干预。个人信息处理者在产品/应用设计时,避免无法进行人工干预或人工决定结果的自动化决策,人工核验对个人有重大影响的自动化结果,以保证自动化决策的公平合理。

(十四) 第二十六条【公共场合采集个人信息的要求】

在公共场所安装图像采集、个人身份识别设备,应当为维护公共安全所必需,遵守国家有关规定,并设置显著的提示标识。所收集的个人图像、身份识别信息只能用于维护公共安全的目的,不得用于其他目的;取得个人单独同意的除外。

【法条解析】

本法条旨在规范公共场所安装图像采集、个人身份识别设备的使用,规范生物识别信息、行踪轨迹、特定身份信息等敏感个人信息的处理规则,避免因敏感个人信息泄露或非法使用导致自然人的人格尊严受到侵害或者人身、财产安全受到危害。

本法条中涉及的个人信息处理者包括一般主体。目前大量生活场景中存在公共场所安装图像采集、个人身份识别设备的情况,如商场安装统计人流量和识别重要客户的人脸识别摄像头、小区门口安装用于识别异常人员的人脸识别摄像头等,本法条正是回应当前人脸识别滥用的问题。安装图像采集的主体并未限定为国家机构,而是涵盖了一般主体。

本法条要求,在公共场所安装人脸识别设备的,应当为维护公共安全所必需,所收集的个人图像、个人身份特征信息也只能用于维护公共安全,在未取得个人信息主体的单独同意的情况下,不能用于其他目的,若想要处理人脸信息等敏感信息,需要单独征得用户的同意。

本法条明确了特定情形下在公共场所安装图像采集、个人身份识别设备的目的合法性和必要性。目的合法性是指个人信息处理者必须以维护公共安全为目的,实践中"公共安全"这一概念含义并不十分明确,公共安全的进一步释义亟待配套规则予以细化。必要性是指个人信息处理者所实施的个人信息处理行为应当是维护公共安全所必需的,所采集到的个人信息不能包含非必需的生物识别信息、行踪轨迹以及特定身份信息等敏感个人信息。第二十六条仅明确了个人信息处理者的提示义务以保障个人信息主体的知情权,也就是说个人信息处理者在满足"为维护公共安全所必需"的条件下,安装相关设备的主体应设置显著的提示标识。此外,除了维护公共安全的目的,若获得个人信息主体的单独同意,则可以将收集到的个人信息用于其他目的。在取得个人信息主体的单独同意时,个人信息处理主体向信息主体明确告知其处理目的、必要性、处理方式、处理信息种类、对个人信息主体的影响,以及个人信息处理方的名称和联系方式等,充分履行告知义务,获得个人信息主体针对特定信息处理活动的单独同意。

(十五) 第二十八条【敏感个人信息的定义及处理规则】

敏感个人信息是一旦泄露或者非法使用，容易导致自然人的人格尊严受到侵害或者人身、财产安全受到危害的个人信息，包括生物识别、宗教信仰、特定身份、医疗健康、金融账户、行踪轨迹等信息，以及不满十四周岁未成年人的个人信息。

只有在具有特定的目的和充分的必要性，并采取严格保护措施的情形下，个人信息处理者方可处理敏感个人信息。

【法条解析】

本法条旨在构建敏感个人信息处理的制度保障机制，规范敏感个人信息合规有序处理，保障公民敏感个人信息合法权益。

本法条通过"特点描述+列举"方式对敏感个人信息的范围予以界定，与一般个人信息划分界限。一方面，在对敏感个人信息概念的解释上，明确了客观侵害行为的类型，确定了可能受到侵害的客体种类。从行为要件层面上看，侵害行为包括泄露和非法使用；从客体层面上看，敏感个人信息主要涉及自然人的人格尊严或者人身、财产安全两大方面，其中人格尊严更多是文本背后所承载的人格权益和价值，人身、财产安全是考虑某些敏感个人信息与自然人的生命财产安全息息相关。另一方面，本法条还通过列举方式对属于敏感个人信息范畴的信息予以明确，所列举的生物识别等信息均涉及自然人的人格尊严或人身、财产安全，对自然人具有十分重要的意义。值得一谈的是，考虑到不满十四周岁未成年人作为无民事行为能力人或限制民事行为能力人，无法对个人信息的处理予以准确、明确的回应，需要对其个人信息予以特殊的保护，因此本法条新增将不满十四周岁未成年人的个人信息纳入敏感个人信息的范围。

本法条还规定了处理敏感个人信息的前提要件，包括目的、必要性以及保护措施三个层面，以上三者是并列关系，只有三者同时具备，敏感个人信息方可被处理。首先，敏感个人信息处理者在处理个人信息的过程中应坚持目的特定，不能随意扩大或超出原有目的范围，若目的发生变化，应当根据相关规定重新获取个人信息主体的授权同意；其次，对敏感个人信息处理的必要性提出了程度上的要求，避免敏感个人信息被滥用；最后，在敏感个人信息处理的各个环节中，采取安全、可靠的保护手段，保护敏感个人信息不被泄露、非法使用。在处理敏感个人信息时，要求个人信息处理者应对自身业务可能涉及的敏感个人信息仔细梳理识别，同时经过内部充分论证处理的特定目的和充分必要性，对敏感个人信息的处理做好相关的严格保护措施。

(十六) 第三十一条【未成年人个人信息的处理规则】

个人信息处理者处理不满十四周岁未成年人个人信息的，应当取得未成年人的父母或者其他监护人的同意。

个人信息处理者处理不满十四周岁未成年人个人信息的,应当制定专门的个人信息处理规则。

【法条解析】

本法条是关于处理不满十四周岁未成年人个人信息的规定,旨在保护未成年人个人信息的合法权益,充分回应未成年人个人信息保护的社会热点,体现了对未成年人保护问题的关注,这与《儿童个人信息网络保护规定》的理念和要求一致。不同于以往立法的是,通过将不满十四周岁未成年人的个人信息定义为敏感个人信息,采取不同于一般个人信息的处理规则,以此加强了对不满十四周岁的未成年人个人信息的保护。

根据本法条的规定,对于不满十四周岁的未成年人个人信息的收集、存储、使用、加工、传输、提供、公开、删除等处理,应当取得未成年人的父母或其他监护人的同意。本法条还规定了个人信息处理者处理不满十四周岁未成年人个人信息的,应当制定专门的个人信息处理规则。不满十四周岁未成年人的个人信息作为敏感个人信息,理应对其采取特殊的保护措施,以切实保障未成年人的合法权益。此条规定中并没有就专门的个人信息处理规则的设立标准、设立方式等具体问题展开说明,后续还需要予以明确指引。

(十七) 第三十八条【个人信息跨境条件】

个人信息处理者因业务等需要,确需向中华人民共和国境外提供个人信息的,应当具备下列条件之一:

(一) 依照本法第四十条的规定通过国家网信部门组织的安全评估;

(二) 按照国家网信部门的规定经专业机构进行个人信息保护认证;

(三) 按照国家网信部门制定的标准合同与境外接收方订立合同,约定双方的权利和义务;

(四) 法律、行政法规或者国家网信部门规定的其他条件。

中华人民共和国缔结或者参加的国际条约、协定对向中华人民共和国境外提供个人信息的条件等有规定的,可以按照其规定执行。

个人信息处理者应当采取必要措施,保障境外接收方处理个人信息的活动达到本法规定的个人信息保护标准。

【法条解析】

本法条是关于个人信息处理者向中华人民共和国境外提供个人信息的基本规则的规定,旨在完善个人信息的跨境条件,采取安全评估、保护认证、标准合同等多元化的出境条件,保障国家安全和社会公共利益。《个人信息保护法》给个人信息处理者开展个人信息出境前置条件提供可选方案,在一定程度上放宽了个人信息出境问题的监管态势，系统地设计了符合中国国情的个人信息跨境传输方案，提出了多元化的合法传输路径，展现了在促进数据流动、推动经济发展的目标下综合平衡考量。

个人信息处理者确需出境的，需要满足四种可选条件，例如国家网信部门组织安全评估、专业机构认证、签订国家网信部门的标准合同、法律法规规定的其他条件，同时需要采取各项措施保障境外接收方满足个人信息保护标准。第三款强调了企业所需采取的各项措施、需满足的各项要求所要达到的效果。在相关实施细节未出台之前，企业应当采取签订合同、审计评估、技术监测等措施来实现。

为规范数据出境活动，保护个人信息权益，2022年9月1日施行的《数据出境安全评估办法》明确了数据处理者向境外提供个人数据时，涉及两种情形应当通过所在地省级网信部门向国家网信部门申报数据出境安全评估：1）关键信息基础设施运营者和处理100万人以上个人信息的数据处理者向境外提供个人信息；2）自上年1月1日起累计向境外提供10万人个人信息或者1万人敏感个人信息的数据处理者向境外提供个人信息。

（十八）第三十九条【个人信息跨境的同意】

个人信息处理者向中华人民共和国境外提供个人信息的，应当向个人告知境外接收方的名称或者姓名、联系方式、处理目的、处理方式、个人信息的种类以及个人向境外接收方行使本法规定权利的方式和程序等事项，并取得个人的单独同意。

【法条解析】

本法条是针对个人信息跨境传输的要求，进一步细化个人信息处理者向境外提供个人信息的告知事项，旨在使得个人信息主体对其个人信息具备自主处分的权力，防止信息处理者凭借拥有个人信息的优势恣意妄为。

本法条明确个人信息出境的告知同意机制。所谓告知同意，是指个人信息保护的核心原则，贯穿于个人信息保护法律体系的始终，是指个人信息处理者在处理个人信息时，应当将处理事宜之情况充分告知个人并征得其同意。告知同意原则赋予了个人同意的权利，也赋予个人信息处理者赋予告知以及取得个人同意的义务，其核心在于同意。在取得同意时，应当尽量减少甚至消除信息处理者与个人之间的信息差距，保障个人在知晓相关事宜后尽可能作出体现其自身真实意图的决定，提高规则的可行性。

告知和同意体现的是意思自治和信息公平。意思自治的核心内容是当事人的生活应当自主、自治，是实现当事人选择自由的主要法律形式，一般通过个人同意来体现。信息公平保证了个人的同意具有法律意义，在充分知晓相关事宜后作出的选择可以体现个人的自由意志。在确定个人信息的处理方式时，个人在充分知晓相关事宜的前提下，再决定个人信息的流向，可以将自己事务的控制权让渡一部分给信息处理者，保障个人信息处理者合法合理处理其提供的个人信息，有利于实现个人信息主体对其个人信息的自主处分。个人同意是处理个人信息的必要条件，也是个人信息跨境传输所必需的条件。"取得个人同意"要求信息处理者在个人对相关事宜知情的前提下，获取个人对信息处理行为的单独同意。从制度意义来看，单独同意进一步提高了对个人知情的要求，不同于境内的个人信息处理活动，当个人知晓其个人信息需要执行跨境处理行为时，个人可以拒绝并撤回之前授权的同意。本法条中的"单独同意"，区别于以往法律条文中涉及的"明示同意"和"书面同意"，单独同意的目的是加强特定个人信息类型及处理行为的保护，充分扩大个人信息主体的参与度。同时，在涉及向境外提供个人信息时，应当明确境外接收方的名称或者姓名、联系方式、处理目的、处理方式、个人信息种类以及个人向境外接收方行使权利的方式和程序等事项。

(十九) 第四十条【关键信息基础设备运营者的存储义务及境外提供】

关键信息基础设施运营者和处理个人信息达到国家网信部门规定数量的个人信息处理者，应当将在中华人民共和国境内收集和产生的个人信息存储在境内。确需向境外提供的，应当通过国家网信部门组织的安全评估；法律、行政法规和国家网信部门规定可以不进行安全评估的，从其规定。

【法条解析】

本法条旨在明确关键信息基础设施运营者以及处理个人信息达到国家网信部门规定数量的个人信息处理者两类主体，以及个人信息出境的评估要求，保障个人信息的流动次序，维护公共安全和国家安全。

《网络安全法》第三十一条采用"列举+归纳"的方式对"关键信息基础设施运营者"进行定义，但法律解释的空间较大；《关键信息基础设施安全保护条例》第二条对"关键信息基础设施"进行具体限定。从《网络安全法》《关键信息基础设施安全保护条例》中的定义可知，相对于普通网络设施，关键信息基础设施具有较强的主权属性，数据泄露可能会导致危害公共利益和国家安全的严重后果。本法条的适用范围还扩大至"处理个人信息达到国家网信部门规定数量的个人信息处理者"，海量个人信息反映出国家的政治、经济、文化等重要信息，所收集的个人信息不可避免地具有较强的主权属性，国家应当从私力救济和公力救济两个方面对其提供保护。

个人信息处理者应当将境内收集的个人信息存储在境内，收集的个人信息不可跨境传输，除非法律有明确规定。另外，从数字产业发展角度来看，特殊类型主体在境内收集和产生的个人信息存储在境内，在境内市场就拥有境外企业没有的数据优势。个人信息处理者可根据成本及运营等因素考量，在中国境内建立数据中心，或将个人信息存储于第三方提供的境内服务器上。

对于企业明确的个人信息出境要求，应当提前进行评估准备。若企业属于关键信息基础运营者或者其处理的个人信息达到了国家网信部门规定的标准，企业对外境提供个人信息原则上应通过国家网信部门组织的安全评估。

(二十) 第四十九条【死者个人信息利益保护】

自然人死亡的，其近亲属为了自身的合法、正当利益，可以对死者的相关个人信息行使本章规定的查阅、复制、更正、删除等权利；死者生前另有安排的除外。

【法条解析】

本法条旨在规范近亲属对死者个人信息行使的权利，赋予近亲属处理死者个人信息的权利，缩小死者近亲属行使死者个人信息相关权利的范围，同时又以死者生前意愿为先，实现合法保护死者合法权益的平衡。

《个人信息保护法》中并未规定近亲属的范围，但我国目前法律上对近亲属有相关规定。《民法典》规定"配偶、父母、子女、兄弟姐妹、祖父母、外祖父母、孙子女、外孙子女为近亲属"，《刑事诉讼法》将近亲属的范围限定在"夫、妻、父、母、子、女、同胞兄弟姐妹"。根据《个人信息保护法》在修改过程中特别强调与《民法典》的衔接，近亲属的范围应当以《民法典》的规定为准。

本法条将近亲属对死者个人信息相关权利行使的目的限定为"自身的合法、正当权益"。面对他人侵犯死者个人信息，近亲属行使有关的权利以保护死者个人信息，或者近亲属获取死者部分信息达成某种商业目的，这些目的自无疑问。该法条进一步明确"死者生前另有安排"，尊重死者生前对其个人信息的安排工作，若没有安排则尊重近亲属依据本条享有的权利，缩小了死者近亲属行使死者个人信息相关权利的范围。

(二十一) 第五十四条【合规审计义务】

个人信息处理者应当定期对其处理个人信息遵守法律、行政法规的情况进行合规审计。

【法条解析】

本法条规定了个人信息处理者的定期合规审计义务，要求个人信息处理者应当定期对某个人信息处理活动遵守法律、行政法规的情况进行合规审计，切实保障广大用户个人信息安全。

个人信息处理者对其个人信息处理活动的内部管理是个人信息处理者对其个人信息处理活动是否遵守法律、行政法规进行合规审计的重要前提。履行个人信息保护职责的部门行使约谈或第三方安全审计权利时，需要履行职责中的时间条件和个人信息处理活动存在较大风险或者发生个人信息安全事件的程度条件。个人信息处理者应当积极履行定期合规审计义务，在进行合规审计时，审计机关可以根据审计决定对违法财政拨款等措施，情况严重的可追究刑事责任。定期合规审计能有效保障和避免个人信息处理者因处理个人信息不合规引发法律纠纷，也能对个人信息处理者的经营管理状况和经济效益起到改善促进作用。

第二节 《中华人民共和国数据安全法》立法解析

一、立法背景

随着大数据技术的迅速发展，数据安全也引发了各界的高度关注。我国高度重视数据安全领域的立法与标准化关注。2015年7月，《中华人民共和国国家安全法》正式颁布，提出了"提升网络与信息安全保护能力，加强网络和信息技术的创新研究和开发应用，实现网络和信息核心技术、关键基础设施和重要领域信息系统及数据的安全可控"的目标。同月，国务院办公厅发布《关于运用大数据加强对市场主体服务和监管的若干意见》《关于积极推进"互联网+"行动的指导意见》《促进大数据发展行动纲要》。此后，我国继续积极推进和落实与数据安全相关的立法工作，从不同角度对个人数据信息的保护作出规定。对于数据安全、个人信息保护等规范散见于《网络安全法》《电子商务法》《征信业管理条例》《电信和互联网用户个人信息保护规定》等各种层级的法律文件中，缺乏系统性与体系性，且各法律规范中对于数据和个人信息保护的范畴与界限存在交叉或疏漏，难以满足新时代对数据安全保护的需要。

2021年6月10日，第十三届全国人民代表大会常务委员会第二十九次会议表决并通过了《数据安全法》，其中明确了数据安全的内容与发展方向，提出国家对数据分类分级的保护要求，确立了各方数据主体在数据活动中的义务与违反义务的责任后果。《数据安全法》的出台，是我国国家安全立法领域内又一具有里程碑意义的事件，完善了我国的国家安全立法体系，填补了我国数据安全保护立法的空白，回应了数字时代背景下产业发展与数据保护的平衡问题，为建立健全数据安全治理体系指明了发展方向。

二、《中华人民共和国数据安全法》重点条文汇总

《数据安全法》自2021年9月1日起施行，由总则、数据安全与发展、数据安全制度、数据安全保护义务、政务数据安全与开放、法律责任、附则七章组成，共涉及55条法律条款，该法旨在规范数据处理活动，保障数据安全，促进数据开发利用，保护个人、组织的合法权益，维护国家主权、安全和发展利益。经前期对大数据技术初步分析，以及结合大数据领域的专利审查实践，筛选出与社会各界关注的大数据技术问题相关的《数据安全法》重点法律条款，共9条，具体情况如表2-2所示。

表 2-2　与大数据热点问题相关的《数据安全法》法律条款

《数据安全法》分章	法律条款数量（共 55 条）	涉及大数据热点问题的法律条款（共 9 条）	法条主旨
总则	12	第三条	数据的内涵与外延
		第四条	总体国家安全观
数据安全与发展	8	—	—
数据安全制度	6	第二十一条	分类分级制度
		第二十五条	出口管制制度
数据安全保护义务	10	第二十九条	数据安全风险监测与处置
		第三十一条	重要数据的出境安全管理
		第三十二条	收集数据的方式
		第三十六条	境外司法的数据调取
政务数据安全与开放	7	第三十八条	国家机关收集、使用数据
法律责任	9	—	—
附则	3	—	—

三、《中华人民共和国数据安全法》重点条文解析

为便于大数据领域从业人员更好地应用涉及大数据热点问题的《数据安全法》重点法律条款，本节将重点分析以下《数据安全法》重点法律条款，具体法条解析如下：

（一）第三条【数据的内涵与外延】

本法所称数据，是指任何以电子或者其他方式对信息的记录。

数据处理，包括数据的收集、存储、使用、加工、传输、提供、公开等。

数据安全，是指通过采取必要措施，确保数据处于有效保护和合法利用的状态，以及具备保障持续安全状态的能力。

【法条解析】

本法条旨在从法律层面对数据作全面的界定与解释，明确数据处理与数据安全的定义，对数据的界定具有里程碑式的典型意义。

本法条中对数据的定义表述考虑得更加全面，注意到了数据载体的多元性，改变了将数据更贴近解释为电子数据的立法习惯，以电子方式对信息的记录作为数据界定的标尺。电子方式对信息的记录包括个人行为记录和社会事件的记录，例如个人身份信息、个人浏览网页记录、消费记录等。其他形式对信息的记录能够扩大法律的保护范围，适应当代社会信息安全的要求，避免在面对新技术、新业态、新现象的出现时

无法起到规制作用;另外,对于目前尚存很多其他形式的数据载体,如纸张、胶卷、唱片、纸质书籍、纸质票据、纸质卷宗、纸质档案等传统数据载体,其上所承载的数据同样蕴含巨大的信息。本条明确数据是通过不同形式对信息的一种记录,对数据和信息的定义进行区分,数据是信息的载体,数据的外延大于信息。

从数据处理的定义来看,采用列举的方式将数据全生命周期的相关活动(包括数据的收集、存储、使用、加工、传输、提供、公开等)纳入数据处理的规制范畴,与个人信息全生命周期保护的理念一致。另外,在当前促进数据作为重要生产要素的大背景下,数据"交易"活动也应当纳入数据处理的规制范围,后续需要其他法律予以补充。

本法条对数据安全的行为要求和效果要求作出了规定。首先,行为要求是指采取必要措施,这里的必要措施应包括技术及其他方面,但未具体明确。虽然本条未对必要措施进行具体解释,但是参考《网络产品安全漏洞管理规定》中的技术防范措施包括:1) 发现或者获知所提供网络产品存在安全漏洞后,应当立即采取措施并组织对安全漏洞进行验证,评估安全漏洞的危害程度和影响范围;2) 应当在 2 日内向工业和信息化部网络安全威胁和漏洞信息共享平台报送相关漏洞信息;3) 应当及时组织对网络产品安全漏洞进行修补,及时将网络产品安全漏洞风险及修补方式告知可能受影响的产品用户,并提供必要的技术支持。效果要求为确保数据处于有效保护和合法利用的状态,以及具备保障持续安全状态的能力。

(二) 第四条【总体国家安全观】

维护数据安全,应当坚持总体国家安全观,建立健全数据安全治理体系,提高数据安全保障能力。

【法条解析】

本法条确立了总体国家安全观在《数据安全法》中处于指导地位,旨在以贯彻总体国家安全观的目的为出发点,以数据治理中最为重要的安全问题作为切入点,妥善解决数据安全的主要矛盾和平衡点。

国家安全是安邦定国的重要基础。2015 年 7 月 1 日,《中华人民共和国国家安全法》正式颁布实施,并明确要求国家安全工作应当坚持总体国家安全观。所谓总体国家安全观,包括集政治安全、国土安全、军事安全、经济安全、文化安全、社会安全、科技安全、信息安全、生态安全、资源安全、核安全、海外利益安全、生物安全、太空安全、极地安全、深海安全等于一体的国家安全观。其中,信息安全与数据安全联系较为紧密。数据作为信息的载体,蕴含了重要的情报信息,对国家安全和公共利益具有巨大影响力。各类国家安全的维护均离不开对特定数据内容的处理,如果数据安全保障工作没有做好,则可能导致国家安全得不到妥善保护。而建立健全数据安全治理体系,则是基于总体国家安全观应有之措施。

《数据安全法》中的数据安全治理，包括对收集和产生的数据及其数据安全的管理，数据安全知识宣传普及和教育培训，数据安全行为规范、团体标准的制定和数据安全标准体系的建设，以及数据安全风险评估等。维护数据安全不仅包括对数据处理活动进行监管，还包括对数据安全所应当采取的必要措施。通过体系化的数据安全治理方式在数据全生命周期上对数据安全进行把控，最大限度降低数据安全风险，提高数据安全保障能力。

（三）第二十一条【分类分级制度】

国家建立数据分类分级保护制度，根据数据在经济社会发展中的重要程度，以及一旦遭到篡改、破坏、泄露或者非法获取、非法利用，对国家安全、公共利益或者个人、组织合法权益造成的危害程度，对数据实行分类分级保护。国家数据安全工作协调机制统筹协调有关部门制定重要数据目录，加强对重要数据的保护。

关系国家安全、国民经济命脉、重要民生、重大公共利益等数据属于国家核心数据，实行更加严格的管理制度。

各地区、各部门应当按照数据分类分级保护制度，确定本地区、本部门以及相关行业、领域的重要数据具体目录，对列入目录的数据进行重点保护。

【法条解析】

本法条旨在从国家层面规定数据的分类分级保护，为数据保护和利用之间的平衡点提供一个重要依据，为政务数据、企业数据、工业数据和个人数据的保护奠定了法律基础。

本法条中的数据分类分级，是根据数据重要程度对数据实行分类分级保护，特别是将关系国家安全、国民经济命脉、重要民生、重大公共利益等数据列为国家核心数据，实行更加严格的管理制度。数据分类是指将相同属性或特征的数据进行集合并形成不同的数据类别，这种作为分类依据的属性或者特征多从业务领域或者数据管理领域角度出发。数据分类通常是数据资产管理的第一步，也是数据分级的前置步骤，能够方便数据的查询、识别、管理、保护和使用等操作。数据分级是指根据数据的敏感程度和数据遭泄露、破坏后，对国家安全、社会秩序、公共利益以及公民、法人和其他组织的合法权益的危害程度，将其确定为不同的安全等级，便于根据数据的不同安全等级采取相匹配的保护措施，从而使数据安全工作有所侧重，提升安全保护效率。

"由上而下"则是从便于政府规制监管的角度出发，建立国家层面的、统一的数据分类分级保护制度框架，其立法更加符合总体国家安全观的要求。由国家及各主管部门负责指导与监督，制定分类分级制度的标准、要求、做法，划定重要数据范围，明确国家核心数据，建立数据安全监管平台，各行业企业只需根据国家的分类分级框架和要求对自身的数据进行分类和保护即可。本条立法在一定程度上体现了我国对数据安全的愈加重视，由国家安全、网络安全以及数据安全所组成的安全法体系将不断进行完善和重要变革，即由国家层面统一谋划和审慎布局，从总体国家安全观角度出发，快速构建起符合当前国际竞争严峻形势的安全制度。

《数据安全法》没有给出重要数据的定义，为各地区、各部门根据本地区、本部门、本行业特点开展重要数据保护工作预留了灵活空间。目前，通过制定重要数据目录的形式确定重要数据。一般而言，从维护国家安全的高度，按照数据的重要程度进行分级，并通过国家制定的重要数据目录明确重要数据的名称和类别。各行业主管部门也应结合实际明确本行业重要数据定义、范围或判定依据，并根据行业发展变化，及时更新或替换本指南中相关内容，重要数据的界定标准将更加清晰。

(四) 第二十五条【出口管制制度】

国家对与维护国家安全和利益、履行国际义务相关的属于管制物项的数据依法实施出口管制。

【法条解析】

本法条旨在建立国家数据出口管制机制，为后续制定详细、具体且具有可操作性的出口管制规则提供了依据。

本法条对数据出口管制的规定沿袭了《中华人民共和国出口管制法》的立法思路，将属于管制物项的数据纳入出口管制对象范围。数据出口管制，是指国家对从中华人民共和国境内向境外转移数据或中华人民共和国公民、法人和非法人组织向外国组织和个人提供数据的行为，采取禁止或者限制性措施，包括完全禁止出境、选择性禁止、有条件出境等。属于"出口管制物项的数据"原则上包括两类，一类是本身即在出口管制物项清单中列明的作为管制物项的数据，如《禁止出口限制出口技术目录》所列技术的相关数据资料，《导弹及相关物项和技术出口管制清单》所列的设计技术、技术资料、规程等相关数据资料，《商用密码出口管制清单》中列举的用于研制、生产或使用管制物项产品的软件和技术相关数据资料等；另一类是其本身未在出口管制物项清单中列明，但是与管制物项相关的技术资料等。

受管制的出口行为，一方面包括从境内向境外转移管制物项的行为；另一方面包括在中国境内，中国公民、法人和非法人组织向外国组织或外国个人提供管制物项的"视同出口"的行为。因此，企业使用电子邮件、电话、传真、工作软件、社交软件、云存储等工具向境外或外国组织或外国个人传输属于管制物项数据的，极可能构成出口"属于管制物项"的行为。国家针对属于管制物项数据的出口行为，依法实施出口管制。针对同一数据，从不同的分类角度可能被归属于不同的法律属性，因此其受到不同法律法规的多重监管。例如《禁止出口限制出口技术目录》中列举的先进领域技术，以及与此类技术相关的技术资料等数据纳入监管范畴，然而这些技术及其相关技术资料同时可能落入重要数据、涉及国家秘密的数据等不同数据分类范围。企业处理相关数据时，将面临重要数据出境、出口管制、技术进出口管理等法律法规的多重监管。

《数据安全法》与《出口管制法》相衔接，针对数据出口管制，包括各类重要数据、国家核心数据、政府和公共数据、一般数据、行业技术数据等具体出口规则奠定制度基础，同时也提醒企业及时关注数据流动中的隐形风险，将数据出口合规同时纳入整个出口管理合规体系中。在当前全球经济一体化和数字经济快速发展的大背景下，数据事关贸易、产业、经济、政治、社会等方面核心利益，而数据跨境流动也成为各国关注的重中之重，各国纷纷加强数据治理前瞻布局，频繁出台数据跨境战略法案和配套细则，不断强化数据资源掌控能力，力求在全球数字经济发展格局中占据优势。

（五）第二十九条【数据安全风险监测与处置】

开展数据处理活动应当加强风险监测，发现数据安全缺陷、漏洞等风险时，应当立即采取补救措施；发生数据安全事件时，应当立即采取处置措施，按照规定及时告知用户并向有关主管部门报告。

【法条解析】

本法条旨在预防数据安全风险，保障数据安全，对可能出现或已出现的风险事件采取及时的补救或处置措施，避免损失进一步扩大，严格把控数据处理的全流程，加强数据安全保障。

本法条规定从事前风险预防、事中处置、事后通知等角度入手，构建了数据处理全生命周期的监管机制，要求数据处理者对风险及时响应并采取解决措施。首先，本条的义务主体主要为数据处理者，涉及数据安全保护义务适用范围的划定，即数据处理者对于风险监测过程中发现的数据安全风险，应承担相应的补救义务；同时对于已经发生的数据安全事件，应当立即采取处置措施，按规定及时告知用户并向有关主管部门报告。其次，本条规定了数据安全风险监测与处置的时间段，针对补救措施和处置措施规定了明确的时间段，即"发现数据安全缺陷、漏洞等风险时"以及"发生数据安全事件时"。对于"数据安全缺陷、漏洞等风险"采取补救措施，对于"数据安全事件"采取处置措施，但未明确"数据安全缺陷、漏洞等风险"与"数据安全事件"之间的关系，后续文件需要对"数据安全缺陷、漏洞等风险"与"数据安全事件"之间的关系进行进一步澄清、细化。最后，本法条要求数据处理者在发生数据安全事件时，应当履行发生数据安全事件的通知义务，及时采取处置措施，按照规定及时告知用户并向有关主管部门报告。作为触发处置措施和通知义务的前提条件"发生数据安全事件"，本法条未明确"数据安全事件"的确切含义，下一步应当明确"数据安全事件"的定义，合理界定其范围，促进本条规定顺利落地。

(六) 第三十一条【重要数据的出境安全管理】

关键信息基础设施的运营者在中华人民共和国境内运营中收集和产生的重要数据的出境安全管理，适用《中华人民共和国网络安全法》的规定；其他数据处理者在中华人民共和国境内运营中收集和产生的重要数据的出境安全管理办法，由国家网信部门会同国务院有关部门制定。

【法条解析】

本法条旨在明确重要数据出境安全管理的适用规则，对关键信息基础设施的运营者以及其他数据处理者规定了不同的出境安全管理办法。

针对本法条的立法本意理解，可以从关键信息基础设施的定义、重要数据的定义和认定标准以及相关数据出境安全管理办法三个方面入手。首先，本法条中关键信息基础设施的定义理解，可以参考《关键信息基础设施安全保护条例》对于关键信息基础设施的定义。目前关键信息基础设施的定义已经明确，但是具体到实务中，各行业仍需结合本行业、本领域的基本情况以及关键信息基础设施的认定规则，明确关键信息基础设施主体。其次，《数据安全法》未提及重要数据的定义。一般而言，重要数据是指一旦泄露可能直接威胁国家安全、经济安全、社会稳定、公共健康和安全的数据，如未公开的政府信息、大面积人口、基因健康、地理、矿产资源、路网数据等。重要数据一般不包括企业生产经营和内部管理信息、个人信息等。最后，对于重要数据涉及国家安全和公共利益时，必须严格规范重要数据的出境安全问题。关键信息基础设施的运营者应依法进行安全评估，防控风险，确保数据安全；对于关键信息基础设施运营者之外的数据处理者，同样需依法进行数据安全评估，衡量数据出境的风险。

(七) 第三十二条【收集数据的方式】

任何组织、个人收集数据，应当采取合法、正当的方式，不得窃取或者以其他非法方式获取数据。

法律、行政法规对收集、使用数据的目的、范围有规定的，应当在法律、行政法规规定的目的和范围内收集、使用数据。

【法条解析】

本法条旨在对数据的收集、处理提出要求，明确数据处理者收集、处理数据应遵循的原则性规定，在保障数据安全的同时促进数据的流通利用。

本法条对数据处理者提出了收集数据的合法、正当原则，目的、范围限定原则等相关义务性规定。首先，本条的适用主体范围不作限制，任何组织、个人收集数据均应遵守合法、正当以及目的、范围限定原则。其次，数据的收集要符合合法、正当原则，即要求数据处理者收集数据的方式、目的和范围符合法律规定，对数据收集提供了明确的指引。此外，法律也规定了数据处理者收集数据的禁止性规定，即不得窃取或者以其他非法方式获取数据，保障数据来源的合法性。最后，数据的收集要符合目的、范围限定原则，对于个人而言，目的、范围的明确是处理个人数据的前提，在规定的目的、范围内处理数据有助于维护数据的安全和限定；对公共管理机构而言，处理数据更多是基于维护公共利益的目的考虑，不得超出目的、范围进行数据处理，要依法合规收集、使用数据。

对于数据收集、使用最典型的应用场景是网络爬虫技术，数据处理者通过网络爬虫技术从各网站平台收集所需的数据，而这些数据可能涉及个人的敏感数据。然而，未经用户授权同意，采取非法手段开展网络爬虫技术收集数据，如通过侵入或破坏计算机信息系统进行的数据抓取行为，在构成不正当行为的同时也存在违反数据安全的风险。

(八) 第三十六条【境外司法的数据调取】

中华人民共和国主管机关根据有关法律和中华人民共和国缔结或者参加的国际条约、协定，或者按照平等互惠原则，处理外国司法或者执法机构关于提供数据的请求。非经中华人民共和国主管机关批准，境内的组织、个人不得向外国司法或者执法机构提供存储于中华人民共和国境内的数据。

【法条解析】

本法条旨在确认国家对境内数据的管辖权，有利于封堵外国司法或执法机构的"长臂管辖"，维护国家安全，确保国内组织、个人免受外国的非法打压，同时对外国司法或者执法机构跨国的司法调查予以法律上的规制。该法条补齐了跨境数据提供的短板，在适用范围上不限制某领域，将范围扩展到存储于中华人民共和国境内的数据，对我国的数据安全予以保障。

根据该法条规定，处理外国司法或者执法机构提供数据的请求基础，是中华人民共和国有关法律和中华人民共和国缔结或者参加的国际条约、协定，或者按照平等互惠原则，明确我国的数据主权地位以及合作基础；其次，境内的组织、个人未得到有关主管机关的批准，不得擅自向境外机构提供存储于中华人民共和国境内的数据；最后，《数据安全法》第四十八条第二款也规定了相应的法律责任条款，对违反法律的行为予以惩处。从司法实践的角度进行考虑，《数据安全法》的规定极大封堵了外国"长臂管辖"的可能性，完善了我国跨境司法调查体系，维护了数据安全。

(九) 第三十八条【国家机关收集、使用数据】

国家机关为履行法定职责的需要收集、使用数据，应当在其履行法定职责的范围内依照法律、行政法规规定的条件和程序进行；对在履行职责中知悉的个人隐私、个人信息、商业秘密、保密商务信息等数据应当依法予以保密，不得泄露或者非法向他人提供。

【法条解析】

本法条旨在规定国家机关为履行法定职责的需要收集、使用数据时所应遵循的义务性条款，履行数据安全保护义务，维护数据安全。

国家机关是数据收集、使用的重要主体。国家机关履行职权需要收集数据时，其收集数据涉及个人隐私、个人信息、商业秘密、保密商务信息等，基于这些考量因素，《数据安全法》针对国家机关收集、使用数据提出了明确的义务性规定。总体上看，国家机关基于以下特点作出了相关的义务性规定：首先，国家机关由于主体本身具备强制性特点，其获取数据的过程也充满了强制性色彩；其次，在信息化时代，国家机关对于数据处理、数据利用的要求更高，需要通过数据的处理来更好地履行法定职责维护公民和国家的权益，对于数据处理的过程自然是以公共利益为导向；最后，国家机关处理数据往往涉及公共利益和国家安全各方面，设置了数据安全保障的各项义务，设置相应的法律责任条款对违反数据安全保护义务的行为予以惩处，确保不侵犯数据安全。

第三节 《中华人民共和国网络安全法》立法解析

一、立法背景

"没有网络安全就没有国家安全"。网络安全已经成为关系国家安全和发展、关系广大人民群众切身利益的重大问题。网络已经深刻地融入了经济社会生活的各个方面，网络安全威胁也随之向经济社会的各个层面渗透，网络安全的重要性随之不断提高。

党的十八大以来，以习近平同志为核心的党中央从总体国家安全观出发，对加强国家网络安全工作作出了重要的部署，对加强网络安全法治建设提出了明确的要求，制定《网络安全法》是适应我们国家网络安全工作新形势、新任务，落实中央决策部署，保障网络安全和发展利益的重大举措，是落实总体国家安全观的重要举措。中国是网络大国，也是面临网络安全威胁最严重的国家之一，迫切需要建立和完善网络安全的法律制度，提高全社会的网络安全意识和网络安全保障水平，使我们的网络更加安全、更加开放、更加便利，也更加充满活力。

在这样的形势下，制定《网络安全法》是维护国家广大人民群众切身利益的需要，是维护网络安全的客观需要，是落实总体国家安全观的重要举措。《网络安全法》确立六大法律制度，即网络空间主权法律制度、关键信息基础设施安全保护法律制度、重要数据本地化储存法律制度、个人信息保护法律制度、网络安全人才培养法律制度以及惩治新型网络违法犯罪法律制度。《网络安全法》集中体现了网络空间各利益相关方普遍关心的问题，确定了网络建设、运营、维护和使用网络，以及网络安全监管等多项法律规范和制度，这些规范和制度相互影响、相互作用、相互协调，形成了一个维护网络空间主权和国家安全的闭环系统。

二、《中华人民共和国网络安全法》重点条文汇总

2016年11月7日，第十二届全国人大常委会第二十四次会议表决通过了《网络安全法》，并自2017年6月1日起施行。《网络安全法》由总则、网络安全支持与促进、网络运行安全、网络信息安全、监测预警与应急处置、法律责任、附则七章组成，共涉及79条法律条款。经前期对大数据技术初步分析，以及结合大数据领域的专利审查实践，筛选出与社会各界关注的大数据技术问题相关的法律条款，共11条，具体情况如表2-3所示。

表2-3 与大数据热点问题相关的《网络安全法》法律条款

《网络安全法》分章	法律条款数量（共79条）	涉及大数据热点问题的法律条款（共11条）	法条主旨
总则	14	—	—
网络安全支持与促进	6	—	—
网络运行安全	19	第二十一条	网络运营者的安全保护义务
		第二十二条	明示并取得同意
		第二十七条	不得非法侵入他人网络、干扰他人网络正常功能、窃取网络数据
		第三十一条、第三十七条	关键信息基础设备运营者的存储义务及境外提供
网络信息安全	11	第四十一条	合法、正当、必要的原则，"个人信息权"之用户知情权、明示同意权
		第四十条、第四十二条	网络运营者的安全保护义务
		第四十三条	"个人信息权"之删除权、更正权
		第四十四条	不得窃取或者以其他非法方式获取个人信息
监测预警与应急处置	8	—	—
法律责任	17	—	—
附则	4	第七十六条	网络数据及个人信息的定义

三、《中华人民共和国网络安全法》重点条文解析

为便于大数据领域从业人员更好地应用涉及大数据热点问题的《网络安全法》法律条款，本节将重点分析大数据热点问题相关的法律条款，具体法条解析如下：

（一）第二十一条【网络运营者的安全保护义务】

国家实行网络安全等级保护制度。网络运营者应当按照网络安全等级保护制度的要求，履行下列安全保护义务，保障网络免受干扰、破坏或者未经授权的访问，防止网络数据泄露或者被窃取、篡改：

（一）制定内部安全管理制度和操作规程，确定网络安全负责人，落实网络安全保护责任；

（二）采取防范计算机病毒和网络攻击、网络侵入等危害网络安全行为的技术措施；

（三）采取监测、记录网络运行状态、网络安全事件的技术措施，并按照规定留存相关的网络日志不少于六个月；

（四）采取数据分类、重要数据备份和加密等措施；

（五）法律、行政法规规定的其他义务。

【法条解析】

本条款规定的是网络运行基本安全要求，涉及多个行业和领域。条款中提到的网络安全等级保护制度是公安部运营多年的信息系统安全等级保护制度，《网络安全法》的出台也加强了对等保的执行力度，为等保提供强有力的法律支撑。

从安全管理方面看，网络运营者需在企业内部明确网络安全的责任，并通过完善的规章制度、操作流程为网络安全提供制度保障；从技术层面看，网络运营者应采取各种事前预防、事中响应、事后跟进的技术手段，应对网络攻击，降低安全风险。值得注意的是，网络日志的保存期限已明确要求不少于六个月；从数据安全方面看，网络运营者需对重要数据进行备份、加密，以此来保障数据的可用性、保密性。

如何根据自身实际情况建立有效的安全管理体系，如何在技术层面选择合理的技术解决方案，如何加强自身的数据保护能力，都将成为网络运营者所重点关注的问题。为此，网络运营者要形成物理层、网络层、传输层、应用层的整体防入侵措施。其中，网络层要具备抵御大流量的 DDoS 攻击、CC 攻击的能力，避免因网络攻击导致出现业务中断或不可访问的情况。

（二）第二十七条、第四十四条【不得以非法方式获取个人信息】

第二十七条　任何个人和组织不得从事非法侵入他人网络、干扰他人网络正常功

能、窃取网络数据等危害网络安全的活动；不得提供专门用于从事侵入网络、干扰网络正常功能及防护措施、窃取网络数据等危害网络安全活动的程序、工具；明知他人从事危害网络安全的活动的，不得为其提供技术支持、广告推广、支付结算等帮助。

第四十四条　任何个人和组织不得窃取或者以其他非法方式获取个人信息，不得非法出售或者非法向他人提供个人信息。

【法条解析】

这两条旨在规范网络行为，防止为不法分子提供技术支持。例如，以模拟器脚本、外挂和第三方客户端机器人为典型代表的 App 自动化黑产工具，形成了框架开发、协议破解、插件制作等多环节交错的产业链条，此类行为严重破坏了网络正常秩序，有的间接或直接为赌博、色情等违法犯罪服务。

(三) 第三十一条、第三十七条【关键信息基础设备运营者的存储义务及境外提供】

第三十一条　国家对公共通信和信息服务、能源、交通、水利、金融、公共服务、电子政务等重要行业和领域，以及其他一旦遭到破坏、丧失功能或者数据泄露，可能严重危害国家安全、国计民生、公共利益的关键信息基础设施，在网络安全等级保护制度的基础上，实行重点保护。关键信息基础设施的具体范围和安全保护办法由国务院制定。

国家鼓励关键信息基础设施以外的网络运营者自愿参与关键信息基础设施保护体系。

第三十七条　关键信息基础设施的运营者在中华人民共和国境内运营中收集和产生的个人信息和重要数据应当在境内存储。因业务需要，确需向境外提供的，应当按照国家网信部门会同国务院有关部门制定的办法进行安全评估；法律、行政法规另有规定的，依照其规定。

【法条解析】

这两条中监管对象为关键信息基础设施的运营者；数据类型为在中华人民共和国境内运营中收集和产生的个人信息和重要数据；管理原则为应当在境内存储；出境条件包括因业务需要、确需向境外提供、经过安全评估三方面内容。

第三十七条规定的本地化原则，属于相对意义上的本地化。从宽严程度上来说，数据本地化可以分为两类形式：一类是绝对意义上的本地化，即数据是不允许流到境外的，只能在本国境内存储，如我国对互联网地图数据、人口健康信息、人类遗传资源的规定，还有在《个人信息保护法》中对关键个人信息的规定，都要求只能存储在境内，属于绝对意义上的本地化；另一类是相对意义上的本地化，即所有的数据必须要在本国境内进行备份，然后可以在满足相关条件之后流到境外，如俄罗斯在"棱镜门"事件之后，基于维护国家安全的历史传统和现实中的网络数据安全威胁，通过修订《俄罗斯联邦关于信息、信息技术和信息保护法》《俄罗斯联邦个人数据法》加强数据本地化和数据跨境流动的监管，明确提出公民数据的存储和处理必须在俄罗斯境内的数据库进行，但同时提出并非禁止数据流动，在满足其他条件之后仍然可以按照要求进行跨境流动，成为相对意义上数据本地化的典型代表。从《网络安全法》第三十七条的整体规定来看，确立的是相对意义上的本地化，并没有绝对禁止关键信息基础设施运营者的个人信息和重要数据跨境流动，而是允许在满足"业务需要+确需向境外提供+通过安全评估"的条件后，可以向境外提供。

《网络安全法》对于非关键信息出境如何处理并未明确规定，对于安全评估也没有具体界定。国家网信办公布的《数据出境安全评估办法》（自2022年9月1日起施行）明确了数据出境安全评估的目的、原则、范围、程序和监督机制等具体规定，在落地实施环节对数据跨境流动所涉及的数据处理者、数据对象、评估方法等方面给予明确指导，弥补了数据出境的安全漏洞。

（四）第二十二条、第四十一条【合法、正当、必要的原则，"个人信息权"之用户知情权、明示同意权】

第二十二条 ……
网络产品、服务具有收集用户信息功能的，其提供者应当向用户明示并取得同意；涉及用户个人信息的，还应当遵守本法和有关法律、行政法规关于个人信息保护的规定。

第四十一条 网络运营者收集、使用个人信息，应当遵循合法、正当、必要的原则，公开收集、使用规则，明示收集、使用信息的目的、方式和范围，并经被收集者同意。

网络运营者不得收集与其提供的服务无关的个人信息，不得违反法律、行政法规的规定和双方的约定收集、使用个人信息，并应当依照法律、行政法规的规定和与用户的约定，处理其保存的个人信息。

【法条解析】
这两条强化了个人信息维护的知情同意和特定目的准则。确认了网络运营者搜集个人信息有必要遵从合法、正当、必要的准则，强调了个人信息搜集过程中的透明度和用户自主选择权，同时强调了信息收集者有必要合法运用和保存个人信息。网络运营者如利用其"垄断位置"或"霸王条款"强制用户同意收集个人信息，属于违法行为。

（五）第四十条、第四十二条【网络运营者的安全保护义务】

第四十条 网络运营者应当对其收集的用户信息严格保密，并建立健全用户信息保护制度。

第四十二条　网络运营者不得泄露、篡改、毁损其收集的个人信息；未经被收集者同意，不得向他人提供个人信息。但是，经过处理无法识别特定个人且不能复原的除外。

网络运营者应当采取技术措施和其他必要措施，确保其收集的个人信息安全，防止信息泄露、毁损、丢失。在发生或者可能发生个人信息泄露、毁损、丢失的情况时，应当立即采取补救措施，按照规定及时告知用户并向有关主管部门报告。

【法条解析】

这两条的中心是用户信息维护。明确要求网络运营者有必要建章立制，担负起用户信息"保管员"的职责，确保对所收集的用户信息在不泄露的前提下进行运用。

第四十二条也被称作"大数据条款"。在强调维护个人信息的同时，有建设性地提出了"经过处理无法识别特定个人且不能复原的除外"，为个人信息数据在运用、交换和交易过程的合法性提供了法律依据。要求网络运营者对用户个人信息数据进行匿名化处理，技术上便是经过选用数据脱敏产品或技术手段，将涉及个人隐私的敏感数据进行脱敏处理，保证脱敏后的数据不能再识别出特定个人，并且信息不可逆（不能经过技术手段恢复）。同时，这两条作为个人信息维护的核心内容，清晰了网络运营者对个人信息维护的责任：有必要采纳技术措施维护个人信息，保证其收集的个人信息安全，经过选用监控、审计等手段及时发现和记载反常行为，为主管部门进行追责和定责提供数据依据。

(六) 第四十三条【"个人信息权"之删除权、更正权】

个人发现网络运营者违反法律、行政法规的规定或者双方的约定收集、使用其个人信息的，有权要求网络运营者删除其个人信息；发现网络运营者收集、存储的其个人信息有错误的，有权要求网络运营者予以更正。网络运营者应当采取措施予以删除或者更正。

【法条解析】

本条款中心是法律清晰赋予公民个人具有"删除权"和"更正权"。假如个人发现网络运营者使用个人信息不妥，有权要求删除，有过错的有权要求改正。特别要提示网络运营者，有义务采取措施予以删除或更正，否则将面临后款第六十四条所规定的高额处罚。

(七) 第七十六条【网络数据及个人信息的定义】

第七十六条　……

(四)　网络数据，是指通过网络收集、存储、传输、处理和产生的各种电子数据。

（五）个人信息，是指以电子或者其他方式记录的能够单独或者与其他信息结合识别自然人个人身份的各种信息，包括但不限于自然人的姓名、出生日期、身份证件号码、个人生物识别信息、住址、电话号码等。

【法条解析】

《网络安全法》第七十六条中对"网络数据"和"个人信息"的含义专门进行了文意解释。

在个人信息的概念界定与问题解释上，《网络安全法》第七十六条第（五）项采取了"识别型"的通说以及"概括列举型"的立法模式。在具体适用中，该条款对个人信息的定义应作广义解释。识别型定义，也是世界主流的立法模式。该定义强调的是信息与信息主体之间被直接或间接"认出来"的可能性。信息不仅需要与具体个人关联，最为关键的是需凭信息识别到具体个人。个人信息具有"识别"与"记录"两个要素。没有记录在载体之中的信息不是法律中的个人信息。

第四节　《中华人民共和国民法典》立法解析

一、立法背景

网络技术的高速发展和普及，在推动经济建设和社会进步的同时，也给个人信息的保护带来了严峻挑战。为此，国家陆续颁布与实施了一系列政策法律，作为体现时代性和现实性的创新，2020年5月28日颁布的《民法典》中的人格权编突出展示现代科技发展下的以人为本的价值理念，尤其是在人格权编中加入了个人信息保护内容，架构起个人信息保护的新机制，可以说是《民法典》的亮点之一。在《民法典》颁布前，个人信息保护中出现的理论争辩包括个人信息属于权利还是民事权益的归属问题、个人信息具有人格性还是财产性抑或二者兼具的属性问题、个人信息保护和隐私权保护的关系问题等。在《民法典》制定完成的后法典时代，通过对个人信息保护机制的文本解读，回应《民法典》颁布前的理论之争，并为个人信息的保护提供具体规则指引。

对个人信息的界定是保护个人信息的逻辑起点。《民法典》中对个人信息的定义延续了《网络安全法》的界定标准，表述为"以电子或者其他方式记录的能够单独或者与其他信息结合识别特定自然人的各种信息"。但相较《网络安全法》的定义同样存在变化，《民法典》中将"识别自然人个人身份"的各类信息拓展到"识别特定自然人",并在列举中加入电子邮箱、健康信息、行踪信息,使得保护范围更为宽泛与完善。从民事基本法立法的纵向变化比较角度而言,对比《民法总则》与《民法通则》内容,《民法典》不仅对个人信息作出释义,更是将个人信息从隐私保护的范畴中独立出来,即区分了个人信息和隐私的内容并分别保护,以此应对隐私权保护无法涵盖个人信息保护的现实困境,且明确作为二者交集部分的私密信息,适用有关隐私保护的规定。

二、《中华人民共和国民法典》重点条文汇总

在《民法典》的七编中,唯独有一编名称中有一个格外醒目的字——人,即第四编"人格权",人格权独立成编恪守"以人民为中心"的理念,以人格尊严的至高无上为其根本出发点,这是我国《民法典》编纂最大的创新和亮点。《民法典》第四编在对传统人格权保护的基础上,有针对性地对网络时代公民隐私权作出了新规定,尤其是加大了对个人信息保护的力度。经前期对大数据技术初步分析,以及结合大数据领域的专利审查实践,筛选出与社会各界关注的大数据技术问题相关的法律条款,共6条,具体情况如表2-4所示。

表2-4 与大数据热点问题相关的《民法典》法律条款

《民法典》分编	法律条款数量（共1260条）	涉及大数据热点问题的法律条款（共6条）	法条主旨
总则	204	第一百一十一条	个人信息受法律保护
物权	258	—	—
合同	526	—	—
人格权	51	第一千零三十二条	隐私权及隐私
		第一千零三十三条	侵害隐私权的行为
		第一千零三十四条	个人信息保护
		第一千零三十五条	个人信息处理的原则
		第一千零三十六条	处理个人信息的免责事由
婚姻家庭	79	—	—
继承	45	—	—
侵权责任	95	—	—
附则	2	—	—

三、《中华人民共和国民法典》重点条文解析

为便于大数据领域从业人员更好地应用涉及大数据热点问题的《民法典》法律条

款，本节将重点分析与大数据热点问题相关的法律条款，重点法条解析如下：

(一) 第一百一十一条【个人信息受法律保护】

自然人的个人信息受法律保护。任何组织或者个人需要获取他人个人信息的，应当依法取得并确保信息安全，不得非法收集、使用、加工、传输他人个人信息，不得非法买卖、提供或者公开他人个人信息。

【法条解析】

本条旨在明确对个人信息的保护，对于保护公民的人格尊严、人格自由，使公民免受非法侵扰，维护正常的社会秩序具有现实意义。

个人信息权利是公民在现代信息社会享有的重要权利，承载着信息主体的人格利益，也与信息主体的其他人身、财产利益密切相关。

(二) 第一千零三十二条【隐私权及隐私】

自然人享有隐私权。任何组织或者个人不得以刺探、侵扰、泄露、公开等方式侵害他人的隐私权。

隐私是自然人的私人生活安宁和不愿为他人知晓的私密空间、私密活动、私密信息。

【法条解析】

本法条旨在明确隐私的定义以及自然人的隐私权保护范围。隐私权是自然人享有的人格权，是指自然人对享有的私人生活安宁和不愿为他人知晓的私密空间、私密活动和私密信息等私生活安全利益自主进行支配和控制，不得他人侵扰的具体人权。

(三) 第一千零三十三条【侵害隐私权的行为】

除法律另有规定或者权利人明确同意外，任何组织或者个人不得实施下列行为：

(一) 以电话、短信、即时通讯工具、电子邮件、传单等方式侵扰他人的私人生活安宁；

(二) 进入、拍摄、窥视他人的住宅、宾馆房间等私密空间；

(三) 拍摄、窥视、窃听、公开他人的私密活动；

(四) 拍摄、窥视他人身体的私密部位；

(五) 处理他人的私密信息；

(六) 以其他方式侵害他人的隐私权。

【法条解析】

本条通过列举方式明确了侵害隐私权的六种行为，进一步规范个人的私密空间、私密活动、私密部位、私密信息和生活安宁等隐私权的保护。

常见的侵害隐私权的行为包括：

1）以电话、短信、即时通讯工具、电子邮件、传单等方式侵扰他人的生活安宁。生活安宁，是自然人享有的维持安稳宁静的私人生活状态，并排除他人不法侵扰，保持无形的精神需要的满足。以电话、短信、即时通讯工具、电子邮件、传单等方式侵扰个人的生活安宁，通常称为骚扰电话、骚扰短信、骚扰电邮等，侵害个人的生活安宁，构成侵害隐私权。《民法典》将"私人生活安宁"纳入自然人隐私权的范畴，并严禁以电话、短信、即时通信工具、电子邮件、传单等方式侵扰他人，对维护自然人的私人生活安宁具有重要意义。

2）进入、拍摄、窥视他人的住宅、宾馆房间等私密空间。首先，隐私权保护的私密空间包括具体的私密空间，例如个人住宅、宾馆房间、旅客行李、学生书包、个人通信等；另外，此次立法将思想的私密空间作为抽象的私密空间，加入隐私权保护的私密空间保护范围。为提升对个人隐私权的升级保护，《民法典》首次将宾馆房间也纳入个人的私密空间加以保护。宾馆房间在承租期内属于客人的私密空间，未经允许，任何组织或个人，包括公安机关及其工作人员及宾馆的服务人员，均不得进入，否则将构成侵犯公民隐私权。《民法典》不仅严禁任何组织或者个人进入他人的住宅和宾馆房间，而且规定不得拍摄和窥视他人的住宅和宾馆房间等私密空间。在大数据领域，通常需要采用摄像头、声音采集装置等进行数据采集，在数据采集过程中需注意拍摄的内容是否属于个人私密空间，若属于私密空间，则不符合《民法典》的规定。

3）拍摄、窥视、窃听、公开他人的私密活动。私密活动是一切个人的、与公共利益无关的活动，如日常生活、社会交往、夫妻生活、婚外恋等。针对私密活动的拍摄、录制、公开、窥视、窃听等行为，都构成侵害私密活动。

4）拍摄、窥视他人身体的私密部位。随着科技的进步和智能手机的普及，隐私部位偷拍行为的泛滥，使个人隐私面临前所未有的挑战，突显了对个人隐私保护的紧迫需求。身体的私密部位是身体隐私部位，例如生殖器和性感部位。拍摄或者窥视他人身体私密部位，构成侵害隐私权。

5）处理他人的私密信息。个人信息中的私密信息属于隐私权的范畴，是自然人的绝对权，各类组织或个人均负有不刺探、不收集、不使用和不传播的义务。《民法典》人格权编突破以往立法对个人信息保护的规定，首次对处理他人的私密信息作出禁止性规定，即"任何组织或者个人不得处理他人的私密信息"。私密信息是关于自然人个人的隐私信息，获取、删除、公开、买卖他人的私密信息，构成侵害隐私权。私密信息往往涉及自然人的尊严、名誉等基本人格利益，甚至涉及生命权。

6）以其他方式侵害他人的隐私权。这是兜底条款，凡是侵害私密信息、私密活动、私密空间、身体私密部位、生活安宁等的行为，都构成侵害隐私权。

(四) 第一千零三十四条【个人信息保护】

自然人的个人信息受法律保护。

个人信息是以电子或者其他方式记录的能够单独或者与其他信息结合识别特定自然人的各种信息，包括自然人的姓名、出生日期、身份证件号码、生物识别信息、住址、电话号码、电子邮箱、健康信息、行踪信息等。

个人信息中的私密信息，适用有关隐私权的规定；没有规定的，适用有关个人信息保护的规定。

【法条解析】

本法条旨在明确个人信息和其私密信息的定义，以及适用保护范围的规定。

本条规定构成个人信息要满足三个要件：

1) 具有识别性，这是核心要件。所谓识别就是通过该信息可以直接或者间接地将某一自然人"认出来"。识别包括直接识别和间接识别，所谓直接识别是指通过该信息可以直接确认某一自然人的身份，不需要其他信息的辅助，例如某人的身份证号、基因信息等；所谓间接识别是指通过该信息虽不能直接确定某人的身份，但可以借助其他信息确定某人的身份。任何可以直接或者间接识别特定自然人的信息都是个人信息。

2) 要有一定的载体，这是个人信息的形式要件。个人信息必须要以电子或者其他方式记录下来，没有以一定载体记录的信息不是个人信息。

3) 个人信息的主体只能是自然人，法人或者非法人组织不是个人信息的主体。个人信息类型众多，包括但不限于自然人的身份信息、生理信息、社会信息、财产信息等，本款列举的具体个人信息只是最为典型也最为常见的类型，现实生活中的具体个人信息远不止列举的类型。与现行《网络安全法》列举的个人信息的情形相比，本条增加了电子邮箱和健康信息、行踪信息等类型，这是为了让个人信息的定义能够更加适应互联网时代和大数据时代的发展需要。对于某一类本款没有列举到的信息是否为个人信息时，可以根据前述三个要件进行判断。

从《民法典》《网络安全法》对个人信息的定义可以看出，《民法典》与《网络安全法》对"识别自然人信息"的表述有所不同。《民法典》特别强调"识别特定自然人的各种信息"，《网络安全法》则突出"识别自然人个人身份的各种信息"。事实上，自然人的个人信息不完全是与自然人个人身份有关的各种信息，还包括与自然人身份无关的信息。《民法典》将个人信息定义为"以电子或者其他方式记录的能够单独或者与其他信息结合识别特定自然人的各种信息"，其保护的内容和范围比《网络安全法》更宽泛。

(五) 第一千零三十五条【个人信息处理的原则】

处理个人信息的，应当遵循合法、正当、必要原则，不得过度处理，并符合下列条件：

（一）征得该自然人或者其监护人同意，但是法律、行政法规另有规定的除外；

（二）公开处理信息的规则；

（三）明示处理信息的目的、方式和范围；

（四）不违反法律、行政法规的规定和双方的约定。

个人信息的处理包括个人信息的收集、存储、使用、加工、传输、提供、公开等。

【法条解析】

本法条旨在明确处理个人信息的基本原则和条件。《民法典》第一千零三十五条除规定"处理个人信息的，应当遵循合法、正当、必要原则"外，还在强调"不得过度处理"的基础上，附带四个法定条件：一是征得该自然人或者其监护人同意，但是法律、行政法规另有规定的除外；二是公开处理信息的规则；三是明示处理信息的目的、方式和范围；四是不违反法律、行政法规的规定和双方的约定。

(六) 第一千零三十六条【处理个人信息的免责事由】

处理个人信息，有下列情形之一的，行为人不承担民事责任：

（一）在该自然人或者其监护人同意的范围内合理实施的行为；

（二）合理处理该自然人自行公开的或者其他已经合法公开的信息，但是该自然人明确拒绝或者处理该信息侵害其重大利益的除外；

（三）为维护公共利益或者该自然人合法权益，合理实施的其他行为。

【法条解析】

本条旨在规范豁免特殊情况下处理个人信息的民事责任。

《民法典》第一千零三十六条设定三种处理个人信息可以不承担民事责任的情形，其中第三种情形是"为维护公共利益或者该自然人合法权益，合理实施的其他行为"。整体上看，《民法典》设定的处理个人信息的免责事由是附有条件的，且受到一定程度的限制。

1) 在该自然人或者其监护人同意的范围内合理实施的行为。该条"同意"的主体，既包括成年的自然人，又包括自然人中未成年人的监护人或患有精神病成年人的监护人。处理的个人信息仅限于自然人或其监护人同意的范围，不得超出同意范围过度处理。

2) 合理处理该自然人自行公开的或者其他已经合法公开的信息，但是该自然人明确拒绝或者处理该信息侵害其重大利益的除外。该条有两层含义：首先，行为人可以处理自然人自行公开的或者其他已经合法公开的信息，比如自然人向他人公开自己的姓名、电话号码、电子邮箱，但是处理这些信息时应当符合"合法、正当、必要"的原则；另一方面，即使是自然人自行公开或者其他已经合法公开的信息，只要自然人明确拒绝或者处理该信息会侵害其重大利益的，行为人也不得处理。

3) 为维护公共利益或者该自然人合法权益,合理实施的其他行为。"公共利益"是与"私人利益"相对的一种利益,《民法典》统一采用"公共利益"的表述较为妥当。网络时代,应当最大限度地防止利用"公共利益"免责事由对自然人"隐私信息"形成侵害。《民法典》关于"为了公共利益"的目的处理个人信息免责的问题,与"维护该自然人合法权益"之间设定了一个选择适用的情形,同时设定即使"为维护公共利益或者该自然人合法权益",也必须以合理方式实施对个人信息的处理才可以免责。

第五节 《中华人民共和国著作权法》立法解析

一、立法背景

《中华人民共和国著作权法》(以下简称《著作权法》)是著作权领域的基本法,是知识产权保护的基础法律之一,是为保护文学、艺术和科学作品作者的著作权,以及与著作权有关的权益,鼓励有益于社会主义精神文明、物质文明建设的作品的创作和传播,促进社会主义文化和科学事业的发展与繁荣。

《著作权法》自1991年6月1日实施以来,历经2001年、2010年二次修订,2020年11月进行了第三次修订,此次修订是我国著作权法律事业新的里程碑,对于促进新时代著作权事业高质量发展具有重要意义。与修订前的《著作权法》相比,修订后的《著作权法》在对"复制权"的定义中增加了"数字化"三个字;本次修订主要从立法层面上,实现了理论与实践的统一。在该条文中,主要利用举例说明的方式定义了复制权的概念,通过这种定义方式,使人们对复制权有了清楚的认识,此外《著作权法》还优化了信息网络传播权的内容。

著作权法第三次修订是坚持以习近平新时代中国特色社会主义思想为指导,贯彻落实党中央关于加强知识产权保护的决策部署,为著作权事业创新发展提供了基本制度遵循。本次修订总结了著作权管理中的实践经验,着力解决制约著作权发展和保护的瓶颈问题,建立科学、合理、规范的著作权授权机制和交易规划,增加并完善著作权行政监管的手段措施,对于维护著作权市场交易秩序、提升著作权领域治理效能必将发挥积极作用。本次修订还立足于进一步开发、利用和保护著作权,发挥法律制度对著作权产业发展的规范、引导、促进和保障作用,为进一步繁荣发展文化事业和文化产业,加快建设创新型国家、知识产权强国和社会主义文化强国提供了重要法律支撑。

二、《中华人民共和国著作权法》重点条文汇总

《著作权法》由总则、著作权、著作权许可使用和转让合同、与著作权有关的权

利、著作权和与著作权有关的权利的保护、附则组成，共涉及67条法律条款。经前期对大数据技术初步分析，以及结合大数据领域的专利审查实践，筛选出与社会各界关注的大数据技术问题相关的法律条款，共15条，具体情况如表2-5所示。

表2-5 与大数据热点问题相关的《著作权法》法律条款

《著作权法》分章	法律条款数量（共67条）	涉及大数据热点问题的法律条款（共15条）	法条主旨
总则	8	第三条	著作权保护的对象
著作权	17	第九条	著作权人的主体
		第十条	著作权所有权
		第十一条	法人著作权归属
		第十二条	权利溯源原则
		第十三条	演绎作品权属
		第十四条	合作作品著作权归属
		第十五条	汇编作品著作权归属
		第二十四条	合理使用原则
著作权许可使用和转让合同	6	—	—
与著作权有关的权利	17	第三十六条	修改作品权限
		第四十七条	广播组织专有权
著作权和与著作权有关的权利的保护	13	第四十九条	侵犯著作权
		第五十一条	禁止原则
		第五十二条	侵犯著作权的民事责任
		第五十三条	侵犯著作权的刑事责任
附则	6	—	—

三、《中华人民共和国著作权法》重点条文解析

为便于大数据领域从业人员更好地应用涉及大数据技术的《著作权法》法律条款，本节将重点分析与大数据技术相关的法律条款，重点法条解析如下：

（一）第三条【著作权保护的对象】

本法所称的作品，是指文学、艺术和科学领域内具有独创性并能以一定形式表现的智力成果，包括：

（一）文字作品；

(二) 口述作品；

(三) 音乐、戏剧、曲艺、舞蹈、杂技艺术作品；

(四) 美术、建筑作品；

(五) 摄影作品；

(六) 视听作品；

(七) 工程设计图、产品设计图、地图、示意图等图形作品和模型作品；

(八) 计算机软件；

(九) 符合作品特征的其他智力成果。

【法条解析】

本条的立法宗旨是对著作权客体的规定，即规定本法所称的作品应具备的条件和具体表现形式。《著作权法》首次以法律形式对"作品"一词进行了科学界定，重申了作品所具备的"独创性"特征和作为"智力成果"的本质属性，同时将"作品类型法定"模式改为"作品类型开放"模式，采取"概括+列举"的方式对作品的范围加以明确，使得作品在概念上的周延和外延也进一步扩大，有效克服以往采用"电影、电视、录像作品"所造成的版权保护的局限性。

2020年第三次修订《著作权法》，根据国际条约和我国社会、经济、文化发展的需要，对著作权保护的客体内容进行了相应的增加和改动，如增加了杂技艺术作品、建筑作品等。对本条所规定的作品表现形式具体解释如下：

1) 文字作品、口述作品。根据《中华人民共和国著作权法实施条例》规定，文字作品，指小说、诗词、散文、论文等以文字形式表现的作品；口述作品是指即兴的演说、授课、法庭辩论等以口头语言形式表现的作品。

2) 音乐、戏剧、曲艺、舞蹈、杂技艺术作品。根据《中华人民共和国著作权法实施条例》规定，音乐作品是指歌曲、交响乐等能够演唱或者演奏的带词或者不带词的作品；戏剧作品，指话剧、歌剧、地方戏等供舞台演出的作品；曲艺作品，指相声、快书、大鼓、评书等以说唱为主要形式表演的作品；舞蹈作品，指通过连续的动作、姿势、表情等表现思想情感的作品。此外还有杂技艺术作品。因为我国有丰富的杂技艺术作品资源，在修改《著作权法》时，明确了杂技艺术作品作为著作权保护的客体。音乐、戏剧、曲艺、舞蹈、杂技艺术作品，不包括表演者对上述作品的表演，表演者在传播作品时付出的创造性劳动，由《著作权法》通过邻接权即与著作权有关的权益给予保护。

3) 美术、建筑作品。根据《中华人民共和国著作权法实施条例》规定，美术作品是指绘画、书法、雕塑、建筑等以线条、色彩或者其他方式构成的有审美意义的平面或者立体的造型艺术作品。《著作权法》所保护的工艺美术，只保护工艺美术品中具有创造性的造型或美术图案，不保护生产过程中的那一部分工艺；只保护实用艺术品中所具有创造性的造型艺术，不保护日常生活使用中的那一部分实用功能。首创的新工艺，首创的具有实用功能的实用品，可以受到其他有关法律的保护。原《著作权法》未明确规定建筑作品的保护。在与旧《著作权法》配套施行的《著作权法实施条例》中，"建筑"被作为美术作品定义中列举的一个分类，但其相应的表述模糊不清：有审美意义的平面或者立体的造型艺术作品。原法把建筑物本身作为美术作品给予保护，而工程设计图、模型与产品设计图作为单独著作权客体给予保护。此次修改本法时，明确规定了建筑作品作为著作权保护的客体，将美术、建筑作品同列为第四项，而将在建筑作品中占较大数量的工程设计图和建筑模型列为第七项：图形类作品和模型类作品，仍然作为单独客体给予保护。可见，我国立法者对于建筑作品范围的界定仅指建筑物本身。应当指出，如果建筑物的形式、外观没有独创的设计成分，那么它们就不能成为作品，不受《著作权法》保护。受《著作权法》保护的是建筑物本身，其构成材料、建筑方法不受《著作权法》保护。

4）摄影作品。根据《中华人民共和国著作权法实施条例》规定，摄影作品是指借助器械，在感光材料或者其他介质上记录客观物体形象的艺术作品。原《著作权法》将摄影作品与美术作品放在一起，作为一类作品给予保护。《伯尔尼保护文学和艺术作品公约》（简称《伯尔尼公约》）第二条第一项中明确了"摄影作品和以类似摄影的方法表现的作品"作为一类文学艺术作品。因此，在修改本法时，将摄影作品单独作为一项。

5）视听作品，包括电影作品和以类似摄制电影的方法创作的作品，是指摄制在一定介质上，由一系列有伴音或者无伴音的画面组成，并且借助适当装置放映或者以其他方式传播的作品。这一项采纳《伯尔尼公约》的表述方式，将包括动态摄像的作品描述为"电影作品和以类似摄制电影的方法创作的作品"，并取消了原著作权中的"电视、录像作品"。新《著作权法》正式使用了"视听作品"这一法律术语，旨在实现电影作品和以类似电影摄制方法创作的作品在上位概念上的统一，寻求解决原定义中囿于创作手段的要求而导致部分使用新技术而创作的作品无法受到合法保护等问题，从而为信息化时代视听作品的著作权保护带来新契机。

6）工程设计图、产品设计图、地图、示意图等图形作品和模型作品。根据《中华人民共和国著作权法实施条例》规定，工程设计、产品设计图纸及其说明，指为施工和生产绘制的图样及对图样的文字说明。《著作权法》保护工程设计、产品设计图纸及其说明，仅指以印刷、复印、翻拍等复制形式使用图纸及其说明，不包括按照工程设计、产品设计图纸及其说明进行施工、生产工业品，后者适用其他有关法律的规定。依照实施条例的规定，地图、示意图等图形作品，指地图、线路图、解剖图等反映地理现象、说明事物原理或者结构的图形或者模型。模型作品是指依照实物的形状和结构按比例制成的物品，如建筑模型等。

7) 计算机软件，是指计算机程序及其文档。受著作权保护的软件必须是由开发者独立开发，并已固定在某种有形的物体上，就是说该计算机程序已经相当稳定，相当持久地固定在某种载体上，而不是一瞬间的感知、复制、传播程序。

8) 符合作品特征的其他智力成果。这是指除了上述八项著作权的客体外，由法律、行政法规规定的著作权的其他客体。

(二) 第九条【著作权人的主体】

著作权人包括：
(一) 作者；
(二) 其他依照本法享有著作权的自然人、法人或者非法人组织。

【法条解析】

本条是关于著作权主体的规定。著作权人和作者是两个概念，著作权人除作者以外，其他公民、法人或其他组织依然也可以成为著作权的主体。著作权人包括自然人作者和法定作者。客观上，自然人是唯一的文学、艺术和科学作品的事实作者，因此法律规定自然人为作者，是对客观事实的尊重和肯定。同时，为了满足某些利益需求，法律也将自然人以外的法人和其他组织等民事主体视为作者，也就是说通过法律规定，自然人以外的其他主体可以成为著作权人，即法定作者。国家是特殊的民事主体，在某种情况下，国家可以成为著作权人。值得注意的是，未成年的作者也可以成为著作权人，但是其权利的行使，则要符合民事行为的合法条件，通常要由作者的父母、监护人、收养人或其他代理人来完成。

(三) 第十条【著作权所有权】

著作权包括下列人身权和财产权：
(一) 发表权，即决定作品是否公之于众的权利；
(二) 署名权，即表明作者身份，在作品上署名的权利；
(三) 修改权，即修改或者授权他人修改作品的权利；
(四) 保护作品完整权，即保护作品不受歪曲、篡改的权利；
(五) 复制权，即以印刷、复印、拓印、录音、录像、翻录、翻拍、数字化等方式将作品制作一份或者多份的权利；
(六) 发行权，即以出售或者赠与方式向公众提供作品的原件或者复制件的权利；
(七) 出租权，即有偿许可他人临时使用视听作品、计算机软件的原件或者复制件的权利，计算机软件不是出租的主要标的的除外；
(八) 展览权，即公开陈列美术作品、摄影作品的原件或者复制件的权利；
(九) 表演权，即公开表演作品，以及用各种手段公开播送作品的表演的权利；

（十）放映权，即通过放映机、幻灯机等技术设备公开再现美术、摄影、视听作品等的权利；

（十一）广播权，即以有线或者无线方式公开传播或者转播作品，以及通过扩音器或者其他传送符号、声音、图像的类似工具向公众传播广播的作品的权利，但不包括本款第十二项规定的权利；

（十二）信息网络传播权，即以有线或者无线方式向公众提供，使公众可以在其选定的时间和地点获得作品的权利；

（十三）摄制权，即以摄制视听作品的方法将作品固定在载体上的权利；

（十四）改编权，即改变作品，创作出具有独创性的新作品的权利；

（十五）翻译权，即将作品从一种语言文字转换成另一种语言文字的权利；

（十六）汇编权，即将作品或者作品的片段通过选择或者编排，汇集成新作品的权利；

（十七）应当由著作权人享有的其他权利。

著作权人可以许可他人行使前款第五项至第十七项规定的权利，并依照约定或者本法有关规定获得报酬。

著作权人可以全部或者部分转让本条第一款第五项至第十七项规定的权利，并依照约定或者本法有关规定获得报酬。

【法条解析】

本条是对著作权内容的规定，是对著作权的具体内容作了进一步明确规定。

著作权内容是指著作权人对作品拥有什么权利。著作权内容分为两类，一类是精神权利，即本法所称的人身权，与作者的身份密切相关，专属作者本人，一般情况下不能转让；另一类是经济权利，即本法所称的财产权，是作者利用其作品获益的权利，可以授权许可他人使用，也可以转让。人身权和财产权密切相关，然而又可以相互独立。财产权转让后，作者仍有人身权。受转让的著作权人一般只有财产权而无人身权。

本条规定了发表权、署名权、修改权和保护作品完整权四项权利，一般认为属于人身权。修改后《著作权法》对财产使用权作了单项列举式的规定，本条第五项至第十七项规定了著作权人对其作品具体的财产权。

复制权又称重制权，是著作权的财产使用权重最基本的权能。我国《著作权法》将复制权定义为"即以印刷、复印、拓印、录音、录像、翻录、翻拍、数字化等方式将作品制作一份或者多份的权利"。按照我国《著作权法》对复制的规定，复制行为再现了原作，并且伴有复制件的增多，两者缺一不可。根据大多数国家的《著作权法》，并非所有"再现"作品的行为都是受"复制权"控制的"复制行为"，只有以特定方式对作品"再现"才是《著作权法》意义上的"复制行为"。要构成《著作权法》上的"复制行为"，该行为应当使作品被相对稳定和持久地"固定"在有形物质载体上，形成作品的复制件。《著作权法》意义上的复制行为应当是能够产生作品复制件的行为，即我国《著作权法》对"复制权"的定义是"将作品制作一份或多份"。而要产生作品复制件，就必须将作品相对稳定、持久地固定在有形物质载体之上。相反，如果作品没有被相对稳定和持久地固定在有形物质载体之上，则不能认为发生了复制行为。

广播权，是指作品通过电台、电视台广播，但不限于电台、电视台的广播，还包括其他形式的播放。根据本项的解释，广播是指以有线或者无线方式公开传播或者转播作品，以及通过扩音器或者其他传送符号、声音、图像的类似工具向公众传播广播的作品的权利。公开广播一般是指通过无线电台、电视台播放。广播权指以无线的方式广播或者播放作品，以及通过其他有线方式传播、广播的作品，作者直接以有线的方式传播作品，并不包括在广播权之中。从广播技术产生之初，作品广播的形态从来都不是单一和机械地播放录音制品或影视作品，而是通过多种形式再现作品并将此种再现通过广播信号播放出去。因此，只要目的是将作品广播出去，不论前端是简单机械地利用作品，还是创造性地利用作品，都在广播行为的应有之义中。利用音乐作品制作广播、电视节目并播放给观众本就是广播的应有之义。广播组织在获得"广播权"一揽子许可之后，不需要就复制行为重复付费。

表演权，是指公开表演作品，以及用各种手段公开播送作品的表演的权利。表演是指演奏乐曲、上演剧本、朗诵诗词等直接或间接借助技术设备以声音、表情、动作公开再现作品。表演行为包含舞台表演与机械表演两个方面，所涵盖的商业行为主要是举办现场演出活动，在餐厅、酒吧、宾馆、歌厅、飞机客舱、火车车厢等公共场所播放背景音乐等方面。表演权中的舞台表演指的是在现场表演活动中利用了作品，例如，举办演唱会、演奏会等要利用某音乐作品，此时演唱会、演奏会的主办方需要获得该音乐作品著作权人表演权的许可，主要解决的是其中舞台表演的权利。表演权中舞台表演行为的所指场景主要指的是上述情况。表演最初仅限于现场表演，无线电广播及录音录像技术发展起来以后，产生了将录制的表演公开传播的情景，因此各国的《著作权法》以及相关的国际公约对表演的界定不再局限于现场表演。

(四) 第十一条 【法人著作权归属】

著作权属于作者，本法另有规定的除外。

创作作品的自然人是作者。

由法人或者非法人组织主持，代表法人或者非法人组织意志创作，并由法人或者非法人组织承担责任的作品，法人或者非法人组织视为作者。

【法条解析】

本条是关于如何认定作者的规定。作者是文学、艺术、科学作品的创作者，作者对作品的创作，付出了辛勤的劳动，因此在通常情况下，著作权属于作者，作者与著作权人是同一的。《伯尔尼公约》以及多数国家版权方也都承认版权应当首先属于创作作品的作者。一般认为，法人或者其他组织可以视为作者的要件包括：1）由法人或者其他组织主持创作，而不是由该法人或者组织的工作人员自发进行；2）创作思想及表达方式须代表、体现法人或者其他组织的意志，是法人或者其他组织的领导机构和法定代表人依法或者依章程执行职务而体现出来的；3）由法人或者其他组织承担责任，而不是由执笔人负责，如某公司研制的程序软件在运行上存在缺陷，该缺陷的责任由该公司承担，而非直接设计者承担。具备以上三个要件的作品，称为法人或者其他组织的作品，该法人或者其他组织视为作者，享有著作权。这里的法人是指具有民事权利能力和民事行为能力，依法独立享有民事权利和承担民事义务的组织；其他组织是指法人以外不具备法人条件的组织。在实际生活中，通常以署名来认定作者，即在作品上署名的公民、法人或者其他组织就是作者，这是识别作者较为简便的方法。

（五）第十二条　【权利溯源原则】

在作品上署名的自然人、法人或者非法人组织为作者，且该作品上存在相应权利，但有相反证明的除外。

作者等著作权人可以向国家著作权主管部门认定的登记机构办理作品登记。

与著作权有关的权利参照适用前两款规定。

【法条解析】

本条是关于署名推定规则的规定。2021年6月1日生效的新修改的《著作权法》将"署名推定作者规则"调整为"署名推定权利人规则"，并对作品登记做了规定。一般而言，在确定著作权归属上，署名推定权利人相较于作品登记具有优先效力。

新修改的《著作权法》将"署名推定作者"调整为"署名推定权利人"之后，通过作品上的署名直接确定著作权人，有利于降低使用人的搜寻确认成本，促进著作权交易的高效便捷，也有利于减轻权利人在诉讼中的举证责任，便于权利人维权。在实践中，无论是出于精神利益还是经济利益考虑，作者创作出作品后通常会在作品上署名，根据署名确定著作权人也符合社会实际，体现了法律规则对社会现实生活的回应。虽然作者享有原始著作权是一般的著作权归属原则，但在一些特殊情形下，往往单凭署名难以准确地判定谁是权利人。因此，新修改的《著作权法》在这一规则之后加上了"但有相反证明的除外"，也就是说，在遵循署名推定作者进而推定权利人的一般规则下，允许有反证对这一推定结果的效力予以推翻。

（六）第十三条　【演绎作品权属】

改编、翻译、注释、整理已有作品而产生的作品，其著作权由改编、翻译、注释、整理人享有，但行使著作权时不得侵犯原作品的著作权。

【法条解析】

本条是关于演绎作品著作权归属的规定。演绎作品指在保持原有作品表达的基础上，增加符合独创性要求的新表达而形成的作品，包括改编、翻译、注释、整理等方式，是传播原作品的重要方法。演绎作品虽然是原作品的派生作品，但不是简单地复制原作品，需要演绎者在正确理解、把握原作品的基础上，通过创造性的劳动产生新作品。演绎作品的著作权由演绎作品的作者享有。需要注意的是，演绎作品是在已有作品的基础上产生的，没有原作品，就没有所谓的演绎作品。正是由于演绎作品是以原作品为基础的，因此除法律规定的"合理使用"的范围，在著作权保护期内，演绎作品需要征得原作者以及其他对原作品享有著作权的权利人的同意。

由于演绎作品是对原作品的再创作，所以演绎作品的作者在行使其演绎作品的著作权时，不得侵犯原作者的著作权，包括尊重原作者的署名权，尊重原作品的内容，不得歪曲、篡改原作品等，否则可能导致对原作品的侵权而承担民事责任。

(七) 第十四条 【合作作品著作权归属】

两人以上合作创作的作品，著作权由合作作者共同享有。没有参加创作的人，不能成为合作作者。

合作作品的著作权由合作作者通过协商一致行使；不能协商一致，又无正当理由的，任何一方不得阻止他方行使除转让、许可他人专有使用、出质以外的其他权利，但是所得收益应当合理分配给所有合作作者。

合作作品可以分割使用的，作者对各自创作的部分可以单独享有著作权，但行使著作权时不得侵犯合作作品整体的著作权。

【法条解析】

本条是关于合作作品著作权归属的规定。关于合作作品的含义，合作作品仅指合作作者的创造性劳动不可分地体现在一个最终成果中的那些作品，即认为只有作者的创作成果不可分离地融在一起的才算是合作作品。如果合作作者的创作成果可以单独分出来，可以单独享有著作权，这样的作品不能成为"合作作品"，而应叫"合成作品"或"结合作品"。根据本条规定，我国的合作作品包括不可分割使用的合作作品，也包括可以分割使用的合作作品。一般认为，创作一个合作作品需要合作作者之间的合意，如果一方未经对方同意，就将对方的作品合入自己的作品，或者对对方的作品进行一定的修改、补充后就认为是该作品的合作作者，这种情况不仅不能成为该作品的合作作者，还侵犯了该作品的著作权。

合作作品的作者必须是参加创作的人，没有参加创作的人，不能成为合作作品的作者。所谓"参加创作"，是指对作品的思想观点、表达形式付出了创造性的智力劳动,或者构思策划,或者执笔操作,如果没有对作品付出创造性的劳动,就不能成为合作作者。合作作品包括可以分割使用和不能分割使用两种,其中可以分割使用的合作作品,是指合作作者对各自创作的部分可以单独使用,可以单独享有著作权的作品。但是,合作作品的作者在行使各自的著作权时不得侵犯合作作品整体的著作权。例如,合作人之一将合作作品擅自以本人名义发表便是侵犯了其他合作人的发表权、署名权,如果将许可使用后的报酬据为己有,又是侵犯了其他合作人的获得报酬权。不得分割使用的合作作品,是指合作作者虽有各自的创作,但在作品中已融入一体,区分不出作品的某个部分是哪个合作作者写的,这类作品只存在一个合作作品整体的著作权。

(八) 第十五条 【汇编作品著作权归属】

汇编若干作品、作品的片段或者不构成作品的数据或者其他材料,对其内容的选择或者编排体现独创性的作品,为汇编作品,其著作权由汇编人享有,但行使著作权时,不得侵犯原作品的著作权。

【法条解析】

本条是关于汇编作品著作权归属的规定。本条作了最新修改,增加了汇编不构成作品的数据或者其他材料的规定,并将"编辑"一词改为"汇编"。

汇编作品是将两个以上的作品、作品的片段或者不构成作品的数据或者其他材料进行选择、汇集、编排而产生的新作品。汇编人在内容的选择、安排上付出了创造性劳动,因此享有汇编作品的著作权。但是,如果在内容的选择与安排上没有体现独创性,只是简单将作品或者材料拼凑在一起,则不认为产生了新作品,因此也不构成汇编作品。

本条的汇编作品明确规定包括对不构成作品的数据和其他材料的汇编,将电子计算机数据库纳入其中。考虑到虽然信息资料本身可能是没有著作权的作品或者其他材料,但是数据库的汇编体现了汇编人的创造性劳动,同时数据库的建立需要大量的投资。因此数据库作品应当纳入汇编作品受《著作权法》保护。

汇编作品作为一个整体,由汇编人享有著作权。汇编人汇编有著作权的作品,应当经过原作品著作权的许可,并支付报酬,还应尊重原作品著作权人的人身权。在行使著作权时,不得侵犯原作品的著作权。汇编已过保护期的作品,也应当尊重原作品作者的人身权。

(九) 第二十四条 【合理使用原则】

在下列情况下使用作品,可以不经著作权人许可,不向其支付报酬,但应当指明作者姓名或者名称、作品名称,并且不得影响该作品的正常使用,也不得不合理地损害著作权人的合法权益:

（一）为个人学习、研究或者欣赏，使用他人已经发表的作品；

（二）为介绍、评论某一作品或者说明某一问题，在作品中适当引用他人已经发表的作品；

（三）为报道新闻，在报纸、期刊、广播电台、电视台等媒体中不可避免地再现或者引用已经发表的作品；

（四）报纸、期刊、广播电台、电视台等媒体刊登或者播放其他报纸、期刊、广播电台、电视台等媒体已经发表的关于政治、经济、宗教问题的时事性文章，但著作权人声明不许刊登、播放的除外；

（五）报纸、期刊、广播电台、电视台等媒体刊登或者播放在公众集会上发表的讲话，但作者声明不许刊登、播放的除外；

（六）为学校课堂教学或者科学研究，翻译、改编、汇编、播放或者少量复制已经发表的作品，供教学或者科研人员使用，但不得出版发行；

（七）国家机关为执行公务在合理范围内使用已经发表的作品；

（八）图书馆、档案馆、纪念馆、博物馆、美术馆、文化馆等为陈列或者保存版本的需要，复制本馆收藏的作品；

（九）免费表演已经发表的作品，该表演未向公众收取费用，也未向表演者支付报酬，且不以营利为目的；

（十）对设置或者陈列在公共场所的艺术作品进行临摹、绘画、摄影、录像；

（十一）将中国公民、法人或者非法人组织已经发表的以国家通用语言文字创作的作品翻译成少数民族语言文字作品在国内出版发行；

（十二）以阅读障碍者能够感知的无障碍方式向其提供已经发表的作品；

（十三）法律、行政法规规定的其他情形。

前款规定适用于对与著作权有关的权利的限制。

【法条解析】

本条是关于著作权的合理使用规定。所谓"合理使用"，是在特定的条件下，法律允许他人自由使用有著作权的作品，而不必征得权利人许可，不向其支付报酬的合法行为。本条不完全列举12种作品合理使用的情形，并规定在合理使用的同时，应当指明作者姓名或者名称、作品名称，并且不得影响该作品的正常使用，也不得不合理地损害著作权人的合法维权。关于合理使用，需要解释以下几种类型。第一，个人使用。个人使用的法律适用条件包括使用主体和使用目的，其中个人使用的权利限定为使用者本人行使，其使用目的须为非商业性的私人使用，非商业性解释为学习、研究，排除带有文化消费行为的欣赏。第二，适当引用。如何界定适当引用，是一个争议点较多，也容易引发纠纷的问题。而对于"适当引用"的法律适用，需要具备两个条件：首先，必须是引用者出于介绍、评论或者说明的目的而引用他人作品；其次，引用程度的判定，主要考虑两个因素：引用他人作品不能超过介绍、评论和说明的实际需要；引用他人的作品不能构成本人作品的主要部分或者实质部分。此外，引用对象，其范围仅限于他人已经发表的作品；引用条件，其在引用作品中指明被引用作品作者姓名、作品出处。

(十) 第三十六条 【修改作品权限】

图书出版者经作者许可，可以对作品修改、删节。

报社、期刊社可以对作品作文字性修改、删节。对内容的修改，应当经作者许可。

【法条解析】

本条是对图书出版者、报社、期刊社修改作品的规定。图书出版社的出版时间比较充裕，并且图书的文字篇幅较为灵活，因此编辑人员对作品无论是文字性修改，还是实质性修改，均应得到著作权人的授权。而报社、期刊社由于出版时间和篇幅所限，经常来不及同作者商量修改作品的问题，比如在稿件交付排版后发现因版面所限要减少篇幅，都因时间紧迫无法即时取得著作权人的授权。需要明确的是，此修改权仅限于文字性，因为内容的修改涉及"文责自负"的问题，并且报社、期刊社在决定采用稿件时也应对内容作出审查，如必须对内容进行修改则应在交付排版前与著作权人协商。

无论是报社、期刊社享有对作品非经作者许可的文字性修改权还是图书出版者经作者授权后享有的作品修改权，权利均源自作者对其作品的修改权及保护作品完整权。一部作品作为一个整体，反映了作者独特的创作思想和创作艺术，任何增删或者修改作品的行为都有可能违背作者的创作思想。作者对其作品享有的修改权，其权利内容从正面讲作者有权修改自己的作品，从反面讲作者有权禁止他人修改或者增删自己的作品。在禁止他人修改或者歪曲自己作品的权利范围方面，许多国家都作了比较严格的限制。《英国版权法》第八十条规定，作者有权禁止他人对其作品进行不合理改动。因此，无论是图书出版社或者报社、期刊社都应该尽到充分尊重作者人身权的义务。

(十一) 第四十七条 【广播组织专有权】

广播电台、电视台有权禁止未经其许可的下列行为：

(一) 将其播放的广播、电视以有线或者无线方式转播；

(二) 将其播放的广播、电视录制以及复制；

(三) 将其播放的广播、电视通过信息网络向公众传播。

广播电台、电视台行使前款规定的权利，不得影响、限制或者侵害他人行使著作权或者与著作权有关的权利。

本条第一款规定的权利的保护期为五十年，截止于该广播、电视首次播放后第五十年的 12 月 31 日。

【法条解析】

本条是关于广播组织专有权和权利保护期的规定。转播是指一个广播组织的节目被另一个广播组织同时广播,"转播"强调的是"同时",而将节目录制下来的再播放是重播而不是转播。转播广播、电视,指的是通过电磁波从一个收发射系统转到另一个收发射系统,而不是转播广播、电视台"节目",节目能否为另一个广播组织使用是著作权和相关权利人的权利,广播组织仅有对于转播的禁止权。根据《保护表演者、录音制品制作者和广播组织的国际公约》和《与贸易有关的知识产权协议》的规定,"广播"仅指以无线方式,而本项明确规定转播既可以通过无线,还可以通过有线。广播组织的播放权是受制于著作权人的权利的,因此应将广播组织对有线转播的禁止权,限定于著作权人对有线广播享有的权利。

录制并复制音像载体,是指广播机构使用自己的设备并为自己播放之用而进行临时录制。广播电台、电视台的录制、复制权仅限于播放,不意味着可以不经著作权和其他相关权利人的许可,将其作品、表演、录音录像制品复制发行。复制、发行广播电视节目是作者、表演者、录音录像制作者的专有权,而不是广播组织的权利,广播组织不能因为播放了节目,就享有这一权利。

广播组织对转播、录制复制的禁止权的保护期为五十年,这一期限长于《与贸易有关的知识产权协议》所要求的至少二十年的保护期。在保护期内,其他广播组织未经许可播放了某电台、电视台首次播放的广播电视,首次播放的电台、电视台有禁止播放的权利。

(十二)第四十九条【侵犯著作权】

为保护著作权和与著作权有关的权利,权利人可以采取技术措施。

未经权利人许可,任何组织或者个人不得故意避开或者破坏技术措施,不得以避开或者破坏技术措施为目的制造、进口或者向公众提供有关装置或者部件,不得故意为他人避开或者破坏技术措施提供技术服务。但是,法律、行政法规规定可以避开的情形除外。

本法所称的技术措施,是指用于防止、限制未经权利人许可浏览、欣赏作品、表演、录音录像制品或者通过信息网络向公众提供作品、表演、录音录像制品的有效技术、装置或者部件。

【法条解析】

《著作权法》是为了保护文学、艺术和科学作品作者的著作权以及与著作权有关的权益,其中所称的作品包括影视作品。根据《著作权法》第四十九条第三款的规定,本法所称的技术措施,是指用于防止、限制未经权利人许可浏览、欣赏作品、表演、录音录像制品或者通过信息网络向公众提供作品、表演、录音录像制品的有效技术、装置或者部件。根据上述规定，技术措施分为接触控制措施和著作权保护措施，是防止未经许可接触、利用作品的措施。可见，《著作权法》意义上的"技术措施"与纯技术意义上的"技术措施"的差异主要有两点：一是《著作权法》意义上的"技术措施"用于作品、表演和录音制品等《著作权法》中的特定对象；二是《著作权法》意义上的"技术措施"具有阻止对上述特定对象实施特定行为的功能。只有具备阻止他人实施特定行为的技术性手段，才能实现《著作权法》的立法目的。举例而言，短视频中的水印并不具有实现该立法目的的功能，其更具备表明某种身份的属性，表明作品及其作者、表演及其表演者、录音录像制品及其制作者的信息，作品、表演、录音录像制品权利人的信息和使用条件的信息，以及表示上述信息的数字或者代码。2020年《著作权法》对于"技术措施"中的防复制措施并不提供保护。《著作权法》第四十九条第三款定义的"技术措施"是指"用于防止、限制未经权利人许可……通过信息网络向公众提供作品、表演、录音录像制品的有效技术、装置或者部件"。从中可以看出，该"技术措施"仅限于用于保护信息网络传播权的"技术措施"，即防传播措施，并不涉及用于保护复制权的"技术措施"，也就是不保护防复制措施。

北京法院公布的2020年度知识产权司法保护典型案例："网络爬虫非法抓取电子书"犯侵犯著作权罪案。通过本案可以看出：若网络服务内容提供者打破技术的中立性，非法利用爬虫技术对不特定他人享有著作权的内容进行数据爬取，并将爬取到的内容上传至互联网公开，违反《著作权法》等法律对著作权的复制、发行、传播等方面权益保护内容的规定，构成侵犯著作权；若通过广告流量等其他方式进行营利，情节严重的将会被追究相关刑事责任。

(十三) 第五十一条【禁止原则】

未经权利人许可，不得进行下列行为：

（一）故意删除或者改变作品、版式设计、表演、录音录像制品或者广播、电视上的权利管理信息，但由于技术上的原因无法避免的除外；

（二）知道或者应当知道作品、版式设计、表演、录音录像制品或者广播、电视上的权利管理信息未经许可被删除或者改变，仍然向公众提供。

【法条解析】

本条是关于著作权禁止行为的规定，通过列举方式阐述未经权利人许可不能进行的行为。我国新修改的《著作权法》在第五十一条规定了未经权利人许可对权利管理信息的禁止事项：故意删除或者改变权利管理信息，但由于技术上的原因无法避免的除外；以及知道或者应当知道权利管理信息未经许可被删除或者改变，仍然向公众提供这两种行为。

(十四) 第五十二条【侵犯著作权的民事责任】

有下列侵权行为的,应当根据情况,承担停止侵害、消除影响、赔礼道歉、赔偿损失等民事责任:

(一) 未经著作权人许可,发表其作品的;

(二) 未经合作作者许可,将与他人合作创作的作品当作自己单独创作的作品发表的;

(三) 没有参加创作,为谋取个人名利,在他人作品上署名的;

(四) 歪曲、篡改他人作品的;

(五) 剽窃他人作品的;

(六) 未经著作权人许可,以展览、摄制视听作品的方法使用作品,或者以改编、翻译、注释等方式使用作品的,本法另有规定的除外;

(七) 使用他人作品,应当支付报酬而未支付的;

(八) 未经视听作品、计算机软件、录音录像制品的著作权人、表演者或者录音录像制作者许可,出租其作品或者录音录像制品的原件或者复制件的,本法另有规定的除外;

(九) 未经出版者许可,使用其出版的图书、期刊的版式设计的;

(十) 未经表演者许可,从现场直播或者公开传送其现场表演,或者录制其表演的;

(十一) 其他侵犯著作权以及与著作权有关的权利的行为。

【法条解析】

本条是关于侵犯著作权和与著作权有关的权益应当承担民事责任的规定。侵犯著作权和与著作权有关的权益是一种侵权行为,对权利人的人身权和财产权造成了伤害,侵权行为人对其造成的损害后果应当承担法律责任。

针对本条规定的侵权行为,承担民事法律责任的方式包括停止侵害、消除影响、赔礼道歉、赔偿损失等方式。侵犯著作权的行为在实际中较为复杂,法律难以列全,列举的十项侵权行为只是侵权中较为常见的行为,本项作为兜底性规定,将其他侵犯著作权以及与著作权有关的权利包括进来,能够更好地保护权利人的合法权益。

(十五) 第五十三条【侵犯著作权的刑事责任】

有下列侵权行为的,应当根据情况,承担本法第五十二条规定的民事责任;侵权行为同时损害公共利益的,由主管著作权的部门责令停止侵权行为,予以警告,没收违法所得,没收、无害化销毁处理侵权复制品以及主要用于制作侵权复制品的材料、工具、设备等,违法经营额五万元以上的,可以并处违法经营额一倍以上五倍以下的罚款;没有违法经营额、违法经营额难以计算或者不足五万元的,可以并处二十五万元以下的罚款；构成犯罪的，依法追究刑事责任：

（一）未经著作权人许可，复制、发行、表演、放映、广播、汇编、通过信息网络向公众传播其作品的，本法另有规定的除外；

（二）出版他人享有专有出版权的图书的；

（三）未经表演者许可，复制、发行录有其表演的录音录像制品，或者通过信息网络向公众传播其表演的，本法另有规定的除外；

（四）未经录音录像制作者许可，复制、发行、通过信息网络向公众传播其制作的录音录像制品的，本法另有规定的除外；

（五）未经许可，播放、复制或者通过信息网络向公众传播广播、电视的，本法另有规定的除外；

（六）未经著作权人或者与著作权有关的权利人许可，故意避开或者破坏技术措施的，故意制造、进口或者向他人提供主要用于避开、破坏技术措施的装置或者部件的，或者故意为他人避开或者破坏技术措施提供技术服务的，法律、行政法规另有规定的除外；

（七）未经著作权人或者与著作权有关的权利人许可，故意删除或者改变作品、版式设计、表演、录音录像制品或者广播、电视上的权利管理信息的，知道或者应当知道作品、版式设计、表演、录音录像制品或者广播、电视上的权利管理信息未经许可被删除或者改变，仍然向公众提供的，法律、行政法规另有规定的除外；

（八）制作、出售假冒他人署名的作品的。

【法条解析】

本条是关于侵犯著作权以及与著作权有关的权益应当承担民事责任，并可以给予行政处罚，直到追究刑事责任的规定。本条规定的侵权行为不仅侵害了著作权人的权利以及与著作权有关的权益，同时扰乱了文化市场的正常运转，损害了社会公共利益。本条规定八项侵犯著作权的行为，符合我国刑法的有关规定，构成犯罪的，应当依法追究刑事责任。

第六节 《中华人民共和国消费者权益保护法》立法解析

一、立法背景

《消费者权益保护法》是为保护消费者的合法权益，维护社会经济秩序，促进社会主义市场经济健康发展制定的一部法律。该法调整的对象是为生活消费需要购买、使用商品或者接受服务的消费者和为消费者提供其生产、销售的商品或者提供服务的经营者之间的权利义务。

《消费者权益保护法》自1993年10月31日颁布，1994年1月1日起施行。2013年10月25日第二次修正，2014年3月15日起施行。《消费者权益保护法》的颁布，明确了消费者的权利，确立和加强了保护消费者权益的法律基础，弥补了原有法律、法规在保障消费者权益方面调整作用不全的缺陷。我国现有法律、法规中有不少内容涉及保护消费者权益，如《民法通则》《产品质量法》《食品卫生法》等，但是对于因提供和接受服务而发生的消费者权益受损害的问题，只有在《消费者权益保护法》中作出了全面而明确的规定。《消费者权益保护法》规范经营者应对维护消费者权益承担何种义务，特别是着重规范经营者与消费者的交易行为，即必须遵循自愿、平等、公平、诚实信用的原则，从而也对社会经济秩序产生重要的维护作用。保护消费者权益不是消费者个人之事，当代社会的生产和消费的关系密不可分，结构合理、健康发展的消费无疑会促进生产的均衡发展。没有消费，也就没有市场。大多数企业的合法权益也可以得到充分保护，从而在全社会形成一种靠正当经营、正当竞争来提高经济效益的良好商业道德。这样就有利于促使企业努力加强管理，不断提高产品质量和服务质量，提高经济效益，推动社会进步，促进社会发展。保护消费者权益成为贯彻消费政策的重要内容，因此有利于社会主义市场经济的健康发展。

二、《中华人民共和国消费者权益保护法》重点条文汇总

《消费者权益保护法》由总则、消费者的权利、经营者的义务、国家对消费者合法权益的保护、消费者组织、争议的解决、法律责任、附则组成，共涉及63条法律条款。经前期对大数据技术初步分析，以及结合大数据领域的专利审查实践，筛选出与社会各界关注的大数据技术问题相关的法律条款，共6条，具体情况如表2-6所示。

表2-6 与大数据热点问题相关的《消费者权益保护法》法律条款

《消费者权益保护法》分章	法律条款数量（共63条）	涉及大数据热点问题的法律条款（共6条）	法条主旨
总则	6	—	—
消费者的权利	9	第九条	选择权
		第十条	公平交易权
		第十四条	受尊重权及信息得到保护权
经营者的义务	14	第十八条	安全保障义务
		第二十九条	保护消费者个人信息的义务

续表

《消费者权益保护法》分章	法律条款数量（共63条）	涉及大数据热点问题的法律条款（共6条）	法条主旨
国家对消费者合法权益的保护	6	—	—
消费者组织	3	—	—
争议的解决	9	第四十五条	虚假广告相关责任人的责任
法律责任	14	—	—
附则	2	—	—

三、《中华人民共和国消费者权益保护法》重点条文解析

为便于大数据领域从业人员更好地应用涉及大数据技术的《消费者权益保护法》法律条款，本节将重点分析与大数据技术相关的法律条款，重点法条解析如下：

（一）第九条【选择权】

消费者享有自主选择商品或者服务的权利。

消费者有权自主选择提供商品或者服务的经营者，自主选择商品品种或者服务方式，自主决定购买或者不购买任何一种商品、接受或者不接受任何一项服务。

消费者在自主选择商品或者服务时，有权进行比较、鉴别和挑选。

【法条解析】

本条明确规定消费者依法享有自主选择权。首先，消费者有权自主选择提供商品或服务的经营者。任何企业或国家机关不得利用其自身影响和国家权力，限定消费者购买其指定的经营者的商品或服务，也不得要求消费者不要购买某经营者的商品或者接受某项服务。其次，消费者有权自主选择所要购买商品品种和接受服务的内容及方式，有权决定是否购买任何一种商品和接受任何一种服务，其他人不得干涉和阻扰；最后，消费者有权在选择商品或服务时对其质量、规格、样式、价格进行同类比较、鉴别，有权对欲购商品进行挑选。

（二）第十条【公平交易权】

消费者享有公平交易的权利。

消费者在购买商品或者接受服务时，有权获得质量保障、价格合理、计量正确等公平交易条件，有权拒绝经营者的强制交易行为。

【法条解析】

本条旨在规定消费者享有公平交易的权利。第一，质量保障方面。根据《消费者

权益保护法》和《产品质量法》的规定,相关产品的质量要求属国家强制标准的,消费者有权要求商品和服务的质量符合国家强制标准;不属于国家强制标准的,也须符合国家标准、行业标准;或者符合社会普遍公认的要求,与消费者有特别约定的,还须履行特别约定。第二,价格合理。对于国家定价的商品或者服务,消费者有权要求经营者按价收取费用;对于无定价的,应按照国家指导价或商品、服务的质量制定出合理的价格,做到物有所值,严禁牟取暴利,层层加价。第三,计量准确。计量的准确与否,直接关系到消费者的经济利益,因此消费者有权要求使用的计量器具符合法律、法规的规定,同时要求计量准确,数量充足。第四,拒绝强制交易。消费者有权拒绝经营者逼迫其购买商品或接受服务等违背消费者意愿的行为。有权按照自己的意愿进行交易选择。且对强迫交易行为,有权提出控告,一旦强迫交易行为情节严重,还可能构成我国刑法规定的强制交易罪而受到刑罚处罚。

(三) 第十四条【受尊重权及信息得到保护权】

消费者在购买、使用商品和接受服务时,享有人格尊严、民族风俗习惯得到尊重的权利,享有个人信息依法得到保护的权利。

【法条解析】

本条旨在规定消费者享有隐私权。

修正后的《消费者权益保护法》,新增了消费者个人信息保护的权利,首次将个人信息保护以法律形式作为消费者权益确认下来,是消费者权益保护领域的一项重大突破。人格权是人身权的重要组成部分。在消费领域中,对消费者人格权的损害主要表现为对消费者名誉和人身自由的侵犯,因此新增对个人信息的保护,即隐私权的保护。另一种重要的方面就是对民族风俗习惯的尊重,经营者必须通过学习和了解不同民族的风俗习惯,更好地满足不同民族的消费需求。

大数据时代下"个人信息"的范畴早已发生变化。传统意义上的个人信息是与个人身份有关联的信息,如:自然人的姓名、出生年月日、身份证号码、户籍、遗传特征、指纹、婚姻、家庭、教育、职业、健康、病例、财务情况、社会活动等。大数据时代下的个人信息还包括新媒体(微博、微信、论坛信息等)对人有"可识别性"且有"相关性"的信息。大数据时代下,《消费者权益保护法》第十四条规定的消费者"隐私权"的范围超出一般隐私权的范围,应涵盖消费者个人信息权。在经济活动中,消费者较之经营者是弱势群体,特别是在网络消费中,消费者的个人信息在高技术的网络控制者和信息收集者的视野下很容易泄露甚至被非法滥用。在信息泄露过程中,侵犯的不仅仅是消费者的隐私权,更是广义上的消费者个人信息权。在全球经济快速发展的大数据时代背景下,消费者的个人信息有很大的商业价值,小的方面,会关乎某个企业的发展;大的方面,消费者的个人信息会被用来跨国交易,甚至关乎一国的经济安全和公共利益。《消费者权益保护法》第十四条规定的权利应为"消费者个人信息权",其同时包含对消费者隐私权的保护。如果一定要将其定义为隐私权,在大数据时代下,其范围一定要扩延至对"消费者个人信息权"的保护上。

(四) 第十八条【安全保障义务】

经营者应当保证其提供的商品或者服务符合保障人身、财产安全的要求。对可能危及人身、财产安全的商品和服务,应当向消费者作出真实的说明和明确的警示,并说明和标明正确使用商品或者接受服务的方法以及防止危害发生的方法。

宾馆、商场、餐馆、银行、机场、车站、港口、影剧院等经营场所的经营者,应当对消费者尽到安全保障义务。

【法条解析】

本条旨在规定普通经营者的安全保障义务。《消费者权益保护法》第十八条规定,公共场所的经营者是安全保障义务的主体。本条通过列举方式明确了宾馆、商场、餐馆、银行、机场、车站、港口、影剧院等经营场所的经营者,应对消费者尽到安全保障义务。

(五) 第二十九条【保护消费者个人信息的义务】

经营者收集、使用消费者个人信息,应当遵循合法、正当、必要的原则,明示收集、使用信息的目的、方式和范围,并经消费者同意。经营者收集、使用消费者个人信息,应当公开其收集、使用规则,不得违反法律、法规的规定和双方的约定收集、使用信息。

经营者及其工作人员对收集的消费者个人信息必须严格保密,不得泄露、出售或者非法向他人提供。经营者应当采取技术措施和其他必要措施,确保信息安全,防止消费者个人信息泄露、丢失。在发生或者可能发生信息泄露、丢失的情况时,应当立即采取补救措施。

经营者未经消费者同意或者请求,或者消费者明确表示拒绝的,不得向其发送商业性信息。

【法条解析】

本条旨在规定经营者保护消费者个人信息的义务。

近年来,经营者非法收集、使用消费者个人信息、擅自泄露或者非法向他人提供消费者个人信息等现象时有发生,严重影响消费者正常生活,侵害消费者合法权益。新修正的《消费者权益保护法》首次将保护消费者的个人信息确认为经营者的一项义务,是消费者权益保护领域的一项重大突破。

新修正的《消费者权益保护法》规定,经营者收集、使用消费者个人信息,应明示收集、使用信息的目的、方式和范围,并经消费者同意。经营者及其工作人员对收集的消费者个人信息必须严格保密,不得泄露、出售或者非法向他人提供。新修正的《消费者权益保护法》还针对现实中个人信息泄露、骚扰信息泛滥的情况,规定了经营者收集、使用消费者个人信息的原则,规定了对所收集个人信息的保密义务,以及商业信息的发送限制等,对于保护消费者权益具有积极意义。

第二十九条有对经营者收集、使用消费者个人信息要求合法、正当、必要的原则限制,同时对收集方式和使用目的相关问题进行了规定,也明确了经营者对于消费者的个人数据有确保安全的义务。具体包括三个方面:一是经营者收集、使用消费者个人信息应当遵循合法、正当和必要的原则,同时要明示收集和使用信息的目的、方式和范围,并要经消费者的同意。二是经营者收集和使用消费者个人信息应当公开收集和使用的规则,这种规则不能违背法律法规的规定和双方的约定。三是经营者及其工作人员对于收集到的个人信息必须严格保密,不得泄露,更不能出售或者非法向他人提供,还应当采取必要的技术措施和其他的必要措施,确保信息的安全,防止消费者个人信息的泄露和丢失,一旦有可能发生信息泄露、丢失的情况,就要立即采取补救的措施。该法条从整体上对消费者个人信息的收集、使用、保密、补救的情况做了比较严密的规定。

(六) 第四十五条【虚假广告相关责任人的责任】

消费者因经营者利用虚假广告或者其他虚假宣传方式提供商品或者服务,其合法权益受到损害的,可以向经营者要求赔偿。广告经营者、发布者发布虚假广告的,消费者可以请求行政主管部门予以惩处。广告经营者、发布者不能提供经营者的真实名称、地址和有效联系方式的,应当承担赔偿责任。

广告经营者、发布者设计、制作、发布关系消费者生命健康商品或者服务的虚假广告,造成消费者损害的,应当与提供该商品或者服务的经营者承担连带责任。

社会团体或者其他组织、个人在关系消费者生命健康商品或者服务的虚假广告或者其他虚假宣传中向消费者推荐商品或者服务,造成消费者损害的,应当与提供该商品或者服务的经营者承担连带责任。

【法条解析】

本条旨在明确广告经营者、发布者、代言人、推销人的连带赔偿责任。针对大量虚假广告充斥电视节目、明星代言产品质量参差不齐等损害消费者权益的情况,新修正后的《消费者权益保护法》强化了虚假广告代言人以及发布者的连带责任。社会团体或其他组织、个人在虚假广告中向消费者推荐商品或服务,造成消费者损害的,与经营者承担连带责任。

第七节 《中华人民共和国刑法》立法解析

一、立法背景

《中华人民共和国刑法》（以下简称《刑法》）是我国的基本刑法法规，首次颁布于1979年并经历了多次修订，旨在维护公民的合法权益，维护社会经济稳定，保障国家安全。《刑法》作为最为严厉的法律，对侵犯公民个人信息的行为作出了明确的法律规定。其中，为加强公民的个人信息保护，2009年2月28日施行的《刑法修正案（七）》新增了"出售、非法提供公民个人信息罪"和"非法获取公民个人信息罪"等相关条款。

二、《中华人民共和国刑法》重点条文解析

《刑法》对侵犯个人信息的行为、著作权、商业秘密等归罪作出了具体的规定，其做法充分显示了我国对于个人信息安全和著作权、商业秘密保护的关注。具体法条解析如下：

（一）第二百五十三条之一【侵犯公民个人信息罪】

违反国家有关规定，向他人出售或者提供公民个人信息，情节严重的，处三年以下有期徒刑或者拘役，并处或者单处罚金；情节特别严重的，处三年以上七年以下有期徒刑，并处罚金。

违反国家有关规定，将在履行职责或者提供服务过程中获得的公民个人信息，出售或者提供给他人的，依照前款的规定从重处罚。

窃取或者以其他方法非法获取公民个人信息的，依照第一款的规定处罚。

单位犯前三款罪的，对单位判处罚金，并对其直接负责的主管人员和其他直接责任人员，依照各该款的规定处罚。

【法条解析】

《最高人民法院、最高人民检察院关于办理侵犯公民个人信息刑事案件适用法律若干问题的解释》对于侵犯个人信息罪的有关规定如下：

第四条 违反国家有关规定，通过购买、收受、交换等方式获取公民个人信息，或者在履行职责、提供服务过程中收集公民个人信息的，属于刑法第二百五十三条之一第三款规定的"以其他方法非法获取公民个人信息"。

第五条 非法获取、出售或者提供公民个人信息,具有下列情形之一的,应当认定为刑法第二百五十三条之一规定的"情节严重":

(一) 出售或者提供行踪轨迹信息,被他人用于犯罪的;

(二) 知道或者应当知道他人利用公民个人信息实施犯罪,向其出售或者提供的;

(三) 非法获取、出售或者提供行踪轨迹信息、通信内容、征信信息、财产信息五十条以上的;

(四) 非法获取、出售或者提供住宿信息、通信记录、健康生理信息、交易信息等其他可能影响人身、财产安全的公民个人信息五百条以上的;

(五) 非法获取、出售或者提供第三项、第四项规定以外的公民个人信息五千条以上的;

(六) 数量未达到第三项至第五项规定标准,但是按相应比例合计达到有关数量标准的;

(七) 违法所得五千元以上的;

(八) 将在履行职责或者提供服务过程中获得的公民个人信息出售或者提供给他人,数量或者数额达到第三项至第七项规定标准一半以上的;

(九) 曾因侵犯公民个人信息受过刑事处罚或者二年内受过行政处罚,又非法获取、出售或者提供公民个人信息的;

(十) 其他情节严重的情形。

实施前款规定的行为,具有下列情形之一的,应当认定为刑法第二百五十三条之一第一款规定的"情节特别严重":

(一) 造成被害人死亡、重伤、精神失常或者被绑架等严重后果的;

(二) 造成重大经济损失或者恶劣社会影响的;

(三) 数量或者数额达到前款第三项至第八项规定标准十倍以上的;

(四) 其他情节特别严重的情形。

第六条 为合法经营活动而非法购买、收受本解释第五条第一款第三项、第四项规定以外的公民个人信息,具有下列情形之一的,应当认定为刑法第二百五十三条之一规定的"情节严重":

(一) 利用非法购买、收受的公民个人信息获利五万元以上的;

(二) 曾因侵犯公民个人信息受过刑事处罚或者二年内受过行政处罚,又非法购买、收受公民个人信息的;

(三) 其他情节严重的情形。

实施前款规定的行为,将购买、收受的公民个人信息非法出售或者提供的,定罪量刑标准适用本解释第五条的规定。

在大数据领域中必须兼顾信息流动与信息保护,应从利益平衡的立场出发来界定个人信息。个人信息关系到个人的合法权利，当然应受到保护，同时，对于个人信息的界定及保护也应在合理、利益平衡的范围内进行，不应过分强调保护个人信息法益而阻碍信息社会的发展。一般来说，法律上的个人信息的界定是统一的，不因不同法的差别而存在不同的定义，然而对于有些犯罪，刑法意义上的犯罪对象则可能与民法所保护的对象有所区别，因此，在界定作为犯罪对象的个人信息时，应当从犯罪对法益的侵害角度来考察刑法意义上的个人信息的基本属性。刑法意义上的个人信息具有以下两个方面的属性：

第一，个人信息的识别性。个人信息的识别性不应仅限于形式上的识别性，而应采取实质上的识别性理解，即将个人信息的识别性作广义理解，不仅包括可以直接识别的个人信息，也包括可以间接识别的个人信息，才能全面保护个人信息及其相关权利。

第二，个人信息的法益关联性。刑法中的个人信息除了具备识别性，还应该具备法益关联性。个人信息不仅需要能够识别个人，还应与个人的人身、财产或者其他法益具有现实的关联性，侵犯个人信息能现实地引起对个人法益的严重侵害或危险。

认识个人的识别性应与个人信息的法益关联性相结合，如第三方支付账户密码的识别性，是因为它代表了财产的操作权限，与个人的财产权利紧密相关，而不只是可以识别个人这一方面的作用使得这类个人信息受到刑法的保护。法益关联性是侵犯个人信息犯罪中个人信息的核心特征，它与个人信息的识别性一起决定了个人信息的范围。

（二）第二百一十七条【侵犯著作权罪】

以营利为目的，有下列侵犯著作权或者与著作权有关的权利的情形之一，违法所得数额较大或者有其他严重情节的，处三年以下有期徒刑，并处或者单处罚金；违法所得数额巨大或者有其他特别严重情节的，处三年以上十年以下有期徒刑，并处罚金：

（一）未经著作权人许可，复制发行、通过信息网络向公众传播其文字作品、音乐、美术、视听作品、计算机软件及法律、行政法规规定的其他作品的；

（二）出版他人享有专有出版权的图书的；

（三）未经录音录像制作者许可，复制发行、通过信息网络向公众传播其制作的录音录像的；

（四）未经表演者许可，复制发行录有其表演的录音录像制品，或者通过信息网络向公众传播其表演的；

（五）制作、出售假冒他人署名的美术作品的；

（六）未经著作权人或者与著作权有关的权利人许可，故意避开或者破坏权利人为其作品、录音录像制品等采取的保护著作权或者与著作权有关的权利的技术措施的。

【法条解析】

最高人民法院、最高人民检察院、公安部印发的《关于办理侵犯知识产权刑事案件适用法律若干问题的意见》，对通过信息网络传播侵权作品行为的定罪处罚标准问题进行了细化规定，对《刑法》第二百一十七条中的"其他严重情节、特别严重情节"进行了明确。通过对非法经营数额、传播作品数量、传播作品点击量、会员制下的会员数量等进行量化规定，明确了入罪门槛。

著作权侵权与侵犯著作权罪是一个大概念与小概念的关系，侵犯著作权罪的行为要件之一为侵犯著作权。若以同心圆为例，大圆内为侵犯著作权的行为，如果进一步满足"营利目的""犯罪故意""情节要件"等一系列条件，则进入小圆的范畴，成立著作权侵权犯罪。同样，以营利为目的非法复制、传播知识产权作品问题上，如果达到入罪标准，则进入小圆，应当追究相应犯罪嫌疑人的刑事责任。

在上述判断标准中，是否构成犯罪的争议焦点除"是否构成侵权"外，还集中于"营利"这一要素。然而，观众观看视频是否免费与视频制作者是否以此营利属于两个问题，即使观众无须为观看视频付费，视频制作者仍可以通过观众打赏、收取广告费等方式获得利润。因此，视频制作者在自己制作的视频中通过打广告等获取的广告收益，也应被纳入"非法经营数额"的范畴。

（三）第二百一十九条 【侵犯商业秘密罪】

有下列侵犯商业秘密行为之一，情节严重的，处三年以下有期徒刑，并处或者单处罚金；情节特别严重的，处三年以上十年以下有期徒刑，并处罚金：

（一）以盗窃、贿赂、欺诈、胁迫、电子侵入或者其他不正当手段获取权利人的商业秘密的；

（二）披露、使用或者允许他人使用以前项手段获取的权利人的商业秘密的；

（三）违反保密义务或者违反权利人有关保守商业秘密的要求，披露、使用或者允许他人使用其所掌握的商业秘密的。

明知前款所列行为，获取、披露、使用或者允许他人使用该商业秘密的，以侵犯商业秘密论。

本条所称权利人，是指商业秘密的所有人和经商业秘密所有人许可的商业秘密使用人。

【法条解析】

司法实践中商业秘密"同一性"和"秘密性"的判断仍是判断侵权行为是否成立的重要基准。"同一性"问题涉及使用者权限的划定，应在界定技术信息种类的基础上，判断是否具有实质的同一性，必要时进行利益衡量。例如，行为人凭借在先前公司所获得能力的一部分在后来的公司中参与相同或类似技术的研发工作，在什么范围之内，可以认为其在后来的公司所产生的智力成果与前公司的技术信息具有同一性。

商业秘密所要求的"不为公众所知悉"，是指"该信息不能从公开渠道直接获取"。"不为公众所知悉"又被称为"秘密性"，这是商业秘密属性的核心要素。首先，应经过专门机构鉴定，认为被指控的图纸等技术信息与权利人所拥有的技术信息具有"同一性"。其次，"秘密性"的认定受商业秘密权利人所采取保密措施的程度影响。"秘密性"要综合考量客观条件，审查该商业秘密的保密状态。如果该技术信息缺乏保密性措施，应当审慎认定"秘密性"。最后，"秘密性"无须员工与权利人之间签订专属的保密协议。根据原国家工商行政管理局《关于禁止侵犯商业秘密行为的若干规定》（1998年修订）和有关法律规定，权利人就商业秘密所采取保密措施的要求是"适当的""合理的"，该合理和适当是指权利人所采取的保密措施能够使义务人明确知悉其有保密的义务，并不要求签订专属的保密协议。

侵犯商业秘密罪的保护法益是竞争性利益，而竞争优势的直接效果就是带来更多的财产性收益，因此，即使《刑法修正案（十一）》删除侵犯商业秘密罪中"重大损失"这一构成要件，即侵犯商业秘密罪由原来的结果犯修改为行为犯，"重大损失"依然是重要的判断因素，对于"重大损失"的判断依然是司法实务中不可避免的环节。2020年最高人民检察院、公安部《关于修改侵犯商业秘密刑事案件立案追诉标准的决定》（以下简称《立案标准决定》）中，仍然将"给商业秘密权利人造成损失数额"作为重要标准。侵犯商业秘密罪以复杂的市场经济环境作为背景，这决定了无法实施精确的损失数额计算。此外，商业秘密的权利人为减轻对商业运营、商业计划的损失或者重新恢复计算机信息系统安全、其他系统安全而支出的补救费用，应当计入给商业秘密的权利人造成的损失。在认定补救成本时，要注意比例原则的适用。

除损失标准外，《立案标准决定》还将违法所得数额作为重要标准。但是，违法所得数额的计算也要考虑与侵犯商业秘密行为之间的因果关系，"发挥主要作用时，可以将全部利润数额认定为损失；起次要作用时，不宜将全部利润计入重大损失"。此外，《立案标准决定》规定，以不正当手段获取权利人的商业秘密，不论是否披露、使用或者允许他人使用，损失数额都可以根据该项商业秘密的合理许可使用费确定。

在判断侵犯商业秘密犯罪的秩序法益是否受到侵害的问题上，刑法当然应当基于自身承载的任务和条文的规范目的独立判断违法性的有无和大小，不完全受制于前置法的规定。但同时也要尽可能清晰地、类型化地把握"情节严重"的入罪门槛。刑法既应当重视在市场秩序稳定和安全方面的刑事保护任务，又应当审慎地介入包括侵犯商业秘密罪在内的知识产权保护的合理范围。

第八节 《数据出境安全评估办法》出台解读

一、出台背景

网络安全的核心是数据安全,在数据对各领域的重要性与日俱增的同时,数据风险与数据安全问题也愈发突出,给人类和社会带来了前所未有的挑战。在此背景下,数据出境的安全问题不仅关乎数据本身作为重要生产要素的开发利用与安全问题,还与国家主权、国家安全、个人信息权益、社会公共利益等休戚相关。因此,按照总体国家安全观的要求,在《网络安全法》《数据安全法》《个人信息保护法》等有关数据和个人信息出境法律规则的框架下,制定一部专门的数据出境安全评估规定十分必要和迫切。

当前,数据出境安全正在成为国家安全高度重视的新领域,在跨境数据流动中的安全问题不断突出的背景下,应平衡数据流动的自由与国家安全的需要,确保数据的安全和合法使用。数据出境,主要指在中国境内的数据处理者通过网络及其他方式(如物理携带),将其在中国境内运营中收集和产生的数据,通过直接提供或开展业务、提供服务、产品等方式提供给境外的组织或个人的一次性活动或连续性活动。数据出境安全是数据安全保障体系建设中的重要环节,要把安全意识贯穿到数据收集、流通、使用全过程,积极有效防范和化解数据出境中的风险。为防范数据跨境流动中存在的各种风险,加强数据跨境流动的监督,国家互联网信息办公室颁布《数据出境安全评估办法》,自2022年9月1日起施行,该办法将数据划分为重要数据、关键信息基础运营者处理的数据与一定数量的个人信息三类,在对"重要数据"的概念作出解释的基础上规定此三类数据出境都应当进行评估。《数据出境安全评估办法》是根据《网络安全法》《数据安全法》《个人信息保护法》等法律法规制定的,进一步规范了数据出境活动,保护个人信息权益,维护国家安全和社会公共利益,促进数据跨境安全、自由流动。从立法目的看,《数据出境安全评估办法》体现了总体国家安全观,其中"规范、保护、维护、促进"这四个关键词在立法目的中是一种递进关系,规范数据出境活动是核心,只有在规范数据出境活动的基础上,方能保护个人信息权益和维护国家安全和社会公共利益,从而实现促进数据跨境安全和自由流动之目的。

二、《数据出境安全评估办法》重点条款解读

《数据出境安全评估办法》对安全评估适用、需要安全评估情形、出境风险自评估

事项、出境数据安全保护责任义务等内容作出了具体的规定，其做法充分显示了我国对数据出境安全评估的高度关注。重点条款解读如下：

(一) 第二条【安全评估适用】

数据处理者向境外提供在中华人民共和国境内运营中收集和产生的重要数据和个人信息的安全评估，适用本办法。法律、行政法规另有规定的，依照其规定。

【条款解析】

本条进一步对数据出境安全评估适用范围进行规定，通过采用"中国境内""运营中收集和产生""重要数据和个人信息"三个关键词对数据出境安全评估适用范围作出了限定。对数据出境安全评估的情形进行划分，具体包括：第一种情形，数据处理者在中国境内运营中收集和产生的重要数据，全部要通过国家数据安全评估。该项内容明确了对数据获取的两种模式，一种是"收集"，这是一种主动和积极的行为，主要是通过自动化方式收集的数据；另一种是在运营中信息系统"产生"的数据。需要注意的是，特别强调的对象是"重要数据"，即指以电子方式存在的，一旦遭到篡改、破坏、泄露或者非法获取、非法利用，可能危害国家安全、公共利益的数据。第二种情形，不是所有的个人信息出境都要进行安全评估，个人信息出境只有在符合法律法规要求的安全评估条件时，才应当按照《办法》的规定进行安全评估。

(二) 第四条【安全评估情形】

数据处理者向境外提供数据，有下列情形之一的，应当通过所在地省级网信部门向国家网信部门申报数据出境安全评估：

(一) 数据处理者向境外提供重要数据；

(二) 关键信息基础设施运营者和处理100万人以上个人信息的数据处理者向境外提供个人信息；

(三) 自上年1月1日起累计向境外提供10万人个人信息或者1万人敏感个人信息的数据处理者向境外提供个人信息；

(四) 国家网信部门规定的其他需要申报数据出境安全评估的情形。

【条款解析】

该条明确了应当申报数据出境安全评估的四种情形，明确数据出境安全评估的对象。首先，该款的主体为两个，一个是"关键信息基础设施运营者"，另一个是"处理100万人以上个人信息的数据处理者"。前者处理的数据均为重要数据，只要出境必须无条件申报安全评估，后者只是在达到处理100万人以上个人信息这个法定条件，才可申报安全评估。其次，针对"累计向境外提供超过10万人个人信息或者1万人敏感个人信息"，增加了"自上年1月1日起"，这样就明确了"累计向境外提供超过10万人个人信息"的计算依据和起止时间。2023年9月28日，国家互联网信息办公室发布的《规范和促进数据跨境流动规定（征求意见稿）》中，重新定义应当申报数据出境安全评估情形，具体为：向境外提供100万人以上个人信息的。然而，对于"预计一年内向境外提供1万人以上、不满100万人个人信息"情形，与境外接收方订立个人信息出境标准合同并向省级网络部门备案或者通过个人信息保护认证的，可以不申报数据出境安全评估。随着国家对数据出境的新要求，后续的数据出境安全评估情形也会有所调整。

（三）第五条【安全评估事项】

数据处理者在申报数据出境安全评估前，应当开展数据出境风险自评估，重点评估以下事项：

（一）数据出境和境外接收方处理数据的目的、范围、方式等的合法性、正当性、必要性；

（二）出境数据的规模、范围、种类、敏感程度，数据出境可能对国家安全、公共利益、个人或者组织合法权益带来的风险；

（三）境外接收方承诺承担的责任义务，以及履行责任义务的管理和技术措施、能力等能否保障出境数据的安全；

（四）数据出境中和出境后遭到篡改、破坏、泄露、丢失、转移或者被非法获取、非法利用等的风险，个人信息权益维护的渠道是否通畅等；

（五）与境外接收方拟订立的数据出境相关合同或者其他具有法律效力的文件等是否充分约定了数据安全保护责任义务；

（六）其他可能影响数据出境安全的事项。

【条款解析】

该条款明确了数据处理者的开展数据出境风险自评估的重点。该条规定自评估内容具有六大特征，具体包括：一是数据出境的合规性评估，重点评估数据出境的目的、范围和方式是否符合我国数据处理的法定原则——"合法、正当、必要"；二是数据出境的风险性评估，重点从出境数据的规模、范围、种类、敏感度四个维度评估出境的数据是否会给国家安全、公共利益、个人或者组织合法权益带来风险；三是数据出境的安全保障能力评估，重点评估境外接收方是否能够保障出境数据的安全，尤其是评估境外接收方能否依据诚实信用原则，全面履行合同所约定的安全保障义务；四是数据出境中和出境后的救济渠道评估，重点评估在数据出境期间和出境后，一旦遭到篡改、破坏、泄露、丢失、转移或者被非法获取、非法利用等，个人信息权益维护和救济的渠道是否畅通；五是与境外接收方拟订立的数据出境相关合同或者其他具有法律效力的文件等是否充分约定了数据安全保护责任义务；六是其他可能影响数据出境安全的事项。

(四) 第八条【数据出境安全评估重点】

数据出境安全评估重点评估数据出境活动可能对国家安全、公共利益、个人或者组织合法权益带来的风险,主要包括以下事项:

(一) 数据出境的目的、范围、方式等的合法性、正当性、必要性;

(二) 境外接收方所在国家或者地区的数据安全保护政策法规和网络安全环境对出境数据安全的影响;境外接收方的数据保护水平是否达到中华人民共和国法律、行政法规的规定和强制性国家标准的要求;

(三) 出境数据的规模、范围、种类、敏感程度,出境中和出境后遭到篡改、破坏、泄露、丢失、转移或者被非法获取、非法利用等的风险;

(四) 数据安全和个人信息权益是否能够得到充分有效保障;

(五) 数据处理者与境外接收方拟订立的法律文件中是否充分约定了数据安全保护责任义务;

(六) 遵守中国法律、行政法规、部门规章情况;

(七) 国家网信部门认为需要评估的其他事项。

【条款解析】

本条是关于数据出境安全评估重点评估事项的规定。国家网信部门受理申报后,将根据申报数据出境的领域组织国务院有关部门、省级网信部门,以及专门机构等进行安全评估,安全评估的权重主要是可能对国家安全、公共利益、个人或者组织合法权益带来的风险。国家网信部门对数据出境安全评估的内容,基本上与数据处理者自评估的内容保持了一致性,但在自评估内容的基础上,更强调两大方面的内容:一是对境外接收方所在国家或者地区的数据安全保护政策法规和网络安全环境对出境数据安全影响的评估;二是对境外接收方的数据保护水平是否达到我国法律、行政法规规定和强制性国家标准要求的评估。

(五) 第九条【数据安全保护责任义务】

数据处理者应当在与境外接收方订立的法律文件中明确约定数据安全保护责任义务,至少包括以下内容:

(一) 数据出境的目的、方式和数据范围,境外接收方处理数据的用途、方式等;

(二) 数据在境外保存地点、期限,以及达到保存期限、完成约定目的或者法律文件终止后出境数据的处理措施;

(三) 对于境外接收方将出境数据再转移给其他组织、个人的约束性要求;

(四) 境外接收方在实际控制权或者经营范围发生实质性变化,或者所在国家、地区数据安全保护政策法规和网络安全环境发生变化以及发生其他不可抗力情形导致难以保障数据安全时，应当采取的安全措施；

（五）违反法律文件约定的数据安全保护义务的补救措施、违约责任和争议解决方式；

（六）出境数据遭到篡改、破坏、泄露、丢失、转移或者被非法获取、非法利用等风险时，妥善开展应急处置的要求和保障个人维护其个人信息权益的途径和方式。

【条款解析】

该条款明确了数据出境时的数据安全保护责任义务，充分体现了"数据安全优先"的原则。从数据出境的国际实践看，合同条款标准化一直被认为是数据跨境传输领域的有效监管手段，比如欧盟 GDPR 将标准化合同条款嵌入了跨境数据流动的全过程，原因在于该项机制既能实现监管者对于数据跨境传输重要事项的直接审核，也能基于违约责任督促数据处理者积极履行数据安全保护义务。鉴于数据出境的目的、方式和数据范围的复杂性与不确定性，在数据安全保障义务性条款的基础上，关键是对违约责任进行约定，这是保障标准合同义务实现的基础，建议以"过错责任推定"的模式约定违约责任的承担方式。对于涉及国家安全和公共利益的"重要数据"，这些数据出境后，一旦遭到篡改、破坏、泄露或者非法获取、非法利用，可能严重危害国家安全、公共利益。因此，重要数据应当以"非必要不出境"为原则，出境为例外，只有在具有特定的目的和充分必要的条件下，并在采取严格保护措施的基础上，方可出境。

（六）第十四条【数据出境重新申报评估】

通过数据出境安全评估的结果有效期为 2 年，自评估结果出具之日起计算。在有效期内出现以下情形之一的，数据处理者应当重新申报评估：

（一）向境外提供数据的目的、方式、范围、种类和境外接收方处理数据的用途、方式发生变化影响出境数据安全的，或者延长个人信息和重要数据境外保存期限的；

（二）境外接收方所在国家或者地区数据安全保护政策法规和网络安全环境发生变化以及发生其他不可抗力情形、数据处理者或者境外接收方实际控制权发生变化、数据处理者与境外接收方法律文件变更等影响出境数据安全的；

（三）出现影响出境数据安全的其他情形。

有效期届满，需要继续开展数据出境活动的，数据处理者应当在有效期届满 60 个工作日前重新申报评估。

【条款解析】

本条是关于数据出境重新申报安全评估情形的规定。首先，明确数据出境安全评估的结果有效期为 2 年，计算的时间起点为自评估结果出具之日。其次，数据处理者在有效期内应当重新申报评估的情形包括：1）数据处理者的自身因素引起重新申报安全评估情形：数据处理者向境外提供数据的目的、方式、范围、种类、数据用途、数据处理方式中至少一个发生变化时，或者延长个人信息和重要数据，数据处理者应当对数据出境重新申报安全评估；2）其他因素引起需要重新申请安全评估情形：境外接收方所在国家或者地区数据安全保护政策法规和网络安全环境发生变化以及发生其他不可抗力情形、数据处理者或者境外接收方实际控制权发生变化、数据处理者与境外接收方法律文件变更等影响出境数据安全的。

（七）第十九条【安全评估保密原则】

本办法所称重要数据，是指一旦遭到篡改、破坏、泄露或者非法获取、非法利用等，可能危害国家安全、经济运行、社会稳定、公共健康和安全等的数据。

【条款解析】

本条是关于重要数据的定义。重要数据是指相关组织、机构和个人在境内收集、产生的不涉及国家秘密，但与国家安全、经济发展以及公共利益密切相关的数据，包括原始数据和衍生数据。重要数据不包括国家秘密和个人信息，但基于海量个人信息形成的统计数据、衍生数据有可能属于重要数据。一般而言，重要数据是在特定领域、特定群体、特定区域或达到一定精度和规模的数据，一旦被泄露或篡改、损毁，可能直接危害国家安全、经济运行、社会稳定、公共健康。

根据《网络数据安全管理条例（征求意见稿）》对重要数据的解释，主要包括以下七类数据：一是未公开的政务数据、工作秘密、情报数据和执法司法数据；二是出口管制数据，出口管制物项涉及的核心技术、设计方案、生产工艺等相关的数据，密码、生物、电子信息、人工智能等领域对国家安全、经济竞争实力有直接影响的科学技术成果数据；三是国家法律、行政法规、部门规章明确规定需要保护或者控制传播的国家经济运行数据、重要行业业务数据、统计数据等；四是工业、电信、能源、交通、水利、金融、国防科技工业、海关、税务等重点行业和领域安全生产、运行的数据，关键系统组件、设备供应链数据；五是达到国家有关部门规定的规模或者精度的基因、地理、矿产、气象等人口与健康、自然资源与环境国家基础数据；六是国家基础设施、关键信息基础设施建设运行及其安全数据，国防设施、军事管理区、国防科研生产单位等重要敏感区域的地理位置、安保情况等数据；七是其他可能影响国家政治、国土、军事、经济、文化、社会、科技、生态、资源、核设施、海外利益、生物、太空、极地、深海等安全的数据。从以上七种"重要数据"的内容上看，主要涉及国家安全和公共利益，这些数据出境后，一旦遭到篡改、破坏、泄露或者非法获取、非法利用，可能严重危害国家安全、公共利益。一般而言，重要数据应当以"非必要不出境"为原则，出境为例外，只有在具有特定的目的和充分必要的条件下，并在采取严格保护措施的基础上，方可出境。

根据《数据安全法》第二十一条指出"国家建立数据分类分级保护制度，根据数据在经济社会发展中的重要程度，以及一旦遭到篡改、破坏、泄露或者非法获取、非法利用，对国家安全、公共利益或者个人、组织合法权益造成的危害程度，对数据实行分类分级保护。国家数据安全工作协调机制统筹协调有关部门制定重要数据目录，加强对重要数据的保护"。也就是说，《数据安全法》确定了数据分类分级制度，明确各地区、各部门应当按照数据分类分级保护制度，确定本地区、本部门以及相关行业、领域的重要数据具体目录。截至2023年3月，仅有汽车行业、电信和互联网行业制定了重要数据具体目录，大多数行业的重要数据目录仍处于"真空"状态。后续，还有待持续关注有关部门对重要数据目录、识别指南等的进一步完善。

第九节 《生成式人工智能服务管理暂行办法》出台解读

一、出台背景

国内生成式人工智能技术的兴起，促使国家相关部门对人工智能日益重视。视频网站上通过人工智能换脸，国产影视剧里的主角用英语说起了台词，人们通过小程序也可以将自己变成电影里的人物。"AI换脸"来了，这让不少人感受到人工智能技术正在改变我们的生活。除了用于开发娱乐性小软件外，人工智能技术正在被广泛应用于医疗、新闻传播、生物多样性监测等领域，其发展前景值得期待。然而，该新技术给人们带来欢乐的同时，也带来了一种名为"AI换脸诈骗"的新骗术，不法分子通过虚拟摄像头，用"AI换脸"功能跟受害者聊天，相似度可达80%，而一台电脑合成一段10秒的换脸视频只需要一两分钟。随着人工智能的进一步发展，人工智能面临两大难题：一是人工智能终端产品已经铺天盖地，但鉴别技术和设备却未能普及；二是相关规制约束没能及时跟上技术发展的脚步。这些在很大程度上让某些人工智能技术有了被滥用的空间，公众的担心由此而起。

为有效促进生成式人工智能的健康发展和规范应用，2023年7月，国家互联网信息办公室联合国家发展改革委、教育部、科技部、工业和信息化部、公安部、广电总局公布《生成式人工智能服务管理暂行办法》，自2023年8月15日起施行。《生成式人工智能服务管理暂行办法》的制定，旨在促进生成式人工智能健康发展和规范应用，维护国家安全和社会公共利益，保护公民、法人和其他组织的合法权益。《生成式人工智能服务管理暂行办法》的出台，既是促进生成式人工智能健康发展的重要要求，也是防范生成式人工智能服务风险的现实需要。

二、《生成式人工智能服务管理暂行办法》重点条款解读

《生成式人工智能服务管理暂行办法》对生成式人工智能服务适用范围、基本原则等内容作出了具体的规定，其做法充分显示了我国对生成式人工智能技术健康发展的高度关注。具体条款解读如下：

(一) 第二条【适用对象】

利用生成式人工智能技术向中华人民共和国境内公众提供生成文本、图片、音频、视频等内容的服务（以下简称生成式人工智能服务），适用本办法。

国家对利用生成式人工智能服务从事新闻出版、影视制作、文艺创作等活动另有规定的，从其规定。

行业组织、企业、教育和科研机构、公共文化机构、有关专业机构等研发、应用生成式人工智能技术，未向境内公众提供生成式人工智能服务的，不适用本办法的规定。

【条款解析】

本条从正反两面对生成式人工智能的适用范围进行了明确，通过"中华人民共和国境内""公众""提供生成文本、图片、音频、视频等内容的服务"三个方面规定了生成式人工智能服务的适用范围；同时，通过列举方式明确排除了不适用的场景，一类是"新闻出版、影视制作、文艺创作等活动另有规定的"情况，另一类是"行业组织、企业、教育和科研机构、公共文化机构、有关专业机构等研发、应用生成式人工智能技术，未向境内公众提供生成式人工智能服务的"情形。本条将适用范围限定在"提供服务"层面，豁免了暂行办法对于研发阶段的规制，减缓了企业研发模型及其相关技术的合规要求，旨在鼓励生成式人工智能在多领域多渠道的进一步探索。此外，对于"境内公众"的理解，不仅包含不特定的多数人，还包含企业。

(二) 第四条【遵守规定】

提供和使用生成式人工智能服务，应当遵守法律、行政法规，尊重社会公德和伦理道德，遵守以下规定：

(一) 坚持社会主义核心价值观，不得生成煽动颠覆国家政权、推翻社会主义制度，危害国家安全和利益、损害国家形象，煽动分裂国家、破坏国家统一和社会稳定，宣扬恐怖主义、极端主义，宣扬民族仇恨、民族歧视，暴力、淫秽色情，以及虚假有害信息等法律、行政法规禁止的内容；

(二) 在算法设计、训练数据选择、模型生成和优化、提供服务等过程中，采取有效措施防止产生民族、信仰、国别、地域、性别、年龄、职业、健康等歧视；

（三）尊重知识产权、商业道德，保守商业秘密，不得利用算法、数据、平台等优势，实施垄断和不正当竞争行为；

（四）尊重他人合法权益，不得危害他人身心健康，不得侵害他人肖像权、名誉权、荣誉权、隐私权和个人信息权益；

（五）基于服务类型特点，采取有效措施，提升生成式人工智能服务的透明度，提高生成内容的准确性和可靠性。

【条款解析】

本条旨在对生成式人工智能服务的提供者予以规制，从原则性的角度对生成式人工智能服务提出要求，并在内容中进一步规定提供者的合规要求和使用者的合规要求。首先，从国家社会角度对生成式人工智能服务内容进行限定，这是从最基本也是最宏观的角度对生成式人工智能服务进行规制。其次，从主体平等、反垄断和反不正当竞争的角度，防止产生歧视的内容出现，确保公平公正。最后，从隐私安全角度，对肖像权、名誉权、荣誉权、隐私权和个人信息权益的保护和提升生成式人工智能服务的透明度，以及提高生成内容的准确性和可靠性这两方面对生成式人工智能的服务提供者和使用者作出了规制。

(三) 第七条【处理活动规定】

生成式人工智能服务提供者（以下称提供者）应当依法开展预训练、优化训练等训练数据处理活动，遵守以下规定：

（一）使用具有合法来源的数据和基础模型；

（二）涉及知识产权的，不得侵害他人依法享有的知识产权；

（三）涉及个人信息的，应当取得个人同意或者符合法律、行政法规规定的其他情形；

（四）采取有效措施提高训练数据质量，增强训练数据的真实性、准确性、客观性、多样性；

（五）《中华人民共和国网络安全法》、《中华人民共和国数据安全法》、《中华人民共和国个人信息保护法》等法律、行政法规的其他有关规定和有关主管部门的相关监管要求。

【条款解析】

本条旨在规定生成式人工智能在运行数据抓取时应当秉承合法、合理、合规原则，即生成式人工智能服务的提供者在展开数据训练之前，训练数据的处理活动应当使用来源合法的数据与基础模型，不得侵犯他人知识产权和个人信息，同时不得违反我国数据规范制度体系的三部法律。根据数据来源的子范畴不同，生成式人工智能的数据抓取大致包括自行采集、爬取数据、获取公共数据、第三方公共数据以及创造数据等多种途径。在主动采集样本数据的过程中，志愿者对信息数据采集的用途、范围、信息的利用程度是否知情显得尤为重要；如果信息采集者存在隐瞒行为，没有告知相关事项，可能会对志愿者的个人信息安全产生风险。生成式人工智能利用爬虫程序抓取目标网站的数据信息，如果违反目标网站的禁止声明，不仅会侵犯目标网站用户的隐私权，也有可能侵害目标平台企业的商业秘密，甚至会造成不正当竞争。通过第三方平台购买的数据会放大第三方平台的营利性质，从而无法保障第三方平台获取数据的正当性，且对于数据的利用存在限制较多，不利于数据价值的完全体现。数据创造由于未能有效保障数据主体的知情权与授权范围而面临着较大的伦理争议与法律隐患。

(四) 第十一条【禁止行为】

提供者对使用者的输入信息和使用记录应当依法履行保护义务，不得收集非必要个人信息，不得非法留存能够识别使用者身份的输入信息和使用记录，不得非法向他人提供使用者的输入信息和使用记录。

提供者应当依法及时受理和处理个人关于查阅、复制、更正、补充、删除其个人信息等的请求。

【条款解析】

本条旨在规定生成式人工智能的禁止行为。本条提出生成式人工智能服务提供者的个人信息保护要求，强调"必要性"，以及不得"非法留存"和"非法提供"，在我国法律框架下，生成式人工智能开发者/服务提供者所面临的典型个人信息合规问题包括：透明性及合法性要求、个人信息跨境、将生成式人工智能服务使用者输入数据用于模型优化。

在大数据领域，针对数据的法律法规除了上述的《个人信息保护法》《数据安全法》《网络安全法》《民法典》《著作权法》《消费者权益保护法》《刑法》《数据出境安全评估办法》等，还有一系列相关法律法规做出了明确的规定。例如，《中华人民共和国国家情报法》中明确规定对于公民个人信息不得随意泄露；《中华人民共和国测绘法》中明确规定，需要使用公民个人信息的，必须符合法律规定，且依法保密；《互联网信息服务深度合成管理规定》对深度合成技术进行规定，明确了深度合成服务相关方的义务与主体责任，强化了对互联网信息服务深度合成领域的管理。可见，实践中对于个人信息的运用十分广泛，个人信息安全问题十分重要。但同时，我国现行法律体系中也对个人信息安全问题作出了较为全面的规定，在实践中个人信息安全的问题可以根据实际情况的不同通过对应的法律来进行行为规制。

第十节　《关键信息基础设施安全保护条例》出台解读

一、出台背景

随着互联网的发展，网络空间已经成为各国竞争的新战场。近年来，对重要计算机信息基础设施的网络攻击破坏、窃密等事件日益增多，且涵盖了多个产业领域，网络空间安全问题显得极其严峻。国际方面，关键信息基础设施遭受攻击：一是导致关键服务运行中断。例如2010年"震网"电脑病毒袭击了伊朗布舍尔核电站的工控系统导致核电站无法正常运转，遭受了很大的损失。再如2016年10月，美国域名服务器管理机构Dyn遭受Mirai病毒威胁，众多网站无法访问，美国大半个互联网瘫痪。二是引发大规模信息泄露。例如2021年5月，全美最大的成品油运输管道运营商公司工控网络系统遭到勒索病毒攻击导致停机，造成近100 GB数据被窃取并导致成品油运输管道运营中断。国内方面，主要面临以下几个方面的风险和挑战：一是随着互联网的发展，我国一直遭受境外敌对势力、黑客组织甚至不法分子持续不断的网络攻击，以至于国内关键信息基础设施面临极高的风险；二是防护能力不高，虽然近年来我国的网络安全防护能力有所提高，但还是存在安全隐患与短板；三是随着5G新信息技术在各个产业中的广泛应用，关乎社会民生的设施将更容易被网络攻击；四是供应链安全挑战，随着网络产品集成度的不断提升和供应链全球化大分工的不断加深，关键信息基础设施的供应链安全面临着严峻挑战。

以美欧、俄罗斯联邦为典型代表，一些国家通过制定政策或立法等途径，定义了该国家关键信息基础设施的概念和范畴。我国也通过立法形式列举出了关键信息基础设施的认定领域，2017年6月1日起施行的《网络安全法》对关键信息基础设施做出的定义是支撑社会生活正常运行，国家重点领域和重点行业中的关键信息一旦遭到破坏、丧失功能或者数据泄露，就可能严重危害国家安全和公共利益的重要基础设施。这是我国第一次从法律层面对关键信息基础设施进行系统的定义。从实质上讲，关键信息基础设施是网络的延伸及其应用的一个边界和范围，像电力、电信、银行、保险、证券、铁路、民航、水利等国家重要行业主管单位、监督管理部门或运营者建设、所有、使用或管理的，以实现数据异地或本地同步存储、处理、传输、接收等操作为目的的，对外服务与经营等行业或企业服务的网络与信息系统，均可称为"关键信息基础设施"。

关键信息基础设施是国家经济的重要神经中枢，对国家的稳定发展发挥着极端重要的作用。2016年4月19日，习近平总书记在网络安全和信息化工作座谈会上指出："国家关键信息基础设施面临较大风险隐患，网络安全防控能力薄弱，难以有效应对国家级、有组织的高强度网络攻击"，并提出加快构建关键信息基础设施安全保障，切实做好国家关键信息基础设施安全防护。保障关键信息基础设施安全，对于维护国家网络空间主权和国家安全、保障经济社会健康发展、维护公共利益和公民合法权益具有重大意义。当前，关键信息基础设施面临的网络安全形势日趋严峻，网络攻击威胁上升，事故隐患易发多发，安全保护工作还存在法律制度不完善、工作基础薄弱、资源力量分散、技术产业支撑不足等突出问题，亟须建立专门保护制度，明确各方责任，加快提升关键信息基础设施安全保护能力。

为建立专门保护制度，明确各方责任，提出保障促进措施，保障关键信息基础设施安全即维护网络安全，根据《网络安全法》，制定《关键信息基础设施安全保护条例》。2021年4月27日，经国务院第133次常务会议通过，2021年7月30日，国务院总理签署中华人民共和国国务院令第745号，公布《关键信息基础设施安全保护条例》，自2021年9月1日起施行。

《关键信息基础设施安全保护条例》有利于维护国家安全和社会稳定，对于维护国家网络空间主权和国家安全、保障经济社会健康发展、维护公共利益和公民合法权益具有重大意义。《关键信息基础设施安全保护条例》上承《网络安全法》的规定，将更加明晰关键信息基础设施的安全性保障范围、联动责任体系、供应链安全可控、安全内控和意识培养等方面重点内容。保护原则是落实安全保护责任，加强管理和技术防护。对运营者要求：一是落实主体责任由企业一把手总负责；二是企业内部建立专门的安全机构，加强安全保障工作；三是严格按照相关要求进行检测评估，每年进行一次，可与信息系统的等级保护测评工作同步开展；四是发生网络安全事件要及时向单位内部安全保护工作部门报告并采取应急措施同时向当地公安机关进行报备；五是在采购时应核查产品的安全可信度，选择有关安全部门授权许可的产品，并和供应链方签署保密协议等。

二、《关键信息基础设施安全保护条例》重点条款解读

《关键信息基础设施安全保护条例》从我国国情出发，借鉴国外通行做法，明确了关键信息基础设施的具体范围和认定程序，把中共中央、国务院关于关键信息基础设施安全保护一系列重大决策部署和多年来的实践经验成果，转化为保障国家关键信息基础设施安全的具体制度安排。

《关键信息基础设施安全保护条例》以六章共计51条的篇幅，对关键信息基础设施安全保护相关的一系列制度要素作了具体的规定，涵盖：总则（第一条至第七条），关键信息基础设施认定（第八条至第十一条），运营者责任义务（第十二条至第二十一

条），保障和促进（第二十二条至第三十八条），法律责任（第三十九条至第四十九条）和附则（第五十条至第五十一条）。从大数据领域角度对重点条款解读如下：

(一) 第二条【适用范围】

本条例所称关键信息基础设施，是指公共通信和信息服务、能源、交通、水利、金融、公共服务、电子政务、国防科技工业等重要行业和领域的，以及其他一旦遭到破坏、丧失功能或者数据泄露，可能严重危害国家安全、国计民生、公共利益的重要网络设施、信息系统等。

【条款解析】

本条规定了《关键信息基础设施安全保护条例》适用范围，用行业分类的方法具体地给出了关键信息基础设施的范围界定，更加详细的关键信息基础设施识别，要依据关键信息基础设施安全主管部门和保护工作部门的识别指南等相关标准规范。关键信息基础设施的定义聚焦关键信息基础设施范围认定中的"非穷尽列举重要行业和领域+功能保障+危害后果"因素，预留了动态范围接口，明确了设施的范围及其性质评判的核心标准，即在于其是否"一旦遭到破坏、丧失功能或者数据泄露，可能严重危害国家安全、国计民生、公共利益"。通常而言，关键信息基础设施包括：网站类，如党政机关网站、企事业单位网站等；平台类，如网上购物、搜索引擎等；生产业务类，如云计算平台、大型数据中心等。

(二) 第五条【重点保护原则】

国家对关键信息基础设施实行重点保护，采取措施监测、防御、处置来源于中华人民共和国境内外的网络安全风险和威胁，保护关键信息基础设施免受攻击、侵入、干扰和破坏，依法惩治危害关键信息基础设施安全的违法犯罪活动。

任何个人和组织不得实施非法侵入、干扰、破坏关键信息基础设施的活动，不得危害关键信息基础设施安全。

【条款解析】

《网络安全法》重点强调了关键信息基础设施的运行安全保护，《关键信息基础设施安全保护条例》继承并发展了该法的原则精神和相关规定，进一步强调并细化了在网络安全等级保护制度的基础上，对关键信息基础设施实行重点保护，明确关键信息基础设施运营者的安全保护主体责任义务，并明确对关键信息基础设施的保护包括境内外范围。

(三) 第九条【关键信息基础认定规则】

保护工作部门结合本行业、本领域实际，制定关键信息基础设施认定规则，并报国务院公安部门备案。

制定认定规则应当主要考虑下列因素：

（一）网络设施、信息系统等对于本行业、本领域关键核心业务的重要程度；

（二）网络设施、信息系统等一旦遭到破坏、丧失功能或者数据泄露可能带来的危害程度；

（三）对其他行业和领域的关联性影响。

【条款解析】

本条指出认定规则制定应当主要考虑的三大因素，主要包括"网络设施、信息系统等对于本行业、本领域关键核心业务的重要程度""网络设施、信息系统等一旦遭到破坏后可能带来的危害程度""对其他行业和领域的关联性影响"。认定规则聚焦于功能和后果，在传统的"核心业务重要程度""一旦遭到破坏后可能带来的危害程度"的基础上，增加"对其他行业领域的关联性影响"考虑，维度更加细化全面，与各行业关键信息基础设施之间融合交叉发展相适配。确定关键信息基础设施通常是通过以下方式：确定关键业务，确定支撑关键业务的信息系统或工业控制系统，根据关键业务对信息系统或工业控制系统的依赖程度，以及信息系统发生网络安全事故后可能造成的损失认定关键信息基础设施。

（四）第十五条【履行职责】

专门安全管理机构具体负责本单位的关键信息基础设施安全保护工作，履行下列职责：

（一）建立健全网络安全管理、评价考核制度，拟订关键信息基础设施安全保护计划；

（二）组织推动网络安全防护能力建设，开展网络安全监测、检测和风险评估；

（三）按照国家及行业网络安全事件应急预案，制定本单位应急预案，定期开展应急演练，处置网络安全事件；

（四）认定网络安全关键岗位，组织开展网络安全工作考核，提出奖励和惩处建议；

（五）组织网络安全教育、培训；

（六）履行个人信息和数据安全保护责任，建立健全个人信息和数据安全保护制度；

（七）对关键信息基础设施设计、建设、运行、维护等服务实施安全管理；

（八）按照规定报告网络安全事件和重要事项。

【条款解析】

本条明确了专门安全管理机构负责本单位的关键信息基础设施安全保护工作，阐述了专门安全管理机构应履行的职责,并继续明确主体责任,包括:健全制度、制定计划、定期考核、监测评估、应急预案、应急演练、岗位考核、教育培训、数据防护等。第十五条中关于应急演练的内容和第二十五条"保护工作部门应当按照国家网络安全事件应急预案的要求,建立健全本行业、本领域的网络安全事件应急预案,定期组织应急演练;指导运营者做好网络安全事件应对处置,并根据需要组织提供技术支持与协助"具有重叠之处,均是要求保护部门和本单位应当制定应急预案,定期开展应急演练,熟练掌握应急流程,因此相关单位应制定应急演练计划,定期开展应急演练并得出相应的应急演练报告,关于演练可参照国家标准《GB/T 38645—2020 信息安全技术 网络安全事件应急演练指南》。

(五)第十七条【风险评估】

运营者应当自行或者委托网络安全服务机构对关键信息基础设施每年至少进行一次网络安全检测和风险评估,对发现的安全问题及时整改,并按照保护工作部门要求报送情况。

【条款解析】

按照"谁主管谁负责"的原则,明确了保护工作部门对关键信息基础设施的安全保护责任。行业网络安全风险评估是行业信息系统的根基,帮助信息系统管理者实时监测网络安全,了解潜在威胁,合理利用现有资源开展规划建设,节省信息系统建设总体投资,未雨绸缪。运用科学的方法和手段,评估安全事件一旦发生可能造成的危害程度,提出有针对性的抵御威胁的防护对策和整改措施,将风险控制在可接受的水平。进行风险评估通常需要识别本单位关键信息基础设施的类别并形成关键信息基础设施资产列表,每年至少进行一次风险评估,进行整改并将整改情况报送相关保护工作部门。

(六)第十八条【威胁报送】

关键信息基础设施发生重大网络安全事件或者发现重大网络安全威胁时,运营者应当按照有关规定向保护工作部门、公安机关报告。

发生关键信息基础设施整体中断运行或者主要功能故障、国家基础信息以及其他重要数据泄露、较大规模个人信息泄露、造成较大经济损失、违法信息较大范围传播等特别重大网络安全事件或者发现特别重大网络安全威胁时,保护工作部门应当在收到报告后,及时向国家网信部门、国务院公安部门报告。

【条款解析】

该条同第十七条,按照"谁主管谁负责"的原则,明确了保护工作部门对关键信息基础设施的安全保护责任,在发生重大安全威胁时要及时向有关部门报告。

(七) 第二十三条【网络安全信息共享机制】

国家网信部门统筹协调有关部门建立网络安全信息共享机制，及时汇总、研判、共享、发布网络安全威胁、漏洞、事件等信息，促进有关部门、保护工作部门、运营者以及网络安全服务机构等之间的网络安全信息共享。

【条款解析】

本条体现了国家重视关键信息基础设施安全威胁信息共享机制作用的发挥。网络安全信息通报、报告和信息共享机制作为国家网络安全保障体系的重要组成部分，在协调、整合各方资源力量，实现网络安全主动防范、应急处理等方面发挥了重要作用。

(八) 第二十四条【预警机制】

保护工作部门应当建立健全本行业、本领域的关键信息基础设施网络安全监测预警制度，及时掌握本行业、本领域关键信息基础设施运行状况、安全态势，预警通报网络安全威胁和隐患，指导做好安全防范工作。

【条款解析】

本条体现了国家重视关键信息基础设施预警机制作用的发挥，对建立关键信息基础设施网络安全监测预警体系提出要求，避免未来因潜在的威胁导致严重损失。

(九) 第三十一条【禁止行为条款】

未经国家网信部门、国务院公安部门批准或者保护工作部门、运营者授权，任何个人和组织不得对关键信息基础设施实施漏洞探测、渗透性测试等可能影响或者危害关键信息基础设施安全的活动。对基础电信网络实施漏洞探测、渗透性测试等活动，应当事先向国务院电信主管部门报告。

【条款解析】

《网络安全法》第二十六条规定"开展网络安全认证、检测、风险评估等活动，向社会发布系统漏洞、计算机病毒、网络攻击、网络侵入等网络安全信息，应当遵守国家有关规定"。而《关键信息基础设施安全保护条例》则首次提及渗透性测试，严禁非授权对关键信息基础设施实施漏洞探测、渗透性测试等活动，授权与审批须同时获得才可以对关键信息基础设施进行相关的探测、渗透。

渗透性测试不等同于安全测试，安全测试时侧重于对安全威胁的建模，系统对来自各个方面各个层面威胁进行全面考量，通过安全测试可以获取系统可能会遭受哪个方面的威胁、正在遭受哪些威胁以及系统可抵御什么样的威胁。而渗透测试是以黑客方法，从单点上找到利用途径证明有问题，渗透测试以成功入侵系统证明系统存在安全问题为出发点，而安全测试则以发现可能的安全问题为出发点，即安全测试时从防护者的角度思考问题，尽量发现可能被攻击者利用的安全问题指导修复，而渗透测试从攻击者的角度单点作为测试目标并且不提供有针对性的解决方案。如果关键信息基础设施的安全漏洞被不法分子掌握，则会给国家安全、国计民生、公共利益带来威胁，而未经授权或者批准进行此类活动，将会导致风险更不可控，因此，《关键信息基础设施安全保护条例》规定禁止未经授权或批准的此类行为。

（十）第三十二条【优先保障原则】

国家采取措施，优先保障能源、电信等关键信息基础设施安全运行。

能源、电信行业应当采取措施，为其他行业和领域的关键信息基础设施安全运行提供重点保障。

【条款解析】

关键信息基础设施本身就是国家重点保护对象，而能源、电信等关键信息基础设施是其他行业和领域关键信息基础设施安全保障的重要基础和支撑，具有更加重要的作用，是安全保护的重中之重。能源和电信是更加底层的关键信息基础设施，明确国家对能源、电信等关键信息基础设施安全运行实施优先保障，并要求能源、电信行业应采取措施为其他行业和领域的关键信息基础设施安全运行提供重点保障。

（十一）第三十九条【法律责任】

运营者有下列情形之一的，由有关主管部门依据职责责令改正，给予警告；拒不改正或者导致危害网络安全等后果的，处10万元以上100万元以下罚款，对直接负责的主管人员处1万元以上10万元以下罚款：

（一）在关键信息基础设施发生较大变化，可能影响其认定结果时未及时将相关情况报告保护工作部门的；

（二）安全保护措施未与关键信息基础设施同步规划、同步建设、同步使用的；

（三）未建立健全网络安全保护制度和责任制的；

（四）未设置专门安全管理机构的；

（五）未对专门安全管理机构负责人和关键岗位人员进行安全背景审查的；

（六）开展与网络安全和信息化有关的决策没有专门安全管理机构人员参与的；

（七）专门安全管理机构未履行本条例第十五条规定的职责的；

（八）未对关键信息基础设施每年至少进行一次网络安全检测和风险评估，未对发现的安全问题及时整改，或者未按照保护工作部门要求报送情况的；

（九）采购网络产品和服务，未按照国家有关规定与网络产品和服务提供者签订安全保密协议的；

（十）发生合并、分立、解散等情况，未及时报告保护工作部门，或者未按照保护工作部门的要求对关键信息基础设施进行处置的。

【条款解析】

法律责任部分明确了针对相关违反条例行为的处罚事项，重点落实了关键信息基础设施运营者的主体责任和运营者直接负责的主管人员责任。列出十条红线，"未设置专门安全管理机构的""开展与网络安全和信息化有关的决策没有专门安全管理机构人员参与的"将面临行政处罚。这十项要求在前面的条款中都有过明确规定，只要依规办事，一般不会触碰红线。

（十二）其他

《关键信息基础设施安全保护条例》第五条中提及"采取措施，监测、防御、处置来源于中华人民共和国境内外的网络安全风险和威胁"涉及境内外，而《关键信息基础设施安全保护条例》并未明确规定数据出境如何进行，但是《数据安全法》已于2021年9月1日实施，其中第三十一条规定："关键信息基础设施的运营者在中华人民共和国境内运营中收集和产生的重要数据的出境安全管理，适用《中华人民共和国网络安全法》的规定。"《网络安全法》第三十七条规定："关键信息基础设施的运营者在中华人民共和国境内运营中收集和产生的个人信息和重要数据应当在境内存储。因业务需要，确需向境外提供的，应当按照国家网信部门会同国务院有关部门制定的办法进行安全评估；法律、行政法规另有规定的，依照其规定。"

第三章　大数据热点技术《专利法》第五条审查的合规性问题

第一节　《中华人民共和国专利法》第五条的适用解读

《中华人民共和国专利法》（以下简称《专利法》）第五条第一款规定："对违反法律、社会公德或者妨害公共利益的发明创造，不授予专利权。"对违反法律、社会公德或者妨害公共利益的发明创造不授予专利权的宗旨是为了防止扰乱社会、导致犯罪或者造成其他不安定因素的发明创造被授予专利权，也是为了维护国家和人民的根本利益。

《专利审查指南2023》第二部分第一章第3.1.1节违反法律的发明创造中规定："法律，是指由全国人民代表大会或者全国人民代表大会常务委员会依照立法程序制定和颁布的法律。它不包括行政法规和规章。"可见，《专利法》第五条第一款中的"法律"具有特殊的含义和范畴，例如《专利法》《个人信息保护法》《数据安全法》《网络安全法》属于法律范畴，而如《专利法实施细则》《专利审查指南2023》分属行政法规和规章而不属于法律。此外还指出其"不包括行政法规和规章"，同时强调了"发明创造并没有违反国家法律，但是由于其被滥用而违反法律的，则不属于违反法律的发明创造"。

《以案说法——专利复审、无效典型案例指引》（2018年9月第1版，国家知识产权局专利复审委员会编著）对"发明创造与法律相违背"的适用性给出了如下的解释：《专利法》第五条第一款的审查对象为整个申请文件，即权利要求书、说明书和附图。判断一项发明创造是否属于违反法律的情形，应当结合整个申请文件记载的内容进行判断，而不是仅仅依据权利要求的内容。如果发明创造本身不违法，仅仅存在被滥用而导致有违反国家法律的可能，则不属于《专利法》第五条第一款所排除授权的情形。

例如,《专利审查指南 2023》中列举的实例中,赌博、吸毒、伪造公文印章是我国刑法所明令禁止的,因而专门用于这些目的的设备、器具都属于违反法律的发明创造。然而,以治疗疾病为目的的麻醉品,以娱乐为目的的游戏机等,虽然可能有不良后果,但均不能认为是违反了法律。因此,可以说,"违反法律"所涉及的发明创造仅仅适用于那些其发明的"目的"违背了法律的发明,而并非部分"后果"违背了法律的发明。

此外,《专利法实施细则》第十条指出,专利法第五条所称违反法律的发明创造,不包括仅其实施为国家法律所禁止的发明创造。《专利审查指南 2023》对《专利法实施细则》第十条的规定进行了解释,对于仅仅发明创造的产品的生产、销售或者使用受到法律的限制或约束,则该产品本身及其制造方法并不属于违反法律的发明创造。例如,用于国防的各种武器的生产、销售及使用虽然受到法律的限制,但这些武器本身及其制造方法仍然属于可给予专利保护的客体。

由此可见,对于违反法律而导致不属于专利保护客体的情形,应关注以下几点:一是法律所涵盖的范畴,二是是否属于因滥用导致违反法律的情形,三是是否属于生产、销售或使用受法律限制或约束的情形。如果某项产品或方法本身不违反法律,而仅属于滥用导致违法,或者其生产、销售或使用受法律限制或约束,那么不适用专利法第五条违反法律这一条款。

《专利审查指南 2023》第二部分第一章对社会公德的解释是"公众普遍认为是正当的、并被接受的伦理道德观念和行为准则。它的内涵基于一定的文化背景,随着时间的推移和社会的进步不断地发生变化,而且因地域不同而各异。中国专利法中所称的社会公德限于中国境内"。《以案说法——专利复审、无效典型案例指引》对"社会公德"有进一步的解释:社会公德是指公众普遍认为是正当的,并被接受的伦理道德观念和行为准则,其所包含的内容是与经济、文化发展水平相适应的,与个人习惯、好恶相应的公共生活规则。如果发明创造没有达到公认的令人厌恶或无法接受的程度,则不宜直接认定其违反了社会公德。

《专利审查指南 2023》第二部分第一章对妨害公共利益的解释是"发明创造的实施或使用会给公众或社会造成危害,或者会使国家和社会的正常秩序受到影响"。《新专利法详解》对"妨害公共利益"的适用性给出了如下的解释:"妨害公共利益的发明创造,是指发明创造虽对某些人有这样那样的益处,但是从总体来说有损于公共利益,对整个社会没有益处,例如严重污染环境、损害珍贵资源、破坏生态平衡、致人伤残或者造成其他危害的发明创造。"同时,《专利审查指南 2023》第二部分第一章对妨害公共利益的适用解释是"如果发明创造因滥用而可能造成妨害公共利益的,或者发明创造在产生积极效果的同时存在某种缺点,例如对人体有某种副作用的药品,则不能以'妨害公共利益'为理由拒绝授予专利权"。从目前的研究成果来看,凡是需要以"违反国家法律"为理由予以驳回的专利申请,均可以依据违反社会公德或者"妨害公共利益"为理由予以驳回，至少到目前为止还没有遇到反例，这与法律一般低于道德标准不无关联。因而，《专利法》第五条中"妨害公共利益"的适用范围似乎比"违反法律"的适用范围更广泛些，适用的着力范围更有力度些。在很多情况下，对于危害民生安全、涉及突发公共事件的专利申请更适用《专利法》第五条中"妨害公共利益"。

此外，《专利审查指南2023》第二部分第一章还规定：一件专利申请中含有法律、社会公德或者妨害公共利益的内容，而其他部分是合法的，则该专利申请称为部分违反《专利法》第五条第一款的申请。对于这样的专利申请，审查员在审查时，应当通知申请人进行修改，删除违反《专利法》第五条第一款的部分。如果申请人不同意删除违法的部分，就不能被授予专利权。

第二节 大数据热点技术的合规性问题剖析

为应对大数据时代下对数据信息的保护，我国近几年接连颁布了《数据安全法》《个人信息保护法》《网络安全法》《民法典》等法律法规，数据保护得到前所未有的关注和重视。然而，大数据技术及应用涉及数据收集、数据传输、数据保存、数据处置、数据使用、数据共享、转让与委托处理、公开披露、数据出境、接入等数据操作，上述数据操作涉及的热点技术应用可能存在个人数据的违法违规采集、跨境存储或使用不当等数据法律问题，进而触犯新施行的数据法律。

本节基于产业层面梳理出的大数据领域热点技术应用和数据法律条款的立法本意解读，分析大数据领域热点技术应用的异化行为，并确定大数据领域热点技术应用的异化行为对应的数据法律条款，以判断大数据热点技术应用是否会落入某数据法律条款规制的情形内。

一、异化行为概述

异化理论最早出现在黑格尔哲学中，其哲学含义是指本体所具有的某种素质，逐渐从自身分离出来，并且与自身相疏远、相背离的过程。该理论反映在技术层面可以这样理解，人们使用技术的最初目的是为人服务，但技术给人类带来巨大利益的同时，也给人类带来了灾难，甚至成为一种异己的、敌对的力量，危害社会、反制人类，这种现象在学术界被称为"技术异化"。技术异化是指人们利用技术创造出来的对象物，不但不是对人的本质力量和人的实践过程的积极肯定，而且反过来成为影响和压抑人的本质的力量。人们通常认为，科学技术是中性的工具，即它是价值中立的，然而，中立技术也存在着异化的可能性。虽然技术本身不存在合法非法之分，但是应用技术的行为却有着善恶之别，中立技术的异化应用触犯法律"红线"从而形成技术的异化行为。下文在探讨每一个技术的合规性问题时，首先分析中立技术可能存在的技术异化行为，然后分析每类技术异化行为的对象、动机、行为本身，最后综合考虑每类异化行为样态的对象、动机、行为是否落入现行的数据法律条款规制的范围。

二、大数据采集技术的合规性问题

（一）网络爬虫的合规性问题

网络爬虫作为一种新兴互联网技术，目前已广泛应用于搜索引擎、定向抓取、金融机构风控分析等诸多领域。随着网络爬虫技术的信息收集能力不断提升，其在被滥用时所造成的损失日益严重。接下来将分析网络爬虫技术的异化行为样态，以及探讨网络爬虫技术的异化行为样态与法律适用。

1. 网络爬虫的异化行为

网络爬虫技术虽然中立，但人的行为却有是非对错、合法与违法之分。遵守网站Robots协议，通过网络公开接口进行爬取，行为不影响网站的正常运行，反而会因为增加了网站的流量受到欢迎，这类爬虫属于善意爬虫。有善即有恶，恶意爬虫忽视协议中Disallow要求，爬取网站的核心抑或保密等禁止爬取的数据，还会造成占用网站服务器带宽资源的情形，从而导致服务器无法正常处理用户访问，出现服务器崩溃的不良后果。

现如今，因缺乏有效行业规范和有力监督，网络爬虫的治理面临着恶意网络爬虫泛滥的窘境，恶意网络爬虫作为新型网络犯罪手段，包括扰乱计算机系统的正常运行，譬如大量爬虫行为的干预，频繁访问网站，大量占用带宽导致网络服务器过载最终宕机，进而造成网站经营者的损失；侵入计算机信息系统后取得控制权，恶意爬虫闯入计算机系统后，有可能删除、篡改系统内部文件，造成不可预计的损失；引发数据泄露的风险，爬虫行为人会利用非法获取到的公民个人信息、商业秘密等数据，广泛传播从而侵犯他人隐私权、著作权及企业的商业秘密等；滥用爬虫技术获取信息者，容易变成"数据掮客"，通过贩卖公民个人信息或计算机漏洞，为他人实施诈骗等传统犯罪行为提供技术支持，从而触犯《网络安全法》《个人信息保护法》《数据安全法》《刑法》的现实案例比比皆是。

随着网络爬虫技术的升级换代，恶意网络爬虫行为针对的对象和范围日益扩大。通过对恶意网络爬虫行为的系统梳理，恶意网络爬虫的异化行为样态类型主要包括以下几个方面：

(1) 非法传播相关数据信息

1) 非法传播知识产权作品：网络爬虫在传播文字、图片、音视频等作品时，所传播的作品是他人原创作品，其作品具有独创性和显著性特征，未经授权进行传播，则该行为侵犯著作权人的合法权益，构成侵权行为。常见的异化行为类型包括：a) 利用网络爬虫行为将著作权作品形成目录索引以供浏览，并设置广告牟利；b) 利用网络爬虫行为对影视作品等设置加框链接；行为人对网站影视、音乐等作品设置加框链接，并在网页内设置目录、索引、内容简介等方式推荐影视等作品，通过提高网站知名度和被链影视作品的点击量吸引用户，屏蔽原先影视作品上的广告，并在网站发布广告牟利。例如，快播、百度公司都曾研发出影音播放器破解他人视频网站的技术保护措施，并通过网络爬虫非法爬取相关视频信息，进而盗播他人网站视频。

2) 非法获取计算机信息系统数据：恶意网络爬虫行为的非法性表现在"未经授权"或者"超越授权"，从而超越授权或者突破反制措施非法获取个人数据、商业秘密、国家秘密等数据。常见的行为类型包括：a) 利用网站漏洞非法爬取个人数据、商业秘密、国家秘密等数据：利用网络爬虫非法获取用户 cookie，然后利用 cookie 可以执行对应账号权限内的所有操作，不需要输入账号、密码就可登录，系统通过用户以前登录留下的信息 cookie 可以自动识别用户；b) 突破或规避技术保护措施非法获取个人数据、商业秘密、国家秘密等：不法分子采取破解 App 的加密算法或 API（应用程序编程接口）交互规则，使用伪造的设备 IP 规避服务器的身份校验，或使用伪造的 UA、虚假的 IP 绕过服务器的访问频率设置等技术保护措施，突破了 IP 判断安全策略（基于真实 IP 分配资源、识别设备），使得被访问的网站不能辨别真实计算机物理位置和计算机设备，进而非法获取个人数据、商业秘密、国家秘密等数据；c) 收集并破解网络用户账号和密码：行为人利用网络爬虫行为大量收集泄露的用户账号等信息，再利用网络爬虫软件突破网站安全防护系统，或通过技术手段前往网站批量"尝试"登录，或通过找回密码等批量操作手段和自动更换 IP 等方式盗取淘宝、支付宝账号及密码，进而利用已知账号和密码登录相关账户，实施窃取数据的行为。

(2) 侵入、控制或破坏计算机信息系统

任何技术都应遵守法律规定，不可僭越法律底线。中立的网络爬虫技术在非法意图的支配下可构成犯罪。不法分子常利用网络爬虫行为侵入、控制或破坏计算机系统。

1) 检测系统漏洞并侵入计算机信息系统：网络爬虫常被用于检测网站内缺陷程序。现实中，网络爬虫的检测缺陷功能被异化使用，绝大多数网站服务器软件附带测试页面、联机手册和样本程序，都包含大量的系统信息，成为恶意网络爬虫剖析网页服务器的渠道，一旦被成功解析，即可发现网站隐藏的漏洞，导致网站防护系统被破解，致使计算机信息系统面临入侵或控制的风险。

2) 盗取网络管理员账号、密码并控制计算机：现实中，某些网站允许管理员远程管理或控制系统，这为网络爬虫获取管理员账号和密码创造条件。行为人利用网络爬虫搜索管理员登录页面，当管理员疏于防范未能及时修改系统初始密码和账号时，其通过"撞库"等手段测试账号及对应密码。一旦被网络爬虫搜索到登录页面，则极易导致计算机信息系统被劫持。

3）侵入并破坏计算机信息系统：在破坏计算机信息系统案件中，不法分子利用网络爬虫自动运行相关指令和规模效应的功能优势，对网络爬虫输入删除相关信息或程序等指令，再将其植入被侵入系统，从而执行删除信息或程序的任务。恶意网络爬虫行为可严重影响网站正常运行。网络爬虫访问系统时，一个网络爬虫使用一个IP地址。当大量网络爬虫同时访问网站则会大量占用宽带流量，最终造成服务器不堪重负直至崩溃，从而使目标计算机或网站无法提供正常服务。现实中，不法分子常利用网络爬虫实施大批量恶意访问，产生了类似于Dos攻击的危害结果。如法院、铁路等官网常被众多恶意网络爬虫访问，常出现普通用户不能正常使用的情况。

2. 网络爬虫技术的异化行为样态及法律适用

对于网络爬虫技术，不同的异化行为适用不同的数据法律以及不同的法律条款，本节将详细分析每种异化行为样态的法律行为要件，进而根据某一法律行为要件确定具体的数据法律条款，以判定异化行为样态的合规性问题。

（1）非法复制、传播知识产权作品

《著作权法》第四十九条规定："……未经权利人许可，任何组织或者个人不得故意避开或者破坏技术措施，不得以避开或者破坏技术措施为目的制造、进口或者向公众提供有关装置或者部件，不得故意为他人避开或者破坏技术措施提供技术服务……本法所称的技术措施，是指用于防止、限制未经权利人许可浏览、欣赏作品、表演、录音录像制品或者通过信息网络向公众提供作品、表演、录音录像制品的有效技术、装置或者部件。"

《著作权法》第三条规定，本法所称的作品，是指文学、艺术和科学领域内具有独创性并能以一定形式表现的智力成果，包括：文字作品；口述作品；音乐、戏剧、曲艺、舞蹈、杂技艺术作品……摄影作品、视听作品……智力成果。

针对网络爬虫非法传播文字、图片、音视频等他人原创作品情形，分析网络爬虫非法传播文字、图片、音视频等他人原创作品的技术方案，该技术行为对象"文字、图片、音视频等他人原创作品"分别属于文字作品、摄影作品、视听作品规定的范围，属于《著作权法》第三条规定的保护客体。该技术行为手段"网络爬虫非法传播原创作品"是在未经权利人授权许可的情况下实施，该技术方案的行为动机是绕过权利人非法传播作品，并且该技术行为已经损害文字、图片、音视频等他人原创作品的著作权人合法权益。对于网络爬虫非法传播原创作品的技术异化行为，典型表现的形式为

"利用网络爬虫行为将著作权作品形成目录索引以供浏览""利用网络爬虫行为对影视作品等设置加框链接",这些技术异化行为均是利用网络爬虫非法爬取相关知识产权作品信息进而盗播他人网站著作权作品,从而在第三方网站上实现浏览或播放知识产权作品,无须使用对应的原网站就能获得或观看知识产权作品,因此其本质上是在未经原网站及知识产权作品著作权方同意的情况下,对知识产权作品页面进行破解处理以获取对应的知识产权作品,侵害了视频作者的合法权益,属于《著作权法》第四十九条规定的"侵犯著作权"情形,因此上述技术异化行为违反法律的规定。

根据《刑法》第二百一十七条的规定,以营利为目的,有下列侵犯著作权或者与著作权有关的权利的情形之一,违法所得数额较大或者有其他严重情节的,处三年以下有期徒刑或者拘役,并处或者单处罚金;违法所得数额巨大或者有其他特别严重情节的,处三年以上七年以下有期徒刑,并处罚金:(一)未经著作权人许可,复制发行、通过信息网络向公众传播其文字作品、音乐、电影、电视、录像作品、计算机软件及其他作品的;(二)出版他人享有专有出版权的图书的;(三)未经录音录像制作者许可,复制发行、通过信息网络向公众传播其制作的录音录像的;……(五)制作、出售假冒他人署名的美术作品的。

……

因此,上述技术异化行为属于《著作权法》第四十九条规定的"侵犯著作权"的情形。上述技术异化行为"利用网络爬虫行为将著作权作品形成目录索引以供浏览""利用网络爬虫行为对影视作品等设置加框链接"分别对影视作品进行目录索引、加框链接二次加工,并设置广告牟利,上述"广告牟利"构成技术异化行为的动机是以营利为目的,并且"利用网络爬虫行为将著作权作品形成目录索引以供浏览""对影视作品进行目录索引、加框链接"二次加工行为可认定存在主观犯罪故意,基于上述维度认定异化行为类型(a)(b)成立著作权侵权犯罪,违反《刑法》第二百一十七条的规定。

(2)非法获取计算机信息系统数据

恶意网络爬虫行为的非法性表现在"未经授权"或者"超越授权",从而超越授权或者突破反制措施非法获取个人数据、商业秘密、国家秘密等数据。为准确判定恶意网络爬虫行为的异化情形,以及确定恶意网络爬虫行为异化行为样态的数据法律条款,恶意网络爬虫行为的判定需考虑以下几个方面:收集数据行为、被收集者的主观意愿、收集数据属性。具体而言,收集数据行为主要考量收集数据的行为是否合法,例如网络爬虫通过窃取、截获等收集数据的行为通常认定其行为是非法的;被收集者的主观意愿包括被收集者的知情同意以及是否超出被收集者的知情同意范围;收集数据属性为判定收集数据属于哪种数据类型,以确定更合适的数据法律条款。

● 情形1：非法获取个人信息

恶意网络爬虫非法获取个人信息涉及的数据法律包括《网络安全法》《个人信息保护法》《数据安全法》，而具体法律条款的适用需要结合收集数据行为、被收集者的主观意愿、收集数据属性三个维度进行判定。实践可知，恶意网络爬虫非法获取个人信息的技术异化行为，典型的表现形式为"利用网站漏洞非法爬取个人数据""突破或规避技术保护措施非法获取个人数据""收集并破解网络用户账号和密码，实施窃取个人数据的行为"，上述技术异化行为均属于法律规定的窃取或者以其他非法方式，并且未经过被收集者的授权同意，其行为可能违反相关法律的规定。

根据《个人信息保护法》第十条的规定：任何组织、个人不得非法收集、使用、加工、传输他人个人信息，不得非法买卖、提供或者公开他人个人信息；不得从事危害国家安全、公共利益的个人信息处理活动。根据《个人信息保护法》第四条的规定：个人信息是以电子或者其他方式记录的与已识别或者可识别的自然人有关的各种信息，不包括匿名化处理后的信息；个人信息的处理包个人信息的收集、存储、使用、加工、传输、提供、公开、删除等。针对网络爬虫非法获取个人信息的情形，典型技术行为样态为"利用网站漏洞非法爬取个人数据""突破或规避技术保护措施非法获取个人数据""收集并破解网络用户账号和密码，实施窃取个人数据的行为"，该技术行为对象"个人数据""用户账号和密码"均属于个人信息规定的范围，属于《个人信息保护法》第四条规定的保护客体。并且，"利用网站漏洞非法爬取个人数据""突破或规避技术保护措施非法获取个人数据""收集并破解网络用户账号和密码，实施窃取个人数据的行为"等非法获取个人数据的技术异化行为，其核心技术手段"利用网站漏洞非法爬取""突破或规避技术保护措施非法获取""收集并破解网络用户账号和密码"落入《个人信息保护法》第十条规定的"非法收集"情形，该技术异化行为的动机是绕过个人信息者非法获得个人信息，因此上述技术异化行为均是利用网络爬虫以非法方法爬取相关主体的个人信息，无需征求个人信息主体的授权同意就能获得个人信息，其本质上是在未经个人信息主体的授权许可的情况下，通过技术手段以非法方式窃取他人个人信息，属于《个人信息保护法》第十条规定的"非法收集他人个人信息"情形，因此上述技术异化行为违反法律的规定。

此外，根据《个人信息保护法》第二十八条的规定：敏感个人信息是一旦泄露或者非法使用，容易导致自然人的人格尊严受到侵害或者人身、财产安全受到危害的个人信息，包括生物识别、宗教信仰、特定身份、医疗健康、金融账户、行踪轨迹等信息，以及不满十四周岁未成年人的个人信息。上述技术行为样态为"利用网站漏洞非法爬取个人数据""突破或规避技术保护措施非法获取个人数据""收集并破解网络用户账号和密码，实施窃取个人数据的行为"，网络爬虫爬取的个人信息为《个人信息保护法》第二十八条规定的敏感个人信息时，还涉及违反《个人信息保护法》第三十一条的规定。

根据《数据安全法》第三十二条的规定：任何组织、个人收集数据，应当采取合法、正当的方式，不得窃取或者以其他非法方式获取数据。根据《数据安全法》第三条的规定，本法所称数据，是指任何以电子或者其他方式对信息的记录；数据处理，包括数据的收集、存储、使用、加工、传输、提供、公开等。针对网络爬虫非法获取个人信息的情形，典型技术行为样态为"利用网站漏洞非法爬取个人数据""突破或规避技术保护措施非法获取个人数据""收集并破解网络用户账号和密码，实施窃取个人数据的行为"，该技术方案的实质是数据处理者未经用户授权同意，采取非法手段开展网络爬虫技术收集个人数据，该技术行为对象"个人数据""用户账号和密码"均属于数据的规定范围，属于《数据安全法》第三条规定的保护客体。并且，上述技术行为样态的核心技术手段实质上是以窃取方式获取数据，落入《数据安全法》第三十二条规定的情形，违反《数据安全法》第三十二条的规定，因此上述技术异化行为违反法律的规定。

根据《网络安全法》第二十七条的规定：任何个人和组织不得从事非法侵入他人网络、干扰他人网络正常功能、窃取网络数据等危害网络安全的活动；不得提供专门用于从事侵入网络、干扰网络正常功能及防护措施、窃取网络数据等危害网络安全活动的程序、工具；明知他人从事危害网络安全的活动的，不得为其提供技术支持、广告推广、支付结算等帮助。根据《网络安全法》第四十四条的规定：任何个人和组织不得窃取或者以其他非法方式获取个人信息，不得非法出售或者非法向他人提供个人信息。根据《网络安全法》第七十六条的规定：网络数据，是指通过网络收集、存储、传输、处理和产生的各种电子数据；个人信息，是指以电子或者其他方式记录的能够单独或者与其他信息结合识别自然人个人身份的各种信息，包括但不限于自然人的姓名、出生日期、身份证件号码、个人生物识别信息、住址、电话号码等。针对网络爬虫非法获取个人信息的情形，典型技术行为样态为"利用网站漏洞非法爬取个人数据""突破或规避技术保护措施非法获取个人数据""收集并破解网络用户账号和密码，实施窃取个人数据的行为"，该技术方案的实质是数据处理者在未经用户授权同意，采取非法手段开展网络爬虫技术收集个人数据，该技术行为对象"个人数据""用户账号和密码"均属于《网络安全法》中有关网络数据、个人信息定义的范围，属于《网络安全法》第七十六条规定的保护客体。并且，上述技术行为样态的核心技术手段实质上是以窃取方式获取数据，落入《网络安全法》第二十七条、第四十四条规定的情形，因此上述技术异化行为违反法律的规定。若上述技术行为样态的实施主体是网络运营者，还落入《网络安全法》第四十一条规定的情形，因此不符合《网络安全法》第四十一条的规定。

● 情形2：非法获取商业秘密、国家秘密

根据《数据安全法》第三十八条的规定，国家机关为履行法定职责的需要收集、使用数据，应当在其履行法定职责的范围内依照法律、行政法规规定的条件和程序进行；对在履行职责中知悉的个人隐私、个人信息、商业秘密、保密商务信息等数据应当依法予以保密，不得泄露或者非法向他人提供。非法获取商业秘密、国家秘密的技术手段，并且对获取的商业秘密、国家秘密向他人实施传播，上述技术行为样态的核心技术手段实质上是泄露商业秘密、国家秘密，落入《数据安全法》第三十八条规定的情形，违反《数据安全法》第三十八条的规定。

根据《刑法》第二百一十九条的规定：有下列侵犯商业秘密行为之一：（一）以盗窃、贿赂、欺诈、胁迫、电子侵入或者其他不正当手段获取权利人的商业秘密的；（二）披露、使用或者允许他人使用以前项手段获取的权利人的商业秘密的；（三）违反保密义务或者违反权利人有关保守商业秘密的要求，披露、使用或者允许他人使用其所掌握的商业秘密的。恶意网络爬虫行为非法获取商业秘密，涉嫌构成侵犯商业秘密罪。常见行为类型"突破或规避技术保护措施获取商业秘密""盗取淘宝、支付宝账号及密码登录相关账户获取商业秘密"，这两种技术是通过非法手段获取商业秘密，其本质上已经构成《刑法》第二百一十九条规定的"盗窃商业秘密的"情形，并且侵害相关权利人的合法权益，违反《刑法》第二百一十九条的规定。

（3）侵入、破坏计算机信息系统

行为人非法侵入计算机信息系统，构成违反《刑法》第二百八十五条第一款、第二款规定的"侵入性网络犯罪"。行为人破坏计算机信息系统，违反国家规定，对计算机信息功能进行增、删、改或进行干扰，造成相应后果的，构成违反《刑法》第二百八十六条规定的"破坏性网络犯罪"。在攻击计算机信息系统漏洞时，删除系统内的数据，也是惯常定罪时出现的"增""改""删"三种情形之一，故行为人的行为是符合破坏信息系统罪的犯罪构成要件的；并且，"Dos攻击"干扰了计算机信息系统的正常功能，造成"服务器不堪重负直至崩溃，无法提供正常服务"的严重后果，违反《刑法》第二百八十六条的规定。

3. 网络爬虫的典型案例解析

● 案例1：基于P2P的资源下载系统及方法

案情简介：针对现有未经授权情况下下载音乐、软件、影视、书籍、游戏、图片等具有版权的互联网资源体验差的情况，提供一种基于P2P的资源下载系统，通过将网络资源存储在P2P客户端上，后续请求方可以直接从P2P客户端下载所需的网络资源，无须经过授权即可下载具有版权的互联网资源，提高下载互联网资源的用户体验。

本申请记载的内容：

随着互联网的普及应用，互联网上的信息资源增长迅速、数量巨大，用户对于资源共享的需求与日俱增。点到点文件传输技术（Peer to Peer，简称 P2P）的广泛应用，以及越来越多的网站提供资源搜索及导航服务，例如：狗狗搜索、天网搜索、RayFile、VeryCD 等，为用户提供了高效快捷地进行音乐、软件、影视、书籍、游戏、图片等各类资源搜索和下载的各种途径。数字版权管理技术已大量应用到固定业务与移动数据业务领域；随着数字版权管理技术的普及应用，互联网用户在未授权情况下无法从具有数据版权的网站下载音乐、软件、影视、书籍、游戏、图片等资源，导致用户下载互联网资源的体验较差。

本申请提供一种基于 P2P 的资源下载系统，包括资源查询服务器、内容提供服务器、网络中的多个客户端（客户端 1、客户端 2、…、客户端 N)，其中客户端分别与资源查询服务器、内容提供服务器相连。其中，内容提供服务器存储具有版权的音乐、软件、影视、书籍、游戏、图片等各类资源，网络中的多个客户端均为 P2P 客户端。资源查询服务器扫描内容提供服务器、客户端上的存储资源情况，并形成下载资源的种子信息列表。当客户端从内容提供服务器处下载网络资源后，将下载的网络资源存储在指定的存储空间上，并向资源查询服务器发布下载资源的种子信息，方便后续的资源下载。优选地，为便于客户端下载网络资源，空闲 P2P 客户端可以适用网络爬虫自动爬取网络中的音乐、软件、影视、书籍、游戏、图片等各类资源。

本申请还提供一种基于 P2P 的资源下载方法，该方法包括以下步骤：

步骤 201：请求客户端 A 需要下载数据 B，于是向资源查询服务器查询种子（即含有数据 B 的客户端）的信息。具体地，向资源查询服务器查询种子的信息，可以通过向资源查询服务器发送查询消息进行查询，其中查询消息中携带请求客户端需要下载的数据信息，例如：本实施例中请求客户端 A 需要下载数据 B，则查询消息中携带数据 B 的信息。另外，还可以通过现有技术中的查询方法进行查询。

步骤 202：资源查询服务器查询到种子的信息，向请求客户端 A 返回种子的信息；其中，种子的信息包括种子的标识、种子的网络类型、种子的 IP 地址等信息。具体地，资源查询服务器接收查询消息，并根据查询消息查询到含有数据 B 的种子信息，然后向请求客户端 A 返回查询结果消息；其中，查询结果消息中携带服务器查询到的种子信息。为避免用户下载网络资源时需要付费，当资源查询服务器查询多个含有数据 B 的种子信息时，优先将网络中其他客户端上的种子信息返回至请求客户端 A。例如，内容提供服务器、网络中的多个客户端 C 均存在含有数据 B 的种子信息，此时资源查询服务器将客户端 C 的种子信息返回至请求客户端 A，以便请求客户端 A 根据种子信息从客户端 C 下载数据 B。

步骤 203：请求客户端 A 接收到种子信息，根据种子信息确定待下载数据 B 的各个分片的位置信息，使得请求客户端能够根据各个分片的位置信息从网络中的 P2P 客户端或内容提供服务器中下载数据 B，待下载数据 B 中的多个分片存储于内容提供服务器或同一个客户端中，待下载数据 B 中的多个分片也可以分别存储于多个客户端中，每一分片中包含有相邻分片的位置信息。

步骤 204：请求客户端 A 接收 P2P 客户端/内容提供服务器返回的数据 B 的各个分片，在请求客户端 A 处生成数据 B，并向资源查询服务器发布已下载数据 B 的种子信息，为其他用户提供更多关于数据 B 的下载资源。

合规性问题剖析：

《著作权法》第四十九条规定，未经权利人许可，任何组织或者个人不得故意避开或者破坏技术措施，不得以避开或者破坏技术措施为目的制造、进口或者向公众提供有关装置或者部件，不得故意为他人避开或者破坏技术措施提供技术服务。本法所称的技术措施，是指用于防止、限制未经权利人许可浏览、欣赏作品、表演、录音录像制品或者通过信息网络向公众提供作品、表演、录音录像制品的有效技术、装置或者部件。

根据《著作权法》第三条的规定，本法所称的作品，是指文学、艺术和科学领域内具有独创性并能以一定形式表现的智力成果，包括：文字作品、口述作品、音乐、戏剧、曲艺、舞蹈、杂技艺术作品……摄影作品、视听作品等。

本申请记载的技术方案是一种基于 P2P 的资源下载系统，包括资源查询服务器、内容提供服务器、网络中的多个 P2P 客户端（客户端 1、客户端 2、…、客户端 N），通过将网络资源存储在 P2P 客户端上，后续请求方可以直接从 P2P 客户端下载所需的网络资源，无须从内容提供服务器上下载。本申请明确下载的网络资源为具有版权的音乐、软件、影视、书籍、游戏、图片等各类资源，该技术方案的行为对象"音乐、软件、影视、书籍、游戏、图片"属于《著作权法》第三条规定的文字作品、摄影作品、视听作品的范围，属于该条规定的保护客体。本申请所要解决的技术问题是随着数字版权管理技术的普及应用，互联网用户在未授权情况下无法从具有数据版权的网站下载音乐、软件、影视、书籍、游戏、图片等资源，导致用户下载互联网资源的体验较差，即本申请技术方案的技术行为动机是在下载音乐、软件、影视、书籍、游戏、图片等具有版权的资源时，通过从未有数据版权的 P2P 客户端直接获取下载资源，无须经过数据版权网站的授权许可，提高下载互联网资源的体验感。

因此，本申请记载的技术方案是 P2P 客户端未经授权许可随意发布具有版权的音乐、软件、影视、书籍、游戏、图片等各类资源，从而使得互联网用户在第三方上实现下载具有版权的互联网资源，无须使用对应的原服务器下载知识产权作品，其本质上是未经原网站及知识产权作品著作权方同意，随意发布具有版权的音乐、软件、影视、书籍、游戏、图片等各类资源，损害了著作权人的合法利益，属于《著作权法》

第四十九条规定的"侵犯著作权"情形，违反《著作权法》第四十九条的规定。

综上，该申请属于违反法律的情形，不符合《专利法》第五条相关规定。

● **案例 2：利用网络爬虫技术快速准确寻找目的图书的方法**

案情简介：通过网络爬虫技术实时获取电子图书录入至电子图书馆，并将获取的图书分类放入不同的子网页中，采用网络爬虫技术快速准确找到目的图书。

本申请记载的内容：

随着互联网技术迅速发展，电子图书馆也逐渐出现。电子图书馆，具有存储能力大、速度快、保存时间长、成本低、便于交流等特点。利用电子技术，在这种图书馆，我们能很快地从浩如烟海的图书中，查找到自己所需要的信息资料。利用网络，远在几千里、几万里的单位、家中，都可以使用这种图书，效率极高。在浩瀚的网络中，电子图书存储在全国各个地方，想要快速准确地找到目标图书并不是那么容易，为我们阅读电子图书带来了一定的困难，阻碍了电子图书的发展。

为解决目前在电子图书馆中快速寻找目的图书的问题，本申请提供一种利用网络爬虫技术快速准确寻找目的图书的方法，包括以下步骤：

步骤一：建立用于存储图书的电子图书库；

步骤二：利用网络爬虫技术实时获取更新网络中的电子图书，并将电子图书录入电子图书库；

步骤三：将获取的图书分类放入不同的子网页中；

步骤四：读者输入需要阅读图书的关键词；

步骤五：利用网络爬虫技术对与目的图书有关的图书网页进行抓取；

步骤六：对抓取的网页进行分析；

步骤七：输出过滤后的图书，选择目的图书进行阅读。

利用网络爬虫获取的电子图书必须按图书的种类对其进行命名，录入的图书的子网页已经录入图书的种类并赋予了不同域名，搜索电子图书需要输入该图书的图书名，或所属的学科种类，网络爬虫对目的图书的搜索是快速抓取目的图书的网页，再对网页上的图书进行抓取，对抓取的网页进行分析，主要是分析出与输入图书最接近的图书。

本申请中的电子图书库可以即时录入新的电子图书，保证了该电子图书馆图书种类的丰富性，采用网络爬虫技术获取目的图书更加迅速准确，图书的种类不仅限于文字类，也有图片类、视频类等，该方法不仅适用于电子图书馆，也适用于电子图书网站，将会为电子图书的发展带来一定的促进作用。

合规性问题剖析：

《著作权法》第四十九条规定，未经权利人许可，任何组织或者个人不得故意避开或者破坏技术措施，不得以避开或者破坏技术措施为目的制造、进口或者向公众提供有关装置或者部件，不得故意为他人避开或者破坏技术措施提供技术服务。本法所称的技术措施，是指用于防止、限制未经权利人许可浏览、欣赏作品、表演、录音录像制品或者通过信息网络向公众提供作品、表演、录音录像制品的有效技术、装置或者部件。

根据《著作权法》第三条的规定，本法所称的作品，是指文学、艺术和科学领域内具有独创性并能以一定形式表现的智力成果，包括：文字作品、口述作品、音乐、戏剧、曲艺、舞蹈、杂技艺术作品……摄影作品、视听作品等。

本申请记载的技术方案是一种利用网络爬虫技术快速准确寻找目的图书的方法，其关键技术手段是利用网络爬虫技术实时获取更新网络中的电子图书，并将电子图书录入电子图书库；将获取的图书分类放入不同的子网页中，以及利用网络爬虫技术对与目的图书有关的图书网页进行抓取。首先，本申请明确了网络爬虫获取的对象是电子图书，电子图书是具有版权的知识产权作品，即该技术方案的行为对象"电子图书"属于《著作权法》第三条规定的文字作品的范围，属于《著作权法》第三条规定的保护客体。在未经电子图书著作权人授权许可的情况下，利用网络爬虫技术实时获取网络中的电子图书并录入电子图书库，读者输入需要阅读的图书的关键词后，利用网络爬虫技术对与目的图书有关的图书网页进行抓取，此时读者无须使用原网站即可浏览电子图书，其本质上是未经原网站及知识产权作品著作权方同意，随意发布具有版权的音乐、软件、影视、书籍、游戏、图片等各类资源，损害了著作权人的合法利益，属于《著作权法》规定的"侵犯著作权"情形，违反《著作权法》第四十九条的规定。

综上，该申请属于违反法律的情形，不符合《专利法》第五条相关规定。

● 案例3：微博客数据采集方法及系统

案情简介：通过网页爬虫或服务商提供的第三方API来采集初始的用户数据，从所采集的用户数据中提取用户特征，其中用户数据包括用户的姓名、身份证件号码、手机号码、职业、踪迹数据、朋友关系、评论等，并根据所提取出的用户特征来确定每个用户的类型，最后针对不同类型的用户使用不同的采集策略对用户消息进行实时采集。

本申请记载的内容：

微博客是一种互联网应用服务，其利用无线网络、有线网络、通信技术进行即时通信，允许用户将自己的最新动态和想法以短信形式发送给手机和个性化网站群，而不仅仅是发送给个人。与一般社交网络不同的是，微博客对每次发送的消息长度进行了限制，一般为140字节，降低了对用户语言编排组织的要求，只言片语的内容也方便用户及时更新自己的个人信息。国外的 Twitter，国内的新浪微博、腾讯微博等都提供微博客的服务。

随着网络和移动设备的革新，微博客也进入了一个高速发展的阶段。国外的 Twitter 从 2006 年 3 月建立，至 2011 年 9 月，活跃用户的数量已经超过了 1 亿人次，每日消息发布量超过 2.5 亿条。国内的新浪微博也于 2011 年 8 月达到了 2 亿用户量，每日消息数量也达到了数千万条。微博客迅速发展中产生的消息，包含着大量的研究和商业价值，那么如何高效获取微博客的消息成为每个研究者和公司首先要解决的问题。

面对微博客的这些特点，现有的在整个互联网和传统社交网络的采集方法在应用到微博客数据采集时存在以下限制：第一，传统的面向整个互联网的网页爬虫技术，采集周期较长，不能保证采集的实时性。在采集过程中，并不对用户进行区分，而微博客虽消息量巨大但有价值的消息比例小，并且是由少部分活跃用户产生了大部分消息。因此将该方法应用于微博客数据采集时会导致大量的资源浪费在价值不大的非活跃用户上。第二，传统的使用微博服务提供商提供的第三方 API 的采集策略，由于对 API 调用次数存在限制，所以无法做到在大规模用户上实现高效、实时的采集。另外，微博客页面是动态的，更新频率很快，数据量巨大，传统的采集方法，在保证数据完整性上存在困难，也就是其很难采集到反映微博当前状况的全部数据。

本申请提供一种微博客数据采集方法，该方法从最初采集的用户数据中提取用户特征，根据用户特征对用户进行分类，在分类用户的基础上进行进一步的数据采集。该方法主要包括以下步骤：

步骤 S101：采集初始的用户数据，并将采集到的数据存储在日志服务器。通常可以用网页爬虫或服务商提供的第三方 API 来采集初始的用户数据，这是因为在初始化的过程中，对消息采集的实时性等没有要求；其中，初始的用户数据可以包括用户的基本信息，用户的行踪轨迹，用户的朋友关系，用户发送、转发、评论的消息数量，用户在给定的一段时间内发送的消息被转发和评论的次数等信息，用户的基本信息包括姓名、身份证件号码、手机号码、职业。

步骤 S102：从所采集的用户数据中提取用户特征。例如，分析用户的个人信息，提取其中诸如所在地、兴趣等能反映其关注领域的特征；分析用户的行踪轨迹，提取用户的生活圈子；分析用户的身份证件号码、手机号码，提取用户的其他互联网账号（如微信、抖音）；分析用户的朋友（关注）关系，提取其朋友（关注）的职业等分布特征，判断用户的关注领域；分析用户消息，提取发送、转发和评论的数目、内容特征，发送、转发和评论的对象特征等。

步骤 S103：根据所提取出的用户特征来确定每个用户的类型。根据微博客的用户行为，可以将微博客用户分为三类：意见领袖、聊天者和浏览者。意见领袖会对某一领域或某一事件进行深入思考并积极发表意见，他们发布的消息影响力大，关注他的人数一般大于他关注的人数；聊天者会对微博客中的各类事件都进行评论，但并不对事件进行持久关注，也不专注于某一领域，影响力比意见领袖要小，他们关注的人数一般多于关注他们的人数；浏览者使用微博客的主要目的是浏览信息，他们并不对事件进行评论，他们关注的人数和关注他们的人数大致相等。

步骤S104：对于不同类型的用户，使用不同的采集策略对用户消息进行实时采集。

1）对意见领袖的数据采集。此类用户是需要重点关注的，他们的意见在微博客中得到广泛的传播，对其所在领域内的微博客用户有很大的影响。可以使用微博客服务商提供的群组功能，如Twitter提供的群组API，对该类用户的数据进行采集。通过群组API可以一次性获取整个群组内所有用户的消息包括转发的消息。但是由于微博客服务商对API的调用次数和每个群组API的最大用户数量（例如，100个用户）进行了限制，所以当意见领袖类型的用户很多时，可以基于群组API的最大用户数量的限制将意见领袖类型的用户平均分为各个用户群组（例如，每99个或98个用户为一个群组），对每个用户群组使用一个群组API来进行数据采集。这种调用方式的优势在于保证采集的完整、实时的同时，最大限度地减少了API的调用次数。

2）对聊天者的数据采集。此类用户的意见虽然不会造成广泛的影响，但他们确是微博客中的中坚力量，他们的意见反映了微博客中的真实情感导向。所以也是要进行采集的对象。鉴于聊天者的特点，他们对微博客中的各种事件都会进行关注，并且不会对特定事件进行持续性关注，每天发出评论的内容十分有限，因此只要采集此类用户最新更新的消息即可。可以对此类用户进行批量采集。微博服务商提供的批量采集API可以一次性采集到多个用户最新更新的消息。当然如果此类用户的数量超过批量采集API所允许的最大用户数量，可以对此类用户进行分组，分别对每个组的用户使用批量采集API来进行数据采集。对大量此类用户进行批量采集，实现高效、实时，同时由于其发布的消息频率低，两次采集间隔内，发布消息的数量一般小于等于1（发布消息数量超过1的可以进行单独采集），故而此种采集方式可以保证采集的完整性。

3）对浏览者的数据采集。此类用户基本不发表自己的意见，他们并不是活跃度非常高的用户群，发送消息的频率很低，使用微博客的主要目的是获取信息。对此类用户发明采用的采集策略可以是周期性采集。通过对预定周期进行设定，周期性地对浏览者消息进行采集。在一个预定周期内，只对该类用户进行一次采集。针对浏览者的特点，预定周期可设置为相对较长的时间，如一周。可以使用上述提到的群组API或者批量采集API对此类用户进行数据采集。也可以使用传统的采集方法如网络爬虫技术对此类用户进行数据采集。

合规性问题剖析：

本申请记载的技术方案是通过网页爬虫或服务商提供的第三方API采集初始的用户数据，并从所采集的用户数据中提取用户特征，以及根据所提取出的用户特征来确定每个用户的类型,最后针对不同类型的用户使用不同的采集策略对用户消息进行实时采集。本申请的关键技术手段是通过网页爬虫或服务商提供的第三方 API 来采集用户姓名、身份证件号码、手机号码、职业、踪迹数据、朋友关系、评论等用户数据,以保证用户类型划分准确。

根据《个人信息保护法》第十四条的规定:基于个人同意处理个人信息的,该同意应当由个人在充分知情的前提下自愿、明确作出。法律、行政法规规定处理个人信息应当取得个人单独同意或者书面同意的,从其规定。个人信息的处理目的、处理方式和处理的个人信息种类发生变更的,应当重新取得个人同意。根据《个人信息保护法》第二十八条的规定:敏感个人信息是一旦泄露或者非法使用,容易导致自然人的人格尊严受到侵害或者人身、财产安全受到危害的个人信息,包括生物识别、宗教信仰、特定身份、医疗健康、金融账户、行踪轨迹等信息,以及不满十四周岁未成年人的个人信息。只有在具有特定的目的和充分的必要性,并采取严格保护措施的情形下,个人信息处理者方可处理敏感个人信息。根据《个人信息保护法》第四条的规定:个人信息是以电子或者其他方式记录的与已识别或者可识别的自然人有关的各种信息,不包括匿名化处理后的信息。个人信息的处理包括个人信息的收集、存储、使用、加工、传输、提供、公开、删除等。

本申请记载了网页爬虫或服务商提供的第三方 API 采集的数据是用户姓名、身份证件号码、手机号码、职业、踪迹数据、朋友关系、评论等用户数据,然而用户姓名、身份证件号码、手机号码、职业、踪迹数据、朋友关系、评论等用户数据属于个人信息,即该技术方案的行为对象"用户数据"是《个人信息保护法》第四条规定的个人信息的范畴,属于《个人信息保护法》第四条规定的保护客体。本申请在没有告知用户的情况下,使用网页爬虫或服务商提供的第三方 API 采集用户数据,本质上是在未取得自然人授权同意的情况下,私自非法使用网页爬虫或服务商提供的第三方 API 采集用户数据,严重侵害了个人信息主体的合法权益,违反了《个人信息保护法》第十四条的规定。此外,网页爬虫或服务商提供的第三方 API 采集的用户姓名、身份证件号码、手机号码、踪迹数据,是《个人信息保护法》第二十八条规定的敏感个人信息范畴,在未取得个人信息主体授权同意的情况下,非法使用网页爬虫或服务商提供的第三方 API 采集用户敏感数据,违反了《个人信息保护法》第二十八条的规定。

根据《数据安全法》第三十二条的规定:任何组织、个人收集数据,应当采取合法、正当的方式,不得窃取或者以其他非法方式获取数据。法律、行政法规对收集、使用数据的目的、范围有规定的,应当在法律、行政法规规定的目的和范围内收集、使用数据。《数据安全法》第三条规定:本法所称数据,是指任何以电子或者其他方式对信息的记录。数据处理,包括数据的收集、存储、使用、加工、传输、提供、公开等。数据安全,是指通过采取必要措施,确保数据处于有效保护和合法利用的状态,以及具备保障持续安全状态的能力。

本申请记载了网页爬虫或服务商提供的第三方 API 采集的数据是用户姓名、身份证件号码、手机号码、职业、踪迹数据、朋友关系、评论等用户数据，即该技术方案的行为对象"用户数据"是《数据安全法》第三条规定的数据的范畴，属于《数据安全法》第三条规定的保护客体。在未经用户授权同意的情况下，利用网页爬虫或服务商提供的第三方 API 爬取用户姓名、身份证件号码、手机号码、职业、踪迹数据、朋友关系、评论等用户数据，本质上是以窃取等非法方式获得用户的姓名、身份证件号码、手机号码、职业、踪迹数据、朋友关系、评论等个人敏感数据，损害了个人信息主体的合法权益，违反《数据安全法》第三十二条的规定。

根据《网络安全法》第四十四条的规定：任何个人和组织不得窃取或者以其他非法方式获取个人信息，不得非法出售或者非法向他人提供个人信息。《网络安全法》第七十六条第（五）项规定：个人信息，是指以电子或者其他方式记录的能够单独或者与其他信息结合识别自然人个人身份的各种信息，包括但不限于自然人的姓名、出生日期、身份证件号码、个人生物识别信息、住址、电话号码等。

本申请记载了网页爬虫或服务商提供的第三方 API 采集的数据是用户姓名、身份证件号码、手机号码、职业、踪迹数据、朋友关系、评论等用户数据，即该技术方案的行为对象"用户姓名""身份证件号码""手机号码"是《网络安全法》第七十六条第（五）项规定的数据的范畴，属于《网络安全法》第七十六条规定的保护客体。在未经用户授权同意的情况下，利用网页爬虫或服务商提供的第三方 API 爬取用户姓名、身份证件号码、手机号码等用户数据，本质上是以窃取等非法方式获得用户的个人敏感数据，严重损害了个人信息主体的合法权益，违反了《网络安全法》第四十四条的规定。

综上，该申请属于违反法律的情形，不符合《专利法》第五条相关规定。

● 案例 4：基于知识库的职位推荐系统

案情简介：通过网络爬虫获取社交媒体上的用户数据，并将爬取到的个人信息进行整合分析建立人才专有的个人档案，个人档案进一步解析成为若干关键词并根据其中的内在联系完成用户建模，将应聘方所需职位描述与知识库进行比对，并计算用户与当前职位的相关性，完成职位推荐。

本申请记载的内容：

国内外致力于人力资源服务的网站并不鲜见，国内具有代表性的网络招聘网站三巨头包括前程无忧、智联招聘以及中华英才网。然而，艾瑞数据显示，自 2012 年以来，该三大网站的人才覆盖量均呈现下滑趋势，这也预示着求职者对网络招聘的看淡。其中一个重要原因是网络招聘市场的同质化现象严重，缺乏创新。与之形成鲜明对比的是，职场社交以及大数据分析类网站却如雨后春笋，生机勃勃。目前市场上已有的具有代表性的网站主要有以下几大类：1）社交类网站。这类网站提供的是一个职业社交平台。在这里用户可以创建简历，接收推荐职位信息，建立好友关系，并接受对他们有兴趣的公司的询问。而企业则可以建立自己的主页，发布招聘广告，搜索用户简历并与之联系。2）企业信息透明化类网站。这类网站提供公司内部情况、薪酬、公司内幕以及工作环境等信息。在此网站注册的求职者通常资历较深，更愿意推广自己并展示自己能够给公司带来利益。3）个人潜力发掘类网站。这类网站提供针对社交网络的职业搜索引擎服务，它收集应聘者在社交网络如 Facebook、Twitter、Quora 上的信息，整理编辑成为一个以个人为中心的数据库，为招聘方提供人才搜索服务。

综上所述，目前大数据人力资源网站的发展趋势主要有以下几点：1）综合各种数据源，深入挖掘招聘者以及应聘者的相关信息。其中的数据源包括用户的注册信息、用户社交网络的信息、公司的注册信息、地理信息以及用户与公司在某些专有功能网站（例如 PayScale）上的信息等。2）个性化匹配。这里的"个性化"包括两层含义，一是根据求职者的特点寻找最合适的招聘企业；二是根据企业的特点寻找最合适的应聘者。成功的个性化匹配是建立在对企业及个人深入了解的基础上的。3）多样化服务。目前流行的人力资源网站大都不局限于单一的服务，而是尽可能使服务多样化，包括求职、人脉关系的建立、公司信息挖掘、职业规划等。中国是世界上人口最多的国家，如何有效地管理中国的人力资源是一项非常重要的任务。在大数据时代的今天，有效地利用互联网资源，有效地融合及均衡各方面信息，使人才与企业达到双赢的最佳匹配，已经成为不可避免的趋势。目前在国内已有一些人力资源以及职位匹配相关的发明专利。但是，目前现有技术中还没有一种充分挖掘用户和职位信息的推荐系统。

本申请提供一种利用网络上各种信息（例如社交网络、人力资源网站等）构建专有的人力资源知识库，对用户以及职位进行有效的深度理解，形成一个系统的职位推荐系统。一种基于知识库的职位推荐系统，包括人力资源专有知识库构建模块，人才信息爬取模块，信息抽取、融合、比较模块和职位推荐模块；人力资源专有知识库构建模块通过对人力资源相关知识进行爬取和实体分析，构建人力资源专有知识库；人才信息爬取模块在人力资源相关网站（或者知识库网站）上爬取人才简历，所参与的社交媒体以及用户行为、求职意向的相关信息；信息抽取、融合、比较模块用于对抓取得到的数据进行分析、处理，对用户进行建模分析，并将用户简历与知识库进行比对。职位推荐模块，将应聘方所需的职位描述与知识库进行比对，并计算用户与当前职位的相关性，完成职位推荐；人力资源专有知识库构建模块，人才信息爬取模块，信息抽取、融合、比较模块，职位推荐模块相连接。

人才信息爬取模块通过网络爬虫（包括 N 个爬虫，爬虫1、爬虫2、爬虫3……爬虫 N）获取社交媒体上的数据，得到数据后，通过使用 Hadoop 将多条 URL 抓取的任务分配调度处理给多台计算机，使得每台计算机的负载均衡的调度处理方法交给多部服务器所组成的分布式系统，通过 HTML parser 对网页进行分析、文本分析、链接分析和网页质量控制、去重，得到相应的网页内容，将所述网页内容结果分成结构化信息（朋友、群等链接信息）和非结构化信息（文本、图像等），分别存储到结构化信息数据库和非结构化信息数据库中。结构化和非结构化的分类可以通过判断该内容是否可以存储到结构化数据库中（如 SQL）来判断。通常文本和图像是非结构化数据，无法把其中的内容进行切分和分类。如一段新闻，虽然知道里面有人名、地名、公司名、时间等信息，但是如果不进行处理，无法自动地把这些信息导入到 SQL 中。同时，结构化信息和非结构化信息也可以重复进行网页分析、文本分析、链接分析和网页质量控制、去重，得到精简的结构化信息和非结构化信息。对非结构化文本数据进行机器阅读，首先通过自然语言处理技术进行词性标注等；然后通过自增强（Bootstrapping）技术找到尽量多的关系，如<实体，关系，实体>三元组，通过实体得到更多它们之间的关系，再通过关系找到更多的实体，从而实现自增强的信息抽取，以构建与人力资源相关的专有知识库。

信息抽取、融合、比较模块将人才信息爬取模块爬取到的个人信息进行整合分析，建立人才专有的个人档案，其中个人信息包括用户的身份证号码、手机号码、用户使用社交媒体的日志信息、用户行为、用户活动轨迹、求职意向信息；个人档案进一步解析成为若干关键词以及其中的内在联系，从而完成用户建模，同时，解析招聘方招聘职位信息，进行职位建模分析，将职位信息和用户需求建立映射对应，进行职位和用户需求映射建模。信息抽取、融合、比较模块包括用户建模模块、职位需求建模模块、职位和用户映射建模模块，用户建模模块、职位需求建模模块与职位和用户映射建模模块相连接。

用户建模模块工作过程包括：1.1）标签传播：通过用户档案中的关键词实体在构建的人力资源专有知识库中进行随机游走得到标签传播的概率，从而扩展用户的描述；1.2）内容判别：对用户档案的内容进行分析，使用话题模型、实体抽取得到可能的标签；同时，通过训练机器学习分类器对已有标签的用户进行学习，从而对没有标签的用户进行标签判断；1.3）用户其他信息判别：对用户发表的内容进行理解并对其朋友圈进行分析，进而预估用户的年龄、工作性质、工作地点、收入信息，从而可以更好地理解用户的需求；对用户的年龄、工作性质、工作地点和收入信息进行预估时，对用户提取关键词和好友属性特征，使用机器学习方法，对已有标注信息进行学习得到分类器，对未知样本进行分类。

职位需求建模模块运行过程包括：2.1）职位信息增强，仅仅靠解析招聘方张贴的广告往往得到的信息不够完备，需要基于互联网搜索引擎进行搜索，从相关的摘要和广告内容中得到其他与该职位相关的描述与刻画，从而对职位的信息进行增强；

2.2）职位路径分类，在抓取职位增强信息的同时得到职位路径分类树的信息，另外对没有路径分类树信息的职位进行分类，并分类到职位路径树的某一个节点上；2.3）职位其他信息采集，对职位相关的其他信息进行收集，并存储到数据库（数据库存储信息，指存储信息的数据库）中，通过对人力资源类型网站的结构进行分析，得到相应的评论和打分。

用户建模模块获取得到用户刻画（用户刻画指用户描述分析包括年龄、收入、兴趣、地域、学历以及用户已有的工作历史），职位需求建模模块获取到职位刻画（职位描述），职位和用户需求映射建模模块将职位和用户需求建立映射对应（将人才刻画与职位刻画建立映射对应），对用户在网站上提到求职意向时发表的内容以及人力资源网站上的职位描述、用户对职位以及应聘单位的评论去噪，建立映射模型，职位和用户需求映射模型是对数据的直接特征抽取或者是通过机器学习手段得到的特征表达，得到了映射模型后，比较职位和用户的相关性。

职位推荐模块连接有用户端推荐模块和职位端推荐模块。用户端推荐模块运行过程包括以下步骤：3.1）通过用户和职位的相关性得到可能推荐的职位列表；3.2）对用户的好友以及已有用户的评论进行用户和职位的相关性分析；3.3）通过分析用户刻画对职位推荐进行处理，细分推荐目标，所述用户刻画包括年龄、收入、兴趣、地域、学历以及用户已有的工作历史；3.4）通过社交媒体的交互方式为该用户进行职位推荐，所述社交媒体的交互方式包括添加好友、引用好友、私信、评论等。

职位端推荐模块运行过程包括以下步骤：4.1）通过用户和职位的相关性得到可能对该职位感兴趣的用户；4.2）对用户的好友进行职位和用户的相关性分析，并通过好友的职位选择对该用户进行投票；4.3）通过分析用户刻画对职位推荐进行进一步处理，细分推荐目标，所述用户刻画包括年龄、收入、兴趣、地域、学历以及用户已有的工作历史；4.4）通过社交媒体的交互方式为该用户进行职位推荐，所述社交媒体的交互方式包括添加好友、引用好友、私信、评论。

本发明有益效果包括，本发明针对人力资源这一特定领域建立专有知识库，并有效地利用该知识库实现在线的对用户的精准职位推荐。本申请针对招聘方和人才用户爬取数据，对招聘方数据和人才用户数据同时进行需求和匹配挖掘，不仅仅针对人才用户的求职简历进行分析，同时分析社交媒体等人才用户数据，充分深度挖掘数据，全面评估职位推荐，推荐准确，能够满足当前职位以及用户需求多样化的需求。针对现代的人力资源与职位匹配设计的系统，通过人力资源专有知识库的构建，深度挖掘用户的求职意向，最大化完成求职者与应聘者意向的匹配，满足人才用户和招聘方双方的需求，职位推荐方便准确。

合规性问题剖析：

本申请记载的技术方案是人才信息爬取模块通过网络爬虫获取社交媒体上的用户

数据，信息抽取、融合、比较模块将人才信息爬取模块爬取到的个人信息进行整合分析，建立人才专有的个人档案，其中个人信息包括用户的身份证号码、手机号码、用户使用社交媒体的日志信息、用户行为、用户活动轨迹、求职意向信息；个人档案进一步解析成为若干关键词以及其中的内在联系以完成用户建模，最后将应聘方所需职位描述与知识库进行比对，并计算用户与当前职位的相关性完成职位推荐。

根据《个人信息保护法》第四条的规定：个人信息是以电子或者其他方式记录的与已识别或者可识别的自然人有关的各种信息，不包括匿名化处理后的信息。个人信息的处理包括个人信息的收集、存储、使用、加工、传输、提供、公开、删除等。本申请记载网络爬虫获取社交媒体上的用户数据，其爬取的个人信息包括用户的身份证号码、手机号码、用户使用社交媒体的日志信息、用户行为、用户活动轨迹、求职意向信息，即本申请记载的技术方案的行为对象"用户的身份证号码、手机号码、用户使用社交媒体的日志信息、用户行为、用户活动轨迹、求职意向信息"是《个人信息保护法》第四条规定的数据的范畴，属于《个人信息保护法》第四条规定的保护客体。根据《个人信息保护法》第十四条的规定：基于个人同意处理个人信息的，该同意应当由个人在充分知情的前提下自愿、明确作出。法律、行政法规规定处理个人信息应当取得个人单独同意或者书面同意的，从其规定。个人信息的处理目的、处理方式和处理的个人信息种类发生变更的，应当重新取得个人同意。本申请未有文字内容记载且未明示：网络爬虫在用户授权同意情况下采集用户的身份证号码、手机号码、用户使用社交媒体的日志信息、用户行为、用户活动轨迹、求职意向信息等个人数据。在未经用户授权同意的情况下，利用网络爬虫爬取用户的身份证号码、手机号码、用户使用社交媒体的日志信息、用户行为、用户活动轨迹、求职意向信息等个人数据，本质上是以窃取等非法方式获得用户的身份证号码、手机号码、用户使用社交媒体的日志信息、用户行为、用户活动轨迹、求职意向信息等个人数据，损害了个人信息主体的合法权益，违反《个人信息保护法》第十四条的规定。另外，根据《个人信息保护法》第二十八条的规定：敏感个人信息是一旦泄露或者非法使用，容易导致自然人的人格尊严受到侵害或者人身、财产安全受到危害的个人信息，包括生物识别、宗教信仰、特定身份、医疗健康、金融账户、行踪轨迹等信息，以及不满十四周岁未成年人的个人信息。本申请记载的技术方案中，网络爬虫爬取用户的身份证号码、手机号码、用户活动轨迹属于个人敏感数据。在未取得个人信息主体授权同意的情况下，通过网络爬虫爬取用户的身份证号码、手机号码、用户活动轨迹等个人敏感数据，违反了《个人信息保护法》第二十八条的规定。

另外，根据《数据安全法》第三条的规定：本法所称数据，是指任何以电子或者其他方式对信息的记录。本申请记载网络爬虫获取社交媒体上的用户数据，其爬取的个人信息包括用户的身份证号码、手机号码、用户使用社交媒体的日志信息、用户行为、用户活动轨迹、求职意向信息,即本申请记载的技术方案的行为对象"用户的身份证号码、手机号码、用户使用社交媒体的日志信息、用户行为、用户活动轨迹、求职意向信息"是《数据安全法》第三条规定的数据的范畴,属于《数据安全法》第三条规定的保护客体。并且,根据《数据安全法》第三十二条的规定:任何组织、个人收集数据,应当采取合法、正当的方式,不得窃取或者以其他非法方式获取数据。法律、行政法规对收集、使用数据的目的、范围有规定的,应当在法律、行政法规规定的目的和范围内收集、使用数据。本申请记载的内容并未明示网络爬虫在用户授权同意情况下采集用户的个人数据,其本质上是以窃取等非法方式获得用户的身份证号码、手机号码、用户使用社交媒体的日志信息、用户行为、用户活动轨迹、求职意向信息等个人数据,损害了个人信息主体的合法权益,违反《数据安全法》第三十二条的规定。

此外,根据《网络安全法》第七十六条第(五)项的规定:个人信息,是指以电子或者其他方式记录的能够单独或者与其他信息结合识别自然人个人身份的各种信息,包括但不限于自然人的姓名、出生日期、身份证件号码、个人生物识别信息、住址、电话号码等。本申请记载网络爬虫获取社交媒体上的用户数据,其爬取的个人信息包括用户的身份证号码、手机号码、用户使用社交媒体的日志信息、用户行为、用户活动轨迹、求职意向信息,即本申请记载的技术方案的行为对象"用户的身份证号码、手机号码"是《网络安全法》第七十六条第(五)项规定的个人信息范畴,属于《网络安全法》第七十六条第(五)项规定的保护客体。并且,根据《网络安全法》第四十四条的规定:任何个人和组织不得窃取或者以其他非法方式获取个人信息,不得非法出售或非法向他人提供个人信息。在未经用户授权同意的情况下,利用网络爬虫获取社交媒体上的用户个人数据,其本质上是以窃取等非法方式获得用户的身份证件号码、手机号码等个人敏感数据,严重损害了个人信息主体的合法权益,违反了《网络安全法》第四十四条的规定。

综上,该申请属于违反法律的情形,不符合《专利法》第五条相关规定。

(二)群智感知设备采集技术的合规性问题

群智感知设备采集技术是一种新的数据收集范式,它以人为中心,利用群体智能设备实现广泛的互联、感知并提供智能服务,在诸如环境监测、智能交通、医疗保健、室内定位等智慧城市的各方面都具有广阔的应用前景,然而,其在实际应用过程中也面临着越来越严峻的用户隐私保护问题。下面将探讨群智感知设备采集技术的异化行为样态与法律条款的适用。

1. 群智感知设备采集技术的异化行为

群智感知设备凭借部署灵活、成本低廉、数据丰富、采集迅速等优势吸引了产业界和学术界的广泛关注，然而用户在提供感知众包服务时，会消耗自身资源，如设备电量、网络流量和时间等，感知的进行需要足够多的用户参与，且因为与云平台或者其他用户共享自身位置信息造成一定的隐私泄露，用户对于隐私问题的担忧是阻碍用户参与感知活动的一项很重要的因素。首先，感知数据通常与个人信息相关联，任务请求者通过感知数据容易推测出个人的兴趣爱好、行为习惯等，造成严重的个人隐私泄露，影响数据收集的积极性。其次，由于智能设备的异构性和用户感知行为的不稳定性，以及恶意用户可能会篡改正常用户的感知数据，故而从感知平台获取到的感知数据并不总是可靠的，有时甚至是无效的，这些混杂的数据严重损害系统数据服务的质量。针对这些问题，不仅需要保护用户的个人隐私数据，还需要对收集到的数据进行真伪辨别，从而推算出最为可靠的数据结果，保证系统数据服务的质量。因此，如何在保护用户感知数据隐私的同时确保数据真实可靠是感知数据服务体系的一个巨大挑战。

群智感知设备采集技术由于其场景的特点，具体的攻击形态，即异化行为通常可以归纳为如下几种常见情况：

（1）感知数据收集阶段的数据攻击

在感知数据收集时，由感知平台随机动态地发布感知任务，感知用户为了契合任务场景，选择上传的数据会包含自身的位置和属性等信息，容易导致位置攻击、背景知识攻击，随着数据的管理权转移至感知平台，会导致感知平台容易遭受数据窃取攻击、感知平台非授权转发等严重问题。其中位置攻击主要包括逐跳回溯击，即指通过反向逐跳追踪信号来源确定感知用户的位置，即敌手使用三角定位法确定信号来源点位置后，立刻转移到该点并继续对信号进行监听。还有时间关联攻击，即通过分析来自同一感知用户在一段时间内一个或多个位置的上传信息，从而获取感知用户的活动轨迹。背景知识攻击，则是在感知数据采集阶段，可以利用已获取的关于感兴趣的感知用户的背景知识来推测并窃取隐私数据，或者敌手通过获取到的背景知识推断在数据上传的某个时间段某感知用户出现在某个匿名区域，从而窃取感知用户的隐私；中间节点攻击，主要有数据篡改攻击、主要成分攻击、数据重发攻击和共谋攻击等。另外，在感知数据收集阶段，对数据的不合理收集，即过度收集也是一种常见的攻击。

（2）感知数据利用阶段的数据攻击

感知数据在利用阶段，感知平台需要与服务提供商之间进行数据交互，而二者可能存在利益关联，可能会采取诸多恶意交易行为，从而导致被采集感知数据用户的利益受损，比如，交互过程中发生积分关联攻击、时间关联攻击等导致泄露感知平台采集的用户身份数据、位置数据等隐私数据,又比如,出于非法目的将感知平台收集到的用户隐私数据共享给他人。

2. 群智感知设备采集技术的异化行为样态及法律适用

群智感知设备采集技术由于其场景的特点,对其异化行为认定主要集中在数据隐私方面,因此,其异化样态对涉及的数据法律条款主要也体现在有关个人隐私、数据安全方面,接下来将分析每种异化行为样态的法律行为要件,进而根据某一法律行为要件确定具体的数据法律条款。

(1) 感知数据收集时未经用户授权的隐私数据收集

群智感知设备采集技术的异化行为包括对采集的感知数据是"未经授权",从而使得感知平台超越权限执行一些用户隐私数据的收集工作。为准确判定本部分恶意的群智感知设备采集行为的异化情形,以及确定恶意的群智感知设备采集技术异化行为的数据法律条款,本部分恶意群智感知设备采集行为的判定主要考虑收集数据的属性、被收集者的主观意愿、收集数据行为,即判定是否未经用户的许可,感知平台就在后台偷偷运行并收集用户信息;收集行为本身是否恶意。典型的表现形式为"位置攻击,通过分析来自同一感知用户在一段时间内一个或多个位置的上传信息,从而获取感知用户的活动轨迹""背景知识攻击,利用已获取的关于感兴趣的感知用户的背景知识来推测并窃取隐私数据,或者敌手通过获取到的背景知识推断在数据上传的某个时间段某感知用户出现在某个匿名区域,从而窃取感知用户的隐私""中间节点攻击,主要有数据篡改攻击、主要成分攻击、数据重发攻击和共谋攻击等,数据篡改攻击指在俘获中间节点数据后,敌手通过对捕获的节点数据进行恶意修改、直接删除,向节点数据中注入大量虚假信息",首先感知设备通常采集的是个人隐私数据,未经被收集者的授权同意,偷偷收集用户信息的行为可能违反相关法律的规定。

《个人信息保护法》第十三条规定:"符合下列情形之一的,个人信息处理者方可处理个人信息:(一) 取得个人的同意;(二) 为订立、履行个人作为一方当事人的合同所必需,或者按照依法制定的劳动规章制度和依法签订的集体合同实施人力资源管理所必需;(三) 为履行法定职责或者法定义务所必需;(四) 为应对突发公共卫生事件,或者紧急情况下为保护自然人的生命健康和财产安全所必需;(五) 为公共利益实施新闻报道、舆论监督等行为,在合理的范围内处理个人信息;(六) 依照本法规定在合理的范围内处理个人自行公开或者其他已经合法公开的个人信息;(七) 法律、行政法规规定的其他情形。依照本法其他有关规定,处理个人信息应当取得个人同意,但是有前款第二项至第七项规定情形的,不需取得个人同意。"针对未经授权收集感知数据的情形,典型技术行为样态为"位置攻击,通过分析来自同一感知用户在一段时间内一个或多个位置的上传信息,获取感知用户的活动轨迹""背景知识攻击,利用已获取的关于感兴趣的感知用户的背景知识来推测并窃取隐私数据，或者敌手通过获取到的背景知识推断在数据上传的某个时间段某感知用户出现在某个匿名区域，从而窃取感知用户的隐私"，首先该行为对象是感知数据，即用户个人数据，该数据属于个人信息规定的范围，属于《个人信息保护法》第四条规定的保护客体，并且该行为的动机是不经用户同意去收集用户信息，具体地，上述属于用户活动轨迹及用户的背景知识均属于个人信息，且在获取用户活动轨迹和背景知识的过程中并未取得个人的同意，也不属于前款第（二）项至第（七）项规定情形，因此违反《个人信息保护法》第十三条规定。

《数据安全法》第三十二条规定："任何组织、个人收集数据，应当采取合法、正当的方式，不得窃取或者以其他非法方式获取数据。"《数据安全法》第三条规定："本法所称数据，是指任何以电子或者其他方式对信息的记录。数据处理，包括数据的收集、存储、使用、加工、传输、提供、公开等。"针对典型技术行为样态"中间节点攻击，主要有数据篡改攻击、主要成分攻击、数据重发攻击和共谋攻击等，数据篡改攻击指在俘获中间节点数据后，敌手通过对捕获的节点数据进行恶意修改、直接删除，向节点数据中注入大量虚假信息"，该方案的实质是数据处理者在未经用户授权同意的情况下，采取非法手段修改收集个人数据，该技术行为对象"感知数据"属于数据规定的范围，属于《数据安全法》第三条规定的保护客体。并且，上述技术行为样态的核心技术手段实质上是以非法篡改数据的方式获取数据，落入《数据安全法》第三十二条规定的情形，因此违反《数据安全法》第三十二条的规定，因此上述技术异化行为违反法律的规定。

《网络安全法》第二十七条规定："任何个人和组织不得从事非法侵入他人网络、干扰他人网络正常功能、窃取网络数据等危害网络安全的活动；不得提供专门用于从事侵入网络、干扰网络正常功能及防护措施、窃取网络数据等危害网络安全活动的程序、工具；明知他人从事危害网络安全的活动的，不得为其提供技术支持、广告推广、支付结算等帮助。"《网络安全法》第四十四条规定："任何个人和组织不得窃取或者以其他非法方式获取个人信息，不得非法出售或者非法向他人提供个人信息。"《网络安全法》第七十六条规定，网络数据，是指通过网络收集、存储、传输、处理和产生的各种电子数据；个人信息，是指以电子或者其他方式记录的能够单独或者与其他信息结合识别自然人个人身份的各种信息，包括但不限于自然人的姓名、出生日期、身份证件号码、个人生物识别信息、住址、电话号码等。针对典型技术行为样态"中间节点攻击，主要有数据篡改攻击、主要成分攻击、数据重发攻击和共谋攻击等，数据篡改攻击指在俘获中间节点数据后，敌手通过对捕获的节点数据进行恶意修改、直接删除，向节点数据中注入大量虚假信息"，该技术方案的实质是数据处理者在未经用户授权同意的情况下，采取非法手段开展群智感知设备采集技术收集个人数据，该技术行为对象"感知数据"属于《网络安全法》中有关网络数据、个人信息定义的范围，属于《网络安全法》第七十六条规定的保护客体。并且，上述技术行为样态的核心技术手段实质上是以非法篡改数据的方式获取数据，落入《网络安全法》第二十七条、第四十四条规定的情形，因此违反《网络安全法》第二十七条、第四十四条的规定。若上述技术行为样态的实施主体是网络运营者，还落入《网络安全法》第四十一条规定的情形，因此不符合《网络安全法》第四十一条的规定。

（2）感知数据收集时的过度收集

基于移动群智感知网络衍生出了大量的应用，这些应用实现的首要条件是需要有足够多的移动用户参与其中，这也使得感知平台对用户信息的收集变得简单易行，相关风险点也就暴露出来，2018年中国互联网协会点名了14款App对用户个人信息存在过度收集，如申请位置、短信、通讯录、相机、GPS等权限。本部分恶意的群智感知设备采集行为的判定主要考虑收集数据的属性和范围，即判定是否超范围收集用户数据。典型的表现形式为"收集非必要的个人信息"。首先感知设备通常采集的是个人隐私数据，超范围收集用户信息的行为可能违反相关法律规定。

根据《个人信息保护法》第六条的规定，收集个人信息，应当限于实现处理目的的最小范围，不得过度收集个人信息，显而易见，典型技术行为样态"收集非必要的个人信息"，该行为对象是感知数据，即用户个人数据，该数据属于个人信息规定的范围，属于《个人信息保护法》第四条规定的保护客体，并且该行为的动机是收集不必要的个人信息，具体地，上述感知数据属于个人信息，且收集的数据也是不必要的，因此违反《个人信息保护法》第六条规定。

（3）感知设备数据收集后的非法使用

群智感知设备采集技术的非法性还表现在数据采集后的非法使用，具体的法律使用需要结合收集数据的属性以及收集数据的目的综合考量。通过分析可知，非法使用感知数据的典型表现形式为"以营利或者损害他人利益为目的将感知平台收集到的用户隐私数据共享给他人"，上述异化行为由于其目的的违规性，实施该行为可能会违反相关法律的规定。

根据《个人信息保护法》第二十六条的规定，"在公共场所安装图像采集、个人身份识别设备，应当为维护公共安全所必需，遵守国家有关规定，并设置显著的提示标识。所收集的个人图像、身份识别信息只能用于维护公共安全的目的，不得用于其他目的；取得个人单独同意的除外"。针对典型技术行为样态"以营利或者损害他人利益为目的将感知平台收集到的用户隐私数据共享给他人"，该技术行为对象是感知数据，属于个人信息规定的范围，属于《个人信息保护法》第四条规定的保护客体。并且，"以营利或者损害他人利益为目的将感知平台收集到的用户隐私数据共享给他人"的动机是营利或者损害他人利益，并非出于维护公共安全的目的，如果不是经过用户特别同意的使用，则违反《个人信息保护法》第二十六条的规定。因此，该申请属于违反法律的情形，不符合《专利法》第五条相关规定。

3. 群智感知设备采集技术的典型案例解析

● 案例 5：一种数据管理方法及服务器

案情简介：本申请提供一种用户隐私数据的管理方法，包括了当用户取消隐私协议的时间早于采集到的隐私数据的存入时间时，将采集到的隐私数据的存储路径反馈至服务器；当用户取消隐私协议的时间晚于采集到的隐私数据的存入时间时，则指示服务器无法查询到对应隐私数据，具体地，通过对采集的用户隐私数据设置删除周期，并在删除周期内将隐私数据删除，在删除周期内，若用户查询该隐私数据，则反馈给用户该隐私数据"不可查"。

本申请记载的内容：

本申请实施例提供了一种数据管理方法，应用于 HDFS，本申请的隐私数据包括用户的位置信息、通话记录、电话簿、行为操作等。S1301，对于多个第二目标分区中的每个第二目标分区，HDFS 遍历每个第二目标分区下的每条隐私数据，获取每条隐私数据的生命周期。S1302，若任意一条隐私数据的存储时长大于该条隐私数据的生命周期，删除该条隐私数据。其中，隐私数据的存储时长为当前时间与隐私数据的数据分区时间的差值。若任意一条隐私数据的存储时长大于该条隐私数据的生命周期，则表明该条隐私数据已过期，可以直接删除该条隐私数据。

响应于用户取消同意隐私协议的操作，手机可以生成撤销记录数据，并将撤销记录数据上传至数据管理服务器。其中，撤销记录数据可以包括用户标识、删除周期等信息。存入时间可以指用户数据抵达数据管理服务器的时间，对于撤销记录数据的存入时间，可以理解为撤销时间，用于表征用户取消隐私协议的时间。

此外，按照相关法规要求，在用户取消隐私协议后，HDFS 需要删除已经收集到的隐私数据。但由于 HDFS 无法实时删除隐私数据，本申请实施例可以通过关联隐私数据业务表和删除数据业务表的方法，保证待删除数据对外部设备（例如，业务云服务器、客户端）是不可查的。通过关联删除数据业务表与隐私数据业务表，既无须实时删除用户数据，又保证了对外"不可查"，达到使用户选择删除的隐私数据对外部呈现已删除的效果，但还未真正删除这些隐私数据。

电子设备可以为第二类用户额外提供设置隐私数据的生命周期和删除周期的功能，使得第二类用户可以根据自身需求设置隐私数据的生命周期和删除周期。其中，隐私数据的生命周期为第二类用户同意隐私协议的情况下，隐私数据的最大存储时长。当隐私数据的存储时长大于该隐私数据的生命周期时，HDFS 需要主动删除该隐私数据。示例性的，生命周期可以为 90 天，也即 HDFS 只能保留用户 90 天内的隐私数据，而需要删除存储时长超过 90 天的隐私数据。隐私数据的删除周期为第二类用户取消同意隐私协议后，隐私数据的最大存储时长。HDFS 需要在第二类用户设置的删除周期内，删除在第二类用户取消同意隐私协议前所收集到的所有隐私数据。示例性的，删除周期可以为 30 天，则 HDFS 需要在第二类用户取消同意隐私协议的 30 天内，删除第二类用户同意隐私协议期间收集到的所有隐私数据。例如，HDFS 可以在第二类用户取消同意隐私协议的第 1 天内删除部分隐私数据，第 2 天内再删除部分隐私数据，以此类推，保证在 30 天内删除所有隐私数据即可。

示例性的，HDFS 可以接收外部设备（例如，业务云服务器）对目标数据发起的数据查询请求。该数据查询请求可以包括目标数据的用户标识。HDFS 可以先判断删除数据业务表中是否包括目标数据的用户标识。若确认删除数据业务表中包括目标数据的用户标识，则可以根据目标数据的用户标识查询得到目标数据的撤销时间。若目标数据的存入时间晚于目标数据的撤销时间，则表明目标数据为用户取消隐私协议后收集的隐私数据，HDFS 可以从隐私数据业务表中查询得到目标数据的存储路径、存储节点信息等，并将目标数据的存储路径、存储节点信息反馈给外部设备。若目标数据的存入时间早于目标数据的撤销时间，则表明目标数据为用户取消隐私协议前收集的隐私数据，则 HDFS 可以向外部设备反馈用于指示无法查询到目标数据的信息。

合规性问题剖析：

《个人信息保护法》第四条规定，个人信息是以电子或者其他方式记录的与已识别或者可识别的自然人有关的各种信息，不包括匿名化处理后的信息。《个人信息保护法》第十三条第一款规定，取得个人的同意时，个人信息处理者方可处理个人信息。《个人信息保护法》第二十八条规定，敏感个人信息是一旦泄露或者非法使用，容易导致自然人的人格尊严受到侵害或者人身、财产安全受到危害的个人信息，包括生物识别、宗教信仰、特定身份、医疗健康、金融账户、行踪轨迹等信息，以及不满十四周岁未成年人的个人信息。《个人信息保护法》第二十九条规定，处理敏感个人信息应当取得个人的单独同意；法律、行政法规规定处理敏感个人信息应当取得书面同意的，从其规定。《个人信息保护法》第四十七条规定："有下列情形之一的，个人信息处理者应当主动删除个人信息；个人信息处理者未删除的，个人有权请求删除：（一）处理目的已实现、无法实现或者为实现处理目的不再必要；（二）个人信息处理者停止提供产品或者服务，或者保存期限已届满；（三）个人撤回同意；（四）个人信息处理者违反法律、行政法规或者违反约定处理个人信息；（五）法律、行政法规规定的其他情形。法律、行政法规规定的保存期限未届满，或者删除个人信息从技术上难以实现的，个人信息处理者应当停止除存储和采取必要的安全保护措施之外的处理。"

《网络安全法》第二十二条规定，网络产品、服务具有收集用户信息功能的，其提供者应当向用户明示并取得同意；涉及用户个人信息的，还应当遵守本法和有关法律、行政法规关于个人信息保护的规定。《网络安全法》第四十一条规定，网络运营者收集、使用个人信息，应当遵循合法、正当、必要的原则，公开收集、使用规则，明示收集、使用信息的目的、方式和范围，并经被收集者同意。《网络安全法》第七十六条规定，个人信息，是指以电子或者其他方式记录的能够单独或者与其他信息结合识别自然人个人身份的各种信息，包括但不限于自然人的姓名、出生日期、身份证件号码、个人生物识别信息、住址、电话号码等。

本申请记载的方案是一种隐私数据管理的方法，其隐私数据包括用户的位置信息、通话记录、电话簿、行为操作等，属于《个人信息保护法》规定的保护客体。本申请为隐私数据设置生命周期，可以使隐私数据在其存储时长达到预设的生命周期时自动被删除，这符合《个人信息保护法》第四十七条第二款的规定；同时本申请说明书记载了"按照相关法规要求，在用户取消隐私协议后，HDFS需要删除已经收集到的隐私数据。但由于HDFS无法实时删除隐私数据，本申请实施例可以通过关联隐私数据业务表和删除数据业务表的方法，保证待删除数据对外部设备（例如，业务云服务器、客户端）是不可查的""HDFS需要在第二类用户设置的删除周期内，删除在第二类用户取消同意隐私协议前所收集到的所有隐私数据"，本申请中采集的隐私数据无法实时删除，当用户取消同意隐私协议时，无法立即将之前采集的隐私数据删除，也就是说本申请在删除个人信息从技术上难以快速实现时，通过设置数据不可查以及设置删除周期保证隐私数据的安全性，这也是符合《个人信息法》第四十七条规定的。然而，根据本申请记载的内容可知，本申请在管理隐私数据时，当撤销时间早于存入时间时，即用户不同意采集隐私数据后，还将隐私数据的存储路径返回给服务器并提供给查询隐私数据的用户，表明在被收集隐私数据的用户取消同意隐私协议时，该系统仍收集了用户隐私数据，并且可以查询到该隐私数据，这违反了《个人信息保护法》第十三条、第二十九条中关于个人信息和隐私信息需经得用户同意才可采集的法律条款，也违反了《网络安全法》第二十二条、第四十一条中关于同意原则的规定。

综上，该申请属于违反法律的情形，不符合《专利法》第五条相关规定。

● **案例6：特征挖掘方法、系统、设备及计算机可读介质**

案情简介：针对用户通迅录信息的挖掘不够深入，本申请技术方案涉及了基于用户通迅录中的备注信息对用户的社会关系进行深入挖掘，获取用户的上级关系、近亲关系、生活关系、敏感行业、高风险等信息的技术内容。本申请通过对备注名关键字的挖掘，将设定联系人和客户之间的关系分类，对各类的关键字细致挖掘，通过结合设定关键数据联合挖掘，得到对应的通迅录特征；上述关键数据包括关联至黄页数据、关联客户基本信息；通过关联至黄页数据判别用户对功能性号码存储偏好的种类，通过关联客户基本信息得到其通迅录中设定用户的用户画像，最终共加工完成423个通迅录特征。在挖掘样本上，有 20% 的特征具有一定的风险区分度，7% 的特征具有明显的风险区分度，可通过通迅录挖掘找到一些对风险有区分能力的特征，使用这些特征来构建模型能够区分出与自有特征不同的风险客户。

本申请记载的内容：

风险控制是金融的关键，随着时代的发展，风控领域的一个总趋势是信息化、模型化、智能化的程度越来越高。针对用户通迅录信息的挖掘不够深入，还有很多可能用于挖掘的方法没有被使用。本申请通过通迅录挖掘找到一些对风险有区分能力的特征，使用这些特征来构建模型能够区分出与自有特征不同的风险客户。

本发明提供一种特征挖掘方法、系统、设备及计算机可读介质，可通过通迅录挖掘找到一些对风险有区分能力的特征，使用这些特征来构建模型能够区分出与自有特征不同的风险客户。其中，特征挖掘方法具体包括以下步骤：

步骤 S1：通过对备注名关键字的挖掘，将设定联系人和客户之间的关系分类，对各类的关键字细致挖掘。

通过结合设定关键数据联合挖掘，得到对应的通迅录特征；所述关键数据包括关联至黄页数据、关联客户基本信息；通过所述关联至黄页数据判别用户对功能性号码存储偏好的种类；通过关联客户基本信息得到其通迅录中设定用户的用户画像。其中，关键字挖掘包括：根据用户通迅录中的备注名关键字挖掘出用户的上级关系、亲属关系、近亲关系、生活关系、敏感行业、高风险、自我称谓中的至少一个；若联系人备注名中包含总或领导，判断对应联系人为用户的领导；若联系人备注名中包含表示亲属的关键字，判断对应联系人为用户的亲属；若联系人备注名中包含表示近亲的关键字，判断对应联系人为用户的近亲；若联系人备注名中包含房东或快递或警官，识别出对应联系人与用户的对应关系；若联系人备注名中包含银行或法院或保险，识别出对应敏感行业联系人与用户的对应关系；若联系人备注名中包含高利贷或赌或狗，识别出高风险行业联系人与用户的对应关系；若联系人备注名中包含联系人姓名或自己或新卡或副卡，判断对应联系人可能是联系人自己。

在一实施例中，关键字挖掘包括：

上级关系：联系人名字含 X 总、领导等；

亲属关系：联系人名字含 X 姨、X 爹、X 妈、X 爸等；

近亲关系：联系人名字含爸爸、爹、妈妈、娘等；

生活关系：联系人名字含房东、快递、警官等；

敏感行业：联系人名字含银行、法院、保险等；

高风险：联系人名字含高利贷、赌、狗等；

自我称谓：联系人名字含自己、新卡、副卡等。

步骤 S2：通过结合设定关键数据联合挖掘，得到对应的通迅录特征；所述关键数据包括关联至黄页数据、关联客户基本信息；通过所述关联至黄页数据判别用户对功能性号码存储偏好的种类；通过关联客户基本信息得到其通迅录中设定用户的用户画像。

合规性问题剖析：

《个人信息保护法》第五条规定，处理个人信息应当遵循合法、正当、必要和诚信原则，不得通过误导、欺诈、胁迫等方式处理个人信息。《个人信息保护法》第六条规定，处理个人信息应当具有明确、合理的目的，并应当与处理目的直接相关，采取对个人权益影响最小的方式，收集个人信息，应当限于实现处理目的的最小范围，不得过度收集个人信息。《民法典》第一百一十一条规定，自然人的个人信息受法律保护；任何组织或者个人需要获取他人个人信息的，应当依法取得并确保信息安全，不得非法收集、使用、加工、传输他人个人信息，不得非法买卖、提供或者公开他人个人信息。《网络安全法》第四十二条规定，网络运营者不得泄露、篡改、毁损其收集的个人信息；未经被收集者同意，不得向他人提供个人信息。但是，经过处理无法识别特定个人且不能复原的除外。《网络安全法》第四十一条规定，网络运营者收集、使用个人信息，应当遵循合法、正当、必要的原则，公开收集、使用规则，明示收集、使用信息的目的、方式和范围，并经被收集者同意。

首先，本申请采集的用户通迅录信息属于个人生物识别信息及地址信息的范畴，这属于上述法律法规规定的个人信息范畴，且根据《个人信息保护法》第五条、《网络安全法》第四十一条、第四十二条以及《民法典》第一百一十一条的规定，系统可获取的用户个人信息数据是有适当范围的，并且必须是在用户本人同意的情况下合理合法获取的，所获取的信息内容也需要秉持必要的原则，不应当过度收集用户的个人信息。但是本申请中获取用户通迅录以及通迅录联系人备注信息的行为，首先，申请文件中并没有对用户通迅录信息的获取方式进行记载，即获取上述数据时，并不一定征得用户的同意，其次，上述收集的信息内容属于个人隐私信息，且是金融风险评估过程中与用户贷款或者其他金融行为无必然联系的数据，该数据采集超出了正当、必要的范围，故而本申请违反了《个人信息保护法》《民法典》及《网络安全法》的相关规定。

综上，该申请属于违反法律的情形，不符合《专利法》第五条相关规定。

● **案例7：一种智能楼宇监控系统**

案情简介： 本申请提供一种智能楼宇监控系统，在接收到用户终端发送的信息调取命令后，向所述用户终端发送面部图像获取需求；根据所述信息调取命令和所述用户终端反馈的面部图像信息确定若干关联面部图像，并将所述关联面部图像和图像选择需求发送至所述用户终端；根据所述用户终端反馈的选定面部图像和图像采集终端采集所得的图像信息，确定所述选定面部图像所属个体特征在所述智能楼宇内的位置信息；将包含所述位置信息的辅助信息发送至所述用户终端。本申请的目的是当父母与子女在商场中走散时，父母可利用楼宇监控快速寻找子女。

本申请记载的内容：

在楼宇被用作商用时，如用作大型商场、商业街或美食城等，常常会出现人员繁杂的情况。在人员繁杂的情况下，顾客之间相互寻找彼此较为困难。在一个场景中，父母与子女失散，父母需要寻找子女，一般选择去往楼宇的中控室，通过广播或调取监控视频的方式寻找子女。在另一个场景中，好友之间出于各自的需要暂时于楼宇内分别行动，一般好友会约定指定时间在指定地点汇合，或者以消息互通或通话等方式沟通，确定彼此的地点，以最终汇合。针对上述事例中的相关技术，发明人认为相关技术中顾客之间相互寻找彼此的方式效率低下。

为了提高顾客之间相互寻找彼此方式的效率，本申请提供了一种智能楼宇监控方法，具体包括以下步骤：

S210：在接收到请求方的用户终端130发送的信息调取命令后，向用户终端130发送面部图像获取需求。信息调取命令是指该顾客需要获取另一顾客位置的需求。

S220：根据信息调取命令和请求方的用户终端130反馈的面部图像信息确定若干关联面部图像，并将关联面部图像和图像选择需求发送至用户终端。服务器110实时接收图像采集终端120采集所得的图像信息，并根据图像采集终端120采集所得的图像信息生成个体特征关联信息。在服务器110接收到图像采集终端120采集所得的图像信息后，可基于特征识别技术在图像信息中提取作为独立的"人"的个体特征，并基于人脸识别技术获取每个个体特征的面部图像信息。服务器110将筛选所得的关联面部图像全部发送至该终端标识信息对应的用户终端130，即请求方的用户终端130，以供请求方于其中选择目标方的面部图像信息。

S230：根据请求方的用户终端130反馈的选定面部图像和图像采集终端120采集所得的图像信息，确定选定面部图像所属个体特征在智能楼宇内的位置信息。选定面部图像即请求方在关联面部图像中选定为目标方面部图像的面部图像信息，请求方通过操作用户终端130，可查看服务器110发送至用户终端130的关联面部图像，并于其中选定一个为目标方的面部图像，即选定面部图像。请求方可通过点击关联面部图像的方式确定选定面部图像，在请求方点击关联面部图像时，用户终端130可通过弹窗等方式询问请求方是否确定其为选定面部图像，仅在请求方点击确定时，用户终端130才会将选定面部图像发送至服务器110，以免请求方误操作。在接收到所述用户终端反馈的选定面部图像时，判断所述选定面部图像是否绑定有用户终端；若判断为否，则执行所述获取图像采集终端采集所得的实时图像信息，即服务器110接收到请求方用户终端130反馈的选定面部图像时，服务器110获取图像采集终端120采集所得的实时图像信息，并判断实时图像信息中是否包含该选定面部图像。若实时图像信息中包含该选定面部图像，则服务器 110 可基于特征识别技术和图像定位技术，确定选定面部图像所属个体特征在该楼宇内的实时位置信息。

合规性问题剖析：

对于技术方案是否构成《专利法》第五条第一款所称的违反法律的情形，首先应当判断发明申请的技术方案所实施的行为是否属于具体的法律所禁止的行为。

《个人信息保护法》第四条规定，个人信息是以电子或者其他方式记录的与已识别或者可识别的自然人有关的各种信息，不包括匿名化处理后的信息。《个人信息保护法》第十三条第一款规定，取得个人的同意后，个人信息处理者方可处理个人信息。《个人信息保护法》第二十六条规定，在公共场所安装图像采集、个人身份识别设备，应当为维护公共安全所必需，遵守国家有关规定，并设置显著的提示标识。所收集的个人图像、身份识别信息只能用于维护公共安全的目的，不得用于其他目的；取得个人单独同意的除外。

本申请记载的方案是通过在公共场合设置的摄像头获取用户面部信息、位置信息，其获取、处理的均为《个人信息保护法》第四条规定的个人信息范畴。根据本申请说明书记载的内容，本申请在处理个人信息时，被选定面部图像未绑定用户终端时，服务器会直接获取用户的图像信息和位置信息，其未经过被收集者同意，并将收集的个人信息提供给了第三人，根据《个人信息保护法》第十三条的规定，个人信息处理者在处理个人信息时需要取得个人的同意，此时，该申请违反了《个人信息保护法》第十三条关于取得同意的相关规定。但是，结合本案的发明目的，即提高父母寻找失散子女的效率，可以看出，本申请出于寻找子女的合法、正当、必要的需求，获取需找对象的面部信息以及位置信息，以实现寻找子女的功能，虽然未经目标用户同意便获取并处理了其个人信息，但这是基于维护公共安全所必需，属于《个人信息保护法》第二十六条规定的在公共场所安装图像采集、个人身份识别设备，只能用于维护公共安全目的的相关条款，即该条款可以作为《个人信息保护法》第十三条的赦免条款，可在不经用户同意的情况下，出于维护公共安全的需要，处理公共场所人脸识别设备采集的数据。综上，认为本案技术方案符合法律规定，未违反《专利法》第五条的规定。

● **案例 8：一种用于公共场所的安全检测设备**

案情简介：本申请涉及一种用于公共场所的安全检测设备，包括至少一个传送通道、X 光成像单元和 X 光控制单元；还包括一个取得无线通信终端的身份，将其和取得的图像数据关联，使其具有相同的数字标记，并将关联后的数据上传或存储在本地的相同或不相同的数据库中的数字身份取得及数据处理单元；所述数字身份取得及数据处理单元定时由 X 光控制单元取得 X 光图像数据，将其与当前通过无线基站的方式取得的、其作用范围内人员携带的移动通信终端的身份信息一起进行关联处理。本发明还涉及一种在上述设备上采集数据的方法。实施本发明的用于公共场所的安全检测设备及其数据采集方法，具有以下有益效果：其数据能够形成系统，能够有效识别已知需要控制的人员。

本申请记载的内容：

在很多重要的公共场所，例如，机场、车站和大型集会的场馆等，对进入人员及其携带的物品进行安全检测已经成为一种必要的技术手段。这种手段可以对进入人员进行筛选，保证这些公共场所的安全，对于维护社会秩序、保护人民的生命财产安全具有非常重要的意义。现有的系统虽然能够取得物品的图像，但是在对取得数据的存储、处理上，并没有形成系统，对于数据回溯、事态的预判等，并不能给予有效的支持；同时，数据的单一性使得即使是已知的不法分子，只要在其携带物品合法的情况下也能进入上述场所，即现有系统在人、物分离的情况下不能够进行有效的预判。

本发明要解决的技术问题在于，针对现有技术的上述数据不能形成系统，在一些情况下可能错误放行的缺陷，提供一种数据能够形成系统，能够有效识别已知不法分子的用于公共场所的安全检测设备及其数据采集方法，包括以下步骤：

步骤 S11：产生数字标记，开始数据采集周期。在本步骤中，取得缺省的、事先设置的设定时间值，以当前系统时间为开始时间或以当前系统时间加上所述设定时间值的一半为开始时间，以所述设定时间值为周期，产生一个包括安全检测设备放置位置代码和当前时间值的数字标记，并在该数据采集周期内维持该数字标记。在本实施例中，当取得上述设定时间值后，也就确定了一个数据采集周期的时间跨度，在这个时间跨度内采集到的各种类型的数据，都会被用同一个数字来做标记，形成一个逻辑上或物理上的数据单元。这个数字标记，是由系统（具体来讲是数字标记产生模块）产生的，并在其产生后的设定时间段内保持不变。该数据标记本质上是系统时间的标记，在本实施例中，该数据标记中包括该安检设备放置的位置代码和时间代码。当数据采集周期的长度时间确定后，一个重要的时间节点就是该周期的开始时间，在本实施例中，上述起始时间可以是在安检设备的 X 光部分刚刚取得一个 X 光图像之后，也可以是在两幅 X 光图像的时间间隔的中间位置。例如，假设两幅相邻的 X 光图像产生时间分别是第 1 秒和第 2 秒，则优先选择的一个数据采集周期的起始时间通常是在第 1.5 秒。

步骤 S12：取得 X 光图像数据和无线通信终端身份数据。在本步骤中，通过基站切换的方式要求设定范围内的无线通信终端上报身份信息，并将得到的无线终端身份信息形成当前无线通信终端身份数据；取得所述安全检测设备当前取得的物品传输通道上的物品的 X 光图像数据；在本实施例中，上述取得当前无线通信终端身份数据具体包括：当无线通信终端进入一个身份信息取得装置作用的区域（通常是该安全检测设备中取得进行安检物品的位置，例如，传输通道的端头及其附近一定范围的区域），接收到所述身份信息取得装置发出的无线信号，进行基站切换，在不验证基站身份的情况下与所述身份信息取得装置连接（即将上述身份信息取得装置视为一个无线基站，并在该基站注册或登录）；所述身份信息取得装置发出身份信息请求，要求所述无线通信终端上传其身份信息；所述无线通信终端在接收到所述请求后，对其进行应答；所述身份信息取得装置接收所述无线通信终端发出的应答信号并取得其中的用户身份信息，包括该无线通信终端的硬件唯一识别码。

步骤S13：关联取得的数据，使其形成数据单元。在本步骤中，使用所述数字标记关联所述当前无线通信终端身份数据和所述X光图像数据。在本实施例中，具体来讲，就是将上述当前的数字标记附着在上述各种类型的数据上，使其在物理上或逻辑上形成一个数据单元。在本实施例中，所述关联包括将所述数字标记附着在被关联数据的头部、尾部或指定位置。

步骤S14：调节设定时间并存储为缺省设定时间。在本步骤中，调节所述设定时间值，并将调节后的设定时间值作为缺省的设定值存储；其中所述调节后的设定时间值包括两个相邻的X光图像数据取得的时间间隔。调节上述设定时间的一个重要目的，是通过其调整，使得取得的无线通信终端的身份信息和X光图像数据能够更为准确地对应，保证在一个数据单元中的X光图像是对应于该数据单元中的无线通信终端的身份信息的。即保证同一个人携带物品的X光图像和该人携带的无线通信终端的身份信息是在同一个数据单元中的。

步骤S15：判断一个数据采集周期完成与否。如是，开始下一周期的数据采集，返回步骤S11；否则，重复本步骤的判断。

在本发明中，当上述用于公共场所的安全检测设备采集的数据包含了上述经过安检人员的图像数据和其携带的无线通信终端身份信息时，这些数据的关联就形成一个"数字人"的相关信息，可以根据多个这样的信息对比，例如，以相同的无线通信终端的身份信息为标签或索引，查找其在一段时间内的相关数据，就能够确认使用该移动通信终端的人员的图像数据，例如，脸部特征，再将经过上述筛选得到的脸部特征或身体特征等与上述移动通信终端的身份识别码绑定，就能够得到"数字人"的身份信息。在一些情况下，例如上述"数字人"的身份信息和户籍系统结合对比等，能够完全实现人员的真实身份确认。同时，由于无线通信终端身份信息的数据量较小，非常适合作为标签或索引使用，通过对其跟踪、查询等，可以较好地实现可疑人员的行踪确定、跟踪和行为识别，进而能够预防和回溯一些不法活动。在本发明中，"数字人"的概念实际上是将人员携带的数字设备视为人员的一个额外的、易于取得和识别的附加特征（相对于人员的生物特征而言，例如指纹、虹膜或面部特征等）通过人员一段时间内携带的数字设备身份,确认人员身份的一种新的识别或感应方法。

合规性问题剖析:

《个人信息保护法》第四条规定,个人信息是以电子或者其他方式记录的与已识别或者可识别的自然人有关的各种信息,不包括匿名化处理后的信息。《个人信息保护法》第十三条第一款规定,取得个人的同意后,个人信息处理者方可处理个人信息。《个人信息保护法》第二十六条规定,在公共场所安装图像采集、个人身份识别设备,应当为维护公共安全所必需,遵守国家有关规定,并设置显著的提示标识。所收集的个人图像、身份识别信息只能用于维护公共安全的目的,不得用于其他目的;取得个人单独同意的除外。《个人信息保护法》第三十四条规定,国家机关为履行法定职责处理个人信息,应当依照法律、行政法规规定的权限、程序进行,不得超出履行法定职责所必需的范围和限度。《个人信息保护法》第三十七条规定,法律、法规授权的具有管理公共事务职能的组织为履行法定职责处理个人信息,适用本法关于国家机关处理个人信息的规定。

本申请中收集的用户身份信息能够确定出用户的个人身份,符合《个人信息保护法》中第四条"与已识别或者可识别的自然人有关的各种信息"的规定,属于个人信息的范畴。根据说明书对技术方案的记载,其在未向用户明示并征得同意的情况下,通过强制使用户无线终端切换基站,自动获取无线终端的身份信息,虽然安检设备由授权的特定机构设置,以维护公共安全为目的,然而本申请中安检设备未经用户同意自动采集用户身份信息,识别个人身份不在安检设备所授权的功能范围内,安检设备的明显标识旨在提示对用户所携带的物品进行安全检查,并未明示告知用户要强制获取其无线终端的个人身份信息。

综上,本申请违反了《个人信息保护法》第二十六条的规定,属于违反法律的情形,该申请不符合《专利法》第五条相关规定。

● **案例9:一种信息推荐方法**

案情简介: 本申请通过采集图像,依据从图像中提取的顾客的外貌特征判断顾客的至少一种人物属性,进而根据与该人物属性对应的商品信息预测该顾客感兴趣的商品信息,从而向顾客推荐商品信息,实现个性化推荐,节约顾客从琳琅满目的商品中挑选商品的时间。

本申请记载的内容:

实际应用中,线下场景中很难获取到流动顾客的身份信息,特别是首次入店的顾客,无法获取到该顾客的身份信息,继而也无法依据身份信息获取到顾客偏好的商品,从而无法实现商品推荐。线上场景中也可能因无法获取到与待推荐产品相关的顾客信息而出现无法进行商品推荐的情况,例如,虽然知道顾客姓名等个人信息,但无法向顾客推荐护肤品之类的产品等。本实施例在获取到摄像模块所采集的图像后，可以依据图像中顾客的外貌特征判断顾客可能感兴趣的商品信息。

图像可以是顾客指定部位的图像，也可以是顾客整体部位的图像，具体由购物场所提供的商品确定。可以理解的是，为了得到不同需求的图像，摄像模块所设置的位置可能有所不同，以能拍摄到顾客指定部位或顾客整体部位为准设置摄像模块，例如，指定部位为脸部，则可以将摄像模块设置在容易采集脸部图像的位置处。针对其他情况在此不一一列举。

相应地，顾客的外貌特征，可以是指定部位的外貌特征，也可以是整体部位的外貌特征，具体提取指定部位的外貌特征，还是整体部位的外貌特征，由购物场所内所提供的商品决定。例如，针对提供面部产品的店铺，所述外貌特征可以是人脸特征。另外，为了增加识别率，所述图像可以是主要以人脸为主的图像。又如，针对提供手部产品的店铺，所述外貌特征可以是手部特征。获取的图像可以是主要以人手为主的图像。又如，针对提供衣服的店铺，所述外貌特征可以是全身特征，获取的图像可以是全身图像等。

可以理解的是，指定部位除了脸部、手部，还可以是其他部位，例如，脚部、腿部、腰部等，具体根据商品所针对的类型决定，在此不一一列举。

在本发明中，本说明书根据一示例性实施例示出的一种信息推荐方法的流程示意图，所述方法包括：在步骤302中，获取图像；在步骤304中，依据从所述图像中提取的顾客的外貌特征判断顾客的至少一种人物属性；在步骤306中，根据预设的人物属性与商品信息的映射关系，确定与所述人物属性对应的商品信息；在步骤308中，展示所述商品信息。

关于如何由外貌特征判断顾客的人物属性，在一个例子中，可以预先约定人物属性与外貌特征的映射关系，映射关系可以由神经网络模型确定。例如，依据从所述图像中提取的顾客的外貌特征判断顾客的至少一种人物属性可以包括：将图像输入预训练的神经网络模型，由神经网络模型根据输入图像中的外貌特征判断顾客的至少一种人物属性。神经网络模型可以包括外貌特征与人物属性间的映射关系，例如，神经网络模型是利用带标签的样本图像对神经网络进行训练获得的网络模型。样本图像可以依据识别目的而构建，标签可以是人类属性。例如，针对识别目的是人脸属性，样本图像为人脸图像，标签包括性别、年龄、肤质、肤色、唇色、表情中的一种或多种人脸属性。又如，针对识别目的是全身获得的属性，样本图像为全身图像，标签包括性别、年龄、指定部位占整个身体的比例中的一种或多种。

合规性问题剖析：

《个人信息保护法》第四条规定，个人信息是以电子或者其他方式记录的与已识别或者可识别的自然人有关的各种信息，不包括匿名化处理后的信息。《个人信息保护法》第二十六条规定，在公共场所安装图像采集、个人身份识别设备，应当为维护公共安全所必需，遵守国家有关规定，并设置显著的提示标识。所收集的个人图像、身份识别信息只能用于维护公共安全的目的，不得用于其他目的；取得个人单独同意的除外。

本申请针对线下购物场景，具体涉及在商场、购物场所等公共场所采集的顾客外貌特征（包括人脸图像、人手图像、全身图像），其发明构思在于通过顾客外貌特征来确定顾客的人物属性，进而预测并向顾客推荐感兴趣的商品。该方案获取的顾客外貌特征并不是为了识别自然人信息，因此，该方案不违反《个人信息保护法》第二十六条的规定。因此，本申请不违反相关法律，符合《专利法》第五条相关规定。

● **案例10：获取以及识别客户信息的方法**

案情简介：本发明是一种获取及识别客户信息的方法及其装置，建立视频采集区域，包括以下步骤：A. 采集进入视频采集区域的客户信息，以所述客户信息中的人脸特征值生成客户身份数据包；B. 将收到所述的客户身份数据包处理后形成客户信息数据包并发送；C. 匹配所述客户信息数据包中的人脸特征，如无人脸匹配项，将所述客户信息数据包存入数据库；如具有人脸匹配项，将所述客户信息数据包并入已有数据后存入数据库，并输出识别信息。本发明基于人脸获取和识别技术，将用户人脸和其消费相关信息结合，实现对用户消费习惯、喜好和能力进行立体描述。

本申请记载的内容：

随着科技的发展，出于各种安全以及便利性的考虑，人脸识别技术广泛应用在各个领域，例如：商用（商铺、公司领域），通过实时人脸数据采集（视频或者拍照），用于对用户的身份进行确定，从而实现信息推荐。现有技术中的人脸识别技术是服务于特定的环境或场所，依赖于原始数据，并且各领域中数据采集以及存储都存在重复的工作，一些相关数据并没有进行信息共享以及应用。

本发明的目的在于解决在没有原始数据的情况下，如何能够有效地获取和识别用户人脸，并且尽可能详尽地针对个人消费者人脸进行消费信息画像，通过人工智能和大数据分析以及训练不断丰富针对此用户的信息，包括消费习惯、生活信息等，将此用于商业领域来为消费者提供更好的服务，如推荐商品、食品、促销、优惠、折扣、服务等。

本发明提供一种获取及识别客户信息的方法，建立视频采集区域，包括以下步骤：

A. 采集进入视频采集区域的客户信息，以所述客户信息中的人脸特征值生成客户身份数据包；所采集的客户信息包括：客户的生物信息、行为信息以及消费信息等，其中客户的生物信息至少包括面部特征，还可以采用智能音频采集设备来采集客户的声音特征，采用智能掌纹采集设备来采集客户的掌纹特征等；行为信息包括行走轨迹、浏览记录、关注表情等；消费信息包括购买记录、银行卡、消费金额、会员记录等，而在此步骤中以人脸特征值为存储基础，捆绑如上信息（在本实施例中可统称为人物概要描述），自动生成用户身份数据包。

B. 将收到所述的客户身份数据包处理后形成客户信息数据包并发送。在步骤 B 中，将客户人脸转换成特征值匹配以唯一的身份信息 ID，同时将采集到的其他客户的生物信息、行为和消费信息等与该 ID 进行绑定，形成客户信息数据包，数据包格式为：[人脸特征值+唯一 ID+生物特征（声纹+掌纹+……）+行为记录（行走轨迹+浏览记录+关注表情+……）+消费记录（购买记录+银行卡+代金券+金额+会员卡号+会员信息+……）]，传输至中央处理器处理匹配。

C. 匹配所述客户信息数据包中的人脸特征，如无人脸匹配项，将所述客户信息数据包存入数据库；如具有人脸匹配项，将所述客户信息数据包并入已有数据后存入数据库，并输出识别信息。中央处理器在收到需要识别的数据包时，根据数据包中的人脸特征值在数据库中进行匹配，如果匹配失败，返回"无匹配对象"；如果匹配成功，则反馈对应数据库中的识别结果"人物概要描述"（即客户信息数据）。

D. 店铺可以根据入店客户的消费画像，推荐适合客户的商品，甚至根据用户喜好提供让用户愉悦甚至惊喜的购物体验，根据用户对某种商品的历史关注度，提供相应的促销和优惠，促进用户购买商品。同时让店员在单位时间内更加有效地服务客户，推销商品，提高成单概率，提升店铺的销售业绩。而商场和酒店等大型广场，可以通过累积的大数据分析，对本广场制定更加合理的招商计划，引入更符合消费者的商铺、餐饮和娱乐等服务。并且对未来广场的选址、规划和建设提供更加有效的数据，使商业地产广场项目的有效率和盈利达到最大化。

合规性问题剖析：

《个人信息保护法》第四条规定："个人信息是以电子或者其他方式记录的与已识别或者可识别的自然人有关的各种信息，不包括匿名化处理后的信息"。《个人信息保护法》第二十六条规定："在公共场所安装图像采集、个人身份识别设备，应当为维护公共安全所必需，遵守国家有关规定，并设置显著的提示标识。所收集的个人图像、身份识别信息只能用于维护公共安全的目的，不得用于其他目的；取得个人单独同意的除外"。

本申请中收集的用户身份信息，如：人脸信息、声纹信息、掌纹信息等能够确定出特定人的个人身份，符合《个人信息保护法》中第四条"与已识别或者可识别的自然人有关的各种信息"的规定，属于个人信息的范畴。根据说明书对技术方案的记载，其在未向用户明示并征得同意的情况下，在视频采集区域自动识别人脸以及获取用户其他身份相关的信息，收集信息的目的也是为店铺或者广场提供利益，而不是为了维护公共安全所必需。

综上，本申请违反了《个人信息保护法》第二十六条的规定，属于违反法律的情形，该申请不符合《专利法》第五条相关规定。

三、大数据处理技术的合规性问题

隐私计算作为一种新型信息技术，具备了"在保证数据提供方不泄露原始数据的前提下，对数据进行分析计算，有效提取数据要素价值"这一功能，该技术与保障数据在产生、存储、计算、应用、销毁等各个环节中"可用不可见"的要求相契合，然而，技术从来都是好坏参半，既能赋予我们创造性，也能带给我们毁灭性，故而即使隐私计算具备上述优势，但由于其复杂且常常呈现"黑盒化"现象，该技术在应用时也会存在一些异化行为，比如：知情同意框架实效弱化、数据泄露、算法歧视等。

1. 隐私计算的异化行为

（1）知情同意框架实效弱化

知情同意框架为数据处理者的处理活动划定了合理且可变的范围，避免违背数据主体的意愿侵害其自决权利和引发不利后果。从隐私计算的原理上来看，参与数据合作的各方通过隐私计算技术对本地存储的用户数据进行分析和建模，这一过程在不进行原始数据共享的情况下，交换了数据隐含的信息价值，加上处理的数据往往经过匿名化的处理，无法还原用户的真实身份，因此在满足上述两方面的条件下，应用隐私计算处理个人信息来代替以往的原始数据共享过程，可以认为无须经过用户的授权同意。然而隐私计算是否能完全满足"不可识别且不可复原"的监管要求还需进一步探讨，故而在一般情况下，在使用隐私计算对数据进行处理前，数据提供方和数据使用方必须征得数据主体的有效授权。

但是隐私计算在知情同意框架上也存在问题。一方面，与普通的数据处理技术相比，隐私计算是在"不可见"的前提下进行数据处理，具有匿名化特点，其对原始数据的处理范围要求更广，挖掘程度要求更深，并且往往需要经过加密或多方学习模型等程序去除数据的可识别特征，才能实现各方数据在"不可见"状态下做到处理结果"可用"的目的，且信息处理者需要对原始数据、加工后的数据以及数据使用范围等均进行授权，授权的环节多而繁杂，在这种情况下，授权协议难以完全覆盖所有环节所有数据。举个例子来说，在联邦学习的多方参与模型构建过程中，各方模型对数据的使用目的、使用深度等授权呈动态需求，导致各方模型需要根据更新需求反复进行轮回适配，这使得在授权过程中需要摒弃传统的静态授权，即一次性授权以满足"知情同意"原则。另一方面，在实际操作过程中，冗长繁缛的隐私条款通常都会使用户产生阅读不适，不能完全仔细阅读完整条款，且有些条款还会设置在不显著位置，用户通常都是在未能完全"知情"的情形下选择"同意"，造成知情同意框架实际效果欠佳。

（2）数据泄露

隐私计算是一个建立在多方共同参与、相互合作基础上的信息技术，在实际应用过程中涉及数据提供方、技术提供方、数据处理方和结果使用方等不同主体，参与主体的数量庞大，水平参差不齐，数据泄露风险相对较高。隐私计算的数据泄露可以分为主动泄露和被动泄露，其中，主动泄露是指因参与方违背公约将模型或数据主动泄露给第三方，比如某一参与方为了自身利益，通过违约获取额外信息或者恶意合谋等方式窃取其他参与方数据，并将数据传输给他人。被动泄露主要是指原始数据被复原和模型攻击，究其原因，一方面，尽管隐私计算致力于要将原始数据脱敏处理为法律规定的"经过处理无法识别特定个人且不能复原"的数据，然而，反向工程技术的逐步发展，使得隐藏再深的信息都有可能通过反向推理被还原，而根据隐私计算本身特有的属性，存在可能被反向工程突破的弱点，即若对隐私计算过程或源代码进行反向推演获取原始数据，非授权主体依然有可能通过"多次尝试输入数据生成特定关系的结果"倒推原始数据，这使前述"经过处理无法识别特定个人且不能复原"的匿名化假设不复存在；另一方面，隐私计算涉及了各参与方上传或共享模型，在这一过程中，模型就有可能被恶意攻击者攻入，并对隐私计算技术进行恶意破坏，比如：在联邦学习技术的应用过程中，各参与方需要通过上传或共享模型参数或梯度信息的方式来完成联合模型的建立，从而达到联合使用数据的目的，然而，联邦学习场景下，投毒攻击、用户端 GAN 攻击、服务器端 GAN 攻击、推理攻击等恶意破坏手段极易出现，任一参与方遭受攻击都有可能使得联合模型被泄露，进而导致大规模数据泄露。另外，恶意攻击者同样可以利用隐私计算中各参与方都可以直接获取完整的全局模型参数的特性，将自己伪装成诚实参与方窃取运算结果、扭曲模型或破解可信环境。

（3）算法歧视

隐私计算的另一异化行为是算法歧视，或将算法歧视从个体歧视转变为群体歧视。一方面，由于隐私计算通过匿名化数据、加密技术、模型学习等方法以实现其数据"可用不可见"的特性，那么，隐私计算结果的偏差性与其他可见条件下的计算相比，就会变得更加普遍和严重，而计算结果的偏差性是引发算法歧视的关键诱因。另一方面，数据集偏差或数据缺陷也可能导致算法歧视，在隐私计算中，各方提供的数据在匿名化后模糊性提高，通常就需要多个数据提供方提供数据作为样本，将大量的数据样本进行隐私计算后才能获得具有价值的数据处理结果，在这一过程中，各数据方模型和中央模型之间会进行多次轮回训练以对模型进行调整，直到形成各方均合适的模型，在这种情况下，一旦某个数据样本含有歧视内容或数据间错搭乱配，就会直接导致中央模型和各参与方的模型被"污染"，"污染"后的模型会导致结果偏差扩大，歧视覆盖群体放大，单次歧视的即时危害虽不易被察觉，却足以在更长时间维度和更长数据链条上产生积累式影响,联邦学习全局模型的不断轮回最容易导致群体歧视泛滥,最终对海量数据背后所指向的众多数据主体产生无法估量的危害。例如,当不同学校的毕业生数据被用于训练招聘筛选系统时,以及当男性占绝对多数的 IT 行业数据和其他行业数据被共同用于训练升职评价系统时,同身份紧密捆绑的群体歧视将从数据向模型蔓延。

2. 隐私计算技术的异化行为样态及法律适用

对于隐私计算技术,不同的异化行为适用不同的数据法律以及不同的法律条款,本节将详细分析每种异化行为样态的法律行为要件,进而根据某一法律行为要件确定具体的数据法律条款,以判定异化行为样态的合规性问题。

(1)知情同意框架实效弱化

根据前述分析,隐私计算技术因其具备"可用不可见"的特性以及隐私条款的复杂化,导致知情同意框架在实际应用时成效不高,也就导致了"知情同意框架实效弱化"这一异化行为。为准确判定本部分恶意的隐私计算行为的异化情形,以及确定恶意的隐私计算技术异化行为的数据法律条款,本部分恶意的隐私计算行为的判定主要考虑是否未经用户的许可便收集并使用了用户的个人数据。

《网络安全法》第四十四条规定,任何个人和组织不得窃取或者以其他非法方式获取个人信息,不得非法出售或者非法向他人提供个人信息。《网络安全法》第七十六条规定,网络数据,是指通过网络收集、存储、传输、处理和产生的各种电子数据;个人信息,是指以电子或者其他方式记录的能够单独或者与其他信息结合识别自然人个人身份的各种信息,包括但不限于自然人的姓名、出生日期、身份证件号码、个人生物识别信息、住址、电话号码等。针对"知情同意框架实效弱化"这一异化行为,隐私计算过程中数据处理者未经用户授权/同意或者未经用户全部授权的情况下私自进行用户个人数据的处理,其技术方案从本质上说就是对个人数据的窃取及使用,属于《网络安全法》规定的"窃取"情形,不符合《网络安全法》第四十四条的规定。

《个人信息保护法》第十四条规定,基于个人同意处理个人信息的,该同意应当由个人在充分知情的前提下自愿、明确作出。法律、行政法规规定处理个人信息应当取得个人单独同意或者书面同意的,从其规定。个人信息的处理目的、处理方式和处理的个人信息种类发生变更的,应当重新取得个人同意。针对"知情同意框架实效弱化"这一异化行为,隐私计算过程中数据处理者在未经用户授权/同意或者未经用户全部授权的情况下私自进行用户个人数据的处理,且隐私计算收集的数据极大可能涉及生物识别、宗教信仰、特定身份、医疗健康、金融账户、行踪轨迹,生物识别、宗教信仰、特定身份、医疗健康、金融账户、行踪轨迹以及不满十四周岁未成年人的个人信息,属于《个人信息保护法》第二十八条规定的保护客体,故而在"知情同意框架实效弱化"这一异化行为下,其技术方案从本质上说就是未经用户同意使用用户个人信息,属于《个人信息保护法》第十四条规定的情形,故而不符合《个人信息保护法》的规定。

《数据安全法》第三十二条规定,任何组织、个人收集数据,应当采取合法、正当的方式,不得窃取或者以其他非法方式获取数据。《数据安全法》第三条规定,本法所称数据,是指任何以电子或者其他方式对信息的记录;数据处理,包括数据的收集、存储、使用、加工、传输、提供、公开等。针对典型技术行为样态"知情同意框架实效弱化",该方案的实质是数据处理者在未经用户授权/同意或者未经用户全部授权的情况下,采取窃取手段获得用户的个人数据,该技术行为对象"隐私数据"属于《数据安全法》第三条规定的保护客体,并且,上述技术异化行为的核心技术手段的实质是以窃取的方式获取数据,落入《数据安全法》第三十二条规定的情形,违反《数据安全法》第三十二条的规定,因此上述技术异化行为违反法律规定。

(2) 数据泄露

隐私计算技术由于其参与方众多,各参与方的可靠性不便衡量,以及技术本身的壁垒原因,会导致隐私计算技术在使用过程中存在"数据泄露"异化行为。由前述分析可知,隐私计算技术的主动泄露主要由参与方本身导致,而被动泄露则由技术壁垒导致,故而针对"数据泄露"这一异化行为可以从用户主观故意以及实施技术存在的障碍两个角度分析。

《网络安全法》第二十一条规定,国家实行网络安全等级保护制度。网络运营者应当按照网络安全等级保护制度的要求,履行下列安全保护义务,保障网络免受干扰、破坏或者未经授权的访问,防止网络数据泄露或者被窃取、篡改。《网络安全法》第四十二条规定,网络运营者不得泄露、篡改、毁损其收集的个人信息。针对典型技术行为样态"数据泄露",从用户主观层面分析,使用隐私计算技术的网络运营者需要对其获得及处理的数据明确网络安全责任,并通过完善的规章制度、操作流程为网络安全提供必要的制度保障,出现"数据泄露"这一异化行为,可能是用户主观意识淡薄,甚至是主观故意;从技术层面分析,使用隐私计算技术的网络运营者需采取合理的技术手段,不断加强隐私计算技术中涉及的数据的保密性,确保"经过处理无法辨认特定个人且不能恢复的"这一匿名化假设的可靠性,出现"数据泄露"这一异化行为,很可能是因为网络运营者在事前防御、事中响应以及事后跟进上所采取的技术手段不足以应对网络风险。这导致该异化行为违反《网络安全法》第二十一条及第四十二条的规定。

《个人信息保护法》第二十八条规定,敏感个人信息是一旦泄露或者非法使用,容易导致自然人的人格尊严受到侵害或者人身、财产安全受到危害的个人信息,包括生物识别、宗教信仰、特定身份、医疗健康、金融账户、行踪轨迹等信息,以及不满十四周岁未成年人的个人信息。只有在具有特定的目的和充分的必要性，并采取严格保护措施的情形下，个人信息处理者方可处理敏感个人信息。隐私计算过程中通常涉及一些敏感个人信息，针对典型技术行为样态"数据泄露"，该方案的实质是信息处理者在敏感个人信息处理的各个环节中，并没有采取安全/可靠的保护手段，导致敏感个人信息被泄露，且在针对敏感个人信息的处理过程中，并未做好严格保护措施。这导致该异化行为违反《个人信息保护法》第二十八条的规定。

《数据安全法》第三条规定，数据安全，是指通过采取必要措施，确保数据处于有效保护和合法利用的状态，以及具备保障持续安全状态的能力。针对典型技术行为样态"数据泄露"，该方案的实质是隐私计算的数据处理者未采取必要措施对隐私计算过程中涉及的各类数据进行安全保护，发现漏洞后，也未及时补救，导致其违反《数据安全法》第三条的规定。

（3）算法歧视

《个人信息保护法》第二十四条规定，个人信息处理者利用个人信息进行自动化决策，应当保证决策的透明度和结果公平、公正，不得对个人在交易价格等交易条件上实行不合理的差别待遇。针对"算法歧视"这一典型技术异化行为，隐私计算技术作为一种智能算法技术本身就存在算法歧视的问题，隐私计算技术的多方参与及轮回训练特性，导致在隐私计算过程中，通过被"污染"的某一参与方的模型，进一步扩大歧视群体的覆盖面，其本质就是自动化决策过程中的不公平和不公正，使模型参与各方在训练过程中的交易条件不一致，实行了不合理的差别待遇，违反了《个人信息保护法》第二十四条的规定。

3. 隐私计算技术的典型案例解析

● **案例11：一种基于联邦学习框架的信息推荐方法**

案情简介：本申请的目的是根据用户的目标金融行为信息，为用户推荐目标金融信息，提高推荐信息准确率的同时提高金融机构信息推荐成功率，从而使其完成其预设工作任务，具体地：首先获取目标用户的目标金融行为信息，其中，目标用户的目标金融行为信息包括以下至少一项：目标用户的用户流水信息、用户风险评估信息和金融产品信息；然后，将目标用户的目标金融行为信息输入信息推荐模型，输出针对多个候选金融信息中的每个候选金融信息的推荐得分；最后，根据多个推荐得分，从多个候选金融信息中确定目标金融信息，并向目标用户推荐目标金融信息。

本申请记载的内容：

随着金融产业的快速发展，金融机构会将一些待推广的金融信息推荐给各个用户，当前市面上通常是通过各类信息推荐模型进行金融信息推荐，但是难以实现个性化的金融信息推荐。本申请提供的一种基于联邦学习框架的信息推荐方法可应用于金融领域，例如，用于银行工作人员向客户进行理财产品的推荐。

本申请要解决的技术问题是提供一种基于联邦学习框架的信息推荐方法，以提升推荐信息的准确度，从而提升金融机构的推荐成功率，有力促进其完成目标工作任务。为解决上述技术问题，本申请提供的基于联邦学习框架的信息推荐方法，具体包括如下步骤：

S210：获取目标用户的目标金融行为信息。其中，目标用户的目标金融行为信息可以指目标用户在日常的交易行为中产生的，并且被数据库所记录的信息，可以包括用户流水信息、用户风险评估信息和金融产品信息中的一项或者多项的组合。

用户流水信息包括目标用户在预设时间范围内，通过各种渠道进行金融行为而产生的信息。具体地，用户流水信息中可以包括交易时间、交易金额、交易性质等信息。例如，用户流水信息可以包括用户在180天内进行股票交易的时间及金额的信息。

用户风险评估信息可以是产品提供方基于目标用户的历史金融行为信息确定的，例如，银行通过查询目标用户的征信信息，可以确定目标用户的抗风险能力，从而确定目标用户的风险评估信息。此外，用户风险评估信息也可以是用户通过自测手段得到的，例如，通过目标用户根据性格倾向完成的问卷测试，得出其投资倾向，从而确定目标用户的风险评估信息。

金融产品信息可以包括金融产品的风险等级、基金经理、资产规模、买入周期和赎回周期等。

S220：将目标用户的目标金融行为信息输入信息推荐模型，输出针对多个候选金融信息中的每个候选金融信息的推荐得分。其中，信息推荐模型可以是基于已有的模型架构、使用多位用户的历史金融行为信息作为训练样本、使用多位用户的实际金融信息选择作为标签训练得到的。

具体地，本公开实施例的信息推荐模型通过联邦学习的框架，与其他机构联合建模。

金融信息可以是具体的金融产品，例如基金发行方委托银行发售的基金产品等，也可以是金融服务，例如对于信贷、股票等的投资服务建议。此外，金融信息还可以包括与金融相关的新闻、科普文章、产品介绍类文章、视频等。

候选金融信息的推荐得分可以表示目标用户与该候选金融信息基于金融行为信息分析得到的匹配程度，推荐得分越高，表示目标用户选择该候选金融信息的概率越大。

S230：根据多个推荐得分，从多个候选金融信息中确定目标金融信息。

S240：向目标用户推荐目标金融信息。

合规性问题剖析：

本申请记载的技术方案是金融机构获取目标金融行为信息，目标金融行为信息包括用户流水信息的交易金额在内的与用户隐私相关的用户敏感信息，并将这些信息输入基于联邦学习框架的信息推荐模型,得到多个推荐得分,以确定目标金融信息,并向用户推荐目标金融信息,其目的是在提高金融信息推荐准确性的同时,助推金融机构完成自己的工作目标。查阅本申请的说明书摘要、摘要附图、权利要求书、说明书、说明书附图可知,本申请并未记载关于与目标用户签订隐私信息使用协议,并征求目标用户同意后再从数据库中提取得到目标金融行为信息的相关内容,且对于原始目标金融行为信息中的与用户隐私相关的用户敏感信息也未采取进一步的保护措施,比如:利用数据脱敏方法处理用户敏感信息。此外,本申请说明书中还明确记载了其一个目的是助力金融机构完成目标任务。

《个人信息保护法》第十四条规定,基于个人同意处理个人信息的,该同意应当由个人在充分知情的前提下自愿、明确作出。法律、行政法规规定处理个人信息应当取得个人单独同意或者书面同意的,从其规定。个人信息的处理目的、处理方式和处理的个人信息种类发生变更的,应当重新取得个人同意。《个人信息保护法》第二十八条规定,敏感个人信息是一旦泄露或者非法使用,容易导致自然人的人格尊严受到侵害或者人身、财产安全受到危害的个人信息,包括生物识别、宗教信仰、特定身份、医疗健康、金融账户、行踪轨迹等信息,以及不满十四周岁未成年人的个人信息。只有在具有特定的目的和充分的必要性,并采取严格保护措施的情形下,个人信息处理者方可处理敏感个人信息。《个人信息保护法》第四条规定,个人信息是以电子或者其他方式记录的与已识别或者可识别的自然人有关的各种信息,不包括匿名化处理后的信息。个人信息的处理包括个人信息的收集、存储、使用、加工、传输、提供、公开、删除等。

本申请记载了目标用户的目标金融行为信息可以是指目标用户在日常的交易行为中产生的,并且被数据库所记录的信息,可以包括用户流水信息、用户风险评估信息和金融产品信息中的一项或者多项的组合,上述数据属于个人信息,即该技术方案的行为对象"目标金融行为信息"是《个人信息保护法》第四条规定的个人信息的范畴,属于《个人信息保护法》第四条规定的保护客体。本申请在没有告知用户的情况下,直接收集使用了用户金融行为信息,严重侵害了个人信息主体的合法权益,违反了《个人信息保护法》第十四条的规定。此外,本申请中的目标金融行为信息可以包括用户流水信息,用户流水信息包括目标用户在预设时间范围内,通过各种渠道进行金融行为而产生的信息,具体地,用户流水信息中可以包括交易时间、交易金额、交易性质等信息。也就是本申请获取的目标金融行为信息包括《个人信息保护法》第二十八条规定的敏感个人信息,金融机构出于自己完成工作任务的目的获取并使用用户的敏感个人信息,并不具备充分的必要性,且在使用敏感个人信息时,金融机构也并未采取严格的保护措施,违反了《个人信息保护法》第二十八条的规定。

《数据安全法》第三十二条规定,任何组织、个人收集数据,应当采取合法、正当的方式，不得窃取或者以其他非法方式获取数据。《数据安全法》第三条规定，本法所称数据，是指任何以电子或者其他方式对信息的记录；数据处理，包括数据的收集、存储、使用、加工、传输、提供、公开等。

本申请记载了目标用户的目标金融行为信息可以是指目标用户在日常的交易行为中产生的，并且被数据库所记录的信息，可以包括用户流水信息、用户风险评估信息和金融产品信息中的一项或者多项的组合，上述数据属于个人信息，即该技术方案的行为对象"目标金融行为信息"属于《数据安全法》第三条规定的个人信息范畴，属于《数据安全法》第三条规定的保护客体。本申请在没有告知用户的情况下，直接收集使用了用户金融行为信息，其实质是金融机构在未经用户同意的情况下，窃取了用户的个人数据，损害了个人信息主体的合法权益，违反《数据安全法》第三十二条的规定。

《网络安全法》第四十四条规定，任何个人和组织不得窃取或者以其他非法方式获取个人信息，不得非法出售或者非法向他人提供个人信息。《网络安全法》第七十六条第（五）项规定，个人信息，是指以电子或者其他方式记录的能够单独或者与其他信息结合识别自然人个人身份的各种信息，包括但不限于自然人的姓名、出生日期、身份证件号码、个人生物识别信息、住址、电话号码等。

本申请记载了目标用户的目标金融行为信息可以是指目标用户在日常的交易行为中产生的，并且被数据库所记录的信息，可以包括用户流水信息、用户风险评估信息和金融产品信息中的一项或者多项的组合，其中用户流水信息中可以包括交易时间、交易金额、交易性质等信息。即该技术方案的行为对象"用户流水信息"是《网络安全法》第七十六条第（五）项规定的数据的范畴，属于《网络安全法》第七十六条规定的保护客体。在未经用户授权同意的情况下，直接使用并处理用户数据，等同于窃取用户个人敏感数据，严重损害了个人信息主体的合法权益，违反了《网络安全法》第四十四条的规定。

综上，该申请属于违反法律的情形，不符合《专利法》第五条相关规定。

● **案例12：抵抗联邦学习中歧视传播的节点模型的更新方法**

案情简介：为解决联邦学习中歧视传播方案的问题，本申请提出了一种抵抗联邦学习中歧视传播的节点模型的更新方法，上述方法包括：获取数据节点对应的节点模型；计算数据节点的训练数据对应的类别特征分布均值和数量比率，根据节点模型、类别特征分布均值和数量比率，计算分布加权聚合模型；根据节点模型和分布加权聚合模型计算数据节点对应的正则化项；计算数据节点对应的类别特征分布方差，根据类别特征分布均值和类别特征分布方差，使用跨域特征生成器计算数据节点所需的特征分布层面对应的类别均衡补充项；根据分布加权聚合模型、正则化项和类别均衡补充项更新节点模型。

本申请记载的内容：

联邦学习（Federated Learning）指不接触参与学习节点原始数据的分布式学习方案，在联邦学习中，个性化联邦学习更关注于训练后的模型对于任务整体性能提升的作用，而对于性能差异或者说是数据歧视问题并没有投入过多关注，而算法公平性问题近年来不断引起人们关注。数据偏见是导致算法模型歧视的直接因素，若机器学习算法在隐含歧视偏见的数据上进行训练，模型极大可能会继承甚至放大数据中的偏见，从而导致模型预测对某些群体产生歧视。若拥有偏见数据的参与方频繁参与联邦学习，也会导致最终联邦全局模型具有歧视偏见。但是对于引入过多特异性数据模型所造成的歧视传播，目前并没有相应的解决方法，若不能妥善处理歧视性问题，不仅阻碍联邦学习技术的发展，也会影响社会和谐稳定。

在生物特征领域，由于不同的数据集在采集时收集到的数据在人种、性别、年龄分布方面都有较大的差异，这些存在数据偏差的数据集在联合训练时，节点模型会学习到具有歧视性的参数，而且这种歧视会顺着联合学习的节点进行扩散从而破坏其他节点的公平性。因此歧视传播在生物特征识别领域，是非常突出的。

本申请提供了一种抵抗联邦学习中歧视传播的节点模型的更新方法，以至少解决现有技术中，缺少解决联邦学习中歧视传播的方案的问题。该方法包括如下步骤：

S102：获取数据节点对应的节点模型。

在步骤S102之后，也就是获取数据节点对应的节点模型之后，所述方法还包括：初始化所述节点模型，并确认每一个所述数据节点对应的节点数据，执行如下循环：步骤一：确定当前轮次，在所述当前轮次小于或等于第一预设轮次时，执行步骤二，在所述当前轮次大于第一预设轮次时，执行步骤八；步骤二：从所有的数据节点中确定第二预设数量的数据节点对应的节点模型；步骤三：计算每一个数据节点对应的类别特征分布均值和数量比率，根据每一个数据节点对应的节点模型、类别特征分布均值和数量比率，计算每一个数据节点对应的分布加权聚合模型；步骤四：使用每一个数据节点对应的所述分布加权聚合模型更新每个数据节点对应的节点模型；步骤五：根据每一个数据节点对应的节点模型和分布加权聚合模型计算每一个数据节点对应的正则化项；步骤六：计算每一个数据节点对应的类别特征分布方差，根据每一个数据节点对应的类别特征分布均值和类别特征分布方差，使用每个数据节点对应的跨域特征生成器计算每一个数据节点对应的类别均衡补充项；步骤七：获取每个数据节点对应的跨域特征生成器所对应的生成器数据，根据每一个数据节点对应的节点数据和生成器数据，使用模型优化公式更新每个数据节点对应的节点模型，并使用所述当前轮次加一的数值更新所述当前轮次，在所述当前轮次小于或等于所述第一预设轮次时，执行步骤二，在所述当前轮次大于所述第一预设轮次时，执行步骤八，其中，更新每个数据节点对应的节点模型的次数为第二预设轮次；步骤八：根据生成器优化公式更新每个数据节点对应的跨域特征生成器，结束循环。

上述方案可以理解为：步骤一是为了全局更新判断条件，步骤二是局部更新判断条件，步骤三是分布加权聚合模型的计算，步骤四是使用分布加权聚合模型更新节点模型，步骤五是正则化项的计算，步骤六是类别均衡补充项的计算，步骤七是判断节点模型更新是否结束，步骤八是更新跨域特征生成器。

S104：计算所述数据节点的训练数据对应的类别特征分布均值和数量比率，根据所述节点模型、所述类别特征分布均值和所述数量比率，计算分布加权聚合模型。

S106：根据所述节点模型和所述分布加权聚合模型计算所述数据节点对应的正则化项。

S108：计算所述数据节点对应的类别特征分布方差，根据所述类别特征分布均值和所述类别特征分布方差，使用跨域特征生成器计算所述数据节点所需的特征分布层面对应的类别均衡补充项。

S110：根据所述分布加权聚合模型、所述正则化项和所述类别均衡补充项更新所述节点模型。

合规性问题剖析：

本申请记载的技术方案是首先获取数据节点对应的节点模型，计算所述数据节点的训练数据对应的类别特征分布均值和数量比率，然后，根据节点模型、类别特征分布均值和数量比率，计算分布加权聚合模型，接着根据节点模型和分布加权聚合模型计算数据节点对应的正则化项，计算数据节点对应的类别特征分布方差，根据类别特征分布均值和类别特征分布方差，使用跨域特征生成器计算所述数据节点所需的特征分布层面对应的类别均衡补充项，最后根据分布加权聚合模型、正则化项和类别均衡补充项更新节点模型，从而达到消除联邦学习中歧视传播的效果。

《个人信息保护法》第二十四条规定，个人信息处理者利用个人信息进行自动化决策，应当保证决策的透明度和结果公平、公正，不得对个人在交易价格等交易条件上实行不合理的差别待遇。

本申请记载了计算分布加权聚合模型、正则化项和类别均衡补充项，并根据分布加权聚合模型、正则化项和类别均衡补充项更新节点模型，也就是说本申请采取了技术手段，使得算法歧视在运算过程中被逐步消除，保障了模型各参与方的公平及公正，使得模型各参与方在训练过程中的交易条件相同、待遇相同，故而本申请符合《个人信息保护法》第二十四条的规定。

综上，该申请不属于违反法律的情形，符合《专利法》第五条相关规定。

四、大数据传输与存储技术的合规性问题

(一) 数据跨境流动技术的合规性问题

经济全球化对信息跨境流动提出迫切需求,而互联网信息技术的日臻成熟使数据跨境转移变得轻而易举。随着云计算和大数据等现代信息技术的迅速发展,跨境数据相继以商业数据、政府数据等形式出现,且数据跨境流动的内容和形式呈现多元化,保障数据跨境流动的合规性已经超越了个人信息保护的范畴。

1. 数据跨境流动的异化行为

(1) 个人数据跨境流动的异化行为

关于个人数据跨境流动的定义,国际上一般认为数据离开本国境内流向境外就是数据出境的过程。1980年经济合作与发展组织颁布的《关于隐私保护和个人数据跨境流动的指南》对其进行了规定,个人数据在不同国家间的自由流动即为个人数据跨境流动。在个人数据跨境流动技术框架中,各国的服务器提供流动平台,网络技术提供跨境流动的媒介,个人数据为跨境流动的内容,数据为跨境流动的表现形式。此处将个人信息定义为第一类跨境流动需要规制的数据。依据《个人信息保护法》第四条,个人信息是以电子或者其他方式记录的与已识别或者可识别的自然人有关的各种信息,不包括匿名化处理后的信息。此外,《个人信息保护法》将个人信息分为一般个人信息与敏感个人信息。所谓敏感个人信息,被规定于《个人信息保护法》第二十八条,该条采用了概括+列举的方式对敏感个人信息予以界定。敏感个人信息概括式规范文本表达为"一旦泄露或者非法使用,容易导致自然人的人格尊严受到侵害或者人身、财产安全受到危害的个人信息",敏感个人信息的列举部分规范文本表达为"包括生物识别、宗教信仰、特定身份、医疗健康、金融账户、行踪轨迹等信息,以及不满十四周岁未成年人的个人信息"。针对敏感个人信息与一般个人信息这两种不同类型的个人信息,受到强度不同的规则限制。

目前个人数据的跨境流动主要有以下几种形式:最普遍的情况是跨境电商应用场景,用户浏览服务器在境外的商家或者网站的记录,以及在电子交易的过程中被记录的个人数据,不经意间便会传输到境外;同时也存在非法传输个人数据的情况,个人或者机构通过爬虫技术等非法违规的技术手段盗取存储在中国境内服务器的个人数据,然后将盗取的个人数据传输到境外。除此之外,个人数据的跨境流动形式也包括跨国公司母公司与子公司的传输活动,举例而言,在中国境内设立子公司的跨国公司,境内子公司采集个人数据,然后将子公司采集的数据传输给境外母公司。根据《信息安全技术 数据出境安全评估指南(征求意见稿)》以及《个人信息和重要数据出境安全

评估办法（征求意见稿）》对"数据出境"的定义，可以认为"数据跨境"既包括跨越物理意义国境的传输行为，还包括非国别限制的传输行为。对于"境外"的理解，可以参考《中华人民共和国出境入境管理法》第八十九条："出境，是指由中国内地前往其他国家或者地区，由中国内地前往香港特别行政区、澳门特别行政区，由中国大陆前往台湾地区。"例如，澳门特别行政区政府认为"境外（含澳门）处理个人资料时存在以向境内自然人提供产品或服务为目的的情形，除专属个人和家庭事务情况外，须遵守该法律（《个人信息保护法》）"。由此可见，中国内地的数据传输至香港特别行政区、澳门特别行政区，中国大陆的数据传输至台湾地区的过程同样属于数据跨境的范畴，应当按照《个人信息保护法》的跨境传输规则进行数据跨境的评估、审查等。随着我国数字经济迅猛发展，跨境电商、跨境金融发展势头猛进，数字经济与实体经济深度融合，个人数据跨境流动频繁，迫切要求我国对个人数据跨境流动有更高标准的法律规则。

（2）车联网数据跨境流动的异化行为

车联网是由车辆使用者、车辆生产企业、车辆服务企业、众多车辆相关主体、车辆及传感器、摄像头及图像处理装置、应用软件，通过互联网连结的网络系统；通过系统完成信息采集、数据交互、车辆实时状态分析、多种服务提供、交通优化。汽车行业的最大特点是全球产业链的高度融合，我国有较多的汽车是合资品牌汽车，还有部分汽车属于境外进口汽车，其车联网服务可能由境外企业及其子公司提供，存在将车主身份信息、使用习惯、车辆状态及行驶路径等用户个人信息传往境外的可能性，因此在车联网服务过程中可能伴随着车联网数据的跨境流动。

另外，车联网的常见功能之一是外部摄像头的影像获取功能，通过外部摄像头，车联网的运营者可以获取周边的环境信息、道路标示图像信息。上述图像信息与地理信息和地图位置信息的结合，有利于形成更为精准的地图信息，为自动驾驶车辆提供更好的地图引导。但是，由于外部摄像头所获取的部分信息以及据此所进行的地图完善或标定工作，其特征与我国《测绘法》所规定的测绘行为较为接近，从而在一定程度上受到《测绘法》及相关配套规则的约束。对于自动驾驶等智慧交通应用，还包含大量国内道路基础设施、交通标志、建筑外观等真实地理信息，然而车联网中保存的地理信息、道路信息属于重要数据，是国家数据出境安全管理关注的重点内容。在数据出境方面，车外数据、座舱数据、位置轨迹数据不应出境，运行数据出境前应通过数据出境安全评估。

车联网数据跨境问题主要集中在以下两个方面：一是车联网跨境服务隐患，如上文所述，合资品牌汽车和进口汽车的车联网服务可能由境外企业及其子公司提供，车主信息、使用习惯、车辆状态及行驶路径等信息可能被传往境外，从而泄露国家地理位置信息，影响国家安全；二是云平台数据共享隐患，合资企业车联网服务以境内云平台为主，但其外资公司通常负责全球车联网运营，境内平台与境外平台的数据互联和传输共享同样存在跨境流动的合规性风险。车企应当构建自身的数据评估体系，对于无法出境或无法判定是否能够出境的数据，应存储在境内服务器，并设立境内数据管理中心。

以某跨国车联网企业为例，该企业下车辆配备了近二十个摄像头（包括车内摄像头和车外摄像头），可以实现车内外360度的观察；配备了十二个雷达超声波传感器协助实现车间距控制，同时还随时通过OTA空中软件对相关软件系统进行升级。另外，某跨国车联网企业隐私政策声明中提到，车辆数据可在法律有规定时或其他情况下分享给第三方。这激发了一系列对某跨国车联网企业用户隐私信息保护的质疑，以及对某跨国车联网企业侵犯我国数据主权的担忧。随着智能化进程推进，车辆的感知能力和范围已接近并在某些方面赶超手机，通过传感数据及交互数据所收集的信息既可能影响个人信息安全，也可能对国家地理数据安全、社会公共数据安全存在潜在威胁，应引起重视和反思。

（3）医疗数据跨境流动的异化行为

近年来，随着云计算、大数据、区块链、人工智能等新一代信息通信技术的快速发展，"互联网医疗健康"在全球范围增势迅猛，带来了一系列高效、便民的医疗服务。目前，中国的医疗大数据产业进入飞速发展时期，中国医疗产业已经沉淀海量的健康医疗数据，包括病患数据、病历信息、医疗保险信息、健康日志、基因遗传、医学实验、临床数据、体外诊断产品及第三方检测数据、健康医疗数据处理者运营数据以及科研数据等多种数据类型。这些数据具有数据量大、来源广泛、存储复杂、实时性强等典型特征。与此同时，跨境医疗会诊、跨境医学研究、国际临床试验、医疗器械和创新药物"出海"等健康医疗数据跨境的场景逐步拓展，健康医疗数据价值日益凸显。健康医疗数据出境既有进行患者诊疗、设备测试等业务发展的国际化需求，也有为提升医学发展水平进行科学研究的现实必要。

随着数字时代的社会发生"全方位结构性变化"以及社会医疗的总体需求提升，医疗数据也被赋予"增进社会整体福利的公共属性"。诸如跨境医疗会诊、跨境医学研究、国际临床试验等医疗数据跨境的业务场景主要是为了保障患者健康及医学研究的可适用性，提高医疗技术水平等公益目标，存在健康医疗数据出境的切实需求。中国有着全世界最大的患者群体，但部分医学研究和医疗技术相对滞后。目前全球在药物测试、外科手术、病例分析等医学领域所遵循的规范、指南以及循证医学证据几乎全部来自欧美国家。而且，由于中国与美国、欧盟等国家和地区的患者存在人种、地域的差别，在外科医生的手术技能方面也存在明显差别，因此使用基于欧美国家的诊疗规范、指南及临床研究结果，能否指导中国患者的临床诊断和治疗，依然存疑。因此，健康医疗数据有序出境有助于加强国际医疗合作，对比判断药物和新疗法在不同种群的安全性和有效性。

依据国家推荐性标准《信息安全技术—健康医疗数据安全指南》的定义，健康医疗数据包括个人健康医疗数据以及由个人健康医疗数据加工处理之后得到的群体健康医疗数据及其相关数据。健康医疗数据既含有病历信息、医疗保险信息、临床数据等体现个人医疗情况的数据，又包含经过对群体健康医疗数据处理后得到的分析结果、趋势预测、疾病防治统计数据等。健康医疗数据不仅事关患者福祉、个人信息安全，也与社会公共利益和国家安全紧密相连。健康医疗数据的"强公共属性"和"强人格属性"意味着相应规制措施应贴合健康医疗数据本身，需要在防控健康医疗数据跨境的安全风险的基础上促进健康医疗产业的有序发展。对于"风险控制"而言，健康医疗数据跨境流动规制应能够防控数据跨境存在的安全风险。在跨境业务场景下，健康医疗数据的安全风险进一步提升。在个人信息权益层面，诊疗过程中的病历信息、不良反应报告信息、临床试验数据等都属于《个人信息保护法》所规定的"敏感个人信息"的范畴，一旦泄露或者非法使用，容易导致自然人的人格尊严受到侵害或者人身、财产安全受到危害。一些高度敏感的数据（如基因数据等）涉及生物安全，一旦遭到泄露或滥用，可能会造成"基因歧视""生物恐怖攻击"等严重后果，从而危害国家安全和公共利益。在跨境场景，健康医疗数据一经泄露，负面影响往往难以消减，且缺乏有效的救济渠道。在国家安全方面，群体医疗数据分析结果、趋势预测、疾病防治统计数据等属于国家重要遗传资源和基因数据范畴的健康医疗数据，在跨境流动过程中一旦遭到泄露，则可能导致他国利用该类数据研发针对特定族裔的生化武器。为保护个人、组织和国家的合法权益，健康医疗数据跨境流动规制要守好"安全"底线。

在数字经济蓬勃发展的趋势下，健康医疗行业数据出境的业务场景逐步增多，主要包括以下四种类型：第一是患者出境就诊或远程在线跨境诊疗；第二是跨境医学研究，通过国内外多个医学中心合作研究和跨境数据对比分析，研究某种新临床技术或者新药物的疗效；第三是国产医疗药品、医疗器械企业到国外上市售卖，通过国内外数据比对以得到境外上市售卖的行政许可；第四是国外器械设备在国内健康医疗数据处理者使用过程中，基于设备维护和诊疗数据分析需求的数据出境。这四类健康医疗数据跨境业务场景基本具有服务于患者健康、国家卫生健康事业发展的公益目的。健康医疗数据跨境流动规制应保障相应目标的有序实现，避免规制滥用，从而挖掘健康医疗数据价值，提升医疗服务质效。

国家计算机网络应急技术处理协调中心发布的《2020年中国互联网网络安全报告》提到：在2020年，共发现境内基因数据通过网络出境717万余次，涉及我国境内近2.4万个IP地址，我国基因数据流动至境外170个国家和地区。在2020年，发现境内医学影像数据通过网络出境497万余次，我国医学影像数据流向境外128个国家和地区，其中我国未脱敏医学影像数据出境近40万次，占出境总次数的7.9%，包含大量真实的、未经脱敏技术处理的患者个人信息。其中,生物技术企业、高等院校和科研院所、医疗机构的占比分别为72%、19%、9%。虽然疑似违规的行为显著少于生物技术企业、高等院校和科研院所,但当前国内诸多医疗机构在开展国际医疗科学研究中,未能有效遵循基因数据限制出境的规范要求。在健康医疗数据跨境活动中,部分医疗机构合规意识淡薄,在数据出境方面未依法采用技术处理措施,带来了较大的跨境安全风险。

2. 数据跨境流动的异化行为样态及法律适用

随着经济全球化进程的不断加速,数据跨境流动成为常态,对国家安全、行业安全以及个人隐私安全都产生了深刻影响。接下来,将分析跨境数据流动技术的异化行为样态,以及探讨数据跨境流动的异化行为样态与法律适用。

(1) 数据跨境流动的异化行为样态

随着数字经济全球化进程的推进,跨境电商、跨境金融、车联网的跨境应用发展迅速,数据跨境流动可能会导致大量敏感数据直接传输至境外,对我国经济、政治、社会、军事等方面造成严重后果。数据跨境流动过程涉及的异化行为样态类型包括以下几个方面:

①未经同意将个人数据跨境流动至境外

个人数据跨境流动最可能发生的领域就是个人使用境外服务时的各种信息录入和跨境电子商务。如果服务供应商的服务器在境外,当境内用户使用该服务时,个人数据可能会直接流向境外服务器,最直接的是对方能够收集到用户在网上注册时提供的各种基本信息,当然也可能收集其在使用该服务时所产生的交互数据中的一些个人信息,例如一些个人偏好或个人财产的数据等;在跨境电商应用场景中,浏览服务器在境外的商家或者网站的记录,以及在电子交易过程中被记录或被过度收集的个人数据,若未经用户明示同意以及出境安全评估,这些敏感个人数据不经意间便会传输到国外。

此外,在中国境内设立子公司的跨国公司,境内子公司采集个人数据后,未经用户明示同意以及出境安全评估,便将数据传输给境外母公司,这也是个人数据跨境流动的典型场景之一。这些个人数据跨境流动技术的异化应用,可能会造成大量个人隐私数据的泄露。一些国外企业在国内会有分公司和在华办事处,在办理国内客户相关业务时,国内客户的个人数据可能会在存储、收集到中国服务器的同时流向国外服务器储存并处理,在这个过程中数据将产生跨境流动。当然,这一环节中有一部分数据跨境储存是合理的,但是有规定必须本地储存的数据则不能传输到国外服务器。

②车联网中的道路信息、地理信息等重要数据跨境流动至境外

车联网汽车在运行过程中会收集到大量关于地理信息、周边道路及设施、行人等数据,其中地理信息、道路数据等涉及测绘数据,车外人脸、车牌等数据属于重要数

据。这些数据一旦违规跨境传输,可能对公共利益安全、国家安全造成极大影响与危害。另外,车联网还涉及违规收集汽车用户数据,汽车用户数据包括个人车内活动数据,如车主和乘客信息、消费与生活习惯信息、用户部分生理数据、车主和乘客的图像与语音数据、驾驶活动数据,如驾驶习惯、位置信息、行驶轨迹等。车联网领域中特殊的用户数据包括地理信息和生物识别信息。地理位置数据能够揭露数据主体的生活状态和生活习惯,包括家庭住址、工作地址以及活动范围等信息。

合资品牌汽车和进口汽车的车联网服务可能由境外企业及其子公司提供,需将车主信息、使用习惯、车辆状态及行驶路径等信息传往境外。特别是外资公司通常负责全球车联网运营,境内平台与境外平台的数据互联和传输共享,可能泄露国家地理位置信息,影响国家安全。例如,某国外品牌车企在中国建立数据中心之前,该品牌车身遍布摄像头和雷达传感器,随时随地移动收集信息和数据,并将收集的数据存储在国外服务器上,严重影响我国的个人数据安全。

③健康医疗数据未经数据出境安全评估跨境流动至境外

医疗数据具有广泛的真实性,属于隐私、敏感个人信息,随着数据量爆发增长和各种复杂场景的出现,大规模的数据资源汇聚共享模式将不断被开启,比如汇聚我国百万人以上的全基因组数据,而这种大规模的数据汇聚活动已将敏感个人信息转变成国家重要数据。在医疗数据跨境流动的应用场景下,常见的数据跨境流动行为包括:第一,在未经国家数据出境安全评估和未经用户同意的情况下,数据处理者将医疗数据转移至中国境外的地方,即数据跨越国界的传输、转移行为;第二,医疗数据依旧存储在境内,在未经国家数据出境安全评估和未经用户同意的情况下,数据处理者将境内数据库的访问登录信息或接口提供给境外主体,境外主体可以远程访问查看。当出于科研合作的目的,向境外开放基因数据库平台的访问权限时,数据处理者对于基因数据的安全防护意识不强,未考虑当基因数据库存储个人信息达到一定规模时,基因数据出境需要经过安全评估。

(2) 数据跨境流动的法律适用

对于数据跨境流动技术,不同的异化行为适用不同的数据法律以及不同的法律条款,本节将详细分析每种异化行为样态的法律行为要件,进而根据某一法律行为要件确定具体的数据法律条款,以判定异化行为样态的合规性问题。

①未经同意将个人数据跨境流动至境外

针对个人数据跨境流动的管理,涉及的数据法律包括《网络安全法》《个人信息保护法》《数据安全法》,而具体法律条款的适用需要结合个人数据跨境流动的具体行为进行判定。实践可知,未经同意将个人数据跨境流动至境外的技术异化行为,典型的表现形式为:"跨境电商未经用户同意将用户的个人数据跨境流动至境外","未经员工同意将境内子公司的员工信息传输至境外母公司",上述技术异化行为可能涉及违反法律规定的个人数据跨境流动，其行为可能违反相关法律的规定。

《网络安全法》第三十七条规定，关键信息基础设施的运营者在中华人民共和国境内运营中收集和产生的个人信息和重要数据应当在境内存储。因业务需要，确需向境外提供的，应当按照国家网信部门会同国务院有关部门制定的办法进行安全评估；法律、行政法规另有规定的，依照其规定。《网络安全法》第七十六条第（五）项规定，个人信息，是指以电子或者其他方式记录的能够单独或者与其他信息结合识别自然人个人身份的各种信息，包括但不限于自然人的姓名、出生日期、身份证件号码、个人生物识别信息、住址、电话号码等。针对未经同意将个人数据跨境流动至境外的情形，典型技术行为样态为"跨境电商未经用户同意将用户的个人数据跨境流动至境外""未经员工同意将境内子公司的员工信息传输至境外母公司"，上述技术行为对象"个人数据""员工信息"均属于个人信息规定的范畴，属于《网络安全法》第七十六条第（五）项规定的保护客体。并且，"跨境电商未经用户同意将用户的个人数据跨境流动至境外""未经员工同意将境内子公司的员工信息传输至境外母公司"等异化技术行为并未满足《网络安全法》第三十七条规定的出境条件，即因业务需要、确需向境外提供、经过安全评估三方面内容。因此，"未经同意将个人数据跨境流动至境外"，其本质是在未经出境安全评估的情况下，私自将个人数据跨境流动至境外，违反《网络安全法》第三十七条的规定。

另外，《个人信息保护法》对数据跨境流动以及个人信息的跨境流动也作出相关的规定。《个人信息保护法》第四十条规定，关键信息基础设施运营者和处理个人信息达到国家网信部门规定数量的个人信息处理者，应当将在中华人民共和国境内收集和产生的个人信息存储在境内。确需向境外提供的，应当通过国家网信部门组织的安全评估；法律、行政法规和国家网信部门规定可以不进行安全评估的，从其规定。《个人信息保护法》第三十九条规定，个人信息处理者向中华人民共和国境外提供个人信息的，应当向个人告知境外接收方的名称或者姓名、联系方式、处理目的、处理方式、个人信息的种类以及个人向境外接收方行使本法规定权利的方式和程序等事项，并取得个人的单独同意。同时，《个人信息保护法》第四条规定，个人信息是以电子或者其他方式记录的与已识别或可识别的自然人有关的各种信息，不包括匿名化处理后的信息。针对未经同意将个人数据跨境流动至境外的情形，典型技术行为样态为"跨境电商未经用户同意将用户的个人数据跨境流动至境外""未经员工同意将境内子公司的员工信息传输至境外母公司"，上述技术行为对象"个人数据""员工信息"均属于个人信息规定的范畴，属于《个人信息保护法》第四条规定的保护客体。并且，"跨境电商未经用户同意将用户的个人数据跨境流动至境外""未经员工同意将境内子公司的员工信息传输至境外母公司"等技术异化行为，上述个人信息的出境行为未满足《个人信息保护法》第四十条规定的出境条件，即通过安全评估后再进行传输。同时，在未经个人信息主体授权同意的情况下，将个人信息跨境流动至境外，严重损害个人信息主体的合法权益，因此违反《个人信息保护法》第三十九条的规定。

此外，《数据安全法》第三十一条规定，关键信息基础设施的运营者在中华人民共和国境内运营中收集和产生的重要数据的出境安全管理，适用《中华人民共和国网络安全法》的规定；其他数据处理者在中华人民共和国境内运营中收集和产生的重要数据的出境安全管理办法，由国家网信部门会同国务院有关部门制定。然而，《数据安全法》对重要数据的定义一般不包括个人信息。因此，"跨境电商未经用户同意将用户的个人数据跨境流动至境外""未经员工同意将境内子公司的员工信息传输至境外母公司"等技术异化行为不属于《数据安全法》第三十一条规定的情形，不违反《数据安全法》第三十一条的规定。

②车联网中的道路信息、地理信息等重要数据跨境流动至境外

针对车联网中的道路信息、地理信息等重要数据跨境流动至境外，涉及的数据法律包括《网络安全法》《数据安全法》，而具体法律条款的适用需要结合车联网数据跨境流动的具体行为进行判定。由实践可知，未经数据出境评估，将车联网数据跨境流动至境外的技术异化行为，典型的表现形式为："未经用户单独同意或评估将车联网中用户数据跨境流动至境外""未经数据出境评估将车联网中的道路信息、地理信息等重要数据跨境流动至境外"，上述技术异化行为可能违反法律规定的数据违规跨境流动，其行为可能违反相关法律的规定。其中，针对技术异化行为"未经用户单独同意或评估将车联网中用户数据跨境流动至境外"的法律适用，类似前一种行为样态"未经同意将个人数据跨境流动至境外"的合规性问题分析，此处不再赘述。

《测绘法》第二条规定，本法所称测绘，是指对自然地理要素或者地表人工设施的形状、大小、空间位置及其属性等进行测定、采集、表述，以及对获取的数据、信息、成果进行处理和提供的活动。随着智能化驾驶的普及化，车联网汽车采集的地理信息、道路数据的规模越来越大，在某种意义上已构成对国家地理信息、道路数据的测绘行为，上述地理、路网数据一旦泄露可能直接威胁国家安全，属于国家的重要数据。

《网络安全法》第三十七条规定，关键信息基础设施的运营者在中华人民共和国境内运营中收集和产生的个人信息和重要数据应当在境内存储；因业务需要，确需向境外提供的，应当按照国家网信部门会同国务院有关部门制定的办法进行安全评估；法律、行政法规另有规定的，依照其规定。针对技术异化行为"未经数据出境评估将车联网中的道路信息、地理信息等重要数据跨境流动至境外"，上述技术异化行为对象"车联网汽车采集的地理信息、道路数据"为事关国家安全的重要数据，属于《网络安全法》规定的保护客体。并且，技术异化行为"未经数据出境评估将车联网中的道路信息、地理信息等重要数据跨境流动至境外"，此等重要数据出境行为明显不符合《网络安全法》第三十七条规定的出境条件，即不具备因业务需要、确需向境外提供、经

过安全评估三个要件。同时,在未经数据出境安全评估的情况下,将车联网中的道路信息、地理信息等重要数据跨境流动至境外,严重影响国家安全,因此违反《网络安全法》第三十七条的规定。

此外,《数据安全法》第三十一条规定,关键信息基础设施的运营者在中华人民共和国境内运营中收集和产生的重要数据的出境安全管理,适用《网络安全法》的规定;其他数据处理者在中华人民共和国境内运营中收集和产生的重要数据的出境安全管理办法,由国家网信部门会同国务院有关部门制定。针对数据出境安全评估方面,国家互联网信息办公室于2022年9月1日颁布施行《数据出境安全评估办法》,该办法第四条对数据出境需要安全评估的情形作出了详细的规定,第四条规定"数据处理者向境外提供数据,有下列情形之一的,应当通过所在地省级网信部门向国家网信部门申报数据出境安全评估:(一)数据处理者向境外提供重要数据;(二)关键信息基础设施运营者和处理100万人以上个人信息的数据处理者向境外提供个人信息;(三)自上年1月1日起累计向境外提供10万人个人信息或者1万人敏感个人信息的数据处理者向境外提供个人信息;(四)国家网信部门规定的其他需要申报数据出境安全评估的情形"。由此可见,针对技术异化行为"未经数据出境评估将车联网中的道路信息、地理信息等重要数据跨境流动至境外",此类重要数据出境行为明显不符合《数据安全法》第三十一条规定的出境条件,即因业务需要、确需向境外提供、经过安全评估三方面内容,也不符合《数据出境安全评估办法》的相关规定。同时,在未经数据出境安全评估情况下,将车联网中的道路信息、地理信息等重要数据跨境流动至境外,严重影响国家安全,因此违反《数据安全法》第三十一条的规定。

③健康医疗数据未经数据出境安全评估跨境流动至境外

针对健康医疗数据跨境流动的管理,涉及的数据法律包括《网络安全法》《个人信息保护法》《数据安全法》,而具体法律条款的适用需要结合个人数据跨境流动的具体行为进行判定。健康医疗数据包括个人健康医疗数据、群体健康医疗数据及其相关数据。事实上,作为特殊类型的个人数据,个人健康医疗数据的跨境流动之于个人利益层面的潜在风险具备一般类型个人数据的共性,难以避免会涉及个人隐私保护问题;作为一些高度敏感的群体健康医疗数据(如基因数据)涉及国家生物安全,在跨境流动过程中一旦遭到泄露或滥用,可能会造成"基因歧视""生物恐怖攻击"等严重后果。实践可知,健康医疗数据跨境流动至境外的技术异化行为,典型的表现形式为:"未经用户同意将个人医疗健康数据跨境流动至境外""未经数据出境安全评估将群体健康医疗数据跨境流动至境外",上述技术异化行为可能涉及违反法律规定的数据跨境流动,其行为可能违反相关法律规定。

《个人信息保护法》第四十条规定,关键信息基础设施运营者和处理个人信息达到国家网信部门规定数量的个人信息处理者,应当将在中华人民共和国境内收集和产生的个人信息存储在境内；确需向境外提供的，应当通过国家网信部门组织的安全评估；法律、行政法规和国家网信部门规定可以不进行安全评估的，从其规定。《个人信息保护法》第三十九条规定，个人信息处理者向中华人民共和国境外提供个人信息的，应当向个人告知境外接收方的名称或者姓名、联系方式、处理目的、处理方式、个人信息的种类以及个人向境外接收方行使本法规定权利的方式和程序等事项，并取得个人的单独同意。同时，根据《个人信息保护法》第二十八条的规定，敏感个人信息是一旦泄露或者非法使用，容易导致自然人的人格尊严受到侵害或者人身、财产安全受到危害的个人信息，包括生物识别、宗教信仰、特定身份、医疗健康、金融账户、行踪轨迹等信息，以及不满十四周岁未成年人的个人信息。针对未经用户同意将个人医疗健康数据跨境流动至境外的情形，上述技术行为对象"个人医疗健康数据"属于敏感个人信息规定的范畴，属于《个人信息保护法》第二十八条规定的保护客体。并且，针对"未经用户同意将个人医疗健康数据跨境流动至境外"情形，其技术异化行为是在未取得用户授权同意的情况下，个人信息处理者未向境外提供个人信息的告知事项，个人信息主体不知晓其个人医疗健康数据跨境流动的事实情况，严重损害个人信息主体的合法权益，因此违反《个人信息保护法》第四十条的规定。另外，《数据出境安全评估办法》第四条规定，数据处理者向境外提供数据，有下列情形之一的，应当通过所在地省级网信部门向国家网信部门申报数据出境安全评估：关键信息基础设施运营者和处理100万人以上个人信息的数据处理者向境外提供个人信息；自上年1月1日起累计向境外提供10万人个人信息或者1万人敏感个人信息的数据处理者向境外提供个人信息。因此，当个人信息处理者向境外提供个人医疗健康数据超过100万份，或者自上年1月1日起累计向境外提供1万人的个人医疗健康数据时，在未经过国家网信部门组织的数据安全评估的情况下直接进行跨境流动，那么数据在跨境流动过程中一旦遭到泄露，则可能导致他国利用该类数据研发针对特定族裔的生化武器，严重危害国家安全，因此违反《数据出境安全评估办法》第四条的规定。

针对"未经数据出境安全评估将群体健康医疗数据跨境流动至境外"技术异化行为，其技术异化行为对象"群体健康医疗数据"（如基因数据等）涉及整个民族的生物安全，一旦遭到泄露或滥用，可能会造成"基因歧视""生物恐怖攻击"等严重后果，从而危害国家安全和公共利益，因此"群体健康医疗数据"属于重要数据，属于《数据安全法》第三十一条规定的保护客体。并且，在未经过数据出境安全评估的情况下，将群体健康医疗数据跨境流动至境外，群体健康医疗数据一旦被滥用，会进一步危害国家安全和公共利益，因此上述技术异化行为违反《数据安全法》第三十一条的规定。

3. 数据跨境流动的典型案例解析

● **案例 13：基于境内外数据中心实现跨境数据同步的方法**

案情简介：针对境内外车联网服务器数据不易同步的技术问题，本申请提供一种基于境内外数据中心实现跨境数据同步的方法，其关键技术手段是：本地车联网服务器设置于境内，目标车联网服务器设置于境外，境外车联网服务器和境内车联网服务器通过专用网络连接；当本地车联网服务器数据库数据发生变化时，生成数据变化量文件，并在数据变化量文件内设置标记，其中标记采用本地车联网服务器时间；根据数据变化标记确定需要同步的数据内容，并通过专用网络连接对两个车联网服务器的数据进行同步，确保境内、境外车联网服务器的数据一致性。

本申请记载的内容：

随着车辆智能驾驶技术能力的不断提高，智能驾驶车辆已在现实生活非常普及。如今智能驾驶系统为了能够满足更智能化的驾驶需求，给用户更人性化的驾驶体验，需要采集大量的车辆在行驶过程中的各种数据以及用户对车辆的各种驾驶操作数据。这些数据内容包含车辆摄像头视频原始数据、车辆激光雷达原始数据、各种其他传感器数据，以及车辆感知模块对车身环境的道路线、其他交通参与者等的感知结果；决策模块中的所有决策控制；车辆控制模块中对驾驶者控制的模拟数据等。由于驾驶操作数据比较庞大，车载终端无法存储，需要将这些驾驶操作数据存储在车联网服务器中。

目前随着境外汽车制造厂商的跨境运营，虽然国内也设置了数据服务器，但为了统一管理运营全球的所有车辆，其采集的自动驾驶相关数据需要回传至境外总部的数据服务器。但是，由于境内外数据交互通道时常发生堵塞，而现有的数据同步技术发送的数据量庞大，就造成了境内外数据不易同步，不便于汽车制造厂商对自动驾驶的管理。

本申请所要解决的技术问题是现有的数据同步技术发送的数据量庞大，造成了境内外数据不易同步，进而导致不便于汽车制造厂商对自动驾驶进行管理的技术问题。针对此提供一种基于境内外数据中心实现跨境数据同步的方法。基于境内外数据中心实现跨境数据同步的方法，包括以下步骤：

S1：在本地车联网服务器设置本地车联网服务器数据库；在目标车联网服务器设置目标车联网服务器数据库。本地车联网服务器设置于境内，目标车联网服务器设置于境外，境外车联网服务器和境内车联网服务器通过专用网络连接；境内、外车联网服务器分别接收境内、外智能汽车发送的自动驾驶数据，其中自动驾驶数据包括用户数据、道路基础设施、交通标志、建筑外观等真实地理信息和道路信息。

S2：当本地车联网服务器数据库数据发生变化时，生成数据变化量文件，并在数据变化量文件内设置标记,其中标记采用本地车联网服务器时间;为了精简数据库的更新内容,本发明创造性地采用了数据变化量文件这个概念,就是说当车联网服务器数据发生增加、减少和变更的时候,生成一个文件,这个文件的内容非常少,只记录数据库一项变化,同时这也使得数据变化量文件的数量比较庞大,所以以本地车联网服务器时间作为标记,对每个数据变化量文件进行编号,这个标记是唯一的,也就是说对于每个数据变化量文件只有一个唯一与之对应的标记。

S3:每隔一个同步时间阈值的时长,对境外车联网服务器和境内车联网服务器的第一数据和第二数据通过专用网络进行数据同步;本地车联网服务器将数据变化量文件发送至目标车联网服务器,目标车联网服务器根据数据变化量文件内的标记对目标车联网服务器数据库进行修改;本地车联网服务器对数据变化量文件进行发送时,由于数据变化量文件的内容很小,所以发送中断产生的风险也非常小,而目标车联网服务器根据数据变化量文件修改数据库,由于标记本身是唯一对应的,所以通过这些较小的文件,可以准确地体现本地车联网服务器的数据变化,从而实现两地车联网服务器的数据同步。同步后,在境外车联网服务器和境内车联网服务器更新存储的数据。

合规性问题剖析:

本申请记载的技术方案是境外车联网服务器和境内车联网服务器通过专用网络连接,境内、外车联网服务器分别接收境内、外智能汽车发送的自动驾驶数据,其中自动驾驶数据包括用户数据、道路基础设施、交通标志、建筑外观等真实地理信息和道路信息;当本地车联网服务器数据库数据发生变化时,生成数据变化量文件,并在数据变化量文件内设置标记,其中标记采用本地车联网服务器时间;根据数据变化标记确定需要同步数据内容,并通过专用网络连接对两个车联网服务器的数据进行同步,确保境内、境外车联网服务器中数据的一致性。

《测绘法》第二条规定,本法所称测绘,是指对自然地理要素或者地表人工设施的形状、大小、空间位置及其属性等进行测定、采集、表述,以及对获取的数据、信息、成果进行处理和提供的活动。本申请记载的跨境数据同步涉及整个车联网的道路基础设施、交通标志、建筑外观等真实地理信息和道路信息,涉及地理信息、道路信息等数据量大,已构成对国家地理信息、道路数据的测绘行为,一旦泄露可能直接威胁国家安全,属于事关国家安全的重要数据。

《网络安全法》第三十七条规定,关键信息基础设施的运营者在中华人民共和国境内运营中收集和产生的个人信息和重要数据应当在境内存储;因业务需要,确需向境外提供的,应当按照国家网信部门会同国务院有关部门制定的办法进行安全评估;法律、行政法规另有规定的,依照其规定。本申请记载的技术方案行为对象"用户数据"属于个人信息;跨境数据同步涉及的"道路基础设施、交通标志、建筑外观等真实地理信息和道路信息"属于事关国家安全的重要数据,属于《网络安全法》规定的保护客体。并且，本申请未明确记载在境内、境外车联网服务器数据同步前经过相关部门的数据出境安全评估。同时，本申请记载的技术方案是通过专用网络对境外车联网服务器和境内车联网服务器的数据进行定时同步，所采用的专用网络并未经过第三方，即在定时同步之前并未通过数据出境安全评估。因此，本申请记载技术方案的本质是在未满足数据出境条件下，将境内的个人信息和重要数据跨境流动至境外，危害国家安全，因此违反《网络安全法》第三十七条的规定。此外，《数据安全法》第三十一条规定，关键信息基础设施的运营者在中华人民共和国境内运营中收集和产生的重要数据的出境安全管理，适用《网络安全法》的规定；其他数据处理者在中华人民共和国境内运营中收集和产生的重要数据的出境安全管理办法，由国家网信部门会同国务院有关部门制定。本申请记载跨境数据同步涉及的"道路基础设施、交通标志、建筑外观等真实地理信息和道路信息"属于事关国家安全的重要数据，同时本申请也未声明跨境数据同步满足出境条件，即因业务需要、确需向境外提供、经过安全评估三方面内容。因此，在未满足出境条件的情况下，将车联网中的"道路基础设施、交通标志、建筑外观等真实地理信息和道路信息"等重要数据跨境流动至境外，严重危害国家公共安全，因此违反《数据安全法》第三十一条的规定。

综上，该申请属于违反法律的情形，不符合《专利法》第五条相关规定。

● **案例 14：一种基于爬虫技术的境外舆情监测装置、系统及方法**

案情简介：本申请记载的技术方案是一种基于爬虫技术的境外舆情监测系统，包括多个第一服务器、第二服务器及数据中心设备，多个第一服务器与监测装置建立连接关系，多个第一服务器设置在若干不同国家境内，第一服务器通过信息发送模块与数据中心设备建立连接关系，第一服务器用于对国外舆情进行监测并将监测信息发送到数据中心设备；第二服务器与监测装置建立连接关系，第二服务器设置在一国境内，用于对境内舆情进行监测并将监测信息发送到数据中心设备；数据中心设备与第一服务器或第二服务器建立连接关系，数据中心设备通过数据接口存储舆情采集信息。

本申请记载的内容：

随着信息全球化的来临，信息呈现全球化传播的趋势。当前，网络媒体日益发达，网民数量也不断增加，互联网已经成为民意表达的最主要空间。网络舆情监测与预警可以发掘其出现、发展和消亡的因素，通过连续不间断地动态监测、度量及采集相关的信息，对当前网络舆情作出评价分析并预测其发展趋势，及时作出等级预报。反映民意的网络舆情，源于现实世界，又会正面或负面作用于现实世界，舆情传播过程中，与现实的关系可能发生复杂的变化。及时发现、分析、管理、利用网络舆情就变得非常重要。

目前，境外监测除了要实现数据实时抓取外，还需要避免采用翻墙软件等违规操作。现阶段采集海外舆情的方式主要有 VPN 模式，调用指定媒体数据接口方式，代理服务器方式，搭建海外服务器方式。其中，VPN 方式目前在某国国内属于非法操作；调用数据接口的方式受限于接口配置的各种访问控制，无法获得足够的信息，代理服务器存在安全方面的问题也不实用。同时某些舆情在某国国内封锁的时候，无法继续追踪舆情发酵情况，无法为某国国内舆情正向引导提供数据支持。

本发明的目的在于提供一种基于爬虫技术的境外舆情监测装置、系统及方法，通过搭建海外服务器的方式，合法绕过访问控制，采集境外网站舆情，分析在线言论及传播行为，为国家国内舆情正向引导提供数据支持。

一种基于爬虫技术的境外舆情监测装置，包括数据爬取模块、舆情搜索模块、文字获取模块、语音获取模块、图像获取模块、文字监测模块、语音监测模块、图像监测模块及预警模块；数据爬取模块用于获取进行舆情监测的网站数据信息；舆情搜索模块用于对用户输入的关键词进行舆情信息搜索；文字获取模块与舆情搜索模块建立连接关系，用于获取对应于用户输入关键词的文字舆情信息；语音获取模块与舆情搜索模块建立连接关系，用于获取对应于用户输入关键词的语音舆情信息；图像获取模块与舆情搜索模块建立连接关系，用于获取对应于用户输入关键词的图像舆情信息；文字监测模块与文字获取模块建立连接关系，用于对获取的文字舆情信息进行敏感信息监测；语音监测模块与语音获取模块建立连接关系，用于对获取的语音舆情信息进行敏感信息监测；图像监测模块与图像获取模块建立连接关系，用于对获取的图像舆情信息进行敏感信息监测；预警模块与文字监测模块、语音监测模块及图像监测模块建立连接关系，用于对获取的文字、语音或图像敏感信息进行预警。

基于爬虫技术的境外舆情监测装置的一个实施例中，监测装置还包括信息发送模块，信息发送模块与文字监测模块、语音监测模块或图像监测模块建立连接关系，用于传输文字监测模块、语音监测模块或图像监测模块监测到的敏感信息。

以设置在美国境内和境外的监测装置为例，设置在境外的监测装置利用信息发送模块将监测到的敏感信息发送到境内的服务器。文字监测模块通过文字监测算法进行实现，如通过关键字匹配算法进行敏感信息匹配。语音监测模块通过语音识别算法进行实现，语音识别算法如 DTW 算法，DTW 算法是应用在孤立词识别的算法，用来识别一些特定的指令，DTW 算法是在 DP（动态规划）的算法基础上发展而来的。语音识别的框架是，首先有一个比对的模版声音，然后去截取其里面包含真正属于语音的部分，采用 vad 语音活动检测的算法，而在 vad 中间使用双门限端点检测这种方法，采用 vad 判断语音的开始和结束，判断方法就是通过音量的大小做一个阈值判定，在时域上很简单就能判定。图像监测模块通过图像识别算法进行实现，图像识别算法根据图像的颜色特征、纹理特征、形状特征以及局部特征进行识别，从而对含有敏感信息的图像进行监测。

进一步地，监测装置还包括数据存储模块，数据存储模块与信息发送模块建立连接关系，用于存储文字监测模块、语音监测模块或图像监测模块监测到的敏感信息。数据存储模块可以整合到数据中心实现，数据中心不仅包括计算机系统和与之配套的设备，例如通信和存储系统，还包含冗余的数据通信连接、环境控制设备、监控设备以及各种安全装置。数据中心可以采用无线或有线两种方式，无线方式可以采用无线DDN系统，无线DDN系统分为监测点和数据中心两部分，监测点采用GPRS DTU，可提供RS 232、RS 485以及以太网接口，数据中也可采用宽带ADSL或专线方式接入Internet。

基于爬虫技术的境外舆情监测装置的一个实施例中，数据爬取模块采用通用网络爬虫、聚焦网络爬虫、增量式网络爬虫和/或深层网络爬虫规则。通用网络爬虫爬行对象从一些种子URL扩充到整个Web，主要为门户站点搜索引擎和大型Web服务提供商采集数据。

通用网络爬虫结构可以分为页面爬行模块、页面分析模块、链接过滤模块、页面数据库、URL队列、初始URL集合部分。聚焦网络爬虫是指选择性地爬取那些与预先定义好的主题相关的页面。与通用网络爬虫相比，聚焦爬虫只需要爬取与主题相关的页面，极大地节省了硬件和网络资源，保存的页面也由于数量少而更新快，还可以很好地满足一些特定人群对特定领域信息的需求。增量式网络爬虫是对已下载网页采取增量式更新和只爬取新产生的或者已经发生变化网页的爬虫，能够在一定程度上保证所爬取的页面是尽可能新的页面。增量式爬虫有两个目标：保持本地页面集中存储的页面为最新页面和提高本地页面集中页面的质量。为实现第一个目标，增量式爬虫需要通过重新访问网页来更新本地页面集中页面内容，可以采用统一更新法：爬虫以相同的频率访问所有网页，不考虑网页的改变频率；个体更新法：爬虫根据个体网页的改变频率来重新访问各页面；基于分类的更新法：爬虫根据网页改变频率将其分为更新较快网页子集和更新较慢网页子集两类，然后以不同的频率访问这两类网页。深层网络爬虫结构包含爬行控制器、解析器、表单分析器、表单处理器、响应分析器、LVS控制器和两个爬虫内部数据结构URL列表、LVS表。其中LVS表示标签/数值集合，用来表示填充表单的数据源。深层网络爬虫表单填写可以基于领域知识进行表单填写，此方法一般会维持一个本体库，通过语义分析来选取合适的关键词填写表单。也可以采用基于网页结构分析进行表单填写，此方法一般无领域知识或仅有有限的领域知识，将网页表单表示成DOM树，从中提取表单各字段值。

本发明还提供一种基于爬虫技术的境外舆情监测系统，监测系统采用上述的监测装置，还包括第一服务器、第二服务器及数据中心设备；第一服务器与监测装置建立连接关系，第一服务器设置在一国境外，第一服务器通过信息发送模块与数据中心设备建立连接关系，第一服务器用于对国外舆情进行监测并将监测信息发送到数据中心设备；第二服务器与监测装置建立连接关系，第二服务器设置在一国境内，第二服务器用于对境内舆情进行监测并将监测信息发送到数据中心设备；数据中心设备与第一服务器或第二服务器建立连接关系，数据中心设备通过数据接口存储舆情采集信息。

基于爬虫技术的境外舆情监测系统的一个实施例中，第一服务器数量为若干个，若干个第一服务器设置在若干不同国家境内。

本发明还提供一种基于爬虫技术的境外舆情监测方法，监测方法采用上述的监测装置，通过上述的监测系统实现，监测方法包括以下步骤：

S1：构建数据爬取模块数据获取规则，获取目标站点的数据信息；

S2：设定监控关键词，通过舆情搜索模块对获取的数据信息进行对应于关键词的舆情信息搜索；

S3：通过文字获取模块、语音获取模块及图像获取模块分别获取对应于关键词的文字、语音或图像数据；

S4：利用境外服务器将在境外获取的文字、语音或图像数据中的敏感信息通过信息发送模块发送到数据存储模块。

基于爬虫技术的境外舆情监测方法的一个实施例中，S1 中构建数据爬取模块的数据获取规则具体采用拓扑分析算法或网页内容分析算法；S3 中包括通过文字识别算法、语音识别算法或图形识别算法对获取的文字、语音或图像数据进行敏感信息监测；S4 中利用境外服务器将在境外获取的文字、语音或图像数据中的敏感信息通过信息发送模块发送到境内服务器上，通过数据中心设备对获取的文字、语音或图像数据中的敏感信息进行存储。

本发明利用爬虫技术，并依托在某国国内及境外部署的服务器，能对特定区域、媒体类型、网站、时间范围内的舆情信息进行搜索，能根据用户预定的监控关键词在 1~5 分钟以内发现境外多个国家的重点新闻、社区、博客、平媒等媒体的相关舆情信息，并对敏感信息及时报警。例如，利用爬虫技术采集博客的用户账号信息、用户评论数据、用户位置等数据。爬虫规则可将数据抓取到境外服务器上，再把有效信息返送到某国国内服务器上，最后，用户查看某国国内服务器上分析加工后的数据。本发明通过搭建海外服务器的方式，合法绕过访问控制，采集境外网站舆情，分析在线言论及传播行为，及时发现并跟踪新舆情，并且当某些舆情在某国国内被封锁的时候，可继续追踪舆情发酵情况，为某国国内舆情正向引导提供数据支持。

合规性问题剖析：

本申请记载的技术方案是利用爬虫技术并依托在某国国内及境外部署的服务器，能对特定区域、媒体类型、网站、时间范围内的舆情信息搜索，能根据用户预定的监控关键词在 1~5 分钟以内发现境外多个国家的重点新闻、社区、博客、平媒等媒体的相关舆情信息，其中博客的舆情信息包括利用爬虫技术采集博客的用户账号信息、用户评论数据、用户位置等数据;爬虫规则可将数据抓取到境外服务器上,再把有效信息返送到某国国内服务器上。

《个人信息保护法》第二十八条规定,敏感个人信息是一旦泄露或者非法使用,容易导致自然人的人格尊严受到侵害或者人身、财产安全受到危害的个人信息,包括生物识别、宗教信仰、特定身份、医疗健康、金融账户、行踪轨迹等信息,以及不满十四周岁未成年人的个人信息。本申请记载的利用爬虫技术采集博客的用户账号信息、用户评论数据、用户位置等数据,即本申请记载的技术方案的行为对象"用户账号信息""用户位置"属于敏感个人信息,属于《个人信息保护法》第二十八条规定的保护客体。《个人信息保护法》第三十九条规定,个人信息处理者向中华人民共和国境外提供个人信息的,应当向个人告知境外接收方的名称或者姓名、联系方式、处理目的、处理方式、个人信息的种类以及个人向境外接收方行使本法规定权利的方式和程序等事项,并取得个人的单独同意。本申请记载的基于爬虫技术的境外舆情监测方法,利用境外服务器将在境外获取的博客媒体的敏感个人信息通过信息发送模块直接发送到境内服务器上,其内容并未明确记载是在取得用户的个人信息跨境同意的情况下,境外服务器才将博客媒体的敏感个人信息发送至境内服务器的,故本申请记载的技术方案是在未经用户授权同意的情况下,利用爬虫技术采集博客的用户账号信息、用户评论数据、用户位置等数据,并将上述数据跨境流动至境外,本质上是以窃取等非法方式获得用户账号信息、用户评论数据、用户位置,损害了个人信息主体的合法权益,违反了《个人信息保护法》第三十九条的规定。

综上,该申请属于违反法律的情形,不符合《专利法》第五条相关规定。

● **案例 15:一种跨境数据传输方法**

案情简介: 本申请记载的技术方案是为解决在跨国电商数据同步下位于不同地域的服务器与总部服务器之间的数据传输效率问题,提出一种跨境电商数据传输方法,包括:接收部署在总部的第一服务器发送的数据处理请求,数据处理请求通过第一数据传输协议封装得到;根据不同的数据传输协议转换规则,将数据处理请求的封装协议由第一数据传输协议转换成第二数据传输协议;将数据处理请求路由至部署在第二地域的第二服务器,以便于第二服务器对数据处理请求进行处理。通过对于使用第一封装协议传输的数据处理请求,在被执行数据传输协议转换之后,利用支持第二封装协议的数据传输通道进行传输,有效地提升了数据传输的效率。

本申请记载的内容:

随着互联网技术的发展,通过互联网服务平台发生的跨国交易越来越多。跨境电商为了实现高效的经营管理,需要定期获取分散在全世界各个国家服务器中的用户数据,在回传用户数据的过程中需要跨国或者跨洲传输。针对该种情况,亟需一种数据传输方法，以有效解决在跨国数据同步下位于不同地域的服务器与总部服务器之间的数据传输效率问题。

有鉴于此，本说明书实施例提供了一种数据传输方法，用于提升在跨国数据同步下位于不同地域的服务器与总部服务器之间的数据传输效率。本申请的执行主体可以是用于处理跨境数据传输的网络系统。

一种数据传输方法包括以下步骤：

步骤101：接收部署在总部的第一服务器发送的数据处理请求，所述数据处理请求通过第一数据传输协议封装得到。在本说明书实施例中，在总部部署第一服务器，若跨境电商的总部需要分析用户产品需求，则向第一服务器发送数据处理请求，该数据处理请求利用第一数据封装协议封装得到。第一服务器在接收到该数据处理请求的情况下，根据该数据处理请求中携带的路由地址，判断是否需要将该数据处理请求路由至第二地域的第二服务器，其中第二地域为境外的各个国家。例如，总部设在华盛顿的亚马逊（Amazon）公司，分析全球2022年苹果手机在亚马逊购物平台的销售情况以及用户群体，向亚马逊在中国地区的服务器请求获取苹果手机的销售数据，销售数据包括购买用户信息、手机号码、年龄、苹果手机型号，以便更好分析苹果手机的用户群体。

步骤103：根据不同的数据传输协议转换规则，将所述数据处理请求的封装协议由所述第一数据传输协议转换成第二数据传输协议。在本说明书实施例中，"不同的数据传输协议转换规则"可以理解为将由A协议封装的消息转换成为由B协议封装的消息。在不同的数据传输网络中，数据传输所使用的数据传输协议不同。假设存在数据传输网络a和数据传输网络b，那么意味着在数据传输网络a中进行数据传输需要使用A协议，在数据传输网络b中进行数据传输需要使用B协议。如果使用B协议封装的数据传输至数据传输网络a中，数据传输网络a对该数据无法进行正确识别；同样的道理，如果使用A协议封装的数据传输至数据传输网络b中，数据传输网络b对该数据依然无法进行正确识别。

步骤105：通过支持所述第二数据传输协议的数据传输通道传输转换后的所述数据处理请求。在本说明书实施例中，如果执行主体为用于处理跨境数据传输的网络系统，那么在该网络系统中建立支持所述第二数据传输协议的数据传输通道，该数据传输通道可以是一种长连接方式，还可以是根据需要实时建立的数据传输通道，但与支持第一数据传输协议的数据传输通道相比，具备消耗的网络资源少、数据传输时延短的特点。因此，在得到转换后数据处理请求的情况下，即可通过该数据传输通道传输转换后的数据处理请求。

步骤107：在所述数据传输通道的输出端，根据所述不同的数据传输协议转换规则，将转换后的所述数据处理请求的封装协议由所述第二数据传输协议转换成所述第一数据传输协议。在本说明书实施例中，在数据传输通道的输出端，再次根据所述不同的数据传输协议转换规则，将转换后的所述数据处理请求的封装协议由所述第二数据传输协议转换成所述第一数据传输协议。即假设第一数据传输协议为 TCP/TLS 协议，第二数据传输协议为 QUIC 协议，在步骤 103 中，将由 TCP/TLS 协议封装的数据处理请求消息转换成为由 QUIC 协议封装的数据处理请求消息；而在步骤 107 中，再将由 QUIC 协议封装的数据处理请求消息转换成为由 TCP/TLS 协议封装的数据处理请求消息。

步骤 109：将所述数据处理请求路由至部署在第二地域的第二服务器，以便于所述第二服务器对所述数据处理请求进行处理。例如，亚马逊位于中国的第二服务器，在接收获取苹果手机的销售数据请求后，向亚马逊总部的第一服务器返回相关销售数据。

通过本说明书实施例提供的技术方案，接收部署在第一地域的第一设备发送的数据处理请求，所述数据处理请求通过第一数据传输协议封装得到；根据不同的数据传输协议转换规则，将所述数据处理请求的封装协议由所述第一数据传输协议转换成第二数据传输协议；通过支持所述第二数据传输协议的数据传输通道传输转换后的所述数据处理请求。通过在现有数据传输的机制中增加加速传输机制，即对于使用第一封装协议传输的数据处理请求，在被执行数据传输协议转换之后，利用支持第二封装协议的数据传输通道进行传输，有效地提升了数据传输的效率。

合规性问题剖析：

本申请记载的技术方案是为解决在跨国电商数据同步下位于不同地域的服务器与总部服务器之间的数据传输效率问题，提出一种跨境电商境内外服务器的数据传输方法，其关键技术手段是接收部署在总部的第一服务器发送的第一数据传输协议封装得到的数据处理请求，将数据处理请求的封装协议由第一数据传输协议转换成第二数据传输协议，将数据处理请求路由至部署在第二地域的第二服务器，以便于第二服务器对数据处理请求进行处理，并将请求的数据回传至总部的第一服务器。本申请在具体的实施例记载，跨境传输数据为亚马逊在中国地区的服务器请求获取苹果手机的销售数据，销售数据包括购买用户信息、手机号码、年龄、苹果手机型号。

《个人信息保护法》第三十九条规定，个人信息处理者向中华人民共和国境外提供个人信息的，应当向个人告知境外接收方的名称或者姓名、联系方式、处理目的、处理方式、个人信息的种类以及个人向境外接收方行使本法规定权利的方式和程序等事项，并取得个人的单独同意。本申请记载的跨境传输的销售数据涉及"用户信息""手机号码"属于个人信息的范畴，属于《个人信息保护法》第四条规定的保护客体。针对本申请的跨境电商的境内、境外服务器的跨境数据同步方法，在跨境数据同步前并未取得用户的同意，直接将用户的个人信息跨境流动至境外，严重损害个人信息主体的合法权益，因此违反《个人信息保护法》第三十九条的规定，不符合《专利法》第五条相关规定。

(二) 代理服务器技术的合规性问题

代理服务器作为网络信息的中转站，可以有效提高浏览速度和效率，能够实现网络的安全过滤、流量控制、用户管理等功能。随着代理服务器技术的普及应用，其在某些情况下非法使用造成的损失日益严重。接下来将分析代理服务器技术的异化行为，以及探讨代理服务器技术的异化行为样态与法律适用。

1. 代理服务器技术的异化行为

代理服务器技术可以实现提高浏览速度和效率、网络安全过滤、流量控制、用户管理等有益效果。但是，作为代理服务器技术的使用人，存在利用代理服务器私自截获隐私信息的情形，比如截获账户和密码等个人隐私信息，以及非法截获邮件、通信记录等隐私数据。代理服务器在网络文献代理过程中，用户如果未经授权随意复制文献资料，则构成了事实上的网络传播侵权，存在网络传播侵权问题；此外，个别用户以非法牟利为目的，利用文献代理超量下载大量文献或下载整体刊物，这是对文献资料知识产权赤裸裸的侵犯，在这个过程中文献用户和代理服务器托管方都应承担侵权责任。另外，代理服务器也可能存在泄密的问题，很多单位的内部资料往往存在保密的要求，如涉及技术秘密的学位论文、企业内部的商业和技术资料、国家机关的保密文件等，一些非法用户通过代理服务器可能会接触到这些涉密资料，从而造成涉密资料的泄密，此时代理服务器托管方应当承担泄密的法律责任。此外，利用代理服务器可以隐藏 IP 地址，尤其是多层代理后会增加被捕获的难度，有的用户利用代理服务器进行泄密或篡改数据等非法活动，恶意攻击数据库网站。代理服务器进行上述非法行为，从而触犯《网络安全法》《个人信息保护法》《数据安全法》《刑法》的现实案例比比皆是。

对代理服务器技术的异化行为进行分析，并从代理服务器动机分析代理服务器技术的异化行为样态，主要包括以下几种常见的异化行为样态：

1) 代理服务器未经同意截获个人数据：作为代理服务器技术的使用人，利用代理服务器未经用户授权私自截获个人数据，比如截获账户和密码等个人隐私信息，以及非法截获邮件、通信记录等个人数据。

2) 代理服务器未经授权随意复制文献资料：代理服务器在网络文献代理过程中未经授权随意复制文献资料，构成了事实上的网络传播侵权，存在网络传播侵权问题。以非法个别用户利用文献代理超量下载大量文献或下载整体刊物，并以此非法获利，这是对文献资料知识产权赤裸裸的侵犯，此时在这个过程中文献用户和代理服务器托管方都应承担侵权责任。代理服务器也可能存在泄密的问题，很多单位的内部资料往往存在保密的要求，如涉及技术秘密的学位论文、企业内部的商业和技术资料等，一些非法用户通过代理服务器可能会接触到这些涉密资料，从而造成涉密资料的泄密，此时代理服务器托管方应当承担泄密的法律责任。

3）代理服务器修改原网站中的视频、网页的部分内容：互联网提供商为用户提供免费服务的同时，通过推送广告实现盈利，例如：各种的视频类应用、小说类应用、游戏类应用和浏览器类应用等通常都含有各种各样的推送广告，通过推送广告收益维持运营。然而，用户在观看视频、浏览网页、打游戏时，对推送广告很反感，因而选择无广告打扰的代理服务器提供服务。代理服务器通过拦截原网络数据中的广告内容，自动过滤，为用户提供无广告内容的视频、网页，该行为严重损害互联网提供商的合法权益。

2. 代理服务器技术的异化行为样态及法律适用

对于代理服务器技术，不同的异化行为适用不同的数据法律以及不同的法律条款，本节将详细分析每种异化行为样态的法律行为要件，进而根据某一法律行为要件确定具体的数据法律条款。

（1）代理服务器未经同意截获个人数据

《网络安全法》第四十四条规定，任何个人和组织不得窃取或者以其他非法方式获取个人信息，不得非法出售或者非法向他人提供个人信息。对于"代理服务器未经同意截获个人数据"的异化行为技术，代理服务器在未经用户授权/同意的情况下私自截获个人数据，其技术方案的本质是对个人数据的盗窃，属于《网络安全法》规定的"盗窃"情形，不符合《网络安全法》第四十四条的规定。另外，"截获个人数据"的实施主体是代理服务器，属于网络运营者的范畴，因此上述异化行为样态同时不符合《网络安全法》第四十一条规定的情形，即不符合《网络安全法》第四十一条的规定。

《个人信息保护法》第十条规定，任何组织、个人不得非法收集、使用、加工、传输他人个人信息，不得非法买卖、提供或者公开他人个人信息。针对"代理服务器未经同意截获个人数据"的异化行为技术，代理服务器在未经用户授权/同意的情况下私自截获个人数据，其技术方案的本质是非法收集个人信息，属于《个人信息保护法》第十条规定的情形，不符合《个人信息保护法》第十条的规定。另外，上述代理服务器非法收集个人信息涉及生物识别、宗教信仰、特定身份、医疗健康、金融账户、行踪轨迹生物识别、宗教信仰、特定身份、医疗健康、金融账户、行踪轨迹以及不满十四周岁未成年人的个人信息时，上述代理服务器的异常行为属于《个人信息保护法》第二十八条规定的情形，因此不符合《个人信息保护法》第二十八条的规定。

《数据安全法》第三十二条规定，任何组织、个人收集数据，应当采取合法、正当的方式，不得窃取或者以其他非法方式获取数据。针对"代理服务器未经同意截获个人数据"的异化行为技术，代理服务器在未经用户授权/同意的情况下私自截获个人数据，其技术方案的本质属于以窃取方式获得个人数据，不符合《数据安全法》第三十二条的规定。

（2）代理服务器未经授权随意复制文献资料

《著作权法》第四十九条规定，未经权利人许可，任何组织或者个人不得故意避开或者破坏技术措施，不得以避开或者破坏技术措施为目的制造、进口或者向公众提供有关装置或者部件，不得故意为他人避开或者破坏技术措施提供技术服务；本法所称的技术措施，是指用于防止、限制未经权利人许可浏览、欣赏作品、表演、录音录像制品或者通过信息网络向公众提供作品、表演、录音录像制品的有效技术、装置或者部件。

《著作权法》第三条规定，本法所称的作品，是指文学、艺术和科学领域内具有独创性并能以一定形式表现的智力成果，包括：文字作品；口述作品；音乐、戏剧、曲艺、舞蹈、杂技艺术作品；……；摄影作品；视听作品等。

针对代理服务器未经授权随意复制文献资料的技术方案，文献资料为法律规定的著作权作品，该技术行为对象"文献资料"属于文字作品规定的范围，属于《著作权法》第三条规定的保护客体。其次，该技术行为手段"未经授权随意复制文献资料"是在未经权利人授权许可的情况下实施技术手段，该技术方案的行为动机是绕过权利人非法传播作品，并且该技术行为已经侵害文献资料著作权人的合法权益。对于代理服务器复制文献资料的技术异化行为，典型表现的形式为"代理服务器未经授权复制文献资料，为用户提供浏览服务"，该技术异化行为是利用网络爬虫非法爬取相关知识产权作品信息进而盗播他人网站著作权作品，从而在第三方服务器上实现浏览或播放知识产权作品，无须使用对应的原网站就能获得或观看知识产权作品，因此其本质是在未经原网站及知识产权作品著作权方同意的情况下，对知识产权作品页面进行破解处理以获取对应的知识产权作品，侵害了视频作者的合法权益，属于《著作权法》第四十九条规定的"侵犯著作权"情形，因此上述技术异化行为违反法律规定。

《刑法》第二百一十七条规定："以营利为目的，有下列侵犯著作权或者与著作权有关的权利的情形之一，违法所得数额较大或者有其他严重情节的，处三年以下有期徒刑或者拘役，并处或者单处罚金；违法所得数额巨大或者有其他特别严重情节的，处三年以上七年以下有期徒刑，并处罚金：（一）未经著作权人许可，复制发行、通过信息网络向公众传播其文字作品、音乐、美术、视听作品、计算机软件及法律、行政法规规定的其他作品的；（二）出版他人享有专有出版权的图书的；（三）未经录音录像制作者许可，复制发行、通过信息网络向公众传播其制作的录音录像的；……；（五）制作、出售假冒他人署名的美术作品的；……"

因此，在上述技术异化行为属于《著作权法》第四十九条规定的"侵犯著作权"

情形时，上述异化行为存在通过随意复制的文献资料非法获利的情况时，该异化行为动机是以营利为目的，已构成违反《刑法》第二百一十七条规定的"侵犯著作权罪"。代理服务器非法获取商业秘密，其本质上已经构成《刑法》第二百一十九条规定的"盗窃商业秘密的"情形，并且侵害相关权利人的合法权益，违反《刑法》第二百一十九条的规定。

（3）代理服务器删除原网站中的视频、网页的部分内容

《著作权法》第四十九条规定，未经权利人许可，任何组织或者个人不得故意避开或者破坏技术措施，不得以避开或者破坏技术措施为目的制造、进口或者向公众提供有关装置或者部件，不得故意为他人避开或者破坏技术措施提供技术服务；本法所称的技术措施，是指用于防止、限制未经权利人许可浏览、欣赏作品、表演、录音录像制品或者通过信息网络向公众提供作品、表演、录音录像制品的有效技术、装置或者部件。

《著作权法》第三条规定，本法所称的作品，是指文学、艺术和科学领域内具有独创性并能以一定形式表现的智力成果，包括：文字作品；口述作品；音乐、戏剧、曲艺、舞蹈、杂技艺术作品；……；摄影作品；视听作品等。

针对代理服务器未经授权修改视频、网页中部分内容的技术方案，该技术方案的行为对象"原网站上的视频、网页"属于文字作品、摄影作品、视听作品规定的范围，属于《著作权法》第三条规定的保护客体。其次，该技术行为手段"未经授权修改播放视频、网页中的部分内容"是在未经权利人授权同意的情况下实施，该技术方案的行为动机是绕过原网站非法篡改视频、网页中内容，故意删除原播放视频、网页中的部分内容，并且该技术行为已经损害原网站的合法权益。针对代理服务器未经授权修改播放视频、网页中部分内容的技术异化行为，典型表现的形式为"代理服务器屏蔽原网站在视频、网页中预置的广告内容，为用户提供无广告内容的视频、网页服务""代理服务器获取原网站的视频、网页，并在视频、网页中插入广告内容，以获取广告收入"，这些技术异化行为均是代理服务器获取原网站的视频、网页等网络数据，并在原网站的视频、网页中添加、删除部分内容来改变原网站的视频、网页等内容的行为，其技术方案的本质是未经授权擅自改变原视频、网页的内容，在原视频、网页中添加、删除部分内容已构成侵犯平台经营者的著作权，侵害了平台经营者的合法权益，属于《著作权法》第四十九条规定的"侵犯著作权"情形，因此上述技术异化行为违反法律规定。

3. 代理服务器技术的典型案例解析

● **案例16**：一种基于libuv+SSL截获客户端发送邮件的邮箱代理

案情简介：本申请的目的是通过代理服务器提供服务的方式，通过伪装获取目标

对象的邮箱账号密码进而截获多个监控对象的邮件,以实现突破SSL加密防线的目的。本案记载技术方案:基于libuv+SSL截获客户端发送邮件的代理服务方法,包括将目标区域的多个邮件客户端请求ip指向指定代理服务器,代理服务器通过请求获取账号密码,并用其请求包向真实邮箱服务器获取邮件;当目标通过SSL协议收发邮件时,代理服务器作为服务端通过证书与每个客户端交互,然后用交互的信息,以普通数据包的形式与真实邮件服务器交互获取服务器发送回来的数据,然后再将此数据以SSL的方式发送给对应客户端,实现突破SSL防线的目的。

本申请记载的内容:

如今用客户端收发邮件已经成为大家传递信息的一种重要方式,犯罪分子也不例外,如能够截获其通信邮件,就能够更好了解其行动计划及动向,就能更方便地阻止犯罪,增加破案率,并提供相关的罪证。

SSL,英文全称为Secure Sockets Layer,直译为"安全套接层"。SSL及其继任者传输层安全(Transport Layer Security,TLS)是为网络通信提供安全及数据完整性的一种安全协议。TLS与SSL在传输层对网络连接进行加密。SSL是Netscape公司所提出的安全保密协议,在浏览器(如Internet Explorer、Netscape Navigator)和Web服务器(如Netscape的Netscape Enterprise Server、ColdFusion Server等)之间构造安全通道进行数据传输,SSL运行在TCP/IP层之上、应用层之下,为应用程序提供加密数据通道,它采用了RC4、MD5以及RSA等加密算法,使用40位的密钥,适用于商业信息的加密。同时,Netscape公司相应开发了HTTPS协议并内置于其浏览器中,HTTPS实际上就是SSL over HTTP,它使用默认端口443,而不是像HTTP那样使用端口80和TCP/IP进行通信。HTTPS协议使用SSL在发送方对原始数据进行加密,然后在接收方进行解密,加密和解密需要发送方和接收方通过交换共知的密钥来实现,因此,所传送的数据不容易被网络黑客截获和解密。

SSL协议位于TCP/IP协议与各种应用层协议之间,为数据通信提供安全支持。SSL协议可分为两层:SSL记录协议(SSL Record Protocol):它建立在可靠的传输协议(如TCP)之上,为高层协议提供数据封装、压缩、加密等基本功能的支持。SSL握手协议(SSL Handshake Protocol):它建立在SSL记录协议之上,用于在实际的数据传输开始前,通信双方进行身份认证、协商加密算法、交换加密密钥等。

由于SSL协议需要认证用户和服务器,确保数据发送到正确的客户机和服务器,加密数据以防止数据中途被窃取,维护数据的完整性,确保数据在传输过程中不被改变,这就导致普通的代理方式难以截获。本发明的目的是通过代理服务的方式,监控目标对象的邮件收发内容并获取目标邮箱的账号密码,进而截获监控对象的邮件。

本发明解决上述问题所采用的技术方案为:一种基于libuv+SSL截获客户端发送邮件的邮箱代理,通过托盘设置,开启邮箱设置,设置需要监控的邮箱类型及端口,点

第三章　大数据热点技术《专利法》第五条审查的合规性问题

确定后开启对应的邮箱监控,开启后目标通过对应邮箱收发邮件就会被截获以自然数顺序保存在对应协议目录下的 eml 目录中,并转发到指定配置文件中配置的网址或 ip 上,支持 pop3、imap、SMTP 协议,支持 SSL 加密形式的邮件截获。进一步地,将目标区域邮件客户端请求 ip 指向指定服务器,服务器通过请求获取账号密码,并用其请求包向真实邮箱服务器获取邮件,复制一份由服务器端保存或转发,再将原邮件发送给客户端,达到自动截获邮件的功能。当目标通过 SSL 协议收发邮件时,代理服务器作为服务端通过证书与客户端交互,然后用交互的信息,以普通数据包的形式与真实邮件服务器交互获取服务器发送回来的数据,然后再将此数据以 SSL 的方式发送给客户端,达到突破 SSL 防线的目的。

合规性问题剖析:

对于技术方案是否构成《专利法》第五条第一款所称的违反法律的情形,首先应当判断发明申请的技术方案所实施的行为是否属于具体的法律所禁止的行为。

本申请记载的基于 libuv+SSL 截获客户端发送邮件的代理服务方法是代理服务器通过伪装获取多个客户端的账号密码,并用其请求包向真实邮箱服务器获取邮件,当目标通过 SSL 协议收发邮件时,代理服务器作为服务端通过证书与每个客户端交互,并以普通数据包的形式与真实邮件服务器交互获取服务器发送回来的数据,从而突破 SSL 加密防线的目的,因此该方案实质上是代理服务器未经用户同意获取用户邮箱的账号密码,并利用获取的账号密码私自截获客户端的邮件内容,以此突破 SSL 加密防线的目的。

《个人信息保护法》第四条规定,个人信息是以电子或者其他方式记录的与已识别或者可识别的自然人有关的各种信息,不包括匿名化处理后的信息;个人信息的处理包括个人信息的收集、存储、使用、加工、传输、提供、公开、删除等。因此,本申请记载"代理服务器通过伪装获取多个客户端的账号密码,当目标通过 SSL 协议收发邮件时,代理服务器作为服务端通过证书与每个客户端交互,并以普通数据包的形式与真实邮件服务器交互获取服务器发送回来的数据,从而突破 SSL 加密防线的目的",即本申请记载的技术方案的行为对象"账号密码""邮件内容"是《个人信息保护法》第四条规定的数据的范畴,属于《个人信息保护法》第四条规定的保护客体。《个人信息保护法》第十四条规定,基于个人同意处理个人信息的,该同意应当由个人在充分知情的前提下自愿、明确作出。法律、行政法规规定处理个人信息应当取得个人单独同意或者书面同意的,从其规定。个人信息的处理目的、处理方式和处理的个人信息种类发生变更的,应当重新取得个人同意。本申请记载的技术方案的行为动机是以突破 SSL 加密防线为目的获得邮件通信的邮件内容,其记载的技术方案在未经用户同意的情况下伪装获取用户邮箱的账号密码以及后续通信的邮件内容,其行为属于以窃取方式获取个人信息,侵害了个人信息主体的合法权益,违反《个人信息保护法》第十四条的规定。

另外,《数据安全法》第三条规定,本法所称数据,是指任何以电子或者其他方式对信息的记录。本申请记载"代理服务器通过伪装获取多个客户端的账号密码,当目标通过 SSL 协议收发邮件时,代理服务器作为服务端通过证书与每个客户端交互,并以普通数据包的形式与真实邮件服务器交互获取服务器发送回来的数据,从而突破 SSL 加密防线",即本申请记载技术方案的行为对象"账号密码""邮件内容"是《数据安全法》第三条规定的数据的范畴,属于《数据安全法》第三条规定的保护客体。并且,《数据安全法》第三十二条规定,任何组织、个人收集数据,应当采取合法、正当的方式,不得窃取或者以其他非法方式获取数据。法律、行政法规对收集、使用数据的目的、范围有规定的,应当在法律、行政法规规定的目的和范围内收集、使用数据。本申请记载的技术方案的行为动机是为了突破 SSL 加密防线从而获得邮件通信的邮件内容,其在未经用户同意的情况下伪装获取用户邮箱的账号密码以及后续通信的邮件内容,本质上是以窃取的方式截获用户的账号密码以及邮件内容,损害了个人信息主体的合法权益,违反《数据安全法》第三十二条的规定。

《网络安全法》第七十六条规定,网络数据,是指通过网络收集、存储、传输、处理和产生的各种电子数据;个人信息,是指以电子或者其他方式记录的能够单独或者与其他信息结合识别自然人个人身份的各种信息,包括但不限于自然人的姓名、出生日期、身份证件号码、个人生物识别信息、住址、电话号码等。因此,本案中的"用户邮箱的账号密码"是能够单独识别自然人个人身份的信息,属于个人信息;本案中的"客户端邮件内容"属于网络数据的一种。《网络安全法》第四十四条规定,任何个人和组织不得窃取或者以其他非法方式获取个人信息,不得非法出售或者非法向他人提供个人信息。本申请记载的技术方案的行为动机是为了突破 SSL 加密防线从而获得邮件通信的邮件内容,其在未经用户同意的情况下伪装获取用户邮箱的账号密码以及后续通信的邮件内容,本质上是以窃取的方式截获用户的账号密码以及邮件内容,损害了个人信息主体的合法权益,不符合《网络安全法》第四十四条的规定。因此,本申请记载的技术方案违反上述法律规定,根据《专利法》第五条第一款的规定不能被授予专利权。

另外,《全国人民代表大会常务委员会关于维护互联网安全的决定》第四条第二款规定,非法截获、篡改、删除他人电子邮件或者其他数据资料,侵犯公民通信自由和通信秘密。本申请中的利用代理服务器伪装获取用户账号密码进而截获多个监控对象的通信内容,属于"非法截获他人电子邮件"情形,因此不符合《全国人民代表大会常务委员会关于维护互联网安全的决定》第四条第二款的规定。然而,《专利法》第五条第一款所称的法律,是指由全国人民代表大会或者全国人民代表大会常务委员会依照立法程序制定和颁布的法律,不包括行政法规、地方性法规和规章等其他规范性文件。因此，本申请的技术方案违反《全国人民代表大会常务委员会关于维护互联网安全的决定》第四条第二款的规定，则应当以扰乱社会正常经济秩序，并以妨害公共利益为由不予授权。

● **案例 17：一种可扩展的 Webmail 监视系统**

案情简介：为监视公司员工的日常工作情况，提出一种基于 winpcap 驱动的第三方监视的邮件监视系统，包括数据包嗅探模块、Webmail 检测模块、数据包重组模块、邮件信息提取模块；邮件监视系统首先利用数据包嗅探器从网络中获得 TCP 数据包，嗅探器是用 winpcap 驱动或者 libpcap 驱动制作的，嗅探器可以获得网络中的所有流量，并根据本身的过滤原语得到自己想要的数据包，然后得到的数据包就进入了 Webmail 检测模块；Webmail 检测模块根据标志部分检测是否有 Webmail 数据包在传输，如果检测到了 Webmail 数据包，则进入数据包重组部分；重组后的数据包进入邮件信息提取模块，邮件信息提取模块会利用 Webmail 知识库的处理函数部分给出的函数来提取邮件信息。

本申请记载的内容：

在当今的 Internet 环境中，邮件是电子办公的常用软件。在日常工作中，很多公司的员工在上班期间处理非工作事务，并经常使用邮件发送与工作无关的内容，严重影响办公效率，因此有必要建立一种实时的网络邮件监视系统。邮件的发送方式可以分成两种，一种是利用邮件客户端进行发送，常用的邮件客户端有 outlook、foxmail 等，这种邮件是基于 SMTP 协议的；一种是通过浏览器登录网站发送邮件，这种邮件传输方式被称为 Webmail，Webmail 是当今应用最广的方式。基于 SMTP 协议的邮件系统采用统一的 SMTP 格式，所以它的监视系统也很容易制作，Webmail 则不同，不同的邮件服务器以不同的格式发送邮件，这就使 Webmail 的监视增加了难度，本申请的重点是以几个常用的 Webmail 为例，介绍一个可扩展的 Webmail 监视系统。

本申请提出一种邮件监视系统，是采用基于 winpcap 驱动的第三方监视方式，winpcap 是 Windows 平台下一个免费、公共的网络访问系统，winpcap 的主要功能在于独立于主机协议（如 TCP-IP）而发送和接收原始数据包，邮件监视系统包括数据包嗅探模块、Webmail 检测模块、数据包重组模块、邮件信息提取模块。

邮件监视系统首先利用数据包嗅探器从网络中获得 TCP 数据包，嗅探器是用 winpcap 驱动或者 libpcap 驱动制作的，嗅探器可以获得网络中的所有流量，并根据本身的过滤原语得到自己想要的数据包，在这个系统里，把过滤语句设计成只获得 TCP 数据包，得到的数据包就进入了 Webmail 检测模块，这个模块是整个系统最重要的部分，首先要构造一个 Webmail 知识库，这个知识库有利于将来对 Webmail 监视的扩展，Webmail 知识库分为标志部分和处理函数部分，Webmail 检测模块根据标志部分检测是否有 Webmail 数据包在传输，如果检测到了 Webmail 数据包，则进入数据包重组部分，因为网络数据包的传输是乱序的，每个数据包走的路由不同，可能导致数据包乱序，所以有必要进行数据包的重组，最后进入邮件信息提取模块，这个模块会利用 Webmail 知识库的处理函数部分给出的函数来提取邮件信息。邮件监视系统的具体实现主要是实现三个关键技术：数据包重组、Webmail 检测、邮件信息提取，其中，Webmail 检测关键是建立一个完善的 Webmail 知识库。

数据包重组技术实现。应用层协议的分析有必要进行网络数据包的重组，因为网络数据包的传输有可能经过不同的路由，所以有可能产生乱序现象，要想得到完整的应用层信息必须进行数据包重组。由 TCP/IP 可知，经过 TCP 三次握手建立后，双方即可传输数据，发送端和目的端数据包之间的先后关系由 TCP 首部的序号和确认序号字段确定。如发送方发送的数据包长度为 N，序号为 SEQ，确认序号为 ACK_SEQ，则下一个将要发送的数据包的序号应为 SEQ+N，接收方应答数据包的序号为 ACK_SEQ，确认序号为 SEQ+N，表示是对序号为 SEQ、长度为 N 的数据的确认。根据上述原理，TCP/IP 可将队列中的数据包按照其序号重新排序，这即是一个重组的过程，重组后的报文被提交给应用程序处理。为实现数据流的重组与还原，系统要维护大量的 TCP 连接，并且要设计一个 TCP 连接查找算法，把 Hash 表应用在 TCP 连接查找中，会快速定位输入的数据包属于已建立的哪条 TCP 连接。每个 TCP 数据都有一个四元组（源目 IP、源目端口），因此，根据这个四元组为每一个 TCP 连接的每个数据包构造 Hash 函数，其输入的参数即为源 IP 地址、目的 IP 地址、源端口号、目的端口号，输出一个 16 位的整数值，作为 Hash 表的索引。如果当前数据包不属于任何已建立的 TCP 连接，则新建另一个重装链表，对于一个完整的报文，重装链表中的第一个包（节点）的 SYN 标志为 1，最后一个包（节点）的 FIN 标志为 1，且所有节点的序号应连续。由于数据包传输时可能会乱序或重传，TCP 数据的重装过程实际是对重装链表的插入和删除过程。针对每个四元组，在捕获到第一个包时，为这个连接建立一个重装链表，以后每捕获到一个新的数据包，都要对重装链表进行搜索，如果这个数据包的序号及数据长度与链表中某个节点的序号及数据长度相同，则是重发包，丢弃；否则，将这个包插入到重装链表中。四元组求索引号的时候有可能产生冲突，即不同四元组却产生了同一个索引号，解决这个问题的方法是在重装链表里增加一个 hnext 指针，如果遇到冲突，就把有冲突的节点添加到 hnext 后。

Webmail 知识库建立。Webmail 知识库的建立是 Webmail 监视系统的核心，Webmail 并不像 SMTP 那样遵守统一的协议格式，每个邮箱厂商都按照自己的格式发送邮件，这就导致了 Webmail 监视的困难，所以建立了一个 Webmail 知识库，如果增加某种邮箱的监视，就把这个邮箱的标示和处理函数名称添加到这个知识库里，而不需要改变原来的程序，这样就实现了 Webmail 的可扩展性。Webmail 知识库分为标志部分和处理函数部分，标志部分的作用是辨别邮箱种类，处理函数部分是提取邮件信息的函数名称，标志部分分为标志头和标志尾，标志头标示邮件开始传输的标志，标志尾标示邮件传输结束的部分，该系统用一个数据库表格 WebmailProcessBase 表示 Webmail 知识库，这个数据库表格有以下字段：ID（记录标示）、MailFlag（邮件起始标示）、StartPoint（MailFlag 在数据包中的起始位置）、EndFlag（邮件结尾标示）、EndPoint（EndFlag 的长度）、FunctionName（处理函数的名称）、DllName（动态链接库的名称）。Webmail 知识库，包括的邮箱有 hotmail、163、126、qq、sina，根据需要，可以以相同的形式扩展这个库。Webmail 采用 HTTP 协议进行传输，向外 POST 邮件信息，首先获得每个数据包的负载信息，然后与 Webmail 中的 MailFlag 对比，如果对比成功，则检测到 Webmail，接着进行数据包缓存和重组，直到遇到 EndFlag 时结束，最后调用 FunctionName 对应的函数对这段数据流进行处理，提取邮件信息。

Webmail 信息提取。由于每个邮箱的邮件格式不一样，所以每向 Webmail 知识库里添加一个新邮箱的同时，就要编写一个新的提取邮件信息的函数，并且把函数名称添加到 Webmail 知识库中，以便程序调用，虽然每个提取邮件信息的函数都不相同，但总体方法都是一致的。重组得到的邮件信息流实际上是一个很长的字符串，邮件信息就在某些标志之间，比如 QQ 邮箱，发件人账户名称是在 name＝"sendmailname" \r\n\r\n 与 \r\n 之间，收件人账户名称是在 name＝"to" \r\n\r\n 与 \r\n 之间，邮件标题是在 name＝"subject" \r\n\r\n 与 \r\n 之间，邮件内容是在 name＝"content" \r\n\r\n 与 \r\n 之间，所以，提取邮件信息最重要的三方面函数是搜索字符串函数、提取字段函数、插入数据库函数。

1）搜索字符串函数：char * mSearch(char * buf,int blen,char * ptrn,int plen)；buf 指向整个字符串，blen 指定 buf 长度，ptrn 指向要搜索的字符串，plen 是 ptrn 长度。返回 ptrn 的位置指针。注意：不能用 strstr（）来实现这个功能，因为 strstr（）遇到 \ 0 则停止搜索，实际上网络数据流有很多 \ 0，所以这个函数不能应用。

2）提取字段函数：intGetItem(char * data,char * item,char * startflag,char * endflag)；data 指向整个字符串，item 指向获得的字段，startflag 是开始标志，endflag 是结束标志。在上面 QQ 邮箱的例子中，要想获得邮件标题，可用 GetItem(MailData,Subject,"name＝\"subject\" \x0D\x0A\x0D\x0A","\x0D\x0A")获得。

3）插入数据库函数获得的邮件信息最终要插入数据库，系统数据库设置以下字段：截获时间、源 IP 地址、目的 IP 地址、发送者账户、接收者账户、抄送账户、密送账户、邮件标题、邮件内容、邮箱类别。

合规性问题剖析：

本申请记载的技术方案是为了帮助公司监视公司员工的日常工作情况，提出一种基于 winpcap 驱动的第三方监视的邮件监视系统，邮件监视系统首先利用数据包嗅探器从网络中获得 TCP 数据包，嗅探器是用 winpcap 驱动或者 libpcap 驱动制作的，嗅探器可以获得网络中的所有流量，并根据本身的过滤原语得到自己想要的数据包，然后得到的数据包就进入了 Webmail 检测模块；Webmail 检测模块根据标志部分检测是否有 Webmail 数据包在传输，如果检测到了 Webmail 数据包，则进入数据包重组部分；重组后的数据包进入邮件信息提取模块，邮件信息提取模块会利用 Webmail 知识库的处理函数部分给出的函数来提取邮件信息。

《个人信息保护法》第四条规定，个人信息是以电子或者其他方式记录的与已识别或者可识别的自然人有关的各种信息，不包括匿名化处理后的信息。个人信息的处理包括个人信息的收集、存储、使用、加工、传输、提供、公开、删除等。本申请记载邮件监视系统利用数据包嗅探器从网络中获得 TCP 数据包并通过处理提取邮件信息，其获取的数据为员工发送的邮件信息，属于员工的个人信息，即本申请记载的邮件监视系统的嗅探行为对象"员工发送的邮件信息"是《个人信息保护法》第四条规定的数据的范畴，属于《个人信息保护法》第四条规定的保护客体。《个人信息保护法》第十四条规定，基于个人同意处理个人信息的，该同意应当由个人在充分知情的前提下自愿、明确作出。法律、行政法规规定处理个人信息应当取得个人单独同意或者书面同意的，从其规定。个人信息的处理目的、处理方式和处理的个人信息种类发生变更的，应当重新取得个人同意。本申请记载的邮件监视系统是为了监视公司员工日常工作情况的问题而提出的，并且采用数据包嗅探器从网络中获得邮件通信的数据包，因此本申请记载的邮件监视系统是在未取得员工同意的情况下嗅探员工的邮件通信内容。在未经用户授权同意的情况下，采用数据包嗅探器从网络中获得邮件通信的数据包，其本质是以窃取方式获得员工的邮件通信内容，损害了个人信息主体的合法权益，违反《个人信息保护法》第十四条的规定。

另外，《数据安全法》第三条规定，本法所称数据，是指任何以电子或者其他方式对信息的记录。本申请记载邮件监视系统利用数据包嗅探器从网络中获得 TCP 数据包并通过处理提取邮件信息，其获取的数据为员工发送的邮件信息，属于员工的个人信息，即本申请记载的邮件监视系统的嗅探行为对象"员工发送的邮件信息"是《数据安全法》第三条规定的数据的范畴，属于《数据安全法》第三条规定的保护客体。并且，《数据安全法》第三十二条规定，任何组织、个人收集数据，应当采取合法、正当的方式，不得窃取或者以其他非法方式获取数据。法律、行政法规对收集、使用数据的目的、范围有规定的，应当在法律、行政法规规定的目的和范围内收集、使用数据。本申请记载的邮件监视系统是为了监视公司员工日常工作情况的问题而提出的，并且采用数据包嗅探器从网络中获得邮件通信的数据包，因此本申请记载的邮件监视系统是在未取得员工同意的情况下嗅探员工的邮件通信内容。在未经用户授权同意的情况下，采用数据包嗅探器从网络中获得邮件通信的数据包，其本质是以窃取方式获得员工的邮件通信内容，损害了个人信息主体的合法权益，违反《数据安全法》第三十二条的规定。

此外，《网络安全法》第七十六条第（四）项规定，网络数据，是指通过网络收集、存储、传输、处理和产生的各种电子数据。本申请记载邮件监视系统利用数据包嗅探器从网络中获得 TCP 数据包并通过处理提取邮件信息，其获取的数据为员工发送的邮件信息，属于员工的网络数据，即本申请记载的邮件监视系统的嗅探行为对象"员工发送的邮件信息"是《网络安全法》第七十六条第（四）项规定的数据的范畴，属于《网络安全法》第七十六条第（四）项规定的保护客体。并且，《网络安全法》第二十七条规定，任何个人和组织不得从事非法侵入他人网络、干扰他人网络正常功能、窃取网络数据等危害网络安全的活动；不得提供专门用于从事侵入网络、干扰网络正常功能及防护措施、窃取网络数据等危害网络安全活动的程序、工具；明知他人从事危害网络安全的活动的，不得为其提供技术支持、广告推广、支付结算等帮助。本申请记载的邮件监视系统是为了监视公司员工日常工作情况的问题而提出的，并且采用数据包嗅探器从网络中获得邮件通信的数据包，因此本申请记载的邮件监视系统是在未取得员工同意的情况下嗅探员工邮件通信内容。在未经用户授权同意的情况下，采用数据包嗅探器从网络中获得邮件通信的数据包，其本质是以窃取方式获得员工的邮件通信内容，损害了个人信息主体的合法权益，违反《网络安全法》第二十七条的规定。

综上，该申请属于违反法律的情形，不符合《专利法》第五条相关规定。

● **案例 18：视频广告拦截方法和代理服务器**

案情简介：本申请的代理服务器通过删除符合广告拦截规则的网络数据，加快拦截广告网络数据的速度。本申请记载的技术方案：在本地代理服务器设置广告拦截规则，开启本地代理服务器，以使本地代理服务器建立虚拟专用网络，通过虚拟专用网络截获网络数据，网络数据包括业务服务器接收的网络请求数据和业务服务器发送的网络响应数据，根据广告拦截规则对网络请求数据和网络响应数据进行筛选，拦截符合广告拦截规则的广告网络数据，将广告网络数据从网络数据中过滤。

本申请记载的内容：

目前随着智能手机、平板等电子设备的普及，各种依托于电子设备的应用市场发展迅速，伴随而来的是大量充斥着各种广告的应用。用户使用电子设备时，各种视频类应用、小说类应用、游戏类应用和浏览器类应用等，通常都含有各种各样的推送广告，从而为服务提供方获得收益。然而，推送各种各样的推送广告，严重浪费了电子设备的流量资源，还会占用内存，使得电子设备运行缓慢。

本申请提供一种能够节约电子设备流量资源并提升运行速度的广告拦截方法、装置和存储介质，其应用环境包括终端、业务服务器、本地代理服务器；业务服务器是指提供业务支持的服务器,如商家服务器,不同的商家具有不同的业务服务器,商家服务器提供业务时插入一些广告来增加流量收益。终端在与业务服务器交互时,获取广告拦截关联数据,广告拦截关联数据包括网络类数据、用户类数据和服务器类数据中的至少一种数据。终端根据获取的广告拦截关联数据生成对应的广告拦截规则,再将生成的广告拦截规则存储至预设的文件中。终端开启本地代理服务器,本地代理服务器建立虚拟专用网络。本地代理服务器通过虚拟专用网络截获网络数据,这里截获的网络数据包括终端发送给业务服务器的网络请求数据,和业务服务器向终端发送的网络响应数据。本地代理服务器还会获取终端保存在预设文件中的广告拦截规则。本地代理服务器根据广告拦截规则对截获的网络数据进行筛选,拦截符合广告拦截规则的广告网络数据,并将拦截的广告网络数据从网络数据中过滤。本地代理服务器在拦截符合广告拦截规则的广告网络数据时,本地代理服务器直接删除广告网络数据。

具体地,本申请提供一种广告拦截方法,包括以下步骤:

步骤210:获取广告拦截关联数据,根据广告拦截关联数据生成对应的广告拦截规则,并将广告拦截规则保存至预设文件中。其中,广告拦截关联数据包括网络类数据、用户类数据和服务器类数据,网络类数据包括广告URL地址数据,用户类数据包括用户的身份验证方式数据、用户凭据的来源数据、广告网络请求的操作数据,服务器类数据包括业务服务器的版本数据、连接端口数据。具体地,现有的广告包括视频观看时的视频广告、浏览小说和网页时的开屏广告、玩游戏时出现的横屏广告等,其中广告还包括各种资讯推送、天气信息、新闻弹窗等。终端会通过服务器提前获取各种广告拦截数据,其中,终端会在与业务服务器进行交互时,获取广告拦截数据,其中包括网络类数据、用户类数据和服务器类数据。终端根据获取的广告拦截数据生成相应的广告拦截规则,并将广告拦截规则保存到预设文件中,这里的预设文件指的是沙盒文件,沙盒文件体现安全、保密。

步骤220:开启本地代理服务器,以使本地代理服务器建立虚拟专用网络,通过虚拟专用网络截获网络数据,网络数据包括业务服务器接收的网络请求数据和业务服务器发送的网络响应数据,根据广告拦截规则对网络请求数据和网络响应数据进行筛选,拦截符合广告拦截规则的广告网络数据,将广告网络数据从网络数据中过滤。

具体地,本地代理服务器通过虚拟专用网络与业务服务器和终端相连接。终端调用IOS系统的网络扩展框架,并调用网络扩展框架中的通道提供方法,开启三个子线程,在第一子线程中开启一个不进行网页缓存且自带过滤功能的第一本地代理服务器,监听终端一个任意端口,监听完成之后将端口保存起来,此第一本地代理服务器监听的是HTTP协议类型的数据;在第二子线程上开启一个第二本地代理服务器,第二本地代理服务器监听的是SOCKS协议类型的数据,此第二本地代理服务器将终端一个任意端口与业务服务器端口连接起来,并将端口保存起来。其中,本地代理服务器包括第一本地代理服务器和第二本地代理服务器。第三子线程中转发终端上各个应用的网络数据和业务服务器发送给终端的所有数据，只有第三子线程中转发了终端上各个应用的网络数据和业务服务器发送给终端的所有数据，第一本地代理服务器和第二本地代理服务器才能监听并截获对应的网络数据。第一本地代理服务器监听的数据处于网络层，第一本地代理服务器截获的网络数据要转发给业务服务器，需要通过 Tun2socks 包装成 SOCKS 协议类型的数据，再通过第二本地代理服务器返回给业务服务器。其中，Tun2socks 是一种无须改动任何应用程序而完全透明地将数据用 SOCKS 协议封装，转发给一个 SOCKS 代理，然后由该代理程序负责与真实服务器之间转发应用数据的技术。再用第一本地代理服务器保存的端口开始虚拟专用网络的连接，才将本地代理服务器与终端和业务服务器连接起来。

其中，广告网络数据则是指符合广告拦截规则的网络数据，该网络数据进行显示后即为广告，是需要拦截的。具体地，本地代理服务器对截获到的网络数据进行解析，并根据广告拦截规则进行拦截，符合广告拦截规则的就表明对应的网络数据是由广告发出的，需要对其进行拦截，于是对该网络数据进行修改和重置，从而起到拦截的效果。这里的网络数据不仅包括终端发送给业务服务器的网络请求数据，还包括业务服务器响应终端的网络请求而发送给终端的网络响应请求。当开启全局代理时，本地代理服务器直接将截获的网络数据发送给服务器，其中，全局代理是指对全部数据进行筛选，这里的网络数据是已经在本地代理服务器中处理之后，且不再有广告网络数据的网络数据。上述广告拦截方法中，根据终端与业务服务器交互时获取的广告拦截关联数据生成广告拦截规则，并保存至预设文件中，终端开启本地代理服务器，并通过本地代理服务器建立虚拟专用网络，通过建立的虚拟专用网络截获由终端发送至业务服务器的网络请求数据和业务服务器向终端发送的网络响应数据共同组成的网络数据，本地代理服务器再通过虚拟专用网络获取保存在预设文件中的广告拦截规则对截获的网络数据进行拦截，并将符合广告拦截规则的广告网络数据从网络数据中过滤出去，从而起到节约资源的作用。

步骤 220：开启本地代理服务器，以使本地代理服务器建立虚拟专用网络，通过虚拟专用网络截获网络数据，网络数据包括业务服务器接收的网络请求数据和业务服务器发送的网络响应数据，根据广告拦截规则对网络请求数据和网络响应数据进行筛选，拦截符合广告拦截规则的广告网络数据，将广告网络数据从网络数据中过滤，具体包括：

步骤 222A：本地代理服务器根据广告拦截规则从网络数据中获取符合广告拦截规则的网络数据，作为目标网络数据。具体地，目标网络数据就是指广告网络数据。本地代理服务器会根据广告拦截规则拦截符合规则的网络数据，剩下的网络数据作为处理后的网络数据。例如，本地代理服务器截获了应用爱奇艺的网络请求数据，其中包括视频部分的网络请求数据和广告部分的网络请求数据，而广告部分的网络请求数据符合广告拦截规则,则会被本地代理服务器拦截下来,作为目标网络数据。再例如,本地代理服务器截获了网页浏览对应的业务服务器发送给终端的网络响应数据,其中包括网页页面的网络响应数据和广告部分的网络响应数据,而广告部分的网络响应数据符合广告拦截规则,就会被本地代理服务器拦截下来,并作为目标网络数据。

步骤224A:本地代理服务器将目标网络数据从网络数据中删除,得到处理后的网络数据。具体地,处理后的网络数据中不存在广告网络数据。本地代理服务器直接将广告网络数据从网络数据中删除,将得到的处理后的网络数据发送给相应的业务服务器或者终端。而能够直接删除的广告网络数据都是根据网络类数据形成的广告拦截规则。例如,本地代理服务器截获了应用爱奇艺的网络请求数据,而该网络请求数据中包括视频部分的网络请求数据和广告部分的网络请求数据,本地代理服务器通过虚拟专用网络获取终端保存在预设文件中的广告拦截规则,并根据广告拦截规则对网络请求数据进行筛选,从而拦截广告部分的网络请求数据,因为这里的广告拦截规则是根据广告URL地址得到的网络类数据而生成的规则,所以本地代理服务器可以直接将该广告部分的网络请求数据删除。而剩下视频部分的网络请求数据,本地代理服务器会直接转发送给对应的业务服务器。在本实施例中,通过删除符合广告拦截规则的网络数据,加快了拦截广告网络数据的速度。

合规性问题剖析:

本申请是为了解决各种视频类应用、小说类应用、游戏类应用和浏览器类应用携带着推送广告导致浪费电子设备流量资源的技术问题,提供一种能够节约电子设备流量资源并提升运行速度的广告拦截方法,该广告拦截方法包括:在本地代理服务器设置广告拦截规则,开启本地代理服务器,以使本地代理服务器建立虚拟专用网络,通过虚拟专用网络截获网络数据,网络数据包括业务服务器接收的网络请求数据和业务服务器发送的网络响应数据,根据广告拦截规则对网络请求数据和网络响应数据进行筛选,拦截符合广告拦截规则的广告网络数据,将广告网络数据从网络数据中过滤。代理服务器通过删除符合广告拦截规则的网络数据,加快拦截广告网络数据的速度。

《著作权法》第三条规定,本法所称的作品,是指文学、艺术和科学领域内具有独创性并能以一定形式表现的智力成果,包括:文字作品;口述作品;音乐、戏剧、曲艺、舞蹈、杂技艺术作品;……;摄影作品;视听作品等。本申请记载的代理服务器拦截的对象是网络数据,网络数据包括携带广告数据的视频、小说、游戏、网页,属于文字作品、摄影作品、视听作品规定的范围,属于《著作权法》第三条规定的保护客体。《著作权法》第四十九条规定,未经权利人许可,任何组织或者个人不得故意避开或者破坏技术措施,不得以避开或者破坏技术措施为目的制造、进口或者向公众提供有关装置或者部件,不得故意为他人避开或者破坏技术措施提供技术服务;本法所称的技术措施,是指用于防止、限制未经权利人许可浏览、欣赏作品、表演、录音录像制品或者通过信息网络向公众提供作品、表演、录音录像制品的有效技术、装置或者部件。本申请是为了解决各种视频类应用、小说类应用、游戏类应用和浏览器类应用携带着推送广告导致浪费电子设备流量的技术问题，通过代理服务器根据广告拦截规则对网络请求数据和网络响应数据进行筛选，拦截符合广告拦截规则的广告网络数据，将广告网络数据从网络数据中过滤，从而加快拦截广告网络数据的速度。并且，代理服务器在删除符合广告拦截规则的广告数据的同时，会影响提供视频类、小说类、游戏类、浏览器类等服务提供商的广告收益，直接损害服务提供商的直接利益。该技术行为手段"代理服务器拦截广告数据"是在未经服务提供商授权同意的情况下实施的，该技术方案的行为动机是绕过原网站，非法篡改视频、网页中内容，属于故意删除原播放视频、网页中的部分内容，并且该技术行为已经损害原网站的合法权益，其技术方案本质上是未经授权擅自改变原视频、网页的内容，在原视频、网页中删除广告数据内容，导致服务提供商的广告收益受损，侵害了平台经营者的合法权益，属于《著作权法》第四十九条规定的"侵犯著作权"情形，因此上述技术异化行为违反法律规定，不符合《专利法》第五条相关规定。

● **案例 19：Wi-Fi 接入系统**

案情简介：本申请的目的是移动终端用户通过直接获取他人接入点的接入密码，实现随时随地便利地接入到附近可用的 Wi-Fi 接入点。基于此，本申请提出一种 Wi-Fi 接入系统，包括移动终端、代理服务器，代理服务器存储有各 Wi-Fi 接入点的识别码、密码、地理位置；代理服务器根据移动终端附近 Wi-Fi 接入点数据列表、移动终端的最终位置信息，结合其本地存储的各 Wi-Fi 接入点的识别码、密码、地理位置，按照移动终端的接入难易程度排序将可用 Wi-Fi 接入点的密码信息发送给该移动终端，从而该移动终端能够方便地接入相应可用 Wi-Fi 接入点。

本申请记载的内容：

随着 IEEE802.11（无线局域网标准）技术的成熟，Wi-Fi（Wireless Fidelity，无线保真）作为一种无线上网的技术越来越多地被用户使用，覆盖面越来越广，因此接入点是人们连接网络的重要方式。随着移动设备的发展，如今移动通信设备也可以作为一个移动接入点，即移动接入热点技术，通过 Wi-Fi 共享其移动网络资源，使得其他的移动设备通过 Wi-Fi 网络接入到该移动接入点上。然而，接入点都设置有接入密码以进行鉴权，所有需要接入该接入点的设备必须输入该密码后，才能完成鉴权，而这些接入密码都是私有的，其他用户是难以直接获取的，用户难以随时随地便利地接入到 Wi-Fi。

本发明要解决的技术问题是提供一种 Wi-Fi 接入系统，移动终端用户可以直接获取他人接入点的接入密码，实现随时随地便利地接入到附近可用 Wi-Fi 接入点。为解决上述技术问题，本发明提供的 Wi-Fi 接入系统，包括移动终端、代理服务器；移动终端，设置有 Wi-Fi 客户端、移动数据通信网络接入模块、卫星定位模块，还设置有 Wi-Fi 辅助接入客户端；所述 Wi-Fi 客户端，启动后能获得移动终端周边 Wi-Fi 接入点定位信息；所述移动数据通信网络接入模块，用于接入移动数据通信网络，并获取移动终端周边移动数据通信网络的基站定位信息；所述卫星定位模块，用于获得移动终端的卫星定位信息；所述移动终端同所述代理服务器能通过移动数据通信网络通信；所述代理服务器存储有各 Wi-Fi 接入点的识别码、密码、地理位置，其中各 Wi-Fi 接入点的识别码、密码是代理服务器通过数据采集、日志分析等方式获取的。

Wi-Fi 辅助接入客户端，工作过程如下：

1.1) Wi-Fi 辅助接入客户端启动；

1.2) 获得移动终端附近 Wi-Fi 接入点数据列表，并根据 Wi-Fi 接入点定位信息、基站定位信息、卫星定位信息，确定移动终端的最终位置信息；所述 Wi-Fi 接入点数据列表，数据项包括 Wi-Fi 接入点识别码、信号强度；

1.3) 判断移动终端目前是否连接在互联网上，如果已连接在互联网上，则进行步骤 1.4；

1.4) 将移动终端附近 Wi-Fi 接入点数据列表及当前移动终端的最终位置信息上传至代理服务器；

1.5) 如果在设定时间内未收到代理服务器发送来的当前易于接入的可用 Wi-Fi 接入点的 Wi-Fi 密码信息，则进行步骤 1.7；如果在设定时间内收到代理服务器发送来的当前易于接入的可用 Wi-Fi 接入点的 Wi-Fi 密码信息，则进行步骤 1.6；

1.6) 根据代理服务器发送来的当前易于接入的可用 Wi-Fi 接入点的 Wi-Fi 密码信息，连接当前易于接入的可用 Wi-Fi 接入点，如果连接成功，则发送接入 Wi-Fi 成功信息到代理服务器，并进行步骤 1.7；如果连接未成功，则发送接入 Wi-Fi 失败信息到代理服务器；

1.7) Wi-Fi 辅助接入客户端工作过程结束。

代理服务器的工作过程如下：

2.1) 根据移动终端附近 Wi-Fi 接入点数据列表及当前移动终端的最终位置信息，分析该 Wi-Fi 接入点数据列表中是否有可用 Wi-Fi 接入点，如果有可用 Wi-Fi 接入点，则对可用 Wi-Fi 接入点按照移动终端的接入难易程度排序，以最易接入的可用 Wi-Fi 接入点作为当前易于接入的可用 Wi-Fi 接入点，进行步骤 2.2；如果无可用 Wi-Fi 接入点，则进行步骤 2.6；其中，代理服务器还存储有各移动终端及各 Wi-Fi 接入点访问控制地址、加密方式；

2.2) 将移动终端当前易于接入的可用 Wi-Fi 接入点的 Wi-Fi 密码信息发送至移动终端；

2.3）如果收到移动终端发来的接入Wi-Fi成功信息，则进行步骤2.6；如果收到移动终端发来的接入Wi-Fi失败信息，则进行步骤2.4；

2.4）如果所有可用Wi-Fi接入点的Wi-Fi密码信息都已发送至移动终端，则进行步骤2.6，否则进行步骤2.5；

2.5）将下一个可用Wi-Fi接入点作为当前易于接入的可用Wi-Fi接入点，进行步骤2.2；

2.6）结束。

本发明的Wi-Fi接入系统，采集移动终端附近Wi-Fi接入点数据列表，并根据Wi-Fi接入点定位信息、基站定位信息、卫星定位信息，通过分析、计算、比对，确定移动终端的最终位置信息，代理服务器根据移动终端附近Wi-Fi接入点数据列表、移动终端的最终位置信息，结合其本地存储的各Wi-Fi接入点的识别码、密码、地理位置，按照移动终端的接入难易程度排序将可用Wi-Fi接入点的密码信息发送给该移动终端，从而使该移动终端能够方便地接入相应可用的Wi-Fi接入点。本发明的Wi-Fi接入系统，用户无须记住众多接入点的接入密码，便可以随时随地便利地接入到附近可用Wi-Fi接入点。

合规性问题剖析：

本申请记载的技术方案是为了解决移动终端用户难以直接获取他人接入点的接入密码的技术问题，提出一种Wi-Fi接入系统，包括移动终端、代理服务器，代理服务器存储有各Wi-Fi接入点的识别码、密码、地理位置；代理服务器根据移动终端附近Wi-Fi接入点数据列表、移动终端的最终位置信息，结合其本地存储的各Wi-Fi接入点的识别码、密码、地理位置，按照移动终端的接入难易程度排序将可用Wi-Fi接入点的密码信息发送给该移动终端，从而使该移动终端能够方便地接入相应可用Wi-Fi接入点。

《个人信息保护法》第四条规定，个人信息是以电子或者其他方式记录的与已识别或者可识别的自然人有关的各种信息，不包括匿名化处理后的信息。个人信息的处理包括个人信息的收集、存储、使用、加工、传输、提供、公开、删除等。因此，本申请记载"代理服务器存储有各Wi-Fi接入点的识别码、密码、地理位置，其中各Wi-Fi接入点的识别码、密码是代理服务器通过数据采集、日志分析等方式获取的；代理服务器发送可用Wi-Fi接入点的密码信息发送给该移动终端，以便移动终端接入相应可用的Wi-Fi接入点"，其中，Wi-Fi接入点的密码是个人信息，即本申请记载的技术方案的行为对象"Wi-Fi接入点的密码"是《个人信息保护法》第四条规定的数据范畴，属于《个人信息保护法》第四条规定的保护客体。《个人信息保护法》第十四条规定，基于个人同意处理个人信息的，该同意应当由个人在充分知情的前提下自愿、明确作出。法律、行政法规规定处理个人信息应当取得个人单独同意或者书面同意的，从其规定。个人信息的处理目的、处理方式和处理的个人信息种类发生变更的，应当重新取得个人同意。本申请记载的技术方案的行为动机是为了移动终端用户直接获取他人接入点的接入密码，其记载的技术方案在未经 Wi-Fi 接入点拥有者同意的情况下，通过数据采集、日志分析等方式来获取 Wi-Fi 节点的密码，其行为属于以窃取方式获取个人信息，侵害了个人信息主体的合法权益，违反《个人信息保护法》第十四条的规定。

另外，《数据安全法》第三条规定，本法所称数据，是指任何以电子或者其他方式对信息的记录。本申请记载"代理服务器存储有各 Wi-Fi 接入点的识别码、密码、地理位置，其中各 Wi-Fi 接入点的识别码、密码是代理服务器通过数据采集、日志分析等方式获取的；代理服务器发送可用 Wi-Fi 接入点的密码信息发送给该移动终端，以便移动终端接入相应可用的 Wi-Fi 接入点"，Wi-Fi 接入点的密码是个人数据，即本申请记载的技术方案的行为对象"Wi-Fi 接入点的密码"是《数据安全法》第三条规定的数据的范畴，属于《数据安全法》第三条规定的保护客体。并且，《数据安全法》第三十二条规定，任何组织、个人收集数据，应当采取合法、正当的方式，不得窃取或者以其他非法方式获取数据。法律、行政法规对收集、使用数据的目的、范围有规定的，应当在法律、行政法规规定的目的和范围内收集、使用数据。本申请记载的技术方案的行为动机是为了移动终端用户直接获取他人接入点的接入密码，其记载的技术方案在未经 Wi-Fi 接入点拥有者同意的情况下，通过数据采集、日志分析等方式来获取 Wi-Fi 接入点的密码，其行为属于以窃取方式获取个人信息，侵害了个人信息主体的合法权益，违反《数据安全法》第三十二条的规定。

《网络安全法》第七十六条规定，网络数据，是指通过网络收集、存储、传输、处理和产生的各种电子数据；个人信息，是指以电子或者其他方式记录的能够单独或者与其他信息结合识别自然人个人身份的各种信息，包括但不限于自然人的姓名、出生日期、身份证件号码、个人生物识别信息、住址、电话号码等。因此，本申请中的"各 Wi-Fi 接入点的识别码、密码"是能够单独识别自然人个人身份的信息，属于个人信息，是《网络安全法》第七十六条规定的数据的范畴，属于《网络安全法》第七十六条规定的保护客体。《网络安全法》第四十四条规定，任何个人和组织不得窃取或者以其他非法方式获取个人信息，不得非法出售或者非法向他人提供个人信息。本申请记载的技术方案的行为动机是为了移动终端用户直接获取他人接入点的接入密码，其记载的技术方案在未经 Wi-Fi 接入点拥有者同意的情况下，通过数据采集、日志分析等方式来获取 Wi-Fi 接入点的密码，其行为本质上是以窃取方式获取个人信息，侵害了个人信息主体的合法权益，不符合《网络安全法》第四十四条的规定。

综上，本申请记载的技术方案违反上述法律规定，根据《专利法》第五条第一款的规定不能被授予专利权。

(三)容灾备份的合规性问题

容灾系统,指建立两套或多套功能相同的IT系统,系统互相之间可以进行健康状态监视和功能切换,当其中一套系统因意外(如火灾、地震、机房断电等)导致工作停止时,整个应用系统切换到另一套系统上,从而保障该系统功能可以继续正常工作。容灾系统能够在外部环境(尤其是灾难性事件)对整个IT节点产生影响时进行系统恢复,使系统业务能够不间断持续运行。备份,是指为防止操作失误或系统故障导致数据丢失,将数据定期复制到其他的存储介质,从而实现指定系统回滚到任一版本的技术。备份实现了保存历史数据的需求,可应对系统数据的逻辑错误。接下来将分析容灾备份的异化行为样态,以及探讨容灾备份的异化行为样态与法律适用。

1. 容灾备份的异化行为

容灾备份技术可以比喻成是为基础设施买保险,是维护其安全稳定运行、保证数据高可用性的重要技术手段,该技术能保障关键信息基础设施安全稳定运行,维护数据的完整性、保密性和可用性。

随着信息全球化程度的日益深化,数据与系统的安全风险快速累积,重要系统的容灾备份能力强弱已然关乎经济社会能否稳定运行;尤其在目前的国际形势下,涉及重要数据甚至核心数据的容灾备份安全甚至关系到国家安全。虽然容灾备份的重要性非常高,但是通常而言,容灾系统的构建成本较高,除银行业等个别行业外,我国目前对于灾备安全的认知度普遍不高,灾备能力建设薄弱。有些企业直接以备份技术取代容灾系统,甚至不设置容灾备份,以此来节约成本,然而,对于重要的数据不进行容灾备份,将会影响到数据安全,同时也违反了有关的法律法规,加强灾备能力建设,不仅需要全行业加快构筑完善的灾备制度体系,更需要各类责任主体尽快将灾备能力建设的考量因素从"成本优先"向"安全优先"的原则倾斜,严格履行灾备合规义务。

2. 容灾备份的异化行为样态及法律适用

《网络安全法》第一次从立法层面对关键信息基础设施运营者提出了对重要系统和数据库进行容灾备份的要求。《网络安全法》第二十一条规定,"国家实行网络安全等级保护制度。网络运营者应当按照网络安全等级保护制度的要求,履行下列安全保护义务,保障网络免受干扰、破坏或者未经授权的访问,防止网络数据泄露或者被窃取、篡改:(一)制定内部安全管理制度和操作规程,确定网络安全负责人,落实网络安全保护责任;(二)采取防范计算机病毒和网络攻击、网络侵入等危害网络安全行为的技术措施;(三)采取监测、记录网络运行状态、网络安全事件的技术措施,并按照规定留存相关的网络日志不少于六个月;(四)采取数据分类、重要数据备份和加密等措施；（五）法律、行政法规规定的其他义务。"

《网络安全法》第三十四条规定："除本法第二十一条的规定外，关键信息基础设施的运营者还应当履行下列安全保护义务：（一）设置专门安全管理机构和安全管理负责人，并对该负责人和关键岗位的人员进行安全背景审查；（二）定期对从业人员进行网络安全教育、技术培训和技能考核；（三）对重要系统和数据库进行容灾备份；（四）制定网络安全事件应急预案，并定期进行演练；（五）法律、行政法规规定的其他义务。"

中央网信办 2017 年 1 月 10 日颁布的《国家网络安全事件应急预案》第 6.1 条日常管理规定了"各地区、各部门按职责做好网络安全事件日常预防工作，制定完善相关应急预案，做好网络安全检查、隐患排查、风险评估和容灾备份，健全网络安全信息通报机制，及时采取有效措施，减少和避免网络安全事件的发生及危害，提高应对网络安全事件的能力"。

2021 年 9 月 1 日实施的《关键信息基础设施安全保护条例》第六条规定，运营者依照本条例和有关法律、行政法规的规定以及国家标准的强制性要求，在网络安全等级保护的基础上，采取技术保护措施和其他必要措施，应对网络安全事件，防范网络攻击和违法犯罪活动，保障关键信息基础设施安全稳定运行，维护数据的完整性、保密性和可用性。在第十五条规定了关基运营者应建立专门安全管理机构，具体负责按照国家及行业网络安全事件应急预案，制定应急预案、定期开展应急演练、处置网络安全事件之合规职责。

《GB/T 39204—2022 信息安全技术 关键信息基础设施安全保护要求》作为《关键信息基础设施安全保护条例》发布一年后的第一个关基标准正式发布，并于 2023 年 5 月 1 日正式实施，其中 7.10 数据安全防护中规定了应建立业务连续性管理与容灾备份机制，重要系统和数据库异地备份。

由于我国应急预案制度源于《中华人民共和国突发事件应对法》（以下简称《突发事件应对法》），因此，根据该法律体系下《突发事件应急预案管理办法》《网安应急预案》的规定，灾备能力建设不仅仅是关基运营者的义务，亦是各级人民政府及其部门、基层组织、事业单位、社会团体等主体的强制性合规义务。根据《突发事件应对法》第六十三、第六十四、第六十八条的规定，地方各级人民政府或有关部门未建立包括灾备制度在内的应急预案措施的，直接负责的主管人员和其他直接责任人员将可能受到行政处分；而其他有关主体如企事业单位未履行或适当履行该义务，将可能会受到停产停业、暂扣或者吊销许可证或者营业执照，并处五万元以上二十万元以下的罚款等行政处罚，直至行政拘留甚至刑事处罚。

《数据安全法》虽通篇无"容灾备份"提法，但其第二十三条明确规定"国家建立数据安全应急处置机制。发生数据安全事件，有关主管部门应当依法启动应急预案，采取相应的应急处置措施,防止危害扩大,消除安全隐患,并及时向社会发布与公众有关的警示信息"。第二十七条关于"开展数据处理活动应当依照法律、法规的规定,建立健全全流程数据安全管理制度,组织开展数据安全教育培训,采取相应的技术措施和其他必要措施,保障数据安全。利用互联网等信息网络开展数据处理活动,应当在网络安全等级保护制度的基础上,履行上述数据安全保护义务"的规定,相当于已将网络等的保护要求从推荐性要求转化为了强制性要求。

国家网信办于2021年11月14日发布的《网络数据安全管理条例(征求意见稿)》第九条也规定:"数据处理者应当采取备份、加密、访问控制等必要措施,保障数据免遭泄露、窃取、篡改、毁损、丢失、非法使用,应对数据安全事件,防范针对和利用数据的违法犯罪活动,维护数据的完整性、保密性、可用性。"第三十二条规定:"处理重要数据或者赴境外上市的数据处理者,应当自行或者委托数据安全服务机构每年开展一次数据安全评估,并在每年1月31日前将上一年度数据安全评估报告报设区的市级网信部门,年度数据安全评估报告的内容包括:(一)处理重要数据的情况;(二)发现的数据安全风险及处置措施;(三)数据安全管理制度、数据备份、加密、访问控制等安全防护措施,以及管理制度实施情况和防护措施的有效性;(四)落实国家数据安全法律、行政法规和标准情况;(五)发生的数据安全事件及其处置情况;(六)共享、交易、委托处理、向境外提供重要数据的安全评估情况;(七)数据安全相关的投诉及处理情况;(八)国家网信部门和主管、监管部门明确的其他数据安全情况。……"

综上所述,对于数据尤其是重要数据、核心数据履行灾备合规义务,加强灾备能力建设是必须要执行的。

除了以上对数据容灾备份的通常规定,灾备能力建设的合规性要求同样也会基于不同主体所运营或处理的系统重要程度或数据类别与级别的不同,甚至是行业领域的不同而有着明显差别。比如2008年前后,中国人民银行、银监会陆续发布《银行业信息系统灾难恢复管理规范》《商业银行数据中心监管指引》《商业银行业务连续性监管指引》等部门规章对我国银行业信息系统的灾备能力建设提出了明确要求。烟草、电力、证券、通信等重点行业也先后发布了本行业的灾备标准,如《烟草行业信息系统容灾备份建设指南》(YC/Z 583—2019)、《电力行业数据灾备系统存储监控技术规范》(DL/T1597—2016)、《证券期货业经营机构信息系统备份能力标准》(JR/T 0059—2010)、《基于存储复制技术的数据灾备技术要求》(YD/T 2916—2015)等。由全国信息安全标准化技术委员会(SAC/TC260)提出并归口的《信息安全技术关键信息基础设施安全控制措施》6.6.4.1明确指出,关基运营者应对重要系统和数据库实现异地备份。6.6.4.2章节规定,关基运营者应当:(1)按照GB/T 20988—2007的规定选择灾难备份中心,避免灾难备份中心与主中心同时遭受同类风险,包括同城和异地两种类型，以规避不同影响范围的灾难风险。（2）建设灾难备份中心，计算机机房应符合有关国家标准的要求，工作辅助设施和生活设施应符合灾难恢复目标的要求。（3）确保为灾难备份中心提供与主场所同等的网络安全措施。（4）确保灾难备份中心位于中国境内。（5）控制灾难备份中心位置信息的知悉范围。

因此，容灾备份的要求不仅基于《数据安全法》《网络安全法》等法规的规定，还基于行业或领域的要求结合数据类别和级别综合考虑选择对应级别的容灾备份。

3. 容灾备份的典型案例解析

● 案例20：一种容灾备份方法

案情简介： 通过设置多个备份介质的备份方式，待备份数据将经由一个磁盘先以磁盘镜像的形式备份到另一个磁盘或硬盘上，以提高运行效率，有效地缩短备份时间，待备份窗口关闭后再由第二个磁盘或硬盘自动将资料复制到自动磁带库上，通过建立这样一个备份方式，不但可以实现较高的备份效率，在恢复时还具有更好的灵活性，用于从磁盘或磁带恢复数据。

本申请记载的内容：

数据早已成为信息化社会生存与发展的基础。在数据不断爆炸式增长的同时，作为数据和业务保护屏障的容灾备份领域也呈现出多重发展趋势，针对基础设施如金融、电信行业等数据，信息安全成为将业务建立在IT系统上的企事业单位最为关心的问题，但是目前的容灾备份方法备份效率低，且在数据恢复时不具有很好的灵活性。

本发明的目的是针对现有技术的缺陷，提供一种容灾备份方法，所述容灾备份方法包括：

第一存储单元接收用户输入的备份指令，解析所述备份指令得到待备份数据和备份时间；所述备份时间包括备份频率参数；所述第一存储单元根据所述备份指令监测系统时间，确定所述系统时间是否达到了所述备份时间；当所述系统时间达到所述备份时间时，确定与所述备份时间相对应的所述待备份数据和备份频率参数；所述待备份数据包括数据标识；生成第一复制指令，并将所述第一复制指令发送至第二存储单元；所述第一复制指令包括所述待备份数据的地址信息和与所述待备份数据相对应的所述备份频率参数；所述第二存储单元根据所述待备份数据的地址信息从所述第一存储单元获取所述待备份数据，并在所述第二存储单元本地存储为已备份数据；所述已备份数据携带有所述备份频率参数；确定所述已备份数据是否与所述待备份数据相匹配；当所述已备份数据与所述待备份数据相匹配时，生成第二复制指令，并将所述第二复制指令发送至第三存储单元；所述第三存储单元根据所述第二复制指令，从所述第二存储单元中复制所述已备份数据；确定所述备份频率参数是否为第一备份频率参数；当所述备份频率参数为第一备份频率参数时，获取本地数据；所述本地数据包括所述数据标识；根据所述数据标识对比所述待备份数据和本地数据，得到本地数据的更新数据，并根据所述更新数据更新所述本地数据。

本发明通过设置多个备份介质的备份方式，待备份数据将经由磁盘先以磁盘镜像的形式备份到另一个磁盘或硬盘上，以提高运行效率，有效地缩短备份时间，待备份窗口关闭后再由第二个磁盘或硬盘自动将资料复制到自动磁带库上，通过建立这样一个备份方式，不但可以实现较高的备份效率，在恢复时还具有更好的灵活性从磁盘或磁带恢复数据。并且，通过设置备份频率参数的方式，可以在保证备份质量的前提下，保证备份介质上数据的保存时间符合预期设计的目标，同时，由于设置了多个备份，可以解决目前异地容灾备份经费较多的问题，可以在同一个办公园区或者同城的相近的距离实现容灾备份，解决现有技术中对于部分行业如基础建设设施容灾备份麻烦的问题。同时，通过删除备份数据中重复的数据的方式，消除冗余数据，实现快速、安全、有效的备份和恢复。

合规性问题剖析：

本申请的方案通过建立这样一个备份方式，不但可以实现较高的备份效率，在恢复时还具有更好的灵活性从磁盘或磁带恢复数据。但是基于申请文件中记载的其通过设置多个备份，甚至是在同一个办公园区或者同城的相近的距离实现容灾备份，解决现有技术中对于部分行业如基础建设设施容灾备份异地灾备较为麻烦的问题。2023年5月1日实施的《信息安全技术　关键信息基础设施安全保护要求》（GB/T 39204—2022）7.10节数据安全防护中规定了应建立业务连续性管理与容灾备份机制，重要系统和数据库异地备份。而由于异地备份的要求通常是需要不在同一个电网，不在同一个江河流域，不在同一个地震带，生产中心和异地灾备中心要求不超过120千米。而本申请中针对基础建设设备重要的领域，为了节约成本仅在同一个园区进行灾备，未达到国家标准，造成重要的数据安全无法得到保障，损害了公众的利益，因此违反了《专利法》第五条的规定。

五、大数据分析与应用技术的合规性问题

（一）用户画像的合规性问题

用户画像作为一种新兴互联网技术，目前已广泛应用于电子商务、图书馆、健康医疗、旅游业等领域。随着用户画像技术水平不断提升，其在被滥用时所造成的损失日益严重。接下来将分析用户画像的异化行为样态，以及探讨用户画像的异化行为样态与法律适用。

1. 用户画像的异化行为

用户画像是数据和个人信息汇总、加工、分析的产物，无论是群体画像还是个人画像，必然都会涉及个人信息的收集和使用。个人信息在我国法律中受到严格的保护，用户画像的过程必然需要从个人信息保护的角度加以审视和规制。通过对用户画像不同阶段行为的系统梳理，其异化行为样态类型主要包括以下几个方面：

（1）用户数据收集阶段的技术异化行为

构建用户画像的过程主要涉及个人信息的收集规则，只要按照相关法律、法规、规范严格执行，用户画像的形成过程本身不会有明显的法律争议。数据收集阶段的技术异化行为主要有两点：①未经用户授权收集信息；②过度收集用户数据信息。

由于用户画像的应用建立在海量数据的基础之上，同时用户数据越全面准确，用户画像的刻画就越接近于真实用户，因而，应用通常希望尽可能地获取用户的各种信息数据，基于此心理易造成数据获取与用户隐私保护的失衡，在收集用户信息数据时，易出现未征求用户同意以及过度收集用户数据信息的情形。

互联网企业收集用户个人信息往往通过两种方式：一是注册信息与使用信息，即用户在使用企业相关产品、服务过程中，企业收集用户信息；二是企业通过数据库"对撞"共享用户信息。在第一种方式中，存在饱受诟病的App强制索取权限问题。用户常常会遇到一旦拒绝给App某些权限，就会被拒绝使用的情况，即"要么接受条款，要么放弃服务"。这实际上是企业剥夺用户选择权的表现。在第二种方式中，企业之间数据库的共享虽然有减轻企业在信息收集方面的人力、财力投入，为用户提供个性化服务的好处，但用户对于这些数据最终将被如何使用以及用于什么目的却基本无法获知与控制。

另外，考虑到大数据时代个人数据的使用场景复杂多样，无论是立法者，还是数据主体和商业机构，都无法在数据收集阶段加以准确预测，因而不能设定一刀切的授权规则，而应以"在对应场景中合理"的标准作为个人数据处理的合法性基础。此处的"合理"标准，主要是指数据主体在相应场景中的隐私期待和风险接受度。事实上，面对同一数据，数据主体在不同场景中的隐私期待是不尽相同的。比如，大部分数据主体都倾向于认为向医生分享健康信息是恰当的，但是大部分人都不愿意在街上与陌生人分享相同的信息。因为个人数据的收集与使用是否合理，受到多种因素的影响。这些因素决定了不同的场景中存在不同的个人数据处理规范。

（2）用户数据存储阶段的技术异化行为

互联网公司等商业机构应当在具体的使用场景中评估数据使用的隐私风险以及自身的隐私保障措施，进而采取与该场景相一致的措施，如果互联网公司等商业机构通过评估发现具体的数据处理行为将对个人隐私带来不合理的风险，有可能超越数据主体在该场景下的隐私期待，那么，其应当采取合理的措施以使处理活动符合数据主体的隐私期待，包括但不限于通过向数据主体说明相关数据处理活动的情况并确认数据主体是否可以接受该场景下的隐私风险并采取其他隐私保障措施。除得到信息主体同意的情况外，信息处理者一般应当通过代号化或加密处理，去除个人信息的可识别性因素，切断信息与特定个人之间的辨识要素，实现信息的去个人化，降低未来可能的信息泄露等安全事件对信息主体的影响。

去个人化也称匿名化，并不是字面上将姓名隐匿这么简单，需要被隐匿的信息也可能包括出生日期、身份证件号码、生物识别信息、住址、电话号码、电子邮箱、健康信息、行踪信息等，并且这类信息隐匿处理的最终目的，是要做到无法识别个人身份。

（3）用户数据利用阶段的技术异化行为

用户数据利用阶段的技术异化行为主要有三点：①用户数据的非法化利用；②用户数据的过度挖掘；③数据歧视性。

针对技术异化行为①，用户数据的非法化利用主要指商业机构违背数据使用的目的正当性和必要性原则，非法利用数据。商业机构的非法化利用既包括商业机构将搜集的用户数据卖给其他商业机构或者在未授权同意情况下与其他商业机构共享。判断用户数据是否被非法化利用的标准即为企业利用用户数据是为了公共利益、用户利益，还是为了特定第三人的利益。如，公共图书馆利用用户数据对在公共图书馆内部入驻的咖啡店、蛋糕店等私人店铺进行商业化宣传，那么这种行为可能就会构成数据非法利用的行为，因为公共图书馆违背了数据使用的目的正当性原则。

针对技术异化行为②，商业机构只要运用数据挖掘技术将多种个人数据相整合，便可能预测出新的个人信息，这些信息有时可能是敏感性的。如果去匿名化技术足够高超、成本足够低廉，即便是非可识别个人信息或匿名化信息，也可以被准确定位到公民个人。而且，去匿名化技术的发展，存在累加效应——去匿名化技术越发达，可利用的外部关联数据库就越多，去匿名化的效果越强。每一次个人信息去匿名化的胜利，都可能成为下一次个人信息去匿名化的垫脚石，而整个社会的个人信息风险也就因此越升越高。

针对技术异化行为③，用户画像有可能被商业机构有意地用于从事歧视性行为，比如被用于对用户进行"杀熟"或区别定价。价格歧视行为会产生两种不利后果：一是对企业之间的正常竞争产生损害；二是对消费者构成剥削。在信息时代的背景下，不是所有的价格歧视行为都要受到禁止。保险公司对于风险等级较高的客户，如有酒驾、违章或者重大疾病史的客户，设置比普通客户更高的保险费，这是合理的。但价格歧视行为本身仍然存在损害竞争和侵害消费者权益的可能，因此法律有必要对其加以规制。

2. 用户画像的异化行为样态及法律适用

（1）用户数据收集阶段的技术异化行为

《个人信息保护法》第四条规定，个人信息的处理包括个人信息的收集、存储、使用、加工、传输、提供、公开、删除等。

《个人信息保护法》第六条规定,处理个人信息应当具有明确、合理的目的,并应当与处理目的直接相关,采取对个人权益影响最小的方式。收集个人信息,应当限于实现处理目的的最小范围,不得过度收集个人信息。

《个人信息保护法》第十条规定,任何组织、个人不得非法收集、使用、加工、传输他人个人信息,不得非法买卖、提供或者公开他人个人信息。《个人信息保护法》第十三条规定:"符合下列情形之一的,个人信息处理者方可处理个人信息:(一)取得个人的同意……。"《个人信息保护法》第十六条规定,个人信息处理者不得以个人不同意处理其个人信息或者撤回同意为由,拒绝提供产品或者服务;处理个人信息属于提供产品或者服务所必需的除外。

针对未经用户授权收集信息这一收集阶段的数据异化行为,由于应用通常希望尽可能地获取用户的各种信息数据,往往出现在收集用户信息数据时未征求用户同意的情形,其典型表现的形式如企业通过数据库"对撞"共享用户信息等,这显然直接违反《个人信息保护法》第十三条的规定;而对于在注册信息与使用信息,即用户在使用企业相关产品、服务过程中,常见的企业收集用户信息时所出现的一旦拒绝给某些权限,就会被拒绝使用服务这一强制索取权限的情形,这种情形直接违反《个人信息保护法》第十六条的规定。

针对过度收集用户数据这一收集阶段的数据异化行为,由于大数据时代个人数据的使用场景复杂多样,很难在数据收集阶段加以准确预测,因而无法设定一刀切的授权规则,但为了在收集个人信息时限于实现处理目的的最小范围,通常应以"在对应场景中合理"的标准作为个人数据处理的合法性基础,即满足数据主体在相应场景中的隐私期待和风险接受度,否则将直接违反《个人信息保护法》第六条的规定。

(2)用户数据存储阶段的技术异化行为

《个人信息保护法》第二十八条规定,敏感个人信息是一旦泄露或者非法使用,容易导致自然人的人格尊严受到侵害或者人身、财产安全受到危害的个人信息,包括生物识别、宗教信仰、特定身份、医疗健康、金融账户、行踪轨迹等信息,以及不满十四周岁未成年人的个人信息。只有在具有特定的目的和充分的必要性,并采取严格保护措施的情形下,个人信息处理者方可处理敏感个人信息。

《数据安全法》第三条规定,本法所称数据,是指任何以电子或者其他方式对信息的记录。数据处理,包括数据的收集、存储、使用、加工、传输、提供、公开等。数据安全,是指通过采取必要措施,确保数据处于有效保护和合法利用的状态,以及具备保障持续安全状态的能力。

因此,对于在用户数据存储阶段中的技术异化,在一般情况下,若信息处理者在保存数据时,未通过代号化或加密处理等方式去除个人信息的可识别性因素,切断信息与特定个人之间的辨识要素,实现信息的去个人化,则很可能带来敏感个人信息的泄露或者非法使用,导致违反《个人信息保护法》第二十八条和《数据安全法》第三条的规定。

(3) 用户数据利用阶段的技术异化行为

《个人信息保护法》第十条规定,任何组织、个人不得非法收集、使用、加工、传输他人个人信息,不得非法买卖、提供或者公开他人个人信息。《个人信息保护法》第二十三条规定,个人信息处理者向其他个人信息处理者提供其处理的个人信息的,应当向个人告知接收方的名称或者姓名、联系方式、处理目的、处理方式和个人信息的种类,并取得个人的单独同意。接收方应当在上述处理目的、处理方式和个人信息的种类等范围内处理个人信息。接收方变更原先的处理目的、处理方式的,应当依照本法规定重新取得个人同意。

《个人信息保护法》第二十四条规定,个人信息处理者利用个人信息进行自动化决策,应当保证决策的透明度和结果公平、公正,不得对个人在交易价格等交易条件上实行不合理的差别待遇。通过自动化决策方式向个人进行信息推送、商业营销,应当同时提供不针对其个人特征的选项,或者向个人提供便捷的拒绝方式。通过自动化决策方式作出对个人权益有重大影响的决定,个人有权要求个人信息处理者予以说明,并有权拒绝个人信息处理者仅通过自动化决策的方式作出决定。

《个人信息保护法》第二十六条规定,在公共场所安装图像采集、个人身份识别设备,应当为维护公共安全所必需,遵守国家有关规定,并设置显著的提示标识。所收集的个人图像、身份识别信息只能用于维护公共安全的目的,不得用于其他目的,取得个人单独同意的除外。

可见,针对用户数据非法利用这一在利用阶段的异化行为,商业机构将原先收集的用户数据卖给其他商业机构或者在未授权同意情况下与其他商业机构共享这一过程中,使用用户数据的目的、方式很可能由于处理方的不同而发生变更,然而却未告知个人且取得同意,这将导致违反相关法律的规定。以公共图书馆利用用户数据对在公共图书馆内部入驻的咖啡店、蛋糕店等私人店铺进行商业化宣传为例,公共图书馆收集利用用户数据的目的应当是用于维护公共安全的,而利用用户数据对在公共图书馆内部入驻的咖啡店、蛋糕店等私人店铺进行商业化宣传与维护公共安全无关,这直接导致了处理目的的变更,违反《个人信息保护法》第二十三条和第二十六条的规定。

对于用户数据过度挖掘这一异化行为,商业机构运用数据挖掘技术将多种个人数据整合,便可能预测出新的个人信息,但是这些信息可能是敏感性的,这也将导致敏感个人信息泄露或者被非法使用,导致自然人的人格尊严受到侵害或者人身、财产安全受到危害,因此,这一情形违反《个人信息保护法》第二十三条和第二十八条的规定。

在商业场景中，自动化决策最常见的情形就是"自动化推荐"，它几乎存在于我们网络生活的方方面面，自动化决策是一种被网络平台普遍应用的常见算法技术，但并不代表只要是技术就是中立的，因为网络平台在利用"自动化决策"这种技术时，也可能会带来很多风险，而数据利用阶段的数据歧视这一异化行为，正是一种典型的表现形式，常见的如对用户进行"杀熟"或区别定价等。《个人信息保护法》第二十四条第一款规定提出的"透明度原则"和"公平合理原则"，明确否定了"大数据杀熟"等现象，因此，对于诸如价格歧视行为等数据歧视异化行为，均违反《个人信息保护法》第二十四条的规定。

3. 用户画像的典型案例解析

● 案例21：基于社交网络的团购信息检索方法

案情简介：采集和分析用户的个人信息和社交网络行为特征，建立用户画像，社交网络整合模块建立用户与团购信息之间的关系模型，团购信息挖掘模块提高信息检索的准确度和质量，信息传播模块将团购信息在社交网络中进行传播，提高商品信息的曝光率和影响力，提高团购平台的竞争力，为团购平台带来更多商业机会和收益，提供个性化的团购推荐服务，以提高用户的满意度。

本申请记载的内容：

随着互联网的快速发展，团购已成为人们生活中不可或缺的一部分。伴随着团购的不断扩大，越来越多的团购网站涌现出来。用户面对众多的团购信息，如何快速准确地找到所需要的信息，成了一个亟待解决的问题。而传统的搜索引擎在团购信息检索中效果并不理想，需要开发一种新的方法和系统来满足用户的需求。因此，本申请的研究背景就是为了解决团购信息检索的难题。通过运用社交网络和信息挖掘技术，将用户的社交行为、历史团购数据以及其他相关因素综合考虑，建立一个基于社交网络的团购信息检索系统，为用户提供更加准确、个性化、及时的团购信息检索服务。目前，国内外已经有许多研究工作探索了基于社交网络的信息检索方法。但是这些方法主要针对的是文本信息，而团购信息的特殊性使得传统方法并不适用。因此，研究一个基于社交网络的团购信息检索方法和系统显得尤为重要和有价值。

本申请提供了一种基于社交网络的团购信息检索系统，其特征在于，包括用户画像模块、社交网络整合模块、团购信息挖掘模块和信息传播模块，用户画像模块负责采集和分析用户的个人信息和社交网络行为特征，建立用户画像；社交网络整合模块整合多个社交网络，建立用户与团购信息之间的关系模型；团购信息挖掘模块利用改进的KMP算法对团购信息进行挖掘和分析，提高信息检索的准确度和质量；信息传播模块将团购信息在社交网络中进行传播。

进一步地，所述用户画像模块首先建立数据资源库，会从用户的社交网络账户中检索相关信息，包括用户的用户名和兴趣爱好，相关信息通过云端传输的方式保存至数据资源库，数据资源库采用 MySQL 框架，同时嵌入结构体的方式对每个用户以用户名的方式进行统一管理，若用户没有填写相关内容，则该项的值暂时记为"Null"。对于用户没有填写的相关内容，可以为用户配置唯一识别码，在多个社交网络中根据用户唯一识别码，利用爬虫等技术从第三方平台爬取相关数据以填充该 Null 值。

进一步地，所述社交网络整合模块的运行包括以下几个步骤：1）数据清洗：对采集到的相关数据进行清洗和处理，去除无效数据和重复数据；2）个性化推荐：根据用户画像和关系分析结果，为用户推荐符合其兴趣爱好和购买需求的团购信息。

进一步地，在获得用户画像和关系分析结果后，所述团购信息挖掘模块还可以根据用户社交网络中检索相关信息挖掘用户兴趣爱好和购买习惯，差异化推送优惠券，从而促进团购商品转化，提高团购平台的竞争力，为团购平台带来更多商业机会和收益。

合规性问题剖析：

《个人信息保护法》第十三条规定："符合下列情形之一的，个人信息处理者方可处理个人信息：（一）取得个人的同意；（二）为订立、履行个人作为一方当事人的合同所必需，或者按照依法制定的劳动规章制度和依法签订的集体合同实施人力资源管理所必需；（三）为履行法定职责或者法定义务所必需；（四）为应对突发公共卫生事件，或者紧急情况下为保护自然人的生命健康和财产安全所必需；（五）为公共利益实施新闻报道、舆论监督等行为，在合理的范围内处理个人信息；（六）依照本法规定在合理的范围内处理个人自行公开或者其他已经合法公开的个人信息……。"

《个人信息保护法》第二十四条规定："个人信息处理者利用个人信息进行自动化决策，应当保证决策的透明度和结果公平、公正，不得对个人在交易价格等交易条件上实行不合理的差别待遇……。"

《个人信息保护法》第五十一条规定："个人信息处理者应当根据个人信息的处理目的、处理方式、个人信息的种类以及对个人权益的影响、可能存在的安全风险等，采取下列措施确保个人信息处理活动符合法律、行政法规的规定，并防止未经授权的访问以及个人信息泄露、篡改、丢失：（一）制定内部管理制度和操作规程；（二）对个人信息实行分类管理；（三）采取相应的加密、去标识化等安全技术措施；（四）合理确定个人信息处理的操作权限，并定期对从业人员进行安全教育和培训；（五）制定并组织实施个人信息安全事件应急预案；（六）法律、行政法规规定的其他措施。"

本申请记载的技术方案为了提供更加准确、个性化、及时的团购信息检索服务，在建立数据资源库的过程中，从用户的社交网络账户中检索相关信息，包括用户的用户名和兴趣爱好，相关信息通过云端传输的方式保存至数据资源库，对于用户没有填写的相关内容，可以为用户配置唯一识别码，在多个社交网络中根据用户唯一识别码，利用爬虫等技术从互联网第三方平台爬取相关数据以填充该 Null 值。显然该用户没有填写的相关内容的获取方式与用户填写的内容获取方式是不同的，并未取得用户的同意，而是直接从第三方平台直接爬取，并且将爬取的数据填入数据资源库用于后续用户画像的生成和团购的推荐，这显然不满足《个人信息保护法》第十三条规定的个人信息处理者可处理个人信息的几种情形之一，违反了《个人信息保护法》第十三条的规定。另外，本申请方案可以为用户设置唯一识别码并根据该唯一识别码从互联网第三方平台爬取相关数据，显然，第三方平台作为个人信息处理者未能防止未经授权的访问以及个人信息泄露、篡改、丢失，也没有为个人信息采取相应的加密、去标识化等安全技术措施，违反了《个人信息保护法》第五十一条的规定。

本申请记载的技术方案为了促进团购商品转化，提高团购平台的竞争力，为团购平台带来更多商业机会和收益，还根据用户社交网络中检索相关信息挖掘用户兴趣爱好和购买习惯，差异化推送优惠券。虽然方案并没有记载为根据用户画像直接设置不同的价格，然而差异化推送优惠券，本质上也是"价格歧视"的一种实现方式，同样是根据个人信息在交易价格上实行了不合理的差别待遇，违反了《个人信息保护法》第二十四条的规定，不符合《专利法》第五条的相关规定。

● **案例 22：实现数字永生的人机交互系统及其方法**

案情简介：针对现有数字交互系统存在无法实现数字永生、功能单一、交互体验感差的问题，提供一种实现数字永生的人机交互系统及其方法，其关键技术手段为：采集、分析、整理和储存用户 A 的个人信息，并形成个人数据库，对应生成用户 A 的数字人。本系统通过实现用户 A 的数字永生，系统地记录和分析用户 A 的个人信息并自动生成其自传，并且给用户 B 提供信息问答、安慰协助、场景聊天、成功和幸福建议、健康建议和祭拜祈福等功能体验。

本申请记载的内容：

现有的聊天机器人和用户对话是基于大数据的训练结果，回答是千人一面，而不是特定人物的回答。因为每个人的个人经历、偏好、健康情况等各不相同，现有技术尚没有可以模拟从用户的角度以某个特定人和用户进行交互，包括回答个人问题，从亲友的角度给用户提供人生建议和健康建议等，交互范围较为受限。从数字永生的角度看，现实中普通人不能永生，也不能与去世的亲人进行对话。尚没有一个系统能够记录人的记忆和态度，包括个人的生活事件、喜好和态度等，并且以本人的角度（包括该人的部分原始声音和视频）和其他用户进行语言交互，实现一个人的数字永生；也没有系统能自动生成一个人的自传，所有的自传都是人工编写的，并且和读者无法进行对话和交互，功能单一。因此，现有的数字交互系统存在无法实现数字永生、功能单一、交互体验感差的问题。

本发明的目的在于，提供一种实现数字永生的人机交互系统，包括记录和分析单元、交互单元以及回复和播放单元。

记录和分析单元用于采集、分析、整理和储存用户 A 的个人信息，并形成个人数据库，对应生成用户 A 的数字人，数字人也叫数字我。用户 A 是指想实现数字永生的用户，数字永生是指普通人在数字世界的永生，即个人信息在已有数据库的数字虚拟世界永存。个人信息包括：基础个人信息（姓名、籍贯等），主要个人经历（重要的生活事件），个人的家庭和主要人际关系、个人的习惯爱好、个人的梦想、遗憾和希望，个人的态度信仰和经验总结，个人的需要和性格，个人的照片、声音和视频等其他有价值的个人信息。

记录和分析单元用于对用户 A 的个人信息进行采集、分析、整理和储存，建立用户 A 的信息数据库，通过多种方式对个人信息进行采集并实时丰富，信息收集全面。从记录和分析单元的功能看，系统的用户可以是帮助他人留下记忆记录的人，包括即将离世的人、逝者的亲人、致命疾病患者、普通人、高风险的从业人员（如战士、警察等）。阿尔茨海默病患者在疾病早期也可以使用本系统记录其用户的记忆和经历等。对于该个人的家人和朋友，此数字拷贝可以帮助他们更好地了解被询问人的生活、选择、思维、偏好、情感和态度。这样的数字信息拷贝可以帮助朋友和家人更好地理解他们亲友的生活。在更大的范围内，这种知识积累是普通百姓及其生活、信仰、思维和偏好的可以提供给定地点和时间的重要历史证据。该系统为社会增加了一种新的知识积累方法，使人们能够记录普通百姓及其生活、信仰、思维和偏好。

记录和分析单元包括个人信息采集模块、个人信息分析模块和自传生成模块。个人信息采集模块包括问答式采集子模块、社交媒体信息采集子模块以及社交媒体以外的信息采集子模块，用于系统地采集个人的信息。

问答式采集子模块收集信息的内容和采集方式有：1）询问用户 A 的个人喜好、亲友信息（比如其亲友的名字、用户 A 对这个人的情感、这个人的照片或者短视频等）、个人的影音记录（比如个人的短视频、个人唱的歌等）、个人的态度和性格、其他个人信息（比如名字、性别、身高、专业或者技能）等，并让用户 A 上传对应的照片或者短视频；2）通过软件呈现常用的词句包括祝福类词句、短语、句子（比如是、不是、喜欢、不喜欢等），让用户 A 用最经常使用的语言（方言、普通话）亲口说出这些词句进行录音采集；3）用户 A 说话的短视频和用户 A 不说话的短视频。

社交媒体信息采集子模块用于收集用户 A 已有的个人资料，包括用户 A 的微信朋友圈以及其他社交媒体的内容。比如，如果用户 A 有微信朋友圈以及其他社交媒体，且用户 A 允许本系统收集朋友圈内容，则通过软件或客服等方法（比如让用户 A 微信加客服、客服下载）获取用户 A 社交媒体的内容。类似还有抖音、微博、自传、照片、视频和其他已有资料的补充相关内容。

社交媒体以外的信息采集子模块用于通过某种方式询问用户 A 的信息，比如软件上面的一个形象代理人、客服，或者用户 A 自己填入软件或者网页等；在询问过程中通过本系统录制视频和音频。社交媒体以外的信息采集子模块包括以下采集方式的单元：

a. 以时间、重要生活事件和经历、生活内容为线索的第一回忆和交互单元：包括按照人的年龄，询问各个年龄段发生的重要生活事件或者生活内容，对于每个生活事件或者生活内容询问其起因、过程或者内容、结果包括对用户 A 的影响或感受、时间、地点、当时和谁在一起等，并让用户 A 上传每个生活事件或者生活内容相应的照片（如果有的话）或者短视频（如果有的话）。

b. 以照片和视频为线索的第二回忆和交互单元：先让用户 A 选择并且上传觉得重要的或者有意义的照片或者短视频，询问每个重要的或者有意义的照片或者短视频的相关生活事件或者生活内容，对于每个生活事件或者生活内容询问其起因、过程或者内容、结果，包括对用户 A 的影响或感受、时间、地点、当时和谁在一起等。也可以展示用户 A 微信朋友圈以及其他社交媒体的照片或短视频（如果有的话）进行补充。

c. 以重要历史事件为线索的第三回忆和交互单元：通过对用户 A 的主要生活地区和生活年代自动查询相关的重要历史事件（如重大的历史变革或者自然灾害等），询问历史事件对用户 A 的具体的影响。

自传生成模块用于根据个人信息分析模块储存的用户 A 的个人数据库，自动生成用户 A 的自传。对于个人数据库中的个人信息，尤其是个人经历，系统将自动对各生活事件的连续性和因果逻辑进行分析，如果有缺失情况，系统将进行相关的文字补充，将缺失原因或其他信息用第一人称来陈述，比如，"至于发生或者经历这个事情的原因，我在使用数字永生系统的时候出于个人隐私等原因，没有进行输入"。基于大数据分析，对于用户 A 的输入缺少的部分或者论述描述不够充分的地方，系统将通过大数据去填补相关内容并进行标注。比如该用户 A 并没有阐述某个生活经历或者事件的具体原因，而其他人出现了类似的经历并描述了原因，那么会用这些类似人的经历去替代这个缺失，并且自传会在文字上进行标注："该段文字来自于大数据分析并进行补充，因为本人录入信息跳过了这个内容。"又比如，用户 A 只是提到了某个居住的地名，但是对这个地方的风土人情描述不够，那么我们也会通过大数据将有关这个地方的描述信息加入到自传中，并且自传会在文字上进行标注。用户 A 的自传包括以第一人称为描述的用户 A 的个人经历、照片和文字，并在合适的位置加入该用户 A 的亲友、个人喜好、性格、梦想、态度和经验等，并自动生成个人和家庭居住和旅行地点变化的地图和家谱树状图。自传后部分附上用户 A 的作品集或者是照片或短视频集，读者可以通过扫描二维码获得相关的视频。依据以上信息自动生成自传的各章内容，各章的组织形式是多样的，可以由购置该产品的用户来选择通过哪一种形式进行撰写，具体包括：编年体形式（按照时间组织该用户 A 的生活和信息，各章名是某个时间段），主要生活经历和事件形式（各章名是这个生活经历和事件的总结句或者字词短语），生活经验形式（各章名是该用户 A 某些重要的生活经验或者教训的总结句或者字词短语），地点形式，以及人物形式（各章名是人物的人名或者称呼）。

交互单元，除了其中的在线聊天模块以外，当用户 A 不在线时，基于个人数据库和其他信息，通过回复和播放单元与用户 B 进行交互。用户 B 是指当前使用系统，与用户 A 交互的用户，包括用户 A 的亲友。交互单元包括信息问答模块、安慰协助模块、场景聊天模块、成功和幸福建议模块、健康建议模块、祭拜祈福模块和在线聊天模块。信息问答模块，用于根据个人数据库和已有数据库，回答用户 B 提出的关于用户 A 的个人信息问题和非个人信息问题；安慰协助模块，用于根据检测到用户 B 需要安慰时，模拟用户 A 给予用户 B 语言安慰；场景聊天模块，用于根据不同的场景，模拟用户 A 和用户 B 进行聊天交互；成功和幸福建议模块，用于给予用户 B 积极建议；健康建议模块，用于根据收集到的用户 B 及其亲友的死因、疾病、习惯和爱好，给予用户 B 健康建议；祭拜祈福模块，用于向用户 B 提供电子智能祭拜功能；在线聊天模块可以让用户 B 和在线的用户 A 进行文字、语音或者视频交流。

本系统可以实现用户 A 的数字永生，系统地记录和分析用户 A 的个人信息并自动生成其自传，并且给用户 B 提供信息问答、安慰协助、场景聊天、成功和幸福建议、健康建议和祭拜祈福等功能体验。

合规性问题剖析：

本申请记载的技术方案是通过采集、分析、整理和储存用户 A 的个人信息形成个人数据库，对应生成用户 A 的数字人；系统地记录和分析用户 A 的个人信息并自动生成其自传，并且给用户 B 提供信息问答、安慰协助、场景聊天、成功和幸福建议、健康建议和祭拜祈福等功能体验。其中，个人信息包括：基础个人信息（姓名、籍贯等），主要个人经历（重要的生活事件），个人的家庭和主要人际关系、个人的习惯爱好、个人的梦想、遗憾和希望，个人的态度信仰和经验总结，个人的需要和性格，个人的照片、声音和视频等其他有价值的个人信息。

《个人信息保护法》第十四条规定，基于个人同意处理个人信息的，该同意应当由个人在充分知情的前提下自愿、明确作出。法律、行政法规规定处理个人信息应当取得个人单独同意或者书面同意的，从其规定；个人信息的处理目的、处理方式和处理的个人信息种类发生变更的，应当重新取得个人同意。《个人信息保护法》第四条规定，个人信息是以电子或者其他方式记录的与已识别或者可识别的自然人有关的各种信息，不包括匿名化处理后的信息。本申请记载的采集、分析、整理和储存用户 A 的个人信息生成用户 A 的数字人，所涉及的个人信息包括基础个人信息（姓名、籍贯等）、主要个人经历（重要的生活事件）、个人的家庭和主要人际关系、个人的习惯爱好、个人的梦想、遗憾和希望、个人的态度信仰和经验总结、个人的需要和性格、个人的照片、声音和视频等其他有价值的个人信息，即该技术方案的行为对象"基础个人信息""个人的态度信仰""个人的照片、声音、视频"等个人信息是《个人信息保护法》第四条规定的个人信息的范畴，属于《个人信息保护法》第四条规定的保护客体。本申请在没有告知用户的情况下，采集、分析、整理和储存用户A的个人信息形成个人数据库，其本质是在未取得自然人的授权同意的情况下，私自采集用户的个人信息，严重侵害了个人信息主体的合法权益，违反了《个人信息保护法》第十四条的规定。

另外，《个人信息保护法》第四十九条规定，自然人死亡的，其近亲属为了自身的合法、正当利益，可以对死者的相关个人信息行使本章规定的查阅、复制、更正、删除等权利；死者生前另有安排的除外。本申请记载"帮助他人留下记忆记录的人包括逝者的亲人"，在未获得死者亲属的同意下，或者死者也未安排的情况下，采集、分析、整理和储存死者的个人信息形成个人数据库，其本质上是在未取得自然人的授权同意的情况下，私自采集用户的个人信息，严重侵害了个人信息主体的合法权益，违反了《个人信息保护法》第四十九条的规定。

综上，该申请因违反法律规定，属于《专利法》第五条规定的不予保护的客体。

(二) 自动化决策的合规性问题

自动化决策指通过计算机程序自动分析、评估个人的行为习惯、兴趣爱好或者经济、健康、信用状况等，并进行决策的活动。打车平台根据信息主体的个人信息为每一位用户提供适合的车型、线路，购物App根据个人信息为用户推荐商品，抖音根据个人信息为用户推荐短视频，这些每时每刻都在发生的个人信息利用，只有通过自动化决策才能实现。正是通过高效、精准的自动化决策，为企业带来了高额利润，为个人提供了便利。但是，用户经常遭受算法价格歧视等不公平待遇，也容易使受众陷入"信息茧房"。接下来将分析自动化决策技术的异化行为样态，以及探讨自动化决策技术的异化行为样态与法律适用。

1. 自动化决策的异化行为

自动化决策需要广泛收集个人信息，信息越多、越丰富，自动化决策的效果越好。通过对自动化决策行为的系统梳理，自动化决策的异化行为样态类型主要包括以下几个方面：

(1) 自动化决策过程违规收集个人信息

自动化决策的先行为——收集用户数据信息，但其个人信息收集方式存在强迫收集、以窃取方式获取个人信息的情况，其典型表现行为在于：信息收集者通过将信息的收集与一定的商品或服务绑定，强行向信息主体索取信息；一些个人信息收集者直接越过用户的知情同意，通过信息技术直接从用户的电子用品中获取信息。自动化决策中的个人信息收集主要包括注册平台账号时填写的个人信息、手机 App 通过索取诸如存储权限、麦克风权限和定位权限等收集个人的相关信息等方式。例如互联网经营者会利用消费者缺乏耐心的心理，在消费者注册或使用一些互联网平台或者软件时，大部分消费者未了解协议内容就同意了，甚至有一些平台不同意协议内容就无法使用，而这些协议的内容就包括消费者的地理位置、第三方程序的访问权限、存储设备等。

个人信息收集中存在许多侵权行为，主要包括强迫收集个人信息和窃取个人信息两类行为。第一，强迫收集。信息收集者通过将信息的收集与一定的商品或服务绑定，强行向信息主体索取信息。例如，在一些 App 上，用户需要进行一系列授权，获取众多的权限才可以使用，如存储权限、相机权限、通迅录权限、地理位置权限等。这些权限大多数与服务并无关联，但不开放这些权限就无法正常使用这些 App。第二，窃取个人信息。一些个人信息收集者直接越过用户的知情同意，通过信息技术，直接从用户的电子设备中获取信息。典型的情况如 App 的默示征询，在隐私政策中不表明信息收集范围或表明了但极其隐蔽，当用户使用其 App，信息主体的个人信息便被窃取。另一种，智能手机 App 可以在无系统授权的情况下，仅通过由手机中的加速度传感器采集的临近扬声器元件发出声音的震动信号，就能识别甚至还原声音信号以获取用户的谈话内容。经营者在分析个人数据的过程中，超出了消费者同意使用其个人信息的原范围，甚至将收集的个人信息用于某些违反用户意愿的领域的违法行为，严重侵犯了消费者的隐私权和个人信息权。

（2）利用自动化决策进行大数据杀熟

自动化决策通过分析汇聚的个人信息进行决策，分析的工具是算法，应用主要目标是为信息主体提供个性化推荐。例如百度通过自动化决策为用户提供个性化的广告，抖音通过自动化决策为用户推荐不同的短视频，上述应用中的侵害行为主要是由于不合理的算法设置带来的不公平待遇。

平台或企业通过采取动态定价策略，利用算法、大数据等技术手段，对不同的消费者进行"画像"，判断其兴趣偏好、用户黏性、价格敏感度等消费特征，对用户进行类型划分，使得不同特征的用户看到的价格或搜索到的结果截然不同，俗称"大数据杀熟"现象。"大数据杀熟"现象，在经济法上称之为"个性化定价"，也叫"价格歧视"。"价格歧视"是指商家在售卖同等级、同质量的商品或服务时根据消费者差异化的消费能力及购买意愿区别定价，实质是一种定价策略。根据价格差异程度的不同，价格歧视可分为一级价格歧视、二级价格歧视和三级价格歧视三类。一级价格歧视概述为"因人定价"，经营者精确知道消费者的需求弹性和预期价格，然后根据消费者的预期最高价定价，实行"一人一价"，以获取最大的消费者剩余。二级价格歧视概述为

"因量定价",经营者对消费者的需求曲线有一定了解,但并不能准确掌握消费者的个性特征,只能根据消费者购买数量的不同制定不同的价格,如"批发价"和"零售价"的不同,"团购"便是二级价格歧视的一种。三级价格歧视概述为"分类定价",经营者能够将消费者市场细分成不同类型,根据不同类型消费者的需求弹性制定不同的价格。如老人、学生在某些方面可以享受一定的优惠,景区的商品普遍高于非景区的同类商品等。实施一级价格歧视需要经营者掌握大量的消费者信息,在传统商业交易模式中很难实现,而二级、三级价格歧视一直存在且被大众所能接受。

大数据杀熟的主要体现路径包括:第一,商家针对店铺或软件的新老用户制定不同价格;第二,商家针对多次浏览类似商品,或者多次消费类似商品的用户制定不同的价格;第三,商家根据用户相对于商品购买点的距离远近制定不同的价格;第四,商家针对在一定时间内频繁购买同一商品的用户制定更高的价格;第五,商家根据不同用户消费水平的不同,制定不同的价格。用户在此情况下会遭受差别待遇,新客户或会员优惠等已被用户基本接受,但基于用户的个人信息与数据,尤其是基于用户敏感信息(如性取向、宗教信仰等)的杀熟令人难以接受,喜欢或倾向于网络购物的用户会因遭遇"大数据杀熟"而受到损失。例如,旅游App、打车App对老用户的大数据杀熟事件;视频App对特定品牌手机用户的更高额定价事件等。在网络平台的大数据杀熟过程中,原始要素是所有消费者的信息数据(包括人口特征、消费行为、风险偏好等),处理工具是大数据算法,处理结果是对不同用户输出不同定价,而杀熟对象主要是会员、熟客、回头客,最终目的是通过对熟人的不正当利益宰割而获取超额利润。平台凭借多种网络入口(如会员信息注册、位置权限开放、支付工具对接等)以及电子行为痕迹,可围绕某一用户展开高维度的海量信息采集与动态积累,然后运用先进高效的系统化、计量化模型与算法进行全方位分析与评估,形成精准而独特的用户画像。每一张或每一类用户画像将对应不同的价格机制与定价策略,在不同用户面前呈现特有的商品价格以及满减、优惠券、秒杀等折扣方案。而由于在网络空间中,用户是信息的被动者,个人信息甚至隐私的采集与处理对大多数用户而言是一个"黑箱"过程,网络用户之间也难以形成沟通、对比与甄别,因此用户常在不知情、无意识状态下默默成为杀熟的对象。

(3) 个性化推荐算法下的"信息茧房"

个性化推荐场景中,基于大数据的预测分析,信息处理者可以通过对信息主体的个人信息的分析进行个性化推荐,将主体淹没在其自身的兴趣或习惯中,加速、加深信息主体的"信息茧房"构建。在这些由个人信息分析产生的,更自我的思想空间和庞大的特定领域知识下,信息主体在茧中自我纠缠,成为与世隔绝的孤立者。在封闭的"信息孤岛"中,偏见与错误会不断地重复并被算法推送的信息强化加固。

自动化决策算法的出现改变了信息内容的生产方式,把关主体从人工到人工智能,带来了基于用户画像的算法把关产生"过滤气泡"效应等一系列问题。同时也带来了相应的阅读"暴力"问题：如绑架式阅读导致的视野窄化和认知偏执，单一同质化信息导致的阅读疲劳，碎片化信息导致的浅阅读等。研究发现，不同类别的新闻推荐算法结构性缺陷导致不同伦理风险，其中基于内容的推荐容易导致"信息茧房"效应。此外，近几年学位论文也开始关注新闻社交客户端的"信息茧房"实证研究，不难发现这些研究主要集中于证实协同过滤、用户画像等算法技术手段极易导致"信息茧房"效应这一现象。个性化选择本来是个人自由发展的基础，但算法推荐技术和互联网传播模式，却可能导致极端个人化和过度自主选择的"信息茧房"或者回音室效应。"信息茧房"效应的风险需要引起人们的警觉。即使为了规制用户画像和个性化推荐而对平台方施以合规性义务，也并非个人信息权所对应的指向性义务。当一个互联网系统基于用户浏览历史而对弱势群体进行"个性化定制"时，数据算法便会将条件和歧视扩大化。

以社交账号为研究对象进行为期两年的跟踪调查，结果证实由于网站个性化算法推荐所产生的"过滤气泡"导致了虚假信息传播等问题，但仍不排除用户行为所导致的信息扭曲与社会政治观点两极分化。以科学推荐系统为例发现其可能会将学者隔离在信息泡沫中；通过对企业人员在不同信息平台获取信息效果探究、对用户点击行为进行量化分析实证了"信息茧房"效应的存在，并确认新闻信息获取过程中"便捷性占主要因素而新发现已经不复存在"现象，从而提醒警惕"信息茧房"的存在。

2. 自动化决策的异化行为样态及法律适用

对于自动化决策技术，不同的异化行为适用不同的数据法律以及不同的法律条款，本节将详细分析每种异化行为样态的法律行为要件，进而根据某一法律行为要件确定具体的数据法律条款，以判定异化行为样态的合规性问题。

（1）自动化决策过程违规收集个人信息

自动化决策过程收集个人信息的异化行为主要包括强行收集个人信息和直接越过用户的知情同意收集个人信息两类行为。

《个人信息保护法》第六条规定，处理个人信息应当具有明确、合理的目的，并应当与处理目的直接相关，采取对个人权益影响最小的方式；收集个人信息，应当限于实现处理目的的最小范围，不得过度收集个人信息。《个人信息保护法》第二十八条规定，敏感个人信息是一旦泄露或者非法使用，容易导致自然人的人格尊严受到侵害或者人身、财产安全受到危害的个人信息，包括生物识别、宗教信仰、特定身份、医疗健康、金融账户、行踪轨迹等信息，以及不满十四周岁未成年人的个人信息。针对强行收集个人信息的情形，最具典型的例子是在一些App上，用户需要进行一系列授权，如存储权限、相机权限、通讯录权限、地理位置权限等，但是这些权限大多数与服务并无关联，但不给予权限就无法正常使用这些App。在用户为正常使用App而授权一些与服务无关联的权限后，App可以直接获取与服务无关的存储、相机、通讯录、地理位置等信息，其获取的信息涉及相片、手机号码、行踪轨迹等敏感个人信息，即该技术行为对象"手机号码""行踪轨迹"等敏感个人信息，属于《个人信息保护法》第二十八条规定的保护客体。并且，用户为正常使用App而授权一些与服务无关联的权限，并不是为用户提供服务而必须开通的权限，其本质就是信息收集者通过将信息的收集与一定的服务绑定，通过以App正常使用来强行向信息主体索取手机号码、行踪轨迹等敏感个人信息，超出App提供服务所必须收集信息的范围，严重侵犯了消费者的隐私权和个人信息权，因此违反《个人信息保护法》第六条、第二十八条的规定，即上述技术异化行为违反法律的规定。

《个人信息保护法》第十四条规定，基于个人同意处理个人信息的，该同意应当由个人在充分知情的前提下自愿、明确作出；法律、行政法规规定处理个人信息应当取得个人单独同意或者书面同意的，从其规定；个人信息的处理目的、处理方式和处理的个人信息种类发生变更的，应当重新取得个人同意。针对直接越过用户的知情同意收集个人信息的情形，最具典型的例子是App在隐私政策中不表明信息收集范围或表明了但极其隐蔽，或者无系统授权情况下，使用App时收集使用者的手机号码、位置、通话记录等信息。使用App时收集使用者的手机号码、位置、通话记录等信息，其获取的信息涉及手机号码、行踪轨迹、通话记录等敏感个人信息，即该技术行为对象"手机号码""行踪轨迹""通话记录"等敏感个人信息，属于《个人信息保护法》第二十八条规定的保护客体。并且，App在隐私政策中不表明信息收集范围或表明了但极其隐蔽，或者无系统授权情况下，使用App时收集使用者的手机号码、位置、通话记录等信息，其本质就是在App使用者未充分知情的情况下，App平台方直接收集使用者的手机号码、位置、通话记录等敏感个人信息，已然超出平台方与用户之间服务或隐私协议所约定的、用户授权平台方可收集使用的信息范畴，平台方的擅自获取、使用严重侵犯了用户个人信息权益，因此违反《个人信息保护法》第十四条、第二十八条的规定，即上述技术异化行为违反法律的规定。

（2）利用自动化决策进行大数据杀熟

利用自动化决策进行大数据杀熟，其主要的表现形式为因人定价、因量定价、分类定价三种情形。

《个人信息保护法》第二十四条规定，个人信息处理者利用个人信息进行自动化决策，应当保证决策的透明度和结果公平、公正，不得对个人在交易价格等交易条件上实行不合理的差别待遇；通过自动化决策方式向个人进行信息推送、商业营销，应当同时提供不针对其个人特征的选项，或者向个人提供便捷的拒绝方式；通过自动化决策方式作出对个人权益有重大影响的决定，个人有权要求个人信息处理者予以说明，并有权拒绝个人信息处理者仅通过自动化决策的方式作出决定。针对利用自动化决策进行大数据杀熟情形,最具典型的案例是千人千面千价格,其本质就是经营者借助自身优势地位进行了隐藏的不合理定价行为,在价格等交易条件上对不同用户实行不合理的差别待遇,该营销手段超过合理限度、违反正当原则、逃避法律监管,侵犯了消费者的知情权、自由选择权与公平交易权,因此违反《个人信息保护法》第二十四条的规定,即上述技术异化行为违反法律的规定。

《消费者权益保护法》第十条规定,消费者享有公平交易的权利;消费者在购买商品或者接受服务时,有权获得质量保障、价格合理、计量正确等公平交易条件,有权拒绝经营者的强制交易行为。针对利用自动化决策进行大数据杀熟情形,"千人千面千价格"实质上是平台方利用算法技术,无须与用户沟通协商即可就同一产品或服务向付费能力强、对价格不敏感、消费频率高的用户开出更高的价格,但提高的这部分价格却并未换来更好的质量或更优的服务;并且,由于算法黑箱的存在,用户在不自知的情况下就成了被攫取利润的对象,毫无疑问,此类大数据价格歧视行为属于不公平、不合理的差别对待,侵犯了正常的市场规则秩序和用户的公平交易权。另外,平台方为每个用户"私人定价",且只展示产品或服务的价格,掩盖其对用户数据进行自动化决策的有关信息,导致用户被隔离开来,不仅没有渠道知晓其他用户就同一产品获得的报价是否相同,也无法了解产品的真实价值、库存、受欢迎程度,以至于很难作出是否购买的决策;这种信息交换的缺失与不平等,严重损害了用户的公平交易权,因此违反《消费者权益保护法》第十条的规定,即上述技术异化行为违反法律的规定。

(3) 个性化推荐算法下的"信息茧房"

"信息茧房"是指公众在海量信息传播中,只关注自己选择的或能使自己愉悦的讯息,长此以往将自己束缚在如蚕织就的"信息茧房"中的现象。

《个人信息保护法》第二十四条规定,个人信息处理者利用个人信息进行自动化决策,应当保证决策的透明度和结果公平、公正,不得对个人在交易价格等交易条件上实行不合理的差别待遇;通过自动化决策方式向个人进行信息推送、商业营销,应当同时提供不针对其个人特征的选项,或者向个人提供便捷的拒绝方式;通过自动化决策方式作出对个人权益有重大影响的决定,个人有权要求个人信息处理者予以说明,并有权拒绝个人信息处理者仅通过自动化决策的方式作出决定。针对个性化推荐算法下的"信息茧房",最具典型的表现形式是绑架式阅读导致的视野窄化和认知偏执,单一同质化信息导致的阅读疲劳,碎片化信息导致的浅阅读,本质上就是算法设计者在设计算法程序时有意或无意地将个人主观意识嵌入程序运行步骤中,弱化了算法推荐结果的客观中立,在通过自动化决策方式向个人进行信息推送时,并未同时提供不针对其个人特征的选项,或者向个人提供拒绝的方式,侵犯用户的自由选择权,因此违反《个人信息保护法》第二十四条的规定,即上述技术异化行为违反法律的规定。

3. 自动化决策的典型案例解析

● 案例23：一种基于需求量的酒店客房定价方法及系统

案情简介：针对目前酒店客房产品定价的收益不是最大化的问题，提供一种基于需求量的酒店客房定价方法，其具体的技术手段为：S1. 获取潜在需求量以及价格敏感度；S2. 根据所述潜在需求量以及价格敏感度，计算线下预订需求量、线上预订需求量和总需求量；S3. 建立酒店收入最优定价模型，将线下预订需求量、线上预订需求量、总需求量与客房总量对比分析，得到不同情况对应的定价方法。通过分析酒店客房销售历史数据中不同折扣率对应客户的需求程度，建立起价格折扣力度和客户对价格的敏感度之间的关系，通过构建酒店客房线下预订和线上预订收益模型，得出最优定价方法，使得酒店利益最大化。

本申请记载的内容：

随着人民生活水平的提高，生活方式呈多样化发展，人们对生活的品质愈加注重，对"走出去看看"的想法更加强烈，旅游理所当然成为都市人的首选，伴随着就是对旅游产品的旺盛需求。人们有了出游的打算，随之而来的是对旅游产品的选择，其中价格因素对最终选择有较大影响。所以，对于旅游产品的供给方，在保证旅游产品质量的同时，如何定价很关键。酒店行业作为收益管理的重要旅游产品，应该抓住发展契机。

酒店客房产品的定价大都单一地采用成本导向定价法、竞争导向定价法等定价方法，结果是定价比较笼统，差异化定价不够彻底，产生的直接影响是：旺季收益不旺，淡季收益更淡，收益没有最大化。

针对上述现有技术的现状，本发明通过构建酒店客房线下预订和线上预订收益模型，提出一种基于需求量的酒店客房定价方法及系统。

本发明提供一种基于需求量的酒店客房定价方法，该方法包括：

S1：获取潜在需求量以及价格敏感度；

S2：根据所述潜在需求量以及价格敏感度，计算线下预订需求量、线上预订需求量和总需求量；

S3：建立酒店收入最优定价模型，将线下预订需求量、线上预订需求量、总需求量与客房总量对比分析，得到不同情况对应的定价方法：若客房总量大于总需求量，则降低线上预订方式客房定价；若客房总量大于线下预订需求量，且客房总量小于总需求量，则根据情况分配对应客房数以线下预订方式的客房价格提供给消费者线上预订；若客房总量小于线下预订需求量，则全部采用线下预订方式。

互联网已经深刻改变消费者的生活形态和消费习惯，各行业也都纷纷迎合消费者消费习惯的改变，提供线上消费方式。通过在线方式预订机票、酒店等服务形式成为

第三章 大数据热点技术《专利法》第五条审查的合规性问题

我国在线旅游业务增长的主要表现。在线休闲旅游服务正快速发展,其中在线预订已成为酒店行业获取客源不可或缺的渠道。

酒店通过增加预订渠道可以提高客房入住率,特别在旅游淡季,低廉的价格可以吸引价格敏感性较高的旅客,减少客房空余,增加酒店的总体收益,但低价预订方式也会对总体收益带来负面影响,例如:由于同一时间同一房型价格差异过大,旅客满意度降低,易遭到客户投诉。多种预订方式的差异化定价会使游客涌入到低价的预订方式,从而影响酒店的总收益。结果是直接导致酒店佣金收入持续下降,对酒店的价格体系也有一定冲击,尤其对酒店个体影响更甚。对酒店而言,定价策略及方法直接关系到酒店收益。

对于多渠道差异化定价的酒店经营模型,往往采用线上和线下两种预定房间的方式,这两种预定方式中,线下的定价策略比较单一,往往就是房间实价(即原价房),在本实施例中,通过线下方式进行房间预定的客户,不考虑价格对其影响度,只考虑季节的影响。而通过线上预定房间的方式,往往具有灵活多变的定价策略,并且不同的定价往往对应了不同的渠道。

一般而言,对于喜爱通过某一渠道获取网上资源信息的客户,其信息来源基本上是固定的,即因渠道信息错位带来的数据影响值有限,因此在本发明中同样不考虑信息错误因素。也就是说,在符合自然规律的通常情况下,某一客户了解的线上预定房源,往往会习惯性地来自一个渠道,该客户了解到的房源信息,在某一时间段内是固定的。比如该客户喜欢从美团网上搜索客房资源,那么他的信息来源基本上是以美团为主,在此基础上,可以将客户线上预定房间的需求与房价(或折扣率)之间的关系进行固定,通过获取这两者之间的关系,将房价对需求量的影响通过科学的分析得出,使定价策略更具合理性。

基于上述分析,在判断酒店定价策略时,重点在于两个方面:第一,获知当前酒店的需求量,即旅客通过网络、电话或现场对酒店客房的预订量。第二,获取价格对酒店需求量的影响,即该数值反映了旅客对获取酒店客房资源的意愿程度,如果当前酒店需求量很高,即使原价发售也会有旅客预定,那么就可以适当提高原价房的比例,甚至将所有的房源都设置成原价房;如果当前旅客对于酒店客房资源并无太高的需求量,则可以增加折扣房,甚至是非盈利房的比例,以此刺激当前旅客的客房需求量。

通常来说,游客对酒店客房的需求,以旅游目的为最直接相关因素,为了便于数学模型的搭建,本发明中,将只考虑旅游目的为唯一因素,将商务出行或访亲出行等其他因素排除。而以旅游目的作为出行因素的数据,往往跟旅游的季节强相关,即通常所说的旅游旺季和旅游淡季,而且这种相关趋势在没有人为政治因素或自然灾害因素的影响下,几乎已经成为定式,即不会因为年份的差异而产生影响。

在本实施例中,以客观的酒店为分析对象,具体描述如下:一个拥有总数为 N 间客房的酒店以传统预订方式 X 和网上预订方式 Y 向消费者提供预订，其中传统预订方式价格稳定，不频繁变动，作为对传统预订方式的补充，在线预订方式的价格制定方式灵活，一般情况下不高于传统预订方式所确定的客房价格。在客房分配问题上，传统预定方式的消费者带来的收益更大，所以应保留满足传统方式消费者需求的客房量，并在剩余客房容量范围内，进一步提供一定数量的客房满足在线预订方式消费者的消费需求。另，由于两个预订方式之间的变换成本较低，可进一步为消费者从一种预订方式转换到另一种预订方式提供更大便捷。

步骤 S1 中，通过分析酒店客房销售历史数据，得到线下预订方式潜在需求量 $A1$ 和线上预订方式潜在需求量 $A2$。$A1$、$A2$ 的大小反映了两种不同预订方式消费者的消费偏好。酒店客房销售历史数据，即酒店最近 3 到 5 年多个时间段的客房售出量数据。步骤 S1 中，通过分析酒店客房销售历史数据，还得到线下预订方式对价格敏感度 $B1$ 和线上预订方式对价格敏感度 $B2$。在经济学理论中，价格敏感度（price-sensitive）表示顾客需求弹性函数，即由于价格变动引起的产品需求量的变化。由于市场具有高度的动态性和不确定性，这种量化的数据往往不能直接作为制定营销策略的依据，甚至有时会误导企业的经营策略，而研究消费者的价格消费心理，了解消费者价格敏感度的影响因素，能够使企业在营销活动中掌握更多的主动权，也更具有实际意义。

本实施例中，价格敏感度表示预订方式的价格对客房需求的影响，例如：在一定季节范围内，当房价降低时，一部分不住酒店的旅客会因为价格在接受范围之内而选择订房；当房价超过一定值时，原本有意愿订房的旅客会因为价格过高而放弃订房。

通过查询近几年不同季节的房价，以及该季节不同预订方式的客房预订量，可获取不同预订方式的价格敏感度数据。

步骤 S2 中，线下预订需求量计算公式为：$DX = A1 - B1 \times P$；其中 DX 为线下预订方式需求量；$A1$ 为线下预订方式潜在需求量；$B1$ 为线下预订方式对价格敏感度；P 为线下预订方式客房定价。线上预订需求量计算公式为：$DY = A2 - B2 \times d \times P$；其中 DY 为线上预订方式需求量；$A2$ 为线上预订方式潜在需求量；$B2$ 为线上预订方式对价格敏感度；d 为线上预订方式的折扣率。总需求量计算公式为：$D = DX + DY = (A1 + A2) - (B1 + B2 \times d) \times P$；其中 D 为线下预订方式和线上预订方式的总需求量。

本实施例对所述不同折扣率对应下的各个折扣房需求量进行线性拟合，获取折扣率和折扣房需求量之间的关系，当下降或提高所述折扣率时，下降或提高的幅度依据所述折扣率和折扣房需求量之间的关系，使得所述原价房需求量和折扣房需求量之和与所述房间总数的差异在一预设值范围内，一般来说所述预设值小于房间总数的 5%。

步骤 S3 中，定义酒店收入为 $\pi(d)$，所述酒店收入 $\pi(d)$ 包括线下预订方式所带来的收入和线上预订方式所创造的收入，酒店收入最优定价模型关系函数表示如下：

$$\text{Max}\{\pi(d) = P \times \min\{N, DX\} + d \times P \times \min\{(N-DX), DY\}\}。$$

定义酒店全部采用线下预订方式时的收入为 $\pi 0$，酒店采用最优定价模型时期望收益为 $\pi(d*)$，用二者之差 $\Delta\pi$ 来描述酒店采取网上预订方式最优定价方法的效果；基于定价关系函数模型，由于原价基本固定，假设原价 $P=1$，可得：$DX=A1-B1$；$DY=A2-B2\times d$；$D=A1-B1+A2-B2\times d$。

1）当 $N \leq A1-B1$ 时，此时可以不采用网上预订方式，酒店收益 $\pi=N$，酒店客房处于供不应求的状态，故无须采用网上预订方式。具体表现为：传统预订方式的需求超过酒店能提供的客房供给，无须开设网上预订方式，一般在节假日或者旅游高峰期出现，传统预订方式的客流已经充分利用了酒店客房量。

2）当 $A1-B1 < N \leq A1-B1+A2-B2$ 时，$d*=1$，此时 $\min\{N,DX\}=A1-B1$，$\min\{(N-DX),DY\}=N-A1+B1$，具有网上预订习惯的消费者需求旺盛，在不给予网上预订方式价格折扣时，也可以获得足够的消费者，酒店收益增加 $\Delta\pi(d*)=N-A1+B1$。现实表现为：酒店不能满足所有网上预订方式的消费者需求，分配一部分客房以原价在网上销售。发生这种情况存在两种可能性：a. 酒店传统预订方式客流量少，而在线预订方式客流量大，且网上预订方式的消费者对这家酒店十分青睐，消费者效用大于酒店传统预订方式定价，此时，酒店应考虑提高原价；b. 酒店传统预订方式预订处理能力过弱，无法受理所有希望入住旅客，在增加网上预订方式后，大量旅客可以方便预订，酒店收益增加。

3）当 $A1-B1+A2-B2 < N$ 时，$d*=(A2+A1-B1-N)/B2$，$\Delta\pi(d*)=A2-B2$。

现实情况表现为：酒店的客房数量未能满足所有网上预订方式的需求，随着酒店客房数量的增加，网上预订方式的定价应考虑降低。

合规性问题剖析：

本申请记载的技术方案是通过分析酒店客房销售历史数据中不同折扣率对应客户的需求程度，建立起价格折扣力度和客户对价格的敏感度之间的关系，通过构建酒店客房线下预订和线上预订收益模型，得出最优定价方法，使得酒店利益最大化；其中，建立酒店收入最优定价模型，将线下预订需求量、线上预订需求量、总需求量与客房总量对比分析，得到不同情况对应的定价方法：若客房总量大于总需求量，则降低线上预订方式客房定价；若客房总量大于线下预订需求量，且客房总量小于总需求量，则根据情况分配对应客房数以线下预订方式的客房定价提供给消费者进行线上预订。

《个人信息保护法》第二十四条规定，个人信息处理者利用个人信息进行自动化决策，应当保证决策的透明度和结果公平、公正，不得对个人在交易价格等交易条件上实行不合理的差别待遇。本申请记载的"酒店收入最优定价模型"是基于酒店利益最大化的目的，根据线下预订需求量、线上预订需求量、总需求量与客房总量制定不同情况的客房定价，消费者在不同情况下的客房定价不同，属于典型的差异化定价。本申请记载的"酒店收入最优定价模型"所基于的算法规则是针对不同消费者提供差别化定价，该针对固定客户提供房源定价的行为，本质上就是经营者借助自身优势地位进行的隐藏的不合理定价行为，在价格等交易条件上对不同用户实行不合理的差别待遇，该营销手段超过合理限度、违反正当原则、逃避法律监管，侵犯了消费者的知情权、自由选择权与公平交易权，因此违反《个人信息保护法》第二十四条的规定，即该申请因违反法律规定，属于《专利法》第五条规定的不予保护的客体。

《消费者权益保护法》第十条规定，消费者享有公平交易的权利；消费者在购买商品或者接受服务时，有权获得质量保障、价格合理、计量正确等公平交易条件，有权拒绝经营者的强制交易行为。本申请记载的"酒店收入最优定价模型"所基于的算法规则是针对不同消费者提供差别化定价，该针对固定客户提供房源定价的行为，本质上就是经营者借助自身优势地位进行的隐藏的不合理定价行为，为每个用户"私人定价"，且只展示产品或服务的价格，掩盖其对用户数据进行自动化决策的有关信息，导致用户被隔离开来，不仅没有渠道知晓其他用户就同一产品获得的报价是否相同，也无法了解产品的真实价值、库存、受欢迎程度，以至于很难作出是否购买的决策，这种信息交换的缺失与不平等，严重损害了用户的公平交易权，因此违反《消费者权益保护法》第十条的规定，即该申请因违反法律规定，属于《专利法》第五条规定的不予保护的客体。

● 案例24：一种商品报价方法、系统及存储介质

案情简介：针对现有的商品报价方法在客户复购某商品时以固定报价的方式对客户购买的商品进行报价，从而无法进行合理的报价导致报价效果较差的问题，提供一种商品报价方法，其关键技术手段为：获取用户操作的终端型号以及用户历史购买记录；根据用户终端型号和用户历史购买记录划分不同的客户等级，其中每一所述客户等级对应不同的等级价格；根据所述当前客户的客户等级对当前商品进行报价。根据用户终端型号和历史购买记录划分不同的客户等级，制定不同的客户等级对应的报价均不同，避免报价过高或报价过低导致交易效率较差的情况发生，提高商品报价的效果。

本申请记载的内容：

目前，批发行业不同的客户的报价不同。现有的商品报价方法通常为记录该客户购买不同商品的成交价格，在该客户复购下单商品时，将在销售单显示该客户上一次购买该商品的报价。但是现有的商品报价方法在客户复购某商品时，以固定报价的方式对客户购买的商品进行报价，无法进行合理的报价，导致报价效果较差。

本发明提供一种商品报价方法、系统及存储介质，以解决现有商品报价方法无法

显示合理的报价，导致报价效果较差的技术问题。

本发明的第一实施例提供了一种商品报价方法，包括：

S1：根据客户的购买行为划分不同的客户等级，根据用户终端型号和当前客户的购买行为将当前客户匹配对应的客户等级，其中每一客户等级对应不同的等级价格；

S2：根据当前客户的历史购买记录，判断当前客户购买的当前商品是否在当前客户的历史购买商品列表中；

S3：在判断到当前商品在当前客户的历史购买商品列表中后，判断当前商品是否已调整成本，在判断到当前商品调整的成本在预设的成本调整区间后，根据当前客户的客户等级对当前商品进行报价；

S4：在判断到当前商品没有调整成本或当前商品调整的成本在预设的成本区间后，判断当前商品是否已调整价格，若是，则根据当前商品的价格调整程度将当前商品报价为历史购买记录中的上一次报价或客户等级对应的等级价格。

本发明实施例通过划分不同的客户等级且不同的客户等级对应的报价均不同，使得报价能够合理进行，提高商品报价的效果，避免报价过高或报价过低导致交易效率较差的情况发生，且通过综合考量两个影响因素对报价的影响，对商品报价进行合理的调整，从而进一步提高商品报价的效果。

作为本发明实施例的一种具体实施方式，根据用户终端型号和客户的购买行为划分不同的客户等级，具体为：在检测到客户的购买量在第一预设区间后，将客户划分为第一客户等级；在检测到客户的购买量在第二预设区间后，将客户划分为第二客户等级；在检测到客户的购买量在第三预设区间后，将客户划分为第三客户等级。

可选地，若用户操作的终端型号为高价格终端，从用户历史购买记录分析可知用户消费水平偏高，综合考虑终端型号和历史购买记录确定该用户的购买力强，对商品价格敏感性偏低，当前商品的报价可以适当提高；若用户操作的终端型号为低价格终端，从用户历史购买记录分析可知用户消费能力弱，对商品价格较为敏感，为吸引用户购买该商品，该商品的报价不宜太高。

可选地，以客户购买行为中的购买量作为将客户划分为不同的客户等级的依据，通常来说，购买量越大，对于商品的价格优惠就越大。在本发明实施例中，根据购买量划分不同的客户等级，购买量越大，对应的客户等级的商品报价越低。需要说明的是，本发明实施例的每一客户等级均设置有与不同商品对应的等级价格，每一客户等级的不同商品的等级价格可以根据实际业务需求进行设置。

作为本发明实施例的一种具体实施方式，根据客户的购买行为划分不同的客户等级，具体为：在检测到客户的购买信用在第四预设区间后，将客户划分为第一客户等级；在检测到客户的购买信用在第五预设区间后，将客户划分为第二客户等级；在检测到客户的购买信用在第六预设区间后，将客户划分为第三客户等级；其中，通过客户的历史购买记录设置购买信用。

可选地，购买信用可以根据客户的历史购买记录获得。在一种具体的获取方式中，购买信用可以通过对客户的购买行为来进行打分，从而计算得到不用客户的购买信用。具体来说，客户的购买行为包括客户的实际成功交易比例、客户的付款时间等，通过一系列的购买行为对客户的信用进行打分。

作为一种具体的实施方式，可以将用户的购买信用结合购买量将客户划分为不同的客户等级，比如，将购买信用和购买量划分不同优先等级的判断指标，根据优先等级的高低对客户进行客户等级的划分。具体来说，每一客户等级对应的价格均不同，第一客户等级对应的是 VIP 价，第二客户等级对应的是批发价，第三客户等级对应的是零售价。第一客户等级的客户即购买信用较高或购买量较大的客户；第二客户等级对应的是一般的批发客户，即购买信用一般或购买量一般的客户；第三客户等级对应的是到店购物的散客。本发明实施例通过划分不同的客户等级且不同的客户等级对应的报价均不同，使得报价能够合理进行，提高商品报价的效果，避免报价过高或报价过低导致交易效率较差的情况发生。

作为本发明实施例的一种具体实施方式，根据当前商品的价格调整程度将当前商品报价为历史购买记录中的上一次报价或客户等级对应的等级价格，具体为：若当前商品的价格调整值在预设的价格调整区间，则将当前商品报价为历史购买记录中的上一次报价；若当前商品的价格调整值不在预设的价格调整区间，则根据当前客户的客户等级对当前商品进行报价。在本发明实施例中，可以根据业务需要设置具体的价格调整区间。

本发明实施例通过划分不同的客户等级且不同的客户等级对应的报价均不同，使得报价能够合理进行，提高商品报价的效果，避免报价过高或报价过低导致交易效率较差的情况发生。进一步地，本发明实施例考虑了报价的两个影响因素，包括成本调整和价格调整对报价的影响，通过综合考量两个影响因素对报价的影响，对商品报价进行合理的调整，从而实现提高商品报价的效果。

合规性问题剖析：

本申请记载的技术方案是根据用户终端型号和用户历史购买记录将当前客户匹配对应的客户等级，其中每一所述客户等级对应不同的等级价格；根据当前客户的客户等级对当前商品进行报价。其中，若用户操作的终端型号为高价格终端，从用户历史购买记录分析可知用户消费水平偏高，综合考虑终端型号和历史购买记录确定该用户的购买力强，对商品价格敏感性偏低，当前商品的报价可以适当提高；若用户操作的终端型号为低价格终端，从用户历史购买记录分析可知用户消费能力弱，对商品价格较为敏感，为吸引用户购买该商品，该商品的报价不宜太高。

《个人信息保护法》第二十四条规定，个人信息处理者利用个人信息进行自动化决策，应当保证决策的透明度和结果公平、公正，不得对个人在交易价格等交易条件上实行不合理的差别待遇。本申请记载的商品报价方法，根据用户使用的终端类型和用户历史购买记录确定客户等级，对不同的客户等级对当前商品进行不同的报价，属于因人定价的一级价格歧视。本申请记载的"因人定价"的商品报价方法所基于的算法规则是针对不同消费者提供差别化定价，该针对固定客户提供商品报价的行为，本质上就是经营者借助自身优势地位进行的隐藏的不合理定价行为，经营者精确知道消费者的需求弹性和预期价格，然后根据消费者的预期最高价定价，实行"一人一价"，以获取最大的消费者剩余，在价格等交易条件上对不同用户实行不合理的差别待遇，该营销手段超过合理限度、违反正当原则、逃避法律监管，侵犯了消费者的知情权、自由选择权与公平交易权，因此违反《个人信息保护法》第二十四条的规定，即该申请因违反法律规定，属于《专利法》第五条规定的不予保护的客体。

《消费者权益保护法》第十条规定，消费者享有公平交易的权利；消费者在购买商品或者接受服务时，有权获得质量保障、价格合理、计量正确等公平交易条件，有权拒绝经营者的强制交易行为。本申请记载的"因人定价"的商品报价方法所基于的算法规则是针对不同消费者提供差别化定价，该针对固定客户提供商品报价的行为，本质上就是经营者借助自身优势地位进行的隐藏的不合理定价行为，为每个用户"私人定价"，且只展示产品或服务的价格，掩盖其对用户数据进行自动化决策的有关信息，以获取最大的消费者剩余，严重损害了用户的公平交易权，因此违反《消费者权益保护法》第十条的规定，即该申请因违反法律规定，属于《专利法》第五条规定的不予保护的客体。

● **案例 25：B2B 电子商务平台的商品定价方法及系统**

案情简介：针对现有 B2B 电子商务平台的统一报价已显然不符合当前的市场需求的问题，提供一种能够根据采购商的实际情况进行自动定价的 B2B 电子商务平台的商品定价方法，其关键技术手段为：根据该采购商拟采购量在预设的采购量与基准价格的映射表中进行比对以得到商品的基准价格，获取并评估该采购商在一定历史时期内的信用分值，将商品的基准价格×100/信用分值以得到商品的最终价格并反馈至该采购商。其中，该信用分值=100+该采购商的历史付款状态分值+该采购商的历史采购规模分值+该采购商的历史采购频次分值+该采购商的当前付款条件分值+该采购商的行业口碑分值。

本申请记载的内容：

当前所有的 B2B 电子商务平台的报价体系仍然是统一报价，即无论采购商，成交条件如何，定价都是一样的。这一报价体系在面向个人用户时没有什么问题，但是在面向企业采购时，这一价格体系是不可以的。原因是 B2B 交易的独特性决定了交易价格透明是难以实现的,B2B价格本身就不该透明。首先,采购交易量不同价格就不会一样。其次,价格、采购成本都是企业的核心机密,不能轻易让同行等知晓。因此,现有的B2B电子商务平台的统一报价已显然不符合当前的市场需求。

本发明的主要目的是提供一种能够根据采购商的实际情况进行自动定价的B2B电子商务平台的商品定价方法及系统。

本实施例提供一种B2B电子商务平台的商品定价方法,包括以下步骤:

步骤S10:接收采购商对商品的询价请求及拟采购量;

步骤S20:根据该采购商拟采购量在预设的采购量与基准价格的映射表中进行比对以得到商品的基准价格;

步骤S30:获取并评估该采购商在一定历史时期内的信用分值,该信用分值=100+该采购商的历史付款状态分值+该采购商的历史采购规模分值+该采购商的历史采购频次分值+该采购商的当前付款条件分值+该采购商的行业口碑分值;

步骤S40:将商品的基准价格×100/信用分值以得到商品的最终价格并反馈至该采购商。

关于步骤S10,在本实施例中,B2B电子商务平台中涉及多种可供采购商采购的商品,每一种商品均没有统一标价,需要采购商根据自己需要购买的商品,点击相应的操控按钮,以发送询价请求至B2B电子商务平台。B2B电子商务平台接收采购商发出的询价请求及拟采购量,并根据询价请求进入步骤S20及步骤S30,以确定商品的基准价格并评估该采购商的信用分值。

步骤S20通过采购商拟采购量确定商品的基准价格。理论上,拟采购量越大,基准价格越低,反之则越高。应当说明的是,本电子商务平台预设有采购量与基准价格的映射表。获取到该采购商的拟采购量后,将拟采购量在映射表中进行比对,以确定该采购商本次采购该商品的基准价格。

步骤S30对采购商的信用分值进行评估。在本实施例中,信用分值所涉及的参数主要包括:采购商的历史付款状态分值、该采购商的历史采购规模分值、该采购商的历史采购频次分值、该采购商的当前付款条件分值以及该采购商的行业口碑分值。该信用分值的计算公式为:信用分值=100+该采购商的历史付款状态分值+该采购商的历史采购规模分值+该采购商的历史采购频次分值+该采购商的当前付款条件分值+该采购商的行业口碑分值。应当说明的是,采购商的历史记录追溯的时间长短可以根据实际需要进行设定。所追溯的时间越长,得出的信用分值越可靠,所追溯的时间越短,得出的信用分值的可靠度越低。在本实施例中,历史记录一般追溯至三个月前。

具体来说,历史付款状态分值评估步骤包括:步骤一,获取该采购商在一定历史时期内的应付单据;步骤二,通过该应付单据中的实收日期与应收日期的天数之差,以得到该采购商的付款拖欠天数;步骤三,将该采购商的付款拖欠天数在预设的付款拖欠天数与历史付款状态分值的映射表中进行比对以得到该采购商的历史付款状态分值。应当说明的是，在B2B电子商务平台中，每交易完成一份订单，平台都会自动生成一张财务用的"应付单据"与该订单对应。该应付单据中包括以下信息：交易单价、交易量、应付金额及应付款日期等（下同）。在本实施例中，通过调取该采购商在三个月内的所有应付单据，并从每一应付单据中获取应收款日期，再将该应收款日期与实际收款日期进行比对，以计算出该采购商付款拖欠天数，以此来评估该采购商的历史付款状态分值。应当说明的是，本电子商务平台中预设有付款拖欠天数与历史付款状态分值的映射表，拖欠的天数越长，历史付款状态分值则越小。

历史采购规模分值评估包括：步骤一，获取该采购商在一定历史时期内的应付单据；步骤二，将应付单据中的采购数量进行相加以得到总采购额；步骤三，将处理得到的总采购额在预设的总采购额与历史采购规模分值的映射表中进行比对，以得到该采购商的历史采购规模分值。本实施例中，通过调取采购商近三个月内的应付单据，并获取各个应付单据内的采购数量，再将各个应付单据内的采购数量进行相加，以得到该采购商近三个月内的总采购额，再根据总采购额来评估历史采购规模分值。应当说明的是，B2B电子商务平台预设有总采购额与历史采购规模分值的映射表，当前评估得到的总采购额在映射表中均能找到对应的分值。

历史采购频次分值评估步骤包括：步骤一，获取该采购商在一定历史时期内的应付单据；步骤二，从应付单据的数量得到该采购商相应的采购频次；步骤三，将该采购商的采购频次在预设的采购频次与历史采购频次分值的映射表进行比对以得到该采购商的历史采购频次分值。在本实施例中，调取该采购商近三个月内的应付单据，应付单据的数量即为该采购商近三个月的采购频次。采购频次越高，相应得到的历史采购规模分值就越高，相反，则越低。应当说明的是，B2B电子商务平台预设有采购频次与历史采购频次分值的映射表，评估得到的采购频次均可以在映射表中找到对应的分值。

当前付款条件分值评估步骤包括：步骤一，获取该采购商与B2B电子商务平台间签署的商务协议；步骤二，从该商务协议中获取该采购商的付款方式；步骤三，将获取得到的付款方式在预设的付款方式与当前付款条件分值的映射表中进行比对，以得到该采购商的当前付款条件分值。商务协议是指采购商在B2B电子商务平台注册时所签署的协议。该商务协议中包括采购商付款方式，如：预付款、月结、季度结等。在本实施例中，首先调取该采购商与本电子商务平台所签署的商务协议，并获取该采购商商务协议中的付款方式，本实施例中预设有付款方式与当前付款条件分值的映射表。采购商的付款方式可在映射表中得到相应的分值。

行业口碑分值评估步骤包括：步骤一，获取B2B电子商务平台中供应商对该采购商的评价表；步骤二，将评分条数×1/10条高分段评分删除，并将评分条数×1/10条低分段评分删除，再将剩余的评分值进行加权平均以得到该采购商的评分值；步骤三，将处理得到的评分值在预设的评分值与行业口碑分值的映射表中进行比对以得到该采购商的行业口碑分值。应当说明的是，在本B2B电子商务平台交易完成一份订单后，电子商务平台允许供应商将该采购商加入到自己的采购商列表中，同时可以对该采购商进行评分。在实施例中，为了确保评分值的可靠性，删除了高分段及低分段的评分，然后将剩下的评分进行加权平均，以得到该采购商的评分值。此外，在本实施例中，B2B电子商务平台预设有评分值与行业口碑分值的映射表，确定该采购商的评分值，再将评分值在映射表中找到相应的行业口碑分值。

通过步骤S20确定商品的基准价格，以及步骤S30评估得到该供应商的信用分值之后，步骤S40根据商品最终价格确定公式计算得到商品的最终价格。商品的最终价格=商品的基准价格×100/信用分值，计算得到商品的最终价格并反馈至该采购商。应当说明的是，采购商采购的量越大，商品的最终价格越低，反之，则越高。此外，采购商的信用分值越高，相应地，商品的最终价格则越低。

本发明提供的B2B电子商务平台的商品定价方法，是通过综合评估该采购商的拟采购量、历史付款状态分值、历史采购规模分值、历史采购频次分值、当前付款条件分值及行业口碑分值以得到该采购商的信用分值。商品的最终价格等于商品的基准价格×100/信用分值。本方法能够根据采购商的综合情况进行定价，从而克服了现有技术中的B2B电子商务平台只能统一定价的缺陷，真正实现优质客户价格优惠的目的，同时也实现了价格保密的目的。

合规性问题剖析：

本申请记载的技术方案是根据该采购商拟采购量在预设的采购量与基准价格的映射表中进行比对，以得到商品的基准价格，获取并评估该采购商在一定历史时期内的信用分值，将商品的基准价格×100/信用分值以得到商品的最终价格并反馈至该采购商。其中，该信用分值=100+该采购商的历史付款状态分值+该采购商的历史采购规模分值+该采购商的历史采购频次分值+该采购商的当前付款条件分值+该采购商的行业口碑分值。

《个人信息保护法》第二十四条规定，个人信息处理者利用个人信息进行自动化决策，应当保证决策的透明度和结果公平、公正，不得对个人在交易价格等交易条件上实行不合理的差别待遇。本申请记载的B2B电子商务平台的商品定价方法，通过综合评估该采购商的拟采购量、历史付款状态分值、历史采购规模分值、历史采购频次分值、当前付款条件分值及行业口碑分值以得到该采购商的信用分值，并将商品的基准价格×100/信用分值作为商品的最终价格，对不同信用分值的客户实行不同的报价，拟采购量、历史采购规模、历史采购频次大的采购商对应商品的报价低，属于因量定价的二级价格歧视。本申请记载的"因量定价"的商品报价方法所基于的算法规则是针对不同采购商提供差别化定价，该针对固定采购商提供商品报价的行为，本质上就是经营者借助自身优势地位进行的隐藏的不合理定价行为，经营者根据采购商购买数量的不同制定不同的价格，在价格等交易条件上对不同用户实行不合理的差别待遇，该营销手段超过合理限度、违反正当原则、逃避法律监管，侵犯了消费者的知情权、自由选择权与公平交易权，因此违反《个人信息保护法》第二十四条的规定，即该申请因违反法律规定，属于《专利法》第五条规定的不予保护的客体。

《消费者权益保护法》第十条规定，消费者享有公平交易的权利；消费者在购买商品或者接受服务时，有权获得质量保障、价格合理、计量正确等公平交易条件，有权拒绝经营者的强制交易行为。本申请记载的"因量定价"的商品报价方法所基于的算法规则是针对不同采购商提供差别化定价，该针对固定采购商提供商品报价的行为，本质上就是经营者借助自身优势地位进行的隐藏的不合理定价行为，为每个特定采购商"私人定价"，且只展示产品或服务的价格，掩盖其对用户数据进行自动化决策的有关信息，严重损害了用户的公平交易权，因此违反《消费者权益保护法》第十条的规定，即该申请因违反法律规定，属于《专利法》第五条规定的不予保护的客体。

● **案例26：商品定价信息处理方法、装置、电子设备及存储介质**

案情简介：针对人工操作商品报价的成本较高、费时费力而且无法保证商品定价信息的及时切换，存在商品定价信息更新低效、滞后等问题，提供一种商品定价信息处理方法，其关键技术手段为：对筛选后的历史订单数据进行商品品类分析，根据分析结果计算用于表征用户需求程度的商品品类的折扣敏感度；获取第二预设时间内用户的实时订单数据，并根据获取的实时订单数据记录实时订单中商品对应的商品品类；根据用户对实时订单中商品品类的折扣敏感度，将实时订单中商品的当前定价信息调整为与用户对应的专属定价信息。通过对用户需求程度进行计算，能快速产生用户对实时订单中商品品类的专属定价信息，提高了商品定价信息的处理效率。

本申请记载的内容：

随着互联网技术的快速发展，出现了大量的电商平台。在各电商平台的商品页面中，经常会以品牌特卖的方式进行促销，以便向用户推荐商品。现有技术中，在进行品牌特卖时，每个用户看到的商品定价信息都是一样的。但是每个用户可能对价格的需求是不一样的，为了满足不同用户价格需求实现商品定价信息处理的灵活变动，需要通过系统对每个商品的定价信息进行重新设置。上述方式由于需要进行人工操作，因此存在成本较高，费时费力，而且无法保证商品定价信息的及时切换，商品定价信息更新低效、滞后等问题。

本发明的目的在于提供一种商品定价信息处理方法、商品定价信息处理装置、电子设备及计算机可读存储介质，进而至少在一定程度上克服由于相关技术的限制和缺陷而导致的一个或者多个问题。

本发明提供了一种商品定价信息处理方法，所述商品定价信息处理方法可以包括以下步骤：

步骤 S110：查询第一预设时间内用户历史浏览商品和历史订单数据，并对所述历史订单数据进行筛选。

本示例实施方式中，用户的历史浏览商品和历史订单表等数据可以存储在基于 Hadoop+Hive 搭建的 Hadoop 集群中。第一预设时间可以为最近 30 天，也可以为 20 天或者是其他任意时间，所述第一预设时间可以根据需求由系统自定义设置。本示例实施方式中，可以编写 HQL（Hibernate Query Language，面向对象查询语句），从搭建的 Hadoop 集群中查询用户历史浏览商品和历史订单数据，并将查询的用户历史浏览商品和历史订单数据进行关联以获取用户浏览商品和用户的订单数据集。此外，还可以通过 SQL（Structured Query Language，结构化查询语句）或者其他语句进行查询。在查询到用户第一预设时间内的历史订单数据时，可以设置一个预设条件，并根据所述预设条件对所有的历史订单数据进行筛选，以筛选出与本示例实施方式中的商品定价信息处理方法相关的数据，剔除与所述方法无关的数据。历史订单数据可以包括商品类型、商品数量、商品单价中的一个或多个，订单中也可以包括用户的昵称、账号、姓名、等级中的一个或多个。

对所述历史订单数据进行筛选可以包括：判断在第三预设时间内，浏览与所述历史订单中商品品类相同的商品的次数是否超过第一预设次数；在判断浏览次数超过所述第一预设次数时，从所述历史订单数据中筛选出所述历史订单以及与所述历史订单对应的商品浏览信息并存储。

举例来说，用户某天的某一订单中的商品为冰箱，则在判断该订单前 3 天用户浏览冰箱品类的记录超过 5 条时，从所有的历史订单数据中筛选并保留购买冰箱的历史订单并且可以区分存储；若该订单前 3 天用户浏览冰箱品类的记录未超过 5 条，可以将历史订单删除或者隐藏等。在存储购买冰箱的历史订单的同时，可以存储下单前 3 天用户浏览冰箱品类的所有浏览记录。此外，也可以通过判断用户浏览冰箱品类的时长是否超过预设时长，或者通过其他方式筛选出符合预设条件的所述历史订单。

步骤 S120：对筛选后的所述历史订单数据进行商品品类分析，以根据分析结果计算用于表征用户需求程度的所述商品品类的折扣敏感度。

本示例实施方式中，商品品类分析可以为以商品为线索，以用户为中心，用大数据分析协调采购、运营等多环节之间的配合关系，即通过数据分析对商品进行分类管理，筛选出用户的需求。商品品类分析可以包括定价分析、引进分析等。商品品类分析的结果可以用数值表示，也可以用图表等形式表示，此处对分析结果的格式等不作限制。

用户对各个商品品类的折扣敏感度可以存储在搭建的用于高效快速进行搜索或者查询的 Elasticsearch 集群中。所述折扣敏感度可以用于表征用户需求程度，即最有可能吸引用户下单的折扣度。举例来说，用户 A 对于手机品类商品的折扣敏感度为 7，则代表手机类商品的折扣在 7 折左右时，对用户 A 的吸引力最大，用户 A 下单的可能性超过 80%。

此外，本示例实施方式中，计算用户对所述商品品类的折扣敏感度可以包括：通过所述历史订单中商品品类的折扣值和第四预设时间内浏览的与所述历史订单中同品类商品的最低折扣值，计算用户对所述商品品类的潜在折扣值；计算所述第四预设时间内，所有包含所述商品品类的订单中用户对所述商品品类的潜在折扣值的平均值，作为所述折扣敏感度。

本示例实施方式中，在筛选出符合预设条件的多个历史订单时，可以分别计算用户购买的各历史订单中商品品类的折扣值；同时计算第四预设时间内，用户浏览的与各历史订单中商品品类相同的各品类浏览记录中的折扣值，并且通过对比的方法，得出各品类浏览记录的最低折扣值。再通过各历史订单中商品品类的折扣值与各品类浏览记录的最低折扣值两个数值，计算用户对所述商品品类的潜在折扣值。

本示例实施方式中，具体而言，可以通过公式计算潜在折扣值。计算公式如下：$P(User, A, orderid) = G(User, A, orderid) \times 90\% + \min(C(User, A, orderid)) \times 10\%$；其中，User 为用户、A 为商品品类、orderid 为订单信息；$G(User, A, orderid)$ 为用户订单 orderid 中的商品品类 A 的折扣值；$\min(C(User, A, orderid))$ 为在订单 orderid 之前，用户第四预设时间内浏览过的同 A 品类的最低折扣值；$P(User, A, orderid)$ 为通过订单 orderid 的数据计算的用户对 A 品类的潜在折扣值。

可以通过上述公式分别计算所有包含相同商品品类的多个历史订单中，该用户对同一商品品类的潜在折扣值。在计算出该用户对同一商品品类的潜在折扣值后，可以对各订单对应的该用户对商品品类的潜在折扣值求平均值以得到用户对所述商品品类的折扣敏感度。算法公式如下：$P(User, A) = avg(P(User, A, orderid1) + \cdots + P(User, A, orderidn))$；其中，该用户第四预设时间内所有历史订单中包含 A 品类商品的折扣值求平均值，最后得到的值 P（User，A）就是该用户对 A 品类的折扣敏感度。由于多个历史订单中可以有多个商品品类，可以通过循环上述计算方法得出用户对各商品品类的折扣敏感度。在得到用户对各商品品类的折扣敏感度之后，可以将折扣敏感度数据存储到 elasticsearch 集群中，方便之后的快速调用。

步骤 S130：获取第二预设时间内用户的实时订单数据，并根据获取的所述实时订单数据记录实时订单中商品对应的商品品类；

本示例实施方式中，第二预设时间可以为当日，可以通过 Storm 实时集群中用户的实时订单数据流对用户的访问行为数据进行计算分析。此处的 Storm 集群可以为基于

Storm+kafka 搭建的集群，可以用于实时流式的计算。本示例实施方式中的实时流式可以包括用户在商品页面实时的浏览行为数据以及用户实时下单数据。通过对用户访问数据进行分析计算获取当日用户的实时订单数据，并根据获取的所述实时订单数据查询实时订单中商品对应的商品品类，并将查询的实时订单中商品对应的商品品类记录在 Jimdb 集群中。本示例实施方式中的 Jimdb 集群可以为基于 redis 二次开发的缓存服务器，可以用于实时存储用户对品类的访问数据以及用户订单品类数据。

此外，本示例实施方式中，获取第二预设时间内用户的实时订单数据可以包括：获取所述实时订单中的商品品类以及用户浏览与所述实时订单中的相同品类的商品的次数。本示例实施方式中，可以通过用户的实时行为数据流获取所述实时订单中的商品品类，并且实时计算第二预设时间内用户访问与所述实时订单中相同品类的商品的次数。此处得出的实时订单中的商品品类以及对商品品类的访问次数可以用于后续的信息分析。

步骤 S140：根据用户对所述实时订单中商品品类的所述折扣敏感度，将所述实时订单中商品的当前定价信息调整为与用户对应的专属定价信息。本示例实施方式中，可以根据得到的用户对所述实时订单中商品品类的所述折扣敏感度，计算用户对该商品的专属定价信息，并且可以将实时订单中所有人看到的商品的当前定价信息调整为与所述用户对应的商品的专属定价信息。对同一品类而言，每个用户对应的专属定价信息可以不完全相同。同一用户对不同的商品品类的折扣敏感度可以相同，也可以不同。本示例实施方式中，根据不同用户对商品品类的折扣敏感度，分别为各用户及时产生对应商品的专属定价信息，提高了商品定价处理和切换的效率。

本公开实施例提供的一种商品定价信息处理方法中，通过查询第一预设时间内用户历史浏览商品和历史订单数据，对所述历史订单数据进行筛选；并根据筛选后的所述历史订单数据计算用于表征用户需求程度的所述商品品类的折扣敏感度；获取第二预设时间内用户的实时订单数据，并根据获取的所述实时订单数据记录实时订单中商品对应的商品品类；根据用户对所述实时订单中商品品类的所述折扣敏感度，将所述实时订单中商品的当前定价信息调整为与用户对应的专属定价信息。一方面，通过对用户需求程度的计算，能快速产生用户对实时订单中商品品类的专属定价信息，提高了商品定价信息的处理效率；另一方面，通过预设条件对历史订单进行筛选，在计算用户对商品品类的需求程度时，减少了服务器的工作量，从而提高了商品销售转化率。

合规性问题剖析：

本申请记载的技术方案根据筛选后的历史订单数据计算用于表征用户需求程度的商品品类的折扣敏感度，根据用户对实时订单中商品品类的折扣敏感度，将实时订单中商品的当前定价信息调整为与用户对应的专属定价信息。其中，计算用户对商品品类的折扣敏感度可以包括：通过历史订单中商品品类的折扣值和预设时间内浏览的与历史订单中同品类商品的最低折扣值,计算用户对商品品类的潜在折扣值;计算预设时间内所有包含商品品类的订单中,用户对商品品类的潜在折扣值的平均值,作为折扣敏感度。

《个人信息保护法》第二十四条规定,个人信息处理者利用个人信息进行自动化决策,应当保证决策的透明度和结果公平、公正,不得对个人在交易价格等交易条件上实行不合理的差别待遇。本申请记载的商品定价方法,根据筛选后的历史订单数据计算用于表征用户需求程度的商品品类的折扣敏感度,根据用户对实时订单中商品品类的折扣敏感度,将实时订单中商品的当前定价信息调整为与用户对应的专属定价信息,针对用户对商品品类的折扣敏感度实行不同的报价,而针对不同用户对商品给出不同的报价,属于"因人定价"的一级价格歧视。本申请记载的"因人定价"的商品报价方法所基于的算法规则是针对不同用户提供差别化定价,该针对固定客户提供商品报价的行为,本质上就是经营者借助自身优势地位进行的隐藏的不合理定价行为,经营者精确知道消费者的需求弹性和预期价格,然后根据消费者的预期最高价定价,实行"一人一价",以获取最大的消费者剩余。在价格等交易条件上对不同用户实行不合理的差别待遇,该营销手段超过合理限度、违反正当原则、逃避法律监管,侵犯了消费者的知情权、自由选择权与公平交易权,因此违反《个人信息保护法》第二十四条的规定,即该申请因违反法律规定,属于《专利法》第五条规定的不予保护的客体。

《消费者权益保护法》第十条规定,消费者享有公平交易的权利;消费者在购买商品或者接受服务时,有权获得质量保障、价格合理、计量正确等公平交易条件,有权拒绝经营者的强制交易行为。本申请记载的"因人定价"的商品报价方法所基于的算法规则是针对不同用户提供差别化定价,该针对固定客户提供商品报价的行为,本质上就是经营者借助自身优势地位进行的隐藏的不合理定价行为,获取消费者的预期价格,为每个用户"私人定价",且只展示产品或服务的价格,掩盖其对用户数据进行自动化决策的有关信息,以获取最大的消费者剩余,严重损害了用户的公平交易权,因此违反《消费者权益保护法》第十条的规定,即该申请因违反法律规定,属于《专利法》第五条规定的不予保护的客体。

● **案例27:一种潜在客户挖掘与推荐方法**

案情简介:针对现有技术存在用户信息过少导致的挖掘精度低的问题,提供一种潜在客户挖掘与推荐方法,其关键技术手段为:从社交平台上获取用户的个人信息和社交活动信息,并与本地存储的用户购物记录融合,经过数据清洗和筛选后,得到用于训练和测试潜在客户分类模型的数据;然后根据用户个人信息、社交记录、购物记录构造用户画像,同时将用户的社交记录和购物记录处理为可供模型使用的特征向量形式,然后训练用户兴趣预测模型,将用户分为潜在客户和路人;最后识别并根据潜在客户的兴趣提供更有针对性的商品页面展示给他们。通过精准分类用户来判断用户的兴趣，根据用户的兴趣判断展示相应的产品或实施精准广告投放实现潜在客户的转化，对于老客户也可以提供针对性的推荐增加客户黏性。

本申请记载的内容：

在这个竞争日益激烈的电子商务时代，在原有客户的基础上不断拓展新的客户，增加客户总量和客户黏度，企业就能够得到更多的经济效益和市场竞争优势，越来越多的商家通过网上商城售卖货品，在商家进行促销的过程中，十分关心的一个问题是：如何根据商家现在已拥有的客户的信息（比如客户的年龄、性别、家庭地址等信息），挖掘出潜在的客户，实现客户的精准触达。

现有的潜在客户挖掘技术主要分为基于用户属性标签和基于用户浏览行为两类。但是，现有技术只使用了电商网站内部存储的客户属性标签和行为记录等信息，对于新登录网站的用户，存在用户信息过少导致的挖掘精度低的问题，同时难以精确判断用户兴趣，无法有效地指导企业制定相应策略实现客户转化。随着第三方账号登录技术的发展，越来越多的用户开始选择使用自己的社交账号（QQ、微博、Twitter、Facebook等）登录电商网站，交叉客户（既是电商网站的客户，又是其他社交网站的客户）的数量正在逐渐增长。W. X. Zhao等学者的研究表明，用户的社交行为是帮助预测用户购买兴趣的重要信息源。因此如何有效利用交叉客户的社交行为，从使用社交账号登录网站的新用户中挖掘潜在客户，并制定相应策略实现客户转化，是有待解决的问题。

针对现有技术的不足，本发明提供一种潜在客户挖掘与推荐方法，本发明利用交叉客户的社交行为特征，挖掘使用社交账号登录电商网站用户中的潜在客户，并预测用户有可能购买的商品，为客户转化提供准确的参照依据。

一种潜在客户挖掘与推荐方法，包括以下步骤：

S1：采用爬虫技术从社交平台上获取用户的个人信息和社交活动数据，并对获取到的粗糙原始数据进行清洗，去除状态码等与用户信息无关的数据，同时对文本信息进行格式化，去除文本中的特殊字符，将清洗过的数据存储到用户社交活动数据库中，并定期从社交平台上获取相应的数据，实时更新数据库中的数据；

S2：根据用户的个人信息、社交行为信息以及购物行为信息进行筛选，选取关键信息构建用户画像，其中，所述的用户个人信息主要包括性别、年龄、地域、工作、学校、兴趣标签、用户等级、用户信誉、关注数、粉丝数，所述的社交行为信息包括发送文本、关注话题、转发评论等信息，所述的购物行为信息包括浏览信息、收藏信息、购买信息、评价信息等；

S3：对各种不同类型的数据进行特征化处理，将其转化为可供模型训练的特征向量，具体包括对数值型数据进行归一化，对类别标签型数据进行one-hot离散向量化，对文本内容进行word2vec词向量化和doc2vec文本向量化，对缺失数据进行补齐，最终获得用户向量表示、用户社交、购物行为向量表示、商品向量表示，其中，所述的特征向量包括用户特征向量和商品特征向量；所述的用户特征向量由用户个人特征、用户社交行为特征和用户—商品交互特征组成，所述的商品特征向量由商品类别特征、购物上下文特征和商品—用户交互特征组成。对性别、年龄、地域、工作、学校、兴趣标签、用户等级、用户信誉、关注数、粉丝数等用户个人信息进行向量化处理，构造用户个人特征，其中性别、地域、年龄、工作等标签类型的离散数据采用了one-hot向量表示，如［1，0］表示性别为女，［0，1］表示性别为男，［0，0］则表示性别未知，其中，年龄按每10年分一段，其余的数值类型的数据如用户等级、关注数、粉丝数等采用了max-min归一化表示。

用户社交行为特征主要包含了用户社交中发送的文本信息，将用户最近3个月发送的文本信息拼接成一个文档，通过分词工具将文档分词并去除停用词，然后通过word2vec工具将每个词转化为对应的100维词向量，并将所有的词向量相加并归一化，得到相应的文档的向量表示；同时通过doc2vec工具生成文档对应的文档向量，最后将两个表示向量拼接，作为用户社交行为特征向量。将用户购买的商品通过one-hot表示成向量形式，即购买过的商品位置值为1，没有购买过的位置值为0，作为用户—商品交互特征。

为了方便用户购物时查询和筛选，商品通常会被划分为不同的类别，如服饰、食品等，使用one-hot表示法表示商品对应的类别特征。将用户的购物记录按照购买时间先后进行排序，构造用户购买商品序列，将每件商品视作一个单词，然后通过word2vec工具中的skip-gram模型进行训练，训练完成后可以获得每件商品对应的向量，作为商品的购物上下文特征。而用户对于每件商品的喜好程度的真实标签，通过用户的历史购物记录进行构建，若用户之前购买过该商品，则商品对应的值为1；反之若用户没有购买过该商品，则商品对应的值为0。

S4：训练、更新因子分解机模型、SVM模型和xgboost模型组成的模型池，预测用户对商品的兴趣，将用户向量与每件商品的商品向量拼接作为模型池的输入，将一批特征向量分别输入到3个模型中，并使用模型预测用户对商品的喜好评分，然后根据用户实际标签值，分别计算模型预测结果与实际标签结果之间的差值，通过批梯度下降算法，对3个模型的参数进行更新，通过不断迭代更新的方式，逐步提高模型预测精度，使得模型的预测值逐步逼近真实购买情况。

S5：测试、调整模型，使用与训练不同的另一批用户的数据对模型进行交叉测试，当测试效果高于阈值，则得到训练好的模型，否则采取特征筛选、调整参数的方式并按照步骤S4重新训练模型；

S6：使用训练好的模型对所有用户进行预测，获取用户最新的兴趣分布，并采用直接覆盖法或按权重相加法更新用户兴趣预测结果；

S7：根据用户的浏览记录、购物记录以及时间因素，将用户分为老客户和新用户，新用户将用于挖掘潜在客户，然后利用 SVM 分类模型将新用户分为潜在客户和路人，从新用户中挖掘潜在客户，并且每隔一定周期使用 SVM 分类模型对所有新加入用户进行分类预测；

S8：训练、更新 SVM 分类模型，使用步骤 S3 和步骤 S6 中获取的特征作为 SVM 分类模型的输入，将对用户进行推荐后的实际转化情况作为标签训练 SVM 分类模型，然后根据误差通过随机梯度下降法更新模型的参数，提升模型的预测精度；

S9：测试并调整模型，使用与训练用户不同的另一批用户的数据进行交叉测试，当测试效果高于阈值，则得到训练好的模型，否则采取特征筛选、调整参数的方式并按照步骤 S8 重新训练模型；

S10：使用步骤 S9 训练的模型对所有新用户进行预测，将新用户分为潜在用户和不太可能产生购买行为的路人，并更新新客推荐数据库；

S11：对于新访问平台的用户，判断用户是否为潜在客户，并从新客推荐数据库中查询到访用户的信息，如果有用户对应的兴趣信息，则筛选与用户兴趣相符的商品，生成商品列表；

S12：在前端页面展示和推荐商品列表中的商品，或将商品包装成广告精准投放给用户。

本发明通过分析用户在社交平台的个人信息和行为数据包含着大量的有用信息，可以在精准分类用户的同时判断用户的兴趣；根据用户的兴趣判断展示相应的产品或实施精准广告投放，实现潜在客户的转化；对于老客户也可以提供针对性的推荐，增加客户黏性。

合规性问题剖析：

本申请记载的技术方案是社交平台上获取用户的个人信息和社交活动信息，并与本地存储的用户购物记录融合，经过数据清洗和筛选后，得到用于训练和测试潜在客户分类模型的数据；然后根据用户个人信息、社交记录、购物记录构造用户画像，同时将用户的社交记录和购物记录处理为可供模型使用的特征向量形式，然后训练用户兴趣预测模型，将用户分为潜在客户和路人，最后识别并根据潜在客户的兴趣提供更有针对性的商品页面展示给他们。其中，采用爬虫技术从社交平台上获取用户的个人信息和社交活动数据，将清洗后的数据存储到用户社交活动数据库中；用户个人信息主要包括性别、年龄、地域、工作、学校、兴趣标签、用户等级、用户信誉、关注数、粉丝数，社交行为信息包括发送文本、关注话题、转发评论等信息，购物行为信息包括浏览信息、收藏信息、购买信息、评价信息等。

《个人信息保护法》第十四条规定，基于个人同意处理个人信息的，该同意应当由个人在充分知情的前提下自愿、明确作出；法律、行政法规规定处理个人信息应当取得个人单独同意或者书面同意的，从其规定；个人信息的处理目的、处理方式和处理的个人信息种类发生变更的，应当重新取得个人同意。《个人信息保护法》第四条规定，个人信息是以电子或者其他方式记录的与已识别或者可识别的自然人有关的各种信息，不包括匿名化处理后的信息。个人信息的处理包括个人信息的收集、存储、使用、加工、传输、提供、公开、删除等。本申请记载的采用爬虫技术从社交平台上获取用户的个人信息和社交活动数据，其获取的个人信息和社交活动数据涉及性别、年龄、地域、工作、学校、兴趣标签、用户等级、用户信誉、关注数、粉丝数、发送文本、关注话题、转发评论等信息，即该技术行为对象"个人信息""社交活动数据"是《个人信息保护法》第四条规定的个人信息的范畴，属于《个人信息保护法》第四条规定的保护客体。本申请在没有告知用户的情况下，使用网页爬虫采集用户个人信息和社交活动数据，其本质是在未取得自然人的授权同意的情况下，私自非法使用网页爬虫采集用户个人信息和社交活动数据，严重侵害了个人信息主体的合法权益，违反了《个人信息保护法》第十四条的规定，即该申请因违反法律规定，属于《专利法》第五条规定的不予保护的客体。

(三) AIGC 技术的合规性问题

生成式 AI 可能带来的颠覆性变革在于过往某些仅能由人类完成的创造性工作可能会被生成式 AI 所取代，或由人机协同创作完成，这会使创造和知识工作的边际成本大大降低，进而大幅提升劳动生产率，创造巨大的经济价值。与过往其他的颠覆性技术一样，AIGC 可能对既有的生产关系、法律制度、社会伦理带来冲击，甚至会影响社会制度的安全和稳定。AIGC 技术在内容安全、技术安全、隐私安全、生成模型的内生性安全、信任安全乃至伦理风险方面都引起了广泛的讨论。接下来将尝试分析 AIGC 技术的异化行为样态，以及探讨 AIGC 技术的异化行为样态与法律适用。

1. AIGC 的异化行为

作为 21 世纪的"石油"，数据的战略重要性逐渐凸显。为捍卫国家数据安全、保护个人数据权益和规制数据使用行为，我国陆续出台《网络安全法》《数据安全法》《个人信息保护法》《互联网信息服务深度合成管理规定》等相关法律法规。在 AIGC 迅速发展的情况下，AIGC 所带来的数据安全风险不容忽视。以 ChatGPT 为例，根据 ChatGPT 的运作原理，用户在输入端口提出问题后，该问题首先会传输到位于美国的 OpenAI 公司，随后 ChatGPT 才会给出相应回答，从而实现对用户在输入端口提出的问题的反馈。AIGC 的使用者在使用 AIGC 技术时极有可能会无意中透露有关个人、金融、商业隐私等敏感信息，从而造成数据的泄露。同时，部分 AIGC 公司的数据库中存在着大量未经用户知情同意的个人照片等隐私数据，容易对用户的个人隐私安全造成威胁。

另外，AIGC的生成需要依托于海量的文本数据，通过对数据集进行监督学习、强化学习来优化输出的内容，而AIGC的生成过程及其生成结果均存在着著作权侵权风险。AIGC在生成过程中不可避免会涉及对他人享有著作权的作品的使用。在当前著作权法的语境下，在使用主体对受著作权法保护的作品进行使用时必须在获得权利人许可，支付相应的许可使用费用后方属于合法使用，而在现行著作权法下AIGC对作品的使用并不能援引法定许可或合理使用条款作为其著作权侵权的例外条款。因此，AIGC未经许可使用作品的行为可能会因为侵犯被使用作品的复制、改编、信息网络传播权等权利而落入到侵权困境当中。AIGC在生成内容的过程中使用受著作权保护的作品可能会由于未经许可的使用导致相关的侵权诉讼。目前我国最新修订的《著作权法》中对于合理使用仍采取"封闭式"的立法模式，对于人工智能在进行内容生成时使用受著作权保护的相关作品的问题尚未进行回应，类似问题仍有待进一步的立法规范。

通过对AIGC技术风险行为的系统梳理，AIGC技术的异化行为样态类型主要包括以下几个方面：

（1）非法使用个人信息

AIGC需要大量的数据进行训练，训练数据的质量和多样性对模型的性能有重要的影响，并且由于多元的应用场景，以及涉及和终端用户的高频次的直接交互，这给AIGC训练过程带来了巨大的非法使用个人信息的风险。以ChatGPT为例，其自称训练数据来源于公开信息，包括网络文本、语言学知识库、对话数据集、科学论文等多种渠道，这些渠道的数据可能包含个人信息，虽然开发者也会对数据进行筛选和屏蔽，去除其中的个人信息，仅使用匿名化数据用于训练，但是，即使是使用公开的个人信息，亦可能导致侵犯个人信息权益，例如一些图像生成的AIGC模型可能在训练过程中使用公开的个人图像信息，但是并未经个人书面同意，可能导致违反法律法规对生物识别信息的收集、使用、交易、披露等作出的严格限制的规定。

开发者还可能将在服务中收集的个人信息"二次利用"于算法模型训练的目的，例如目前OpenAI在使用协议中约定用户同意OpenAI利用用户的输入及ChatGPT的输出结果以改善模型性能，提升用户体验，但是OpenAI是否还会将收集的用户数据用于其他场景目前并不清晰。这就导致了在训练和使用AIGC技术时，将个人数据用于收集之外的其他目的，且"二次利用"前并未事先告知个人信息主体并获得个人同意的情况。

（2）滥用AIGC技术生成虚假内容

一直以来，互联网信息空间都面临着虚假信息和信息内容安全的挑战，国内外互联网内容平台，都不断在提升其虚假内容和信息安全的治理能力。现有的技术条件下，AIGC生成内容的真实性与准确性还无从保证，由于AIGC强大的内容生成能力，虚假信息和信息内容安全的挑战也会增加。比如，腾讯研究院的一份报告指出，ChatGPT 上线不到一周，用户数量就已经超过了 100 万，但是用户在深度体验之后发现，ChatGPT 生成了大量让用户看起来似乎正确和合理，但仔细检查往往是错误的答案，而这些错误信息充斥在各个内容平台之上，可见 ChatGPT 等大型语言生成模型可以预测给定输入的下一个关联内容，而不管事实是否正确或者说编造了事实。事实上，已经有不少人发现由 AIGC 生成的包含色情、暴力、政治敏锐性等有害信息的文字图片充斥在互联网之中。

具体来说，首先，对 AIGC 的恶意使用或滥用，可以引发深度合成诈骗、色情、诽谤、假冒身份等新型违法犯罪行为，不法分子利用开源的 AIGC 模型或工具，可以以更低的门槛、更高的效率制作出音视频、图片和文字等种类丰富的、真伪辨别难度大的虚假信息，同时也更容易盗用用户身份，以此开展新型诈骗等非法活动；其次，虚假信息的不当应用进一步导致伤害与责任归属问题，例如当 AIGC 被应用于法律、医疗诊断、刑侦司法、自动驾驶等重要的领域而生成虚假信息，很容易导致直接或间接的伤害，进而又会产生责任归属问题；再次，虚假信息蔓延或将引发社会整体信任危机，目前，AIGC 对数据集中的事实性与虚构性文本尚缺乏区分能力，极易按照非现实的创造性或想象性场景生成虚假内容，如果我们生活在一个到处充斥着虚假信息的世界中，难以形成主体性安全与信任，或将诱发社会信任危机。

（3）AIGC 非法侵犯知识产权

表面看，不同 AIGC 模型生成的内容形式各异，涵盖文字、图像、语音、视频等，但各类 AIGC 模型利用现有作品进行模型训练、生成最终结果的方式却存在异曲同工之处，即将数据库中的作品数据进行一定程度的形式转换后输入 AIGC 模型，利用 AIGC 模型自主学习能力从中提取有价值的内容，再根据输入的指令生成与之相匹配的学习结果加以输出。首先，如果 AIGC 工具数据库中的数据包含 AIGC 服务商未取得著作权或著作权授权的作品，无论该类数据是 AIGC 服务商手动收集还是通过爬虫技术获得，AIGC 都存在侵犯著作权的风险；其次，虽然 AIGC 未直接使用已有的作品，但是 AIGC 仍然可能存在与现有作品构成实质性相似的问题，以 AI 绘画为例，如果 AI 绘画的创作是基于数据库的学习，仅在稍微调整参数的基础上直接生成相同风格的画作，则 AI 绘画可能构成与现有作品构成实质性相似，进而侵犯现有作品的著作权的问题，也就是说，虽然对原始作品进行了改编，但其仍保留了作品内容中最关键、本质的特征，这同样存在侵犯著作权的风险。

2. AIGC 的异化行为样态及法律适用

随着 AIGC 的发展，越来越多的科技企业将会加入这一赛道，国内 AIGC 领域企业在面对 AIGC 可能带来的法律风险时，应当做好相应的合规应对，从而更好地助力企业发展及产业进步。本节将尝试利用 AIGC 分析每种异化行为样态的法律行为要件，进而根据某一法律行为要件确定具体的数据法律条款，以尝试判定异化行为样态的合规性问题。

（1）非法使用个人信息

《个人信息保护法》第十三条规定："符合下列情形之一的，个人信息处理者方可处理个人信息：（一）取得个人的同意；（二）为订立、履行个人作为一方当事人的合同所必需，或者按照依法制定的劳动规章制度和依法签订的集体合同实施人力资源管理所必需……。"

《个人信息保护法》第二十八条和第二十九条规定，敏感个人信息是一旦泄露或者非法使用，容易导致自然人的人格尊严受到侵害或者人身、财产安全受到危害的个人信息，包括生物识别、宗教信仰、特定身份、医疗健康、金融账户、行踪轨迹等信息，以及不满十四周岁未成年人的个人信息；只有在具有特定的目的和充分的必要性，并采取严格保护措施的情形下，个人信息处理者方可处理敏感个人信息；处理敏感个人信息应当取得个人的单独同意；法律、行政法规规定处理敏感个人信息应当取得书面同意的，从其规定。

《个人信息保护法》第二十三条规定，个人信息处理者向其他个人信息处理者提供其处理的个人信息的，应当向个人告知接收方的名称或者姓名、联系方式、处理目的、处理方式和个人信息的种类，并取得个人的单独同意。接收方应当在上述处理目的、处理方式和个人信息的种类等范围内处理个人信息。接收方变更原先的处理目的、处理方式的，应当依照本法规定重新取得个人同意。

针对 AIGC 训练过程中使用公开的个人图像信息但是并未经个人书面同意的情形，个人图像信息是《个人信息保护法》第二十八条规定的生物识别信息的一种，也就是说属于敏感个人信息规定的范围，因此该行为违反《个人信息保护法》第二十九条的规定；而针对开发者还可能将在服务中收集的个人信息"二次利用"于算法模型训练的目的，该行为在训练和使用 AIGC 技术时，将个人数据用于收集之外的其他目的，且并未事先告知个人信息主体并获得个人同意，因此，"二次利用"违反了《个人信息保护法》第二十三条规定的"接收方变更原先的处理目的、处理方式的，应当依照本法规定重新取得个人同意"情形。

（2）滥用 AIGC 技术生成虚假内容

《生成式人工智能服务管理办法（征求意见稿）》对风险分配进行了一定的探索，该办法第五条规定，利用生成式人工智能产品提供聊天和文本、图像、声音生成等服务的组织和个人……承担该产品生成内容生产者的责任。但是，该办法第十六条也规定，提供者应当按照《互联网信息服务深度合成管理规定》对生成的图片、视频等内容进行标识。

《互联网信息服务深度合成管理规定》第十七条规定："深度合成服务提供者提供以下深度合成服务，可能导致公众混淆或者误认的，应当在生成或者编辑的信息内容的合理位置、区域进行显著标识，向公众提示深度合成情况：（一）智能对话、智能写作等模拟自然人进行文本的生成或者编辑服务；（二）合成人声、仿声等语音生成或者显著改变个人身份特征的编辑服务；（三）人脸生成、人脸替换、人脸操控、姿态操控等人物图像、视频生成或者显著改变个人身份特征的编辑服务；（四）沉浸式拟真场景等生成或者编辑服务；（五）其他具有生成或者显著改变信息内容功能的服务。深度合成服务提供者提供前款规定之外的深度合成服务的，应当提供显著标识功能，并提示深度合成服务使用者可以进行显著标识。"

可见，针对将 AIGC 应用于法律、医疗诊断、刑侦司法、自动驾驶等重要的领域而生成虚假信息等导致伤害与责任归属问题，正是由于深度合成服务提供者提供深度合成服务时，未在可能导致公众混淆或者误认的信息内容的合理位置、区域处进行显著标识以向公众提示深度合成情况从而导致的，这就违反了《生成式人工智能服务管理办法（征求意见稿）》和《互联网信息服务深度合成管理规定》关于对 AIGC 生产或者合成内容应当进行标注的有关规定。

《互联网信息服务深度合成管理规定》第六条规定，深度合成服务提供者和使用者不得利用深度合成服务制作、复制、发布、传播虚假新闻信息。转载基于深度合成服务制作发布的新闻信息的，应当依法转载互联网新闻信息稿源单位发布的新闻信息。

针对 AIGC 按照非现实的创造性或想象性场景生成虚假新闻内容，导致生成的虚假新闻信息蔓延进而导致社会整体信任危机这一情形，显然属于利用深度合成服务制作、复制、发布、传播虚假新闻信息的情形，违反了《互联网信息服务深度合成管理规定》第六条的规定。

对 AIGC 的恶意使用或滥用，可以引发的深度合成诈骗、色情、诽谤、假冒身份等新型违法犯罪行为，以及不法分子利用开源的 AIGC 模型或工具，可以以更低的门槛、更高的效率来制作出音视频、图片和文字等种类丰富的、真伪辨别难度大的虚假信息，以此开展新型诈骗等非法活动，已触及《刑法》相关规定甚至涉嫌犯罪。

（3）AIGC 非法侵犯知识产权

《著作权法》第十条规定："著作权包括下列人身权和财产权：（一）发表权，即决定作品是否公之于众的权利；（二）署名权，即表明作者身份，在作品上署名的权利；（三）修改权，即修改或者授权他人修改作品的权利；（四）保护作品完整权，即保护作品不受歪曲、篡改的权利；（五）复制权，即以印刷、复印、拓印、录音、录像、翻录、翻拍、数字化等方式将作品制作一份或者多份的权利……。"

《著作权法》第十三条规定，改编、翻译、注释、整理已有作品而产生的作品，其著作权由改编、翻译、注释、整理人享有，但行使著作权时不得侵犯原作品的著作权。

因此，对于 AIGC 在训练或者生成的过程中，无论是手动收集还是通过爬虫技术获得未取得著作权或著作权授权的作品，由 AIGC 算法的原理可知需要在这个过程对作品进行复制和编码，即需要先将作为训练数据的作品从相应网络地址下载并存储，以形成作品的副本，然后将其输入至"图像信息空间"进行改编，对作品进行噪声添加与编码，这个过程保留了作品内容中最关键、本质的特征，构成了著作权法意义上的改编，因此，若 AIGC 在训练或者生成的过程中获得的是未取得著作权或著作权授权的作品，则违反《著作权法》第十条和第十三条的规定。

类似地，对未直接使用已有的作品但是利用 AIGC 生成与现有作品构成实质性相似的作品这一情形而言，均未满足《著作权法》第十三条规定的"改编、翻译、注释、整理已有作品而产生的作品，但行使著作权时不得侵犯原作品的著作权"情形，因此上述技术异化行为违反《著作权法》的规定。

3. AIGC 典型案例解析

● 案例 28：视频素材生成方法、装置、电子设备及存储介质

案情简介：本公开提供了一种视频素材生成方法、装置、电子设备及存储介质，涉及图像处理技术领域，尤其涉及人工智能、大数据等技术领域。具体实现方案为：获取待切分视频；调度锚点切分服务对待切分视频进行内容分析，确定待切分视频中切换物理镜头的时间点，作为切分锚点；基于切分锚点将待切分视频切割为视频段；基于待切分视频的场景特征，调度与场景特征匹配的后处理服务处理视频段，得到视频素材。本公开实施例中，根据切换物理镜头的时间点切割待切分视频，实现对待切分视频的准确切分。此外，将生产视频素材的整个流程框架抽取为不同的、可单独调度的服务，可根据不同场景需求调度后处理服务，从而提高视频素材生产的效率。

本申请记载的内容：

在当前 AI（Artificial Intelligence，人工智能）技术发展的大背景下，AIGC（AI-Generated Content，新型内容生产方式）已逐步在各主流 App（Application，应用程序）中占有一席之地，并且逐渐扩大占比。而视频素材则成为 AIGC 内容生产最根本、最直接的内容来源。如何生产视频素材是业内比较关注的基础问题。

在场景特征包括水印的情况下，调用水印擦除服务，可以擦除视频段中包含的水印。本公开实施例中水印擦除服务的处理流程示意图，包括：

S401：对视频段进行关键目标检测，并对视频段进行水印检测。

其中，关键目标可根据实际情况确定。例如，待切分视频主要阐述人物，则关键目标为人脸。待切分视频讲述动物世界，则关键目标可理解为动物头像。例如，讲述狮子的生活过程，可将关键目标设置为狮子头像。

运用关键目标检测技术和水印检测技术，分别对视频段进行关键目标检测和水印

检测。实施时，关键目标检测和水印检测不区分先后顺序。例如，可对同一视频段先进行关键目标检测，再进行水印检测；或者，对同一视频段先进行水印检测，再进行关键目标检测。当然，关键目标检测和水印检测可以独立执行，没有依赖关系。由此也可以同时对同一视频段分别进行关键目标检测和水印检测。例如，可以将人脸检测和水印检测分配给不同的内核，由此分别调用不同的内核处理同一视频段，实现人脸检测和水印检测的同步执行。

实施时，可采用实例分割方法，实现关键目标检测，得到关键目标的位置。

本公开实施例中的水印可以指证明视频出处或版权的标记，例如生产者的 logo（标记）可以理解为需要检测的水印。

S402：在视频段中包括关键目标区域且包括水印区域的情况下，确定关键目标区域和水印区域的位置关系。

可以理解的是，当包含关键目标区域且不包含水印区域时，即不存在水印遮挡关键信息的情况，无须执行擦除水印的操作。当包含水印且不包含关键目标时，也可理解为在不存在水印遮挡关键信息的情况下，无须执行擦除水印的操作。

S403：在水印区域和关键目标区域不重叠，且水印区域位于视频帧的边界区域的情况下，对水印区域进行裁剪处理。

其中，边界区域可理解为视频段的画面中的四周区域，边界区域作为视觉的非中心点，对水印进行裁剪可降低对画面的视觉感受的不良影响，保证画面质量稳定。

S404：在水印区域满足指定情形的情况下，对水印区域进行模糊处理。该指定情形包括以下至少一种：水印区域和关键目标区域重叠、水印区域位于视频帧的中心区域。

当视频区域位于视频帧的中心区域时，如果处理水印区域会影响视觉焦点位置的信息，影响视觉感受，所以为了保证画面质量，对居于中心区域的水印不能进行裁剪，需要通过模糊处理的方式来减少水印信息。

当水印区域和关键目标区域重叠时，为了尽可能多地保留关键目标的信息，不对水印区域进行裁剪，而是采用模糊处理的方式。

本公开实施例中，独立的水印擦除服务可实现擦除视频段水印的效果。而且，在水印擦除失败的情况下，由于水印擦除服务可独立调度，不需要重新从待切分视频的锚点切分服务开始切分视频段，提高了水印擦除效率，也提高了视频素材生成的效率。

进一步来说，在获得擦除了水印的视频素材后，还可以将视频素材存入素材库，并添加文本标签。

根据本申请的一方面，提供一种视频文件的生成方法，包括：根据预设条件优化视频生成模型；从素材库获取训练视频和训练文本，所述训练文本包括视频主题信息；根据所述训练视频和所述训练文本对视频生成模型进行微调；根据输入的信息，通过已微调的所述视频生成模型生成视频文件。

根据一些实施例，根据预设条件优化视频生成模型，包括：通过所述视频生成模型进行编码；根据所述预设条件生成控制向量；根据所述控制向量进行解码，以控制所述视频生成模型的输出结果。

根据一些实施例，根据所述训练视频库中的视频对所述视频生成模型进行微调，包括：根据所述训练视频对所述视频 AIGC 生成模型进行初始微调；根据所述视频对已经过所述初始微调的所述视频生成模型进行二次微调。

根据一些实施例，根据输入的信息，通过已微调的所述视频生成模型生成视频文件，还可以包括在视频素材的基础上生成与视频素材相似的视频并添加新的水印，例如对视频素材中的人物进行换脸处理等。

合规性问题剖析：

《著作权法》第十三条规定，改编、翻译、注释、整理已有作品而产生的作品，其著作权由改编、翻译、注释、整理人享有，但行使著作权时不得侵犯原作品的著作权。

《互联网信息服务深度合成管理规定》第十七条规定："深度合成服务提供者提供以下深度合成服务，可能导致公众混淆或者误认的，应当在生成或者编辑的信息内容的合理位置、区域进行显著标识，向公众提示深度合成情况：（一）智能对话、智能写作等模拟自然人进行文本的生成或者编辑服务；（二）合成人声、仿声等语音生成或者显著改变个人身份特征的编辑服务；（三）人脸生成、人脸替换、人脸操控、姿态操控等人物图像、视频生成或者显著改变个人身份特征的编辑服务；（四）沉浸式拟真场景等生成或者编辑服务；（五）其他具有生成或者显著改变信息内容功能的服务。深度合成服务提供者提供前款规定之外的深度合成服务的，应当提供显著标识功能，并提示深度合成服务使用者可以进行显著标识。"

本申请记载的技术方案，水印可以指证明视频出处或版权的标记，例如生产者的 logo（标记）可以理解为需要检测的水印，而本申请方案在获得擦除了水印的视频素材后，还可以将视频素材存入素材库，从而在后续用以训练视频生成模型。在获得视频生成模型以后，还通过视频生成模型在视频素材的基础上生成与视频素材相似的视频并添加新的水印，例如对视频素材中的人物进行换脸处理等。可见本申请的技术方案在未经著作权人授权许可的情况下，擦除了具有著作权的视频的著作标记，其本质是改编具有著作权的视频，损害了著作权人的合法利益，属于《著作权法》第十三条规定的"行使著作权时不得侵犯原作品的著作权"情形，违反《著作权法》第十三条的规定。另外，本申请在对视频素材进行换脸等处理时未进行显著标识，同时也违反了《互联网信息服务深度合成管理规定》第十七条规定。

综上，该申请不符合《专利法》第五条的相关规定。

第四章　避免合规性问题的大数据领域专利申请文件撰写

数据合规审查中的重要部分是判断数据采集、数据传输、数据处理、数据应用与分析是否违规，是当前数据治理过程中较为突出的问题。为此，国家近年来先后颁布了《数据安全法》《个人信息保护法》《网络安全法》《消费者权益保护法》《数据出境安全评估办法》等法律法规。《专利法》第五条规定对违反法律、社会公德或者妨害公共利益的发明创造不授予专利权。因此大数据技术的相关专利申请也应符合上述规定，否则将不能被授予专利权。随着2021年颁布的《数据安全法》《个人信息保护法》相继生效，针对大数据技术的相关专利申请，判断大数据技术手段及其使用是否合法，是当前数据合规审查的热点和难点。本章将尝试从避免合规性问题的角度，阐述大数据领域专利申请文件撰写的合规建议，并针对数据跨境流动、隐私计算、自动化决策、AIGC等大数据热点技术方向给出一些合规性指引。

第一节　大数据领域专利申请文件撰写的合规建议

《专利法》第五条第一款的审查对象为整个申请文件，即说明书、权利要求书和附图。另外，判断一项发明创造是否属于违反法律的情形，应当结合整个申请文件记载的内容进行判断，而不是仅仅依据权利要求的内容。从《专利法》第五条来看，所称的"发明创造"并不仅涵盖技术方案，或许还涵盖了申请文件本身。因此，《专利法》第五条所称的违反法律的发明创造，是指申请文件存在一项或多项违反法律的情形：（1）技术方案；（2）技术方案主观上或客观上必然实现的目的、应用或后果；（3）技术方案的表达或记载或出版。对于申请文件的文字、图形或符号的表达是否违法，以及技术方案主观上或客观上必然会实现的目的、应用或后果是否违法，也许都是《专利法》第五条规定的审查对象。根据《专利法》第五条的审查实践，大数据领域的合规性审查情形主要包括：（1）专利申请文件记载的技术方案本身或技术方案必然会实现的目的、应用或后果是否违法；（2）专利申请文件记载的部分内容是否违法。

一、申请文件记载的技术方案本身以及技术方案必然会实现的目的、应用或后果违反数据法律情形

对大数据领域的专利申请，专利申请记载的技术方案所采用的关键技术手段本身明显违反相关数据法律，或者专利申请记载的技术方案主观上或客观上必然会实现的目的、应用或后果明显违反相关数据法律，即属于《专利法》第五条规定的不予保护的客体。针对技术方案本身违法，或者技术方案必然会实现的目的、应用或后果违法，无论如何撰写申请文件，都无法克服专利申请违反法律的问题，进而不能符合《专利法》第五条的规定。

如前述案例1，其提供一种基于P2P的资源下载系统及方法，具体地，用户在未经原网站及知识产权作品著作权方同意的情况下，通过将网络资源存储在P2P客户端上，使得著作权方的具有版权的音乐、软件、影视、书籍、游戏、图片等各类资源能被其他用户随意获取。该方案实质上采取了故意避开或者破坏技术措施的方式，即将网络资源存储在P2P客户端上，使得其他用户能通过从没有数据版权的P2P客户端直接获取下载资源，而无须经过数据版权网站的授权许可，也就是说该用户将著作权人的具有版权的资源在不经著作权人同意的情况下随意发布，严重损害了著作权人的合法利益，侵犯了著作权人的著作权，该技术方案本身就是违法的，不符合《专利法》第五条相关规定。而通过将网络资源存储在P2P客户端上是该案的核心手段，删除该技术手段后并不能实现本申请所要解决的技术问题，故而该案无论如何修改均不能符合《专利法》第五条的规定。

又如前述案例2，其提供一种利用网络爬虫技术快速准确寻找目的图书的方法，具体地，用户未经电子图书的著作权人的授权许可，利用网络爬虫技术实时获取网络中的电子图书并录入电子图书库，读者输入需要阅读图书的关键词后，利用网络爬虫技术对与目的图书有关的图书网页进行抓取，此时读者无须从原网站获取数据即可浏览电子图书。该方案本质是在未经原网站及知识产权作品著作权方同意的情况下，随意发布具有版权的音乐、软件、影视、书籍、游戏、图片等各类资源，损害了著作权人的合法利益，侵犯了著作权人的著作权，该技术方案本身就是违法的，不符合《专利法》第五条相关规定。而利用爬虫技术获取未经著作权人允许的各类网络资源是本案的核心手段，如果经过著作权人允许再实施网络资源获取并不能实现快速获取电子图书的目的，那么也不能通过添加著作权人许可的方式改进该方案，故而该案无论如何修改均不能符合《专利法》第五条的规定。

还如前述案例13，其提供一种基于境内外数据中心实现跨境数据同步的方法，具体地，将境外车联网服务器和境内车联网服务器通过专用网络连接，境内、境外车联网服务器分别接收境内、境外智能汽车发送的自动驾驶数据，其中自动驾驶数据包括用户数据、道路基础设施、交通标志、建筑外观等真实地理信息和道路信息；当本地车联网服务器数据库数据发生变化时，生成数据变化量文件，并在数据变化量文件内设置标记，其中标记采用本地车联网服务器时间；根据数据变化标记确定需要同步数据的内容，并通过专用网络连接对两个车联网服务器的数据进行同步，确保境内、境外车联网服务器中的数据的一致性。该方案本质是在未满足数据出境条件下，将境内的个人信息和重要数据跨境流动至境外，数据传输技术本身是具有中立性的，然而通过专用网络在未经过安全评估的情况下进行数据传输这一数据传输的应用在客观上必然会实现的后果就是使得国家安全受到危害，违反前述相关数据法律的规定，不符合《专利法》第五条的相关规定。而该案中利用专用网络实现境内外数据同步是核心手段，但利用专用网络进行境内外数据同步本身就不可能满足数据出境的相关评估条件，其在客观实现上就是违法的，故而该案无论如何修改均不能符合《专利法》第五条的规定。

再如前述案例18，其提供一种能够节约电子设备流量资源并提升运行速度的广告拦截方法，该广告拦截方法包括：在本地代理服务器设置广告拦截规则，开启本地代理服务器，以使本地代理服务器建立虚拟专用网络，通过虚拟专用网络截获网络数据，网络数据包括业务服务器接收的网络请求数据和业务服务器发送的网络响应数据，根据广告拦截规则对网络请求数据和网络响应数据进行筛选，拦截符合广告拦截规则的广告网络数据，将广告网络数据从网络数据中过滤。代理服务器通过删除符合广告拦截规则的网络数据，从而加快了拦截广告网络数据的速度。该技术方案本质是未经授权擅自改变原视频、网页的内容，在原视频、网页中删除广告数据内容，导致服务提供商的广告收益受损，侵害了平台经营者的合法权益，侵犯了著作权人的著作权，该技术方案本身就是违法的，不符合《专利法》第五条相关规定。而该案对原数据进行广告删除是核心手段，实现该核心手段也不可能得到平台经营者的同意，故而该案无论如何修改均不能符合《专利法》第五条的规定。

综上所述，如果是专利申请文件的技术方案本身违法，那么无论该案如何修改均会导致其不符合《专利法》第五条的规定。

二、申请文件记载的部分内容违反数据法律情形

一件专利申请中含有违反法律的内容，例如文字、图形或符号的表达涉及违反法律的内容，而其他部分是合法的，则该专利申请称为部分违反《专利法》第五条第一款的专利申请。对于这样的专利申请，撰写时可删除或修改申请文件中的违反法律的

内容来克服缺陷，以满足《专利法》第五条的规定。另外，对于申请文件可能涉及违法的情形，撰写申请文件时可在说明书中予以声明，或者在后续的OA答复中予以声明。例如：针对涉及数据采集的专利申请，可以在说明书中声明"本申请所采集的所有用户数据都是在用户同意并授权的情况下进行采集的，且相关用户数据的收集、使用和处理需要遵守相关国家和地区的相关法律法规和标准"类似语句。

如前述案例5，通过提供一种用户隐私数据的管理方法，包括了根据多个分区中每个分区的存储路径筛选得到多个第一分区及多个第二分区；每个第一分区包括第一隐私数据文件，每个第二分区包括第二隐私数据文件；当第一隐私数据文件中的第一隐私数据的存储时长大于第一隐私数据的生命周期或删除周期，删除第一隐私数据；当第二隐私数据文件的存在时长大于预设的生命周期或预设的删除周期，删除第二隐私数据文件。还对于按照不同分区方式进行存储的隐私数据，采用对应的方式对其进行管理，可以有效提升管理隐私数据的效率，此外可以给不同的用户提供不同的数据管理方式，满足用户的个性化要求，提升用户体验。但是权利要求书和说明书中还记载了，本申请在管理隐私数据时，当撤销时间早于存入时间时，即用户不同意采集隐私数据后，还将隐私数据的存储路径返回给服务器并提供给查询隐私数据的用户，表明在被收集隐私数据的用户取消同意隐私协议时，该系统仍收集了用户隐私数据，并且可以查询到该隐私数据，这违反了《个人信息保护法》第十三条、第二十九条中关于个人信息和隐私信息需经得用户同意才可采集的法律条款，也违反了《网络安全法》第二十二条、第四十一条中关于同意原则的规定。但是本申请通过按照不同分区方式进行存储的隐私数据，采用对应的方式对其进行管理，可以给不同的用户提供不同的数据管理方式，满足用户的个性化要求，提升用户体验，并且本申请为隐私数据设置生命周期，可以使隐私数据在其存储时长达到预设的生命周期时被自动删除，这符合《个人信息保护法》第四十七条的规定；同时本申请说明书记载了"按照相关法规要求，在用户取消隐私协议后，HDFS需要删除已经收集到的隐私数据。虽然由于HDFS无法实时删除隐私数据，本申请实施例可以通过关联隐私数据业务表和删除数据业务表的方法，保证待删除数据对外部设备（例如，业务云服务器、客户端）是不可查的""HDFS需要在第二类用户设置的删除周期内，删除在第二类用户取消同意隐私协议前所收集到的所有隐私数据"，虽然本申请中采集的隐私数据无法实时删除，即当用户取消同意隐私协议时，无法立即将之前采集的隐私数据删除，但在删除个人信息从技术上难以快速实现时，可通过设置数据不可查以及设置删除周期保证隐私数据的安全性，这也是符合《个人信息法》第四十七条规定的。因此本申请方案本身并不违反相关法律，申请人只需将权利要求书或者说明书所记载的关于"当撤销时间早于存入时间时，即用户不同意采集隐私数据后，还将隐私数据的存储路径返回给服务器并提供给查询隐私数据的用户"相关内容删除，从而克服缺陷以符合《专利法》第五条的规定。

第四章 避免合规性问题的大数据领域专利申请文件撰写

如前述案例21，其整体上通过采集和分析用户的个人信息和社交网络行为特征，建立用户画像。社交网络整合模块建立用户与团购信息之间的关系模型，团购信息挖掘模块提高信息检索的准确度和质量，信息传播模块将团购信息在社交网络中进行传播，提高商品信息的曝光率和影响力，提高团购平台的竞争力，为团购平台带来更多商业机会和收益，提供个性化的团购推荐服务，以提高用户的满意度，但是方案为了建立更加完整的数据资源库以更好地生成用户画像，还会在未经用户同意的情况下，从用户的社交网络账户中检索相关信息，包括用户的用户名和兴趣爱好，还针对用户没有填写的相关内容，为用户配置唯一识别码，在多个社交网络中利用爬虫等技术根据用户唯一识别码从第三方平台爬取相关数据以填充用户没有填写的相关内容，并且本申请还记载了根据用户社交网络中检索相关信息挖掘用户兴趣爱好和购买习惯，差异化地推送了优惠券。根据前述案例分析可知，这些记载内容违反了《个人信息保护法》的相关规定，但是专利申请本身在整体上是提供一种个性化的团购推荐服务，方案本身并不违反相关法律，因此，申请人只需将权利要求书或者说明书所记载"所述用户画像模块首先建立数据资源库，会从用户的社交网络账户中检索相关信息，包括用户的用户名和兴趣爱好，相关信息通过云端传输的方式保存至数据资源库，数据资源库采用 MySQL 框架，同时嵌入结构体的方式对每个用户以用户名的方式进行统一管理，若用户没有填写相关内容，则该项的值暂时记为 Null。对于用户没有填写的相关内容，可以为用户配置唯一识别码，在多个社交网络中根据用户唯一识别码，利用爬虫等技术从第三方平台爬取相关数据以填充该 Null 值"等的特征删除或者在不超出原始申请记载范围的前提下，在撰写中明确收集用户个人信息是在用户知情并授权的前提下进行的，并删除"在获得用户画像和关系分析结果后，所述团购信息挖掘模块还可以根据用户社交网络中检索相关信息挖掘用户兴趣爱好和购买习惯，差异化推送优惠券，从而促进团购商品转化，提高团购平台的竞争力，为团购平台带来更多商业机会和收益"等特征，或者在后续的 OA 答复中予以申明，并删除上述特征，从而克服缺陷以符合《专利法》第五条的规定。

又如前述案例22，其整体上提供一种实现数字永生的人机交互系统，包括记录和分析单元、交互单元以及回复和播放单元，方案中记载了采集、分析、整理和储存用户 A 的个人信息生成用户 A 的数字人，所涉及的个人信息包括基础个人信息（姓名、籍贯等）、主要个人经历（重要的生活事件）、个人的家庭和主要人际关系、个人的习惯爱好、个人的梦想、遗憾和希望、个人的态度信仰和经验总结、个人的需要和性格、个人的照片、声音和视频等其他有价值的个人信息。通过前述分析可知，该技术方案在没有告知用户的情况下，采集、分析、整理和储存用户 A 的个人信息形成个人数据库，违反了《个人信息保护法》第十四条的规定，且该方案在未获得死者亲属的同意下，或者死者也未安排的情况下，采集、分析、整理和储存死者的个人信息形成个人数据库，违反了《个人信息保护法》第四十九条的规定。由于方案目的是生成用户的数字人，其采集、分析、整理和储存用户 A 的个人信息相关特征是必需的，可以在不超出原始申请记载范围的前提下，在方案的撰写中明确收集用户个人信息是在或者用户知情并授权的前提下进行的，或者在后续的 OA 答复中予以申明，以克服缺陷从而符合《专利法》第五条的规定。

再如前述案例 28，其利用 AIGC 的原理通过对视频段进行关键目标检测，确定关键目标区域的位置，进行水印检测，确定水印区域的位置，再确定关键目标区域和水印区域的位置关系，判断是否满足水印擦除的条件，如果满足条件，根据水印区域和关键目标区域的位置关系，对水印区域进行裁剪或模糊处理，擦除水印后，输出处理后的视频段。然而该方案中，水印可以指证明视频出处或版权的标记，且方案在获得擦除了水印的视频素材后，还可以将视频素材存入素材库，从而在后续用以训练视频生成模型，在获得视频生成模型以后，还通过视频生成模型在视频素材的基础上生成与视频素材相似的视频并添加新的水印。根据前述对案例的分析可知，该方案在未经著作权人授权许可的情况下，擦除了具有著作权的视频的著作标记，其本质是改编具有著作权的视频，损害了著作权人的合法利益，违反了《著作权法》第十三条有关改编的规定。由于方案的目的是训练视频的 AIGC 模型，收集视频并去除水印以构建训练样本是关键的技术手段，为了使方案符合《专利法》第五条的规定，可以在方案中明确对视频的改编是在著作权人授权的基础上进行的，或者在后续的 OA 答复中申明视频的改编是用户同意的。

第二节　大数据领域热点技术的合规指引

在数字经济时代，大数据的应用日益普遍，对经济社会发展产生了深远的影响。然而，随着数据规模的不断增长，以及数据泄露和滥用事件的频繁发生，数据治理和合规性问题愈发突显。因此，仅仅依靠技术手段是不够的，必须确保其大数据应用遵守相关法规和标准，以保护个人隐私和数据安全。本节将以数据跨境流动、隐私计算、自动化决策、AIGC 技术作为大数据领域热点技术示例，来指导如何确保大数据应用合规。

一、数据跨境流动技术的合规指引

随着产业数字化和数字产业化浪潮愈演愈烈，在全球互联的时代背景下大量组织和个人对于数据跨境流动具有强烈诉求。跨境服务的数字金融激发了全球金融业发展的广阔空间，即便是付款处理、保险承保和索赔处理等基本金融业务亦会涉及数据跨境流动，金融数据跨境流动可能存在金融欺诈、洗钱或信用风险情形。跨国企业车联网采集的地理信息数据、个人信息数据违规跨境传输到境外，对国家安全、公共利益及个人人身财产安全都会造成极大风险隐患。在跨境业务场景下，健康医疗数据的安全风险进一步提升，一些高度敏感的数据（如基因数据等）涉及生物安全，一旦违规跨境流动至境外遭到泄露或滥用，可能会造成"基因歧视""生物恐怖攻击"等严重后果，从而危害国家安全和公共利益。因此，数据跨境流动企业在面对数据跨境可能带来的法律风险时，应当做好相应的合规应对，从而更好地助力数据产业发展。

基于不同数据对于国家安全、社会稳定和居民权益的殊别影响，不同行业的数据跨境流动持续奉行差异化的合规要求。相关主体在数据跨境流动过程中不仅需要遵循《网络安全法》《数据安全法》《个人信息保护法》《数据出境安全评估办法》《个人信息保护认证实施规则》以及一系列技术标准，还应当遵守所属行业特定规范性文件的各种要求。如征信机构对于在我国境内采集的信息的整理、保存和加工活动应当依据《征信业管理条例》的要求在我国境内进行，征信机构向境外组织或者个人提供信息，应当遵守法律、行政法规和国务院征信业监督管理部门的有关规定；互联网地图服务单位应当遵循《地图管理条例》的要求，将存放地图数据的服务器设置在我国境内并制定地图数据安全管理制度和保障措施。

汽车行业基于《汽车数据安全管理若干规定（试行）》的要求，强调重要的汽车数据应当依法在我国境内存储，确因业务需要向境外提供的必须通过安全评估且实际操作时不得超过评估明确的目的、范围、方式和数据规模与种类等。加快车联网数据全生命周期技术标准体系建设，针对不可控风险点实施技术标准限制，例如可在技术安全评估标准中考虑对车联网汽车集成卫星通信设备的限制，加强对数据传输过程的规制。探索数据本地化存储相关的法律制度建设，强化对国家重要数据的控制和管辖。未来，明确数据跨境流动除安全审查外的第三方安全认证、合同方式的具体实施标准，在提供智能汽车企业跨境流动汽车数据便利化的同时，从源头有效提供数据流动规制的效率，规范化相关程序，增加智能汽车企业数据合规的明确性和可执行性，有效平衡需求和要求，为后续车企进一步开发技术以及国家的数据安全提供标准。

生物医药行业利用我国人类遗传资源开展国际合作科学研究，或者因其他特殊情况确需将我国人类遗传资源数据出境的，应当依据《人类遗传资源管理条例》取得国务院科学技术行政部门出具的出境证明。如量级小、基于公益目的、不涉及国家安全的健康医疗数据出境，应仅需个人的单独同意即可进行；对量级较大、基于公益目的、不涉及国家安全的健康医疗数据出境，需要个人同意以及采取技术处理进行去标识化和匿名化等方式出境；基于商业目的的健康医疗数据出境，则需要适用数据出境的一般规则；对涉及国家安全的群体健康医疗数据（如基因数据），则要严格限制出境，其出境不仅需要进行安全评估，还应根据《人类遗传资源管理条例》等规定的特别要求进行多重审查。

二、隐私计算技术的合规指引

隐私计算实现了"数据可用不可见"，使得参与数据合作的各方在不提供真实数据的前提下实现了对数据的分析与整合利用，促进了数据资源的流通与交易，同时也提升了对个人信息的保护水平，降低了用户个人信息在应用过程中的泄露风险。然而，在隐私计算的应用实践过程中仍存在用户授权、参与方约束困难、数据泄露等不容忽视的安全合规风险，因此国内隐私计算相关企业应当做好相应的合规应对，从而更好地助力数据产业发展。

1）明确数据处理者活动中用户授权范围。根据《个人信息保护法》第十三条的规定，在"取得个人的同意"时，个人信息处理者可处理个人信息。按照隐私计算的运行机制，多个不同主体将参与数据处理的过程，如果某一数据处理者在未"取得个人的同意"的情形下进行数据处理活动，其数据来源的合法性就存在问题。在这种情况下，多个主体共同参与个人信息数据的隐私计算，不但不能解决数据来源的合法性，而且会增加全体数据处理者共同侵权的风险。隐私计算在不进行原始数据共享的情况下，交换了数据隐含的信息价值，加上处理的数据往往经过匿名化的处理，无法还原用户的真实身份，因此无须经过用户的授权同意。然而，在实践应用过程中，获得用户的授权同意仍是不可跨越的重要一步。《个人信息保护法》第十四条规定，基于个人同意处理个人信息的，该同意应当由个人在充分知情的前提下自愿、明确作出。法律、行政法规规定处理个人信息应当取得个人单独同意或书面同意的，从其规定。个人信息的处理目的、处理方式和处理的个人信息种类发生变更的，应当重新取得个人同意。对数据处理者来说，利用已获取的用户数据在本地进行建模分析，是对个人信息处理的情形之一，因此在个人信息使用加工环节，仍需就"利用数据在本地进行建模分析"的数据处理行为取得用户的授权同意。在取得用户对本地建模行为的授权后，对建模数据的利用仍需保持在与数据实际处理目的直接或合理关联的范围内，并且在实际加工个人信息的过程中要严格遵守与用户约定的处理方式和范围。

2）厘清隐私计算中多方主体的关系。隐私计算是一个建立在多方共同参与、相互合作基础上的信息技术，在实际应用过程中涉及数据持有方、计算方和结果接收方等不同主体，因此隐私计算面临的安全风险呈现出不易控制的特点。首先，由于参与数据合作的各方数据安全保护水平参差不齐，当某一参与方受到网络攻击而发生数据泄露后，攻击者可以通过结合泄露的信息同参与者之间共享的信息，对其他参与方信息进行推导，进而导致其余参与方原始数据的泄露；其次，可能出现某一参与方出于自身的利益，通过违约获取额外信息或者恶意合谋等方式窃取其他参与方数据的行为。

隐私计算各方之间的责任权利没有进行清晰划分，商业合作将处于较高的风险等级，加上各参与方出于知识产权等方面的考虑，不愿意公开其核心算法。在涉及隐私计算的场景下，数据提供方首先要对自身所获取的数据的合法性负责；与此同时，数据提供方也往往是委托处理的委托方，由其委托隐私计算的技术提供方进行隐私计算。因此，隐私计算中多方主体的权利与义务关系需要通过合同的方式予以厘定。

3）事前进行数据处理风险评估。隐私计算给数据的流通共享提供了技术支撑，但是目前不同应用场景下隐私计算的实现框架、核心算法和交互协议等方面均存在很大差异，导致在数据全生命周期的其他阶段，可能存在数据违规使用和数据发生泄露等安全风险。《个人信息保护法》第五十五条规定，当个人信息处理者有处理敏感个人信息，利用个人信息进行自动化决策，委托处理个人信息、向其他个人信息处理者提供个人信息、公开个人信息等情形时，应当事前进行个人信息保护影响评估，并对处理情况进行记录。为此，数据处理者在进行隐私计算之前，应当开展合规自查，对于隐私计算的具体场景是否涉及个人敏感信息、是否会对个人权益产生重大影响等事项进行事前的安全评估，并留存客观的可供监管部门查阅的资料。

三、自动化决策技术的合规指引

在自动化决策中，信息主体的劣势体现得淋漓尽致，这种劣势地位主要体现在两方面。首先是信息劣势，自动化决策中的个人信息的处理具有隐蔽性，尤其是复杂的算法，信息主体难以了解。对于普通信息主体，个人信息的处理掌握在信息处理者手中，客观的隔离与技术上的壁垒使得信息主体难以感知个人信息的处理，也就无法实现对个人信息的控制。其次是信息主体能力劣势。个人的劣势不仅体现在个人对信息掌控的不全面上，也体现为个人记忆和处理信息的能力有限。自动化决策作为纯粹计算机进行的决策活动，处理的个人信息远超一般的个人信息利用，使得信息主体面临巨量的信息处理请求，需要阅读大量的隐私政策，过于庞大的个人信息流通数量远远超出了个人有限的能力范围。在面对庞大数量的信息处理行为时，即使个人是没有信息劣势的人，其有限的精力也使得个人无法在纷繁复杂的信息交往中充分作出合理的决定，最后只会陷于盲目同意或盲目拒绝的尴尬境地。因此，自动化决策相关企业应当做好相应的合规应对，从而更好地助力数据产业发展。

1）完善自动化决策中信息主体的知情同意机制。完善知情同意机制要充分利用场景的力量。尽管一般的场景理念排斥静态的知情同意机制，但引入"场景"概念的知情同意的目标不再是严格保证信息主体自主控制每一条个人信息，而是通过保证信息主体理解场景并自主决定是否进入自动化决策的场景实现保护信息主体的自主性的目的，弥补了场景的不确定性，使具有持续性的自动化决策活动形成相对稳定的场景。在这一理念下，知情同意有两方面目标。第一，实现信息主体对自动化决策场景的充分理解并可以自主决定是否进入特定场景。第二，明确知情同意决策的范围边界。场景的范围本就是场景的重要性质，充分理解场景要求明确场景的边界，这一点在自动化决策场景中应当进一步强调。这是因为，自动化决策存在的互联网并没有明确的空间，难以被直观感知，而互联网上的网页网站关系错综复杂，没有专业知识的一般人难以辨认场景的边界。

2) 加强自动化决策中算法规制。《个人信息保护法》第二十四条第三款规定："通过自动化决策方式作出对个人权益有重大影响的决定，个人有权要求个人信息处理者予以说明，并有权拒绝个人信息处理者仅通过自动化决策的方式作出决定。"信息主体拥有了限定的算法解释权，其限定条件为仅在对个人权益有重大影响的决定中享有。自动化决策对信息主体的影响往往是潜移默化的，其限制的主观权益是自动化决策中的个人信息上的重要方面。只有了解自己的个人信息会被如何使用，才能正确地塑造自我的形象。设置客观上对个人权益有重大影响的决定这一限制条件等同于将信息主体放在了消极受保护的位置。加强对算法的规制就需要强化信息主体的算法解释权，应当超越"仅当决策结果对个人权益有重大影响，个人才享有算法解释权"这一限制，赋予信息主体全面的算法解释权，帮助信息主体充分理解场景。

3) 加强信息主体对其用户画像管理。在个性化推荐中应当尊重信息主体对其自我形象的塑造，在信息主体追求的用户画像与信息处理者追求的用户画像相冲突时，应当优先满足信息主体追求。自动化决策中的可控变量有输入的信息与算法两部分。自动化决策中的算法由信息处理者控制，尽管信息主体可以使用算法解释权，缺乏专业知识的个人也往往只能简单理解算法，无法主动利用算法帮助自己实现对用户画像的控制。另外，自动化决策中输入的个人信息过于庞大，信息主体也难以准确调控自动化决策中输入的个人信息。信息处理者在收集信息主体个人信息的场景除了为其提供拒绝权和便捷的拒绝方式外，还应当提供隐身模式。在隐身模式中，个人信息可以被收集并用于除个性化推荐外的其他合理的目的，但这些信息不能进入信息主体的个性化推荐决策中。

四、AIGC 技术的合规指引

AIGC 的发展为各行各业带来了新的变革与机遇，但与此同时，以 ChatGPT 为代表的 AIGC 技术给人类的法律规制体系带来了新挑战。从数据来源来看，AIGC 技术存在着个人信息泄露风险、数据违规出境风险、著作权侵权风险、深度伪造风险、商业秘密泄露风险、违法信息传播风险等。从生成内容的角度来说，亦存在违反互联网服务的管理规范等问题。因此，国内 AIGC 领域企业在面对 AIGC 可能带来的法律风险时，应当做好相应的合规应对，从而更好地助力数据产业发展。

1) AIGC 应用对于国家数据所可能带来的法律风险，应该基于总体国家安全观的理念进行统筹规划。针对 AIGC 技术中可能存在的攫取数据的路径方式进行监管,《网络安全法》第二十一条提出"国家实行网络安全等级保护制度……采取数据分类、重要数据备份和加密等措施";《数据安全法》第二十四条规定数据安全审查制度,对影响或者可能影响国家安全的数据处理活动进行国家安全审查,而 AIGC 自然属于其监管范围。在具体的管理措施上,应当基于总体国家安全观来构建国家数据的审查分级监管机制,在确定数据属于国家重要数据之后,根据数据具体情况判断其是否能够为 AIGC 技术所应用,在判断时尤其需要注意数据的深层次价值,深层次分析国家重要数据的产生来源、内容架构以及潜在价值,通过规范文件来强化对国家重要数据的合规监管。AIGC 的算法框架是在域外构建的,在国家重要数据被 AIGC 使用时应该重视数据出境问题,应当根据《数据出境安全评估办法》的规定来判断国家重要数据能否为 AIGC 所使用,同时对获取国家重要数据的路径进行严格审查,从整体上升级国家数据作为基础性战略资源的认识和管理思路,通过合规监管来助力数据主权的国家竞争,保障国家数据的安全。

2) 对于 AIGC 应用收集个人数据的广度、深度及结论真实性来构建相应的合规制度。基于 AIGC 技术发展与个人数据保护的合规制度,从 AIGC 收集个人数据的广度、处理个人数据的深度以及得出结论的真实性这三个方面入手,构建对应的合规制度。首先,收集个人数据的过程中应该保持收集广度上合规,AIGC 企业应在遵守《网络安全法》《数据安全法》及《个人信息保护法》等法律法规中关于数据及个人信息保护的相关规定基础上,遵循 2023 年 1 月 10 日正式施行的《互联网信息服务深度合成管理规定》中对深度合成服务提供者和技术支持者提供人脸、人声等生物识别信息编辑功能的,应当提示深度合成服务使用者依法告知被编辑的个人,并取得其单独同意的规定。其次,在确定 AIGC 处理个人数据的深度时,应该在满足技术必要性的前提下,基于最小比例原则处理个人数据,对于个人数据应该避免过分深入地挖掘其潜在价值,应围绕用户的个人诉求来处理个人数据。AIGC 算法模型在运行时会出于技术本能来提升生成结论的精准度,而这一技术发展诉求不能成为其违规利用个人数据的理由,最小比例原则意味着 AIGC 只要能实现用户的目的即可,不能过度地收集和处理个人数据,从而使得个人权益受到的限制和干预尽量处于最低水平。以最小比例原则作为合规标准来限制个人数据的处理深度,能够有效地消除 AIGC 的潜在威胁,避免技术发展的途径被歪曲。最后,AIGC 技术也在结论上存在虚假信息甚至犯罪信息。为以合规监管的方式消除此类虚假信息,应该规范 AIGC 对个人数据的处理加工模式,在 AIGC 的运行规则中规定其可以得出无解的回复,避免 AIGC 竭力去寻求回复甚至编造虚假回复或者得出错误回复,同时要求 AIGC 在处理个人数据时应该强制进行同类比对模式,避免其结论过于偏离实际。

3) 加强 AIGC 的著作权管理,严格 AIGC 生成内容的审查。对于 AIGC 使用受《著作权法》保护的客体则该利用行为存在版权风险,虽然我国《著作权法》第二十四条规定了合理使用的情形,但以 ChatGPT 为例的 AIGC 产品的数据抓取并不构成个人学习、研究或者欣赏等情形。因此,AIGC 相关企业在进行 AIGC 运行的过程中,应当注意数据库中是否存在受著作权保护的作品,若存在受著作权保护的相关作品,则应当取得相关著作权人的授权或者借用水印、标签等相关技术表示作品的权利状态,以避免陷入著作权侵权风险。对于 AIGC 的著作权归属问题,目前学术界和实务界有着不同的见解,还没有达成统一的意见。在此情况下,AIGC 的服务提供或技术支持相关企业可尝试在制定用户协议时明确 AIGC 的著作权归属,从而避免相关纠纷。

AIGC 相关企业应当遵守《互联网信息服务算法推荐管理规定》《互联网信息服务深度合成管理规定》《生成式人工智能服务管理暂行办法》等相关法律法规对 AIGC 的相关规定。根据《互联网信息服务深度合成管理规定》要求,AIGC 相关企业等深度合成服务提供者或技术支持者应当加强技术管理,定期审核、评估、验证生成合成类算法机制机理。深度合成服务提供者对使用其服务生成或者编辑的信息内容,应当采取技术措施添加不影响用户使用的标识,并依照法律、行政法规和国家有关规定保存 AIGC 运行的日志信息。此外,AIGC 相关企业通过限制用户输入相关内容以及通过自建库或第三方服务等方式,加强生成内容审查和内容过滤,避免虚假信息、仇恨言论等违法行为的出现,以确保 AIGC 不会违反法律法规,从而推动 AIGC 企业的合法合规发展。

参考文献

[1] 武长海. 数据法学 [M]. 北京：法律出版社, 2022.

[2] 王磊. 中华人民共和国个人信息保护法实务指南 [M]. 北京：中国法制出版社, 2021.

[3] 张平. 中华人民共和国个人信息保护法理解适用与案例解读 [M]. 北京：中国法制出版社, 2021.

[4] 张平. 中华人民共和国数据安全法理解适用与案例解读 [M]. 北京：中国法制出版社, 2021.

[5] 中华人民共和国国家知识产权局. 专利审查指南2023 [M]. 北京：知识产权出版社, 2017.

[6] 王飞. 新时代数字经济产业融合创新研究 [J]. 山东商业职业技术学院学报, 2022, 22 (05)：21-24.

[7] 刘浩. 网络"爬虫"行为刑事规制的困境与转向——以实证案例分析为视角 [J]. 西安电子科技大学学报（社会科学版）, 2022, 32 (02)：52-65.

[8] 王欢. 车联网个人信息保护的立法完善 [D]. 武汉：湖北大学, 2022.

[9] 吕明瑜, 徐梦豪. 大数据杀熟法律规制的误区与克服 [J]. 哈尔滨师范大学社会科学学报, 2022, 13 (03)：48-53.

[10] 徐小强. 从外网突破到内网纵深的自动化渗透测试方法设计与实现 [D]. 北京：北京邮电大学, 2021.

[11] 朱行行. 网络爬虫行为的刑事规制研究 [D]. 武汉：华中科技大学, 2021.

[12] 邓辉. 论我国智能驾驶汽车中的个人信息保护 [J]. 电子科技大学学报（社科版）, 2020, 22 (01)：20-28.

[13] 廖建凯. "大数据杀熟"法律规制的困境与出路——从消费者的权利保护到经营者算法权力治理 [J]. 西南政法大学学报, 2020, 22 (01)：70-82.

[14] 冯晓鹏. 跨境电子商务的法律与政策研究 [D]. 长春：吉林大学, 2019.

[15] 陈禹竹. 无人驾驶汽车数据保护研究 [J]. 法制博览, 2018 (07)：176.

[16] 高芳杰, 李强, 李焱. 对跨境电子商务法律政策的研究分析 [J]. 电子商务, 2017 (11)：36-38.

[17] 张丽. 物联网感知层节点位置隐私保护技术的研究 [D]. 南京：东南大学, 2015.

[18] 朱致远. 参与式感知平台数据采集关键技术研究与实现 [D]. 北京：北京邮电大

学，2015.

[19] 叶宏帅，武兴悦，贾治国. 代理服务器的特点及使用 [J]. 内蒙古科技与经济，2005（19）：41-42.

[20] 陈靖康. 基于 Web 挖掘的 Proxy 端预取技术的研究与实现 [D]. 沈阳：东北大学，2005.

[21] 杨东，梁伟亮. 论元宇宙价值单元：NFT 的功能、风险与监管 [J]. 学习与探索，2022（10）：68-79，191.

[22] 燕双双，张丹.《个人信息保护法》视角下数字档案馆个人信息保护的问题与对策 [J]. 档案与建设，2022（08）：20-24.

[23] NFT 课题组. NFT 政策研究报告 [C].《上海法学研究》集刊 2022 年第 11 卷——2022 世界人工智能大会法治青年论坛文集，2022：142-160.

[24] 朱红涛，李姝熹. 信息茧房研究综述 [J]. 图书情报工作，2021，65（18）：141-149.

[25] 师文，陈昌凤. 信息个人化与作为传播者的智能实体——2020 年智能传播研究综述 [J]. 新闻记者，2021（01）：90-96.

[26] 付利雅. 个性化推荐系统下的"信息茧房"传播效应研究 [D]. 沈阳：辽宁大学，2018.

[27] 马瑞淇. 物联网感知节点位置隐私保护机制研究 [D]. 郑州：战略支援部队信息工程大学，2022.

[28] 王冰. 在"大数据"时代背景下探究计算机信息处理技术 [J]. 长江信息通信，2021，34（11）：173-175.

[29] 金幼芳，王凯莉，张汀菡.《个人信息保护法》视角下"大数据杀熟"的法律规制 [J]. 浙江理工大学学报（社会科学版），2021，46（06）：693-701.

[30] 姜鸿，邵励. 大数据时代下网络爬虫的法律适用问题 [J]. 法制博览，2021（27）：101-104.

[31] 朱宁宁. 王天星：遏制"大数据杀熟"有利器 [J]. 法人，2021（09）：76.

[32] X Zhang, Y Wang, Y Cai, et al. Intrusion Detection Based on Data Privacy in Cloud-Edge Collaborative Computing Using Federated Learning, 2022 8th Annual International Conference on Network and Information Systems for Computers (ICNISC), Hangzhou, 2022：440-443.

[33] S Arumugam, S K Shandilya, N Bacanin. Federated Learning-Based Privacy Preservation with Blockchain Assistance in IoT 5G Heterogeneous Networks [J]. Journal of Web Engineering, 2022, 21 (4)：1323-1346.

[34] Tianyu Wu, Shizhu He, Jingping Liu, et al. A Brief Overview of ChatGPT：The History, Status Quo and Potential Future Development [J]. Journal of Automatica Sinica, 2023, 10 (5)：1122-1136.

[35] Yijing Lin, Hongyang Du, Dusit Niyato, et al. Blockchain-Aided Secure Semantic Communication for AI-Generated Content in Metaverse [J]. Journal of the Computer Society, 2023, 4：72-83.

[36] R A A Mochram, C T Makawowor, K M Tanujaya, et al. Systematic Literature Review：Blockchain Security in NFT Ownership, 2022 International Conference on Electrical and Information

Technology (IEIT), Malang, Indonesia, 2022: 302-306.

［37］王喜文. 一本书读懂 ChatGPT、AIGC 和元宇宙［M］. 北京：电子工业出版社，2023.

［38］周嘉璇. NFT 交易平台的乱象与规制［J］. 湖北经济学院学报（人文社会科学版），2023，20（11）：105-111.

［39］刘丽敏，廖志芳，周韵. 大数据采集与预处理技术［M］. 长沙：中南大学出版社，2018.

［40］刘春燕，司晓梅. 大数据导论［M］. 武汉：华中科技大学出版社，2022.

［41］赵乃真. 电子商务技术与应用［M］. 北京：中国铁道出版社，2003.

［42］张少丰. 基于群智感知的农业信息采集系统研究与开发［D］. 咸阳：西北农林科技大学，2022.

［43］李利，何欣，韩志杰. 群智感知的隐私保护研究综述［J］. 计算机科学，2022，49（05）：303-310.

［44］Wu H, Bhola J, Neware R, et al. Key Technologies of Data Security and Privacy Protection in the Internetof-Things Group Intelligence Perception［J］. Recent Advances in Electrical & Electronic Engineering, 2023, 16 (2).

［45］郑寅锋. 群智感知中数据安全与隐私保护研究［D］. 西安：西安电子科技大学，2022.

［46］张媛媛. 移动群智感知的数据生命周期安全与隐私保护关键技术研究［D］. 广州：华南理工大学，2022.

［47］苏明. 大数据时代网络信息安全及防护措施研究［J］. 信息记录材料，2019，20（06）：86-87.

［48］邹海琴. 物联网群智感知数据安全与隐私保护关键技术研究［D］. 镇江：江苏大学，2019.

［49］Jianheng T, Kejia F, Pengzhi Y, et al. DLFTI: A deep learning based fast truth inference mechanism for distributed spatiotemporal data in mobile crowd sensing［J］. Information Sciences, 2023: 644.

［50］Sergiu W, Bertran M F. Adding multi-core support to the ALICE Grid Middleware［J］. Journal of Physics: Conference Series, 2023, 2438 (1).

［51］胡皖萧. 非法网络爬虫行为刑法规制研究［D］. 杭州：浙江工商大学，2023.

［52］易永豪，唐俐. 我国跨境数据流动法律规制的现状、困境与未来进路［J］. 海南大学学报（人文社会科学版），2022，40（06）：135-147.

［53］林琼慧. "合法的边缘性参与"视角下的跨境电商工作室学习研究［J］. 重庆理工大学学报（社会科学），2022，36（08）：116-124.

［54］王珠. 网络爬虫行为的刑事法律规制［D］. 上海：华东政法大学，2022.

［55］郭宛莹. 用户画像在跨境数字服务中的法律问题初探［D］. 北京：外交学院，2022.

［56］张瑞显. 大数据时代计算机网络信息安全及措施研究［J］. 轻工科技，2022，38（01）：72-74.

［57］刘晓春，胡笛. 《个人信息保护法》为我国跨境数据流动提供制度基础［J］. 中国对外贸

易，2021（12）：42-45.

[58] 魏冰洁，李长征. 智能推荐算法真的可行吗［J］. 网络安全技术与应用，2021（11）：152-154.

[59] Z. Nan, Y. Wenqing and S. Zhen, Research on Information Intelligent Service Terminal Based on Big Data Intelligent ChatGPT Technology, 2023 IEEE International Conference on Sensors, Electronics and Computer Engineering（ICSECE），Jinzhou, China, 2023：1137-1141.

[60] 韩晓娟. 抖音短视频个性化推荐中"信息茧房"的危害与治理［D］. 广州：广州体育学院，2020.

[61] Xuezheng Y, Zhiwen Z, Anfeng L, et al. A decentralized trust inference approach with intelligence to improve data collection quality for mobile crowd sensing［J］. Information Sciences, 2023：644.

[62] Ren X, Tong L, Zeng J, et al. AIGC Scenario Analysis and Research on Technology Roadmap of Internet Industry Application［J］. China Communications, 2023, 20（10）：292-304.

[63] 龚思颖，黎小林. 元宇宙场域下AIGC赋能广告的原理与实现路径［J］. 现代广告，2023，（14）：12-18.